数 字 赋 能
智能制造核心技术 丛书

DIGITAL EMPOWERMENT

U0739148

智能工厂精益数字化规划技术与应用

董宝力
刘林琳 | 编著
江支柱

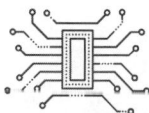

LEAN DIGITAL PLANNING TECHNOLOGY AND
APPLICATION FOR
INTELLIGENT FACTORIES

化学工业出版社
·北京·

内容简介

随着市场需求的变化以及科技的发展，工业化大批量生产逐步向多种少量的柔性生产过渡，制造业数字化转型成为关键。本书以智能制造和智能工厂建设为背景，系统介绍智能工厂规划所涉及的关键技术与方法，从智能制造技术、工业工程技术、精益生产管理技术、数字化系统架构技术等角度，对智能工厂精益数字化规划所涉及的主要内容、工具和方法进行系统介绍，并结合典型业务场景，具体介绍智能工厂建设规划的应用案例。

本书可供高校智能制造、机械工程、工业工程、物流工程、信息管理、软件工程等相关专业学生学习，也可供制造企业生产管理与信息化管理人员，以及智能制造相关领域的技术人员参考。

图书在版编目（CIP）数据

智能工厂精益数字化规划技术与应用 / 董宝力，刘林琳，江支柱编著. -- 北京 ：化学工业出版社，2025.7. --（"数字赋能 ：智能制造核心技术"丛书）.
ISBN 978-7-122-47604-3

Ⅰ．F407.4

中国国家版本馆CIP数据核字第20256900E9号

责任编辑：于成成　李军亮　　　　　文字编辑：李亚楠　温潇潇
责任校对：王　静　　　　　　　　　装帧设计：王晓宇

出版发行：化学工业出版社
　　　　　（北京市东城区青年湖南街 13 号　邮政编码 100011）
印　　装：河北延风印务有限公司
787mm×1092mm　1/16　印张 19¾　字数 408 千字
2025 年 7 月北京第 1 版第 1 次印刷

购书咨询：010-64518888　　　　　售后服务：010-64518899
网　　址：http://www.cip.com.cn
凡购买本书，如有缺损质量问题，本社销售中心负责调换。

定　　价：99.00元　　　　　　　　版权所有　违者必究

当前，面向用户个性化需求的柔性生产与应对外部市场竞争的提质增效成为制造业的发展趋势，同时也成为传统制造企业生产与供应链组织中的一个重大挑战。多种少量生产需要生产系统具有敏捷、柔性、协同的制造能力。随着工业机器人、工业互联网、大数据、人工智能等新兴技术的发展与应用，智能制造已经成为制造业转型升级的重要战略和主攻方向。例如，通过设备互联和流程互通，实现柔性智能产线；通过数字化系统和平台搭建，建立数字化车间和智能工厂。

智能工厂建设是一个复杂的系统性工程，涉及制造、自动化、网络、信息、管理、人工智能等技术的融合。智能工厂的业务复杂度高，不可控因素多，需要大量的技术、时间和资金投入。同时，不同制造企业的生产对象、发展规模、目标理念、能力基础、业务运作方式、主要需求与痛点等存在差异，智能工厂建设规划需要采用不同的策略和方法。

当前企业对智能工厂的建设意愿强烈，但缺乏科学的规划和实施方法，"头痛医头，脚痛医脚"的现象较为普遍，导致整体应用效果欠佳。部分企业在智能工厂建设过程中，在认知理解、规划内容、基础搭建、实施方法等环节存在诸多困惑：智能工厂应该如何开展？哪些方面需要提升？提升的路径如何选择？成功实施智能制造的要素是什么？……因此，编写一本系统性介绍智能工厂规划的书显得十分重要。

本书的思考角度是从智能工厂建设的价值主线入手，即智能工厂规划以价值为核心，由业务需求驱动。价值发现的工具以精益生产为主，驱动的方式以数字化技术为主。基于上述考虑，智能工厂的规划内容更强调先期开展生产过程的精益化和体系化，在此基础上，应用数字化技术巩固和持续完善生产体系。

智能工厂精益数字化规划的内涵包括两个层面。首先，智能工厂的规划内容包括精益化生产和数字化系统两个方面，二者目标一致，相辅相成。智能工厂是以使用最少的资源来满足客户需求为目标。精益化生产和数字化系统是实现这一目标的重要方法。精益化生产以多种少量的柔性生产运作体系的搭建为主，数字化以系统、平台、数据为要素的生产应用系统为主。在智能工厂中，数字化系统驱动整个生产体系的精益柔性运作。

其次，智能工厂规划的工具方法包括精益生产和数字技术两种方式。基于精益生产和数字技术的双轮驱动来完成智能工厂的整个规划过程，二者互为手段。一方面，数字技术是开展精益规划设计的重要手段，将生产过程的工艺、设备、流程、组织、数据等进行结构化，采用系统仿真、数字孪生等数字化技术实现资源要素的体系规划与持续优化。另一方面，精益化的流程是实现数字化的基本手段。价值、柔性、流动、改善、循环等精益思想贯穿智能工厂规划的全过程。

本书由浙江理工大学智能制造系董宝力博士、上海威克鲍尔通信科技有限公司技术总监刘林琳以及原丰田汽车精益生产专家江支柱合作编写。同时，浙江理工大学研究生何飞、余正鑫、陈正丰等同学做了大量资料收集与整理工作。在本书的编写过程中，还得到相关企业的大力支持，并得到浙江理工大学教材项目的资助，在此一并表示感谢！

由于编著者水平有限，书中难免存在不足之处，衷心期待各位读者批评指正。

编著者

第 **6** 章 流线化生产模式设计 170

第 1 章

智能制造与智能工厂

数 字 赋 能
智能制造核心技术 丛书
DIGITAL EMPOWERMENT

1.1 对智能制造的解读

1.1.1 制造业的外部发展趋势

在全球经济与产业链的变局中，制造业正处于再工业化和产业再分工的调整阶段。伴随产业优化升级、需求与市场调整、资源和资金紧缺、技术与贸易壁垒等多重压力，制造企业依靠资源要素投入和规模扩张的传统生产模式难以为继。产品创新、技术创新、管理创新和模式创新成为制造企业高质量、可持续发展的重要途径。

（1）市场需求多元化与产品多样化

市场需求日趋饱和，同质化竞争加剧。伴随技术进步与消费升级，市场需求逐步转向用户主导。针对不同类型的市场需求，产品的系列化和细分化成为制造企业提升核心竞争力的主要途径之一。产品的多样化驱动企业生产方式由大批量生产向多品种、小批量的定制生产转变。

（2）产品时效与供应敏捷化

随着市场竞争的加剧和产品创新的加速，产品呈现"快消化"趋势。产品的"快消化"特征主要体现为产品全生命周期的"三短"，即产品研发周期缩短、订单到交付（Order to Delivery，OTD）周期缩短和市场占有期缩短。面对市场需求和产品的快速多变，为了避免盲目生产，制造企业需要提升产品迭代、按单生产、敏捷交付的快速响应能力。通过开展模块化的产品配置设计和及时化的生产与物流，实现对市场需求的快速响应。

（3）新一代先进技术与生产制造过程的深度融合

当前正处于由工业社会向数字社会的转型过渡期，先进制造技术、自动化技术、信息技术、网络技术等逐步应用到传统制造产业链的各个环节，并与传统制造业不断融合发展。尤其是智能装备、物联网、工业互联网、人工智能、云存储、大数据等新一代技术与制造业深度融合，推动以低成本感知、高速移动连接、工业大数据驱动、协同设计、定制生产为特征的智能制造应用创新和深入实践，推动制造业生产制造模式、营销服务模式、经营管理模式的全方位业态变革。

因此，制造企业需要深度应用智能制造技术，实现个性化定制、柔性生产和快速交付。在智能制造的实现过程中，传统制造企业亟待思考和解决下列问题：如何实现产品的模块化设计和变型设计？如何实现人、制造工艺和设备产线的灵活调整？如何保证供应链体系的稳定和及时交货？如何实现生产制造系统的协同与可扩展？……这些问题都需要制造企业结合自身实际，采用智能制造、精益生产等新技术和新理念，对企业的生产工艺流程、组织体系和生产运作方式进行不断创新实践。

1.1.2　先进生产方式的发展方向

1.1.2.1　多种少量生产的特点

产品的生产制造过程是指根据产品生产工艺，各种原物料或零部件通过一系列连续（流程制造）或不连续（离散制造）的工序和设备，最终被生产为成品。为了保证生产效率和准时交付，产品的订单生产一般需要经过工艺编制和计划排产，实现生产各工序间的同步联动和有序衔接。

大批量生产是以批次化、分段或连续式的刚性生产为主，产品相对单一，生产过程和产品相对稳定，具有效率高、成本低的优势。随着产品种类日趋多样化，生产工艺、生产过程管控的复杂度和难度增加。制造企业受到技术能力、供应链、资金、订单、管理水平等因素制约，在沿用大批量生产方式时，生产过程的质量不稳定、效率低、成本高、交期不可控等问题较为突出。

为了满足缩短产品交货时间，实现对多样化用户需求的快速响应，越来越多的企业逐步采用多品种、小批量的生产模式。根据统计，中国制造行业中大约有 95% 的企业均属于多品种、小批量生产类型。多种少量生产具有如下特点。

（1）产品规格多，生产批量小，生产效率低

产品的种类规格繁多是多种少量生产企业最基本的产品特点。不少中小生产企业的生产形式都是开放型的，用户需要什么就生产什么，严格按照用户的需求进行定制化生产。产品的生产批量小，甚至不少产品往往是试制即生产，生产即试制。这对工装、设备、质量的稳定性以及生产效率产生不利影响。工艺变更、设备共用、物料与工艺切换、调试调整等频繁，生产损失时间占比高。由于批量小或频次高，生产效率和成本的损失问题相比大批量生产更加明显。

（2）生产工艺复杂多变，生产过程管控难度大

对于多种少量生产类型的企业，由于产品种类和生产切换繁多，生产过程相对比较复杂，生产组织和技术要求相对较高。企业多采用基于订单驱动，订单会进行合并或拆分，多产品并行生产，涉及不同资源要素的统筹平衡。不同的订单，产品的功能、结构、生产工艺流程存在差异，非标程度高，产品质量和生产效率的不可控因素增加。

当产品的生产批量规模较小时，设备、质量问题偶发或漂移，难以开展事前预防、事中过程控制和事后统计分析。由于生产要素资源有限，某一工序突发物料供应中断、质量不达标、设备故障、人员操作失误等问题后，不仅影响该工序本身的生产，同时会影响到生产线其他工序或其他产品的正常生产。关键工序发生严重异常时，甚至会导致整个工厂生产的停止。因此，整个生产过程对生产准备、资源调度、过程品控、异常管控、缓冲连接、物流供应的耦合度要求高。企业必须具备较高的生产系统和生产工艺的资源整合能力，同时具有较强的品质保证、生产现场、供应链等生产运作管理能力。

（3）生产过程的不确定性高

产品生产过程是一个复杂、动态的连续过程，包括复杂的物理化学反应，以及物质流、能量流和信息流。多种少量生产模式显著加剧了产品与工艺变更的频繁性、订单与计划的波动性，以及异常停机、缺料问题和来料质量的不稳定性，这些突变因素和不确定性因素具有不可预知性，为企业运营带来了极大挑战。产品的生产过程质量、交付时间、资源耗用，甚至生产工艺路线都会受到这些因素波动的影响。这些不确定性因素要求生产系统具有一定的柔性和可扩展性。

因此，多种少量生产的关注重点是生产过程的工艺组织、整体协同性、资源约束和效率成本等要素，避免发生影响效率和交期的重大问题。与其他生产模式相比，多种少量生产影响因素相对较为复杂。多种少量生产与大量生产、成批生产的比较分析如表1-1所示。

表1-1　多种少量生产、大量生产及成批生产对比

类别	多种少量生产	大批量生产	成批生产
产品品种	多而不稳定	少而稳定	较多、相对稳定
产品规格型号	杂	少	多
生产组织方式	很少重复生产	重复生产	轮番生产
生产过程结构	松散	集中	较集中
每种产品的产量	小	大	大小相同
生产自动化水平	低	高	较高
工艺水平	多变	稳定	较稳定
工艺装备类型	多功能	专用	通用

1.1.2.2　流线化生产

流线化生产是根据产品生产工艺顺序进行设备布局和生产组织，形成单向的生产路线，以此提高生产系统整体运作性能。流线化生产发展过程如图1-1所示。

流水线生产方式适用于单一固定品种的大批量生产。在流水线生产的形式下，按照一定的工艺路线将加工对象有规律地从前道工序流转到后道工序。流水线生产的整个工艺过程封闭，生产切换少，各工序的生产节拍固定，生产节奏快且连续性高，流

水线的生产效率高但柔性相对较差。

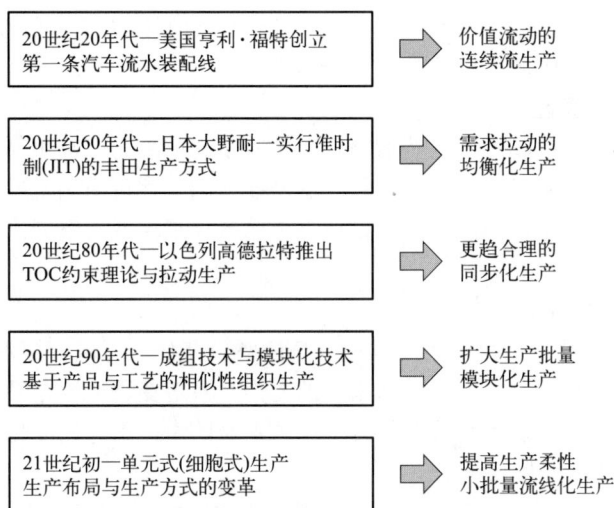

20世纪20年代—美国亨利·福特创立第一条汽车流水装配线	⇒ 价值流动的连续流生产
20世纪60年代—日本大野耐一实行准时制(JIT)的丰田生产方式	⇒ 需求拉动的均衡化生产
20世纪80年代—以色列高德拉特推出TOC约束理论与拉动生产	⇒ 更趋合理的同步化生产
20世纪90年代—成组技术与模块化技术基于产品与工艺的相似性组织生产	⇒ 扩大生产批量模块化生产
21世纪初—单元式(细胞式)生产生产布局与生产方式的变革	⇒ 提高生产柔性小批量流线化生产

图 1-1　流线化生产发展过程

　　面对用户市场的快速发展和不断细分，制造企业需要通过扩大产品种类以满足日益多样化的市场需求，小批量订单逐渐增多。这类订单的需求波动性大，生产组织相对复杂。传统的大批量流水线生产方式不适用于多种少量的订单式生产。

　　例如，连续冲压制程的产品规格多，冲压线在冲压件规格切换时，需要进行模具和工装设备的切换作业，产生换模损失时间。在传统大规模生产时，通常采用大批量计划排产，即根据计划每周换模一次，换模时长以小时计。但随着多种少量订单的增多，冲压线停机换模频次会相应增加，设备利用率下降。同时，频繁换模也容易导致设备性能下降和故障发生频次增加。

　　此外，大批量生产的主要组织方式以间歇式的批次生产和流水线生产为主。流水线生产的工艺流程和设备生产能力相对固定，工序间连续且各工序能力匹配性强。工序间的进出料都是连续的，提前期（Lead Time，LT）短。较短的 LT 要求生产各工序之间的衔接与物料供应要准确及时。生产过程尽量减少产品的排队、等待时间。连续生产过程中某一工序出现问题时，可能造成大面积停线状况，因此流线化生产还应具备一定的应急缓冲或缓存能力。

1.1.2.3　柔性生产

　　柔性生产是批量定制生产的一种主要实现形式。柔性生产的核心在于工厂生产制造过程的灵活性和适应性。柔性生产综合成组技术（Group Technology，GT）、柔性生产线、生产运作管理等技术方法，能够迅速调整与调度各类生产要素资源，满足不同产品的生产要求，实现产品多样化和大规模生产之间的动态平衡。

狭义的生产柔性一般是指工艺柔性。工艺柔性是在工艺流程不变时，生产系统满足产品变化的能力，即生产系统为适应产品变化而对制造工艺进行改变的难易程度。广义的生产柔性可以从以下方面做进一步理解。

（1）生产能力柔性

生产能力的柔性是指生产系统满足订单需求变化的能力。即生产的产品或订单改变时，生产系统也具有经济运行的能力。生产能力的柔性可用满足不同订单要求的程度来衡量。例如，利用不同的机器、材料、工艺流程来生产一系列产品的能力；同样的产品换用不同工序制造的能力。

（2）系统变化柔性

系统变化的柔性是指生产系统根据自身的需求变化，可以便捷地调整系统结构，扩展或减少功能模块，构成一个不同系统的能力。系统变化柔性是系统适应内部变化的能力。在机器出现故障等系统变化情况下，系统的生产率与无变化情况下的生产率期望值之比可以用来衡量系统变化柔性。

柔性通常是相对于刚性而言。传统的刚性自动化生产线适用于单一品种大批量生产，由于工艺和设备相对固定，生产效率和设备利用率高，单位生产成本低，具有较好的规模成本优势。这种生产系统仅适用于个别产品的生产。刚性的大批量制造自动化生产线只适合生产少数几个品种的产品，难以应对多品种、中小批量的生产。如果想要满足其他产品的生产，则必须对系统组成进行大幅度调整或重新配置资源要素，系统改造的技术难度和经济投入大，甚至可能会超过新增产线的投入。

因此，针对定制化产品的生产需求，智能工厂的一种生产理念是灵活多变的柔性生产组织形式。针对智能制造的柔性生产需求，智能工厂的规划具体可以从工艺柔性、设备柔性、产品柔性、供应链柔性、决策柔性等方面加以思考和实现。

（1）工艺柔性

通常情况下，企业已有的成熟工艺无法适用于智能化的生产，需要通过新工艺、自动化改造等方式加以实现。

（2）设备柔性

生产线中的每一个工位都需要实现不同产品同类工艺的加工，因此需要设计柔性的工装和设备。

（3）产品柔性

通过对产品结构和工艺的相似性分析，开展工艺优化与成组、设备成组和产品族搭建，企业可以增加产品柔性，实现快速响应和定制化生产。

（4）供应链柔性

供应链系统需要具备从生产一种产品快速地转换为生产另一种产品的能力。为了提高生产系统的运行柔性，供应链应该具有较大的适应产品品种变化的物料供应范围。

（5）决策柔性

基于智能制造的柔性生产系统在传统柔性生产系统基础上，更加广泛地运用智能装备、物联网、传感器、工业控制、工业软件、数字孪生等技术，增加生产系统的自动感知、协同组织和自主决策的柔性能力。

以汽车行业为例，为了加快产品上市速度，降低项目风险及生产成本，整车厂生产系统一般均具备多车型柔性生产的能力。其中，白车身焊装生产相较于涂装和总装生产刚性更强，适应多车型混线生产的难度大。白车身柔性焊装生产线重点关注生产线产能柔性和生产线适应多产品柔性两个方面。

① 生产线产能柔性一般是在工艺规划阶段，对焊接工艺进行模块化设计，同时为整线最大产能预留一定的改造空间或工位。各焊接工艺模块以工作站（或工作单元）的形式进行规划。通过合理的模块化设计，不同工作站可以连接成线，随意组合，由同一套控制系统进行生产控制管理。这种模块化和动态化的设计方法是目前实现产能柔性最常用的一种规划策略。

② 生产线适应多产品柔性主要解决车型识别和专用设备的切换问题。采用计算机技术、网络技术和自动化等技术，实现焊装生产线多车型自动识别和控制能力；针对车型变化敏感的夹具、抓手等，开展柔性工装设备设计和快速切换设计等。

白车身柔性焊接系统由车身总拼定位系统、柔性车身定位系统、柔性车身输送系统、激光焊接系统以及机器人滚边系统组成，可以实现多达 6 种车型的车身共用同一条生产线完成焊接，多种车型生产的快速切换只需 18 秒。车身焊接过程能够根据订单需求，灵活调节生产，降低投资成本，提高生产效率和订单响应速度。

总之，智能工厂建设时，需要对生产能力的柔性与可扩展性做整体性考虑与系统性规划，消除潜在的生产管理隐患，保证多种少量生产的正常运转与灵活调整。

1.1.3　生产运作与管理的基本要求

1.1.3.1　生产计划决策体系

如图 1-2 所示，制造企业普遍是基于需求驱动或订单驱动组织生产，采用由上而下的按计划生产。多种少量生产的特点之一是产品种类多、物料规格与数量多，而且订单批次的数量不大。合理的生产计划是多种少量生产的重要基础。在生产计划安排时，需要充分考虑设备共用、换模换线时间、物料齐套、生产成本最小化、批次合并与拆分等要素，此外还涉及人、机、料、法、环等资源要素的统筹平衡。

多种少量生产计划的主要难点包括：

（1）市场需求预测

用户市场的快速变化和充分竞争要求企业高度重视市场需求预测。市场需求预测通常依赖于业务或销售部门对产品市场的判断和预测。市场需求的不确定性与多样化，导致市场需求的复杂性波动，业务部门难以做到很准确的市场把握度，市场需求预测较多依赖个人经验，准确的需求预测相对困难，导致产供销运作机制不协调。

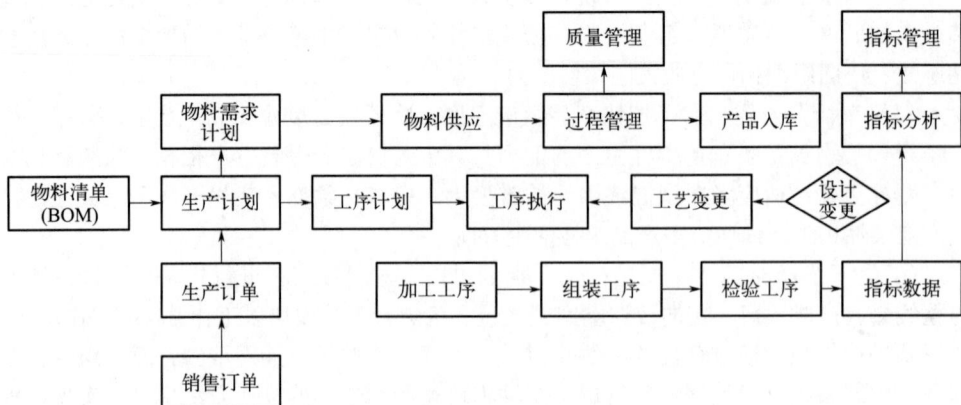

图 1-2　生产计划业务模型示例

此外，市场需求信息的不准确性会沿供应链逐级放大，从下游的销售到计划、采购、物料、品管、生产、物流等整个工厂生产体系，以及上游供应商等均会受其影响。企业的整体生产运作体系长期处于被动、应急状态，进而导致缺货与库存积压并存、插单或急单多、计划频繁调整导致的物料准备不足和人员加班、生产不均衡导致低效率与进度滞后、交期短无法按期交付等问题成为一种常态。

（2）基于有限资源的短期生产计划管理

在多种少量生产模式下，市场和订单具有很强的不确定性、波动性和牛尾效应。生产企业迫于生产成本压力，产成品库存要求保持较低水平。生产过程中的每个任务都需要资源，而在实际过程中能够使用的资源却非常有限。生产订单的波动会导致生产过程出现资源调度与配置不合理问题，导致工厂整体生产效率下降，出现呆料库存、待料停机等生产不均衡现象，同时增加人力、库存、能耗等成本，对工厂整体运营造成负面影响。

针对多变的市场需求和交货期，很多企业的生产计划管理以短期需求预测和短期计划排产为主。由于计划明确的时间节点一般相对滞后，生产计划的调整尤为关键。生产计划管理要求生产企业与外协厂商能够快速反应订单交货时间，严格交期管理。这种生产计划方式对人、机、料、法等生产要素的准备与调度提出更高要求。生产部门需要根据订单组织及时生产和发货，生产流转速度快，对物料采购、车间排产、设备保养、库存管理要求高。

多种少量生产计划体系需要重点关注以下方面：

① 在计划模式上，传统计划以人工经验为主，科学性和准确性相对不足，需要根据实际生产进度进行人工监控和干预调整，计划的可执行度差。计划思维要强调以计划为龙头，所有生产要素围绕计划展开，强调计划锁定期和严肃性。

② 在计划方法上，以关键共用资源作为计划对象，采用顺排计划与倒排计划相结

合的一体化计划模式。

③ 在计划工具方面，重视数字技术的应用，借助系统仿真、数字孪生、深度学习等技术，对生产计划进行仿真模拟、优化和预测分析等。

1.1.3.2　产品质量保证的体系化管理

多种少量生产工艺复杂，对产品生产过程的工艺控制水平要求进一步提高。企业生产需要重点从完善关键控制点入手，建立质量预防管控体系。

（1）质量管理体系

生产质量管理体系一般包括产品生产工艺流程、岗位安全技术操作要求、原物料和成品的质量标准等。基于六西格玛、ISO9000 体系共同的管理要求，以及对人、机、料、法、环等生产资源要素的标准化要求，建立严格工艺标准。基于生产工艺标准，开展原物料检验、关键指标实时采集与分析、设备工艺参数设定与控制、公差精度与偏差控制、生产设备的规范操作等。

质量保证体系是一个系统工程，涉及安全生产标准、合规性检查、工艺管理、质量保证手段及生产过程品质控制体系、质量追溯、质量信息系统等方面。质量保证以及生产的合规性是生产企业必须遵循的行业标准。企业在生产过程中必须做到合规性，全员参与相关制度的执行，保证产品质量与生产安全。

（2）生产过程质量管控

在生产过程控制中，通过对关键控制点进行严格控制与分析预防，实现生产过程的平稳有序。对影响产品质量的人、机、料、法、环等因素进行系统性的管理，从过程管理的角度进行产品质量保证。

① 物料可追溯。对所有物料都需要进行流动路径的管理和记录，确保物料的使用过程清晰可追溯。

② 控制关键工序。对关键工序和关键工艺参数进行实时监控，确保关键质量问题能够及时发现并迅速反馈，进而采取改进措施。对设备、设施、工艺等验证状态进行标识，并保存所有验证文件。要求文件必须齐全、标准和统一，文件的标识、使用和变更都需要进行控制。

③ 不合格品的控制。建立不合格品的评定、处理和统计程序。对不合格品要有质量分析，并根据其产生原因采取相关防范措施。

（3）质量管理工具

在多种少量生产模式下，很多传统的质量管理方法不再适用，需要应用新的质量工具来开展。

① 质量数据的自动采集。多种少量生产工艺复杂，过程质量数据多且涉及环节复杂，完全依赖人工记录会导致过程质量数据的缺失、滞后和不准确等问题，因此可以采用在线 / 离线质量检测系统、自动化检测设备等实现自动化记录。

② 质量全流程信息化管理。实现质检标准的自动防错，保证质检标准与产品的准

确匹配，实现质量追踪追溯体系。

1.1.3.3　生产流程与组织的一体化

流程是产品生产和企业运营的核心。流程规定了从原料投入到成品产出的转化过程。随着智能制造的深入，生产设备信息化、自动化程度得到提高。但相比石化、钢铁等行业，大多数制造型企业的信息化管控水平不高。企业的市场应对能力与对市场需求的预测准确性、对订单的响应速度、实际生产是否顺畅、物流和配送的完善程度等密切相关。因此，企业生产业务流程的高效运作是关键因素之一。企业生产运作管理需要识别核心流程和关键流程，并对其进行梳理和优化，实现流程的协同和集成，提高运营效率和质量，降低成本。生产流程与组织一体化可以实现企业生产要素的最优配置。

（1）生产流程的及时性

生产过程是基于需求的驱动或拉动。随着产品多样性和工艺复杂度的提高，不同工序或业务部门之间的流程衔接变得十分复杂。对于自动化流水生产线而言，产品在工序间的及时流转尤为重要。工序间的衔接不畅会带来诸多生产问题。例如，生产工序的关键控制点岗位需要知道上一关键控制点岗位的控制指标，从而确定工序流转的方向。又如，仓库的原物料库存数据需要及时准确，以保证物料需求计划（Material Requirement Planning，MRP）的有效性。

（2）生产流程的一体化

以流水线生产为例，流水线生产通过设备的互联来提升整个生产效率，取消中间的周转环节，直接将设备互联并相互匹配。流水线生产一方面可以消除生产中的在线物流瓶颈，另一方面，通过全局的生产工艺和数据的集中管理对影响质量与效率、能耗与成本的因素进行优化，这样可以整体优化工艺，降低生产成本。

1.1.3.4　生产现场管理

生产制造企业一般由工厂、车间、产线、设备装置等组成。通过信息系统和控制系统，设备装置、车间、生产线具备一定的协同管控能力，可以解决单套设备、单条生产线、单个车间的生产和管理问题。实际生产现场普遍存在设备、系统的孤岛现象，数据无法互联互通和共享，管理层调度决策不能及时到位，决策经营层的决策依据（即生产数据）不够透明与真实，在管理效率上完全没发挥至极大化。

生产现场管理是工厂车间基础管理和班组管理的主要内容。随着生产工艺的不断稳定成熟和智能制造技术的导入，企业生产方式逐步转向典型的流程式大生产模式。在这种模式下，生产设备与控制设备的自动化程度高。生产线具有设备自动化、人员看管化的特点，对设备保全和作业标准化要求高。生产车间的人员主要从事管理、监视和设备检修工作。生产现场问题及其产生原因复杂，对生产过程的标准化操作、可视化监控和快速响应要求高。

以自动流水线生产为例，生产过程联动性强，某一工序异常或某一设备故障可能造成大批量的不良品、大面积停线状况。产品的生产工艺对反应装置、仪器仪表、设备妥善率要求高。要求根据标准化的作业规范进行设备操作或设备保全，实现生产的安定。此外，需要对连续生产过程中出现的各种设备异常、物料异常、品质异常进行实时监控。对这些异常状况所产生的停线、质量等问题都必须做出快速反应，确保信息的及时反馈和高效处理。因此，现场管理必须做到可视化、透明化。生产异常波动时的现场管理尤为重要。

1.1.3.5　物流与供应链管理

物流与供应链管理是以提高效率、降低成本为目标。围绕此目标，强调生产到供应必须保持及时化和同步化。良好的物流与供应链设计需要内外兼顾。

① 在内部生产过程中，实现经济批量和节拍化生产，以生产节拍保证生产均衡。即前工序保证对后工序按照经济批量的准时化供应，使用看板、灯号、系统等方式进行物料供给的指示，前工序生产完成后可以立即进入后工序，严格监控在制品（Working in Progress，WIP）和成品的数量，追求低库存，缩短产品生产周期。

② 强化供应商的交货能力，实现零件同步化供货。对物流路线、分销速度、运输能力进行管理和优化。

③ 多种少量生产需要重点关注内部物料的标准化与通用化，只有这样才能减少物料种类数量和规格，降低生产组织的难度。

智能物流与供应链模式强调以智能化、精益化管理为核心，结合各类信息系统和物流新技术，围绕制造企业的投入、转换、产出等主要物流环节，构建跨时空、跨地域、信息集成、物物相连的智能物流系统，实现全产业链、产品全生命周期的存储、配送、回收的物流一体化运作。精益智能物流模式如图1-3所示。

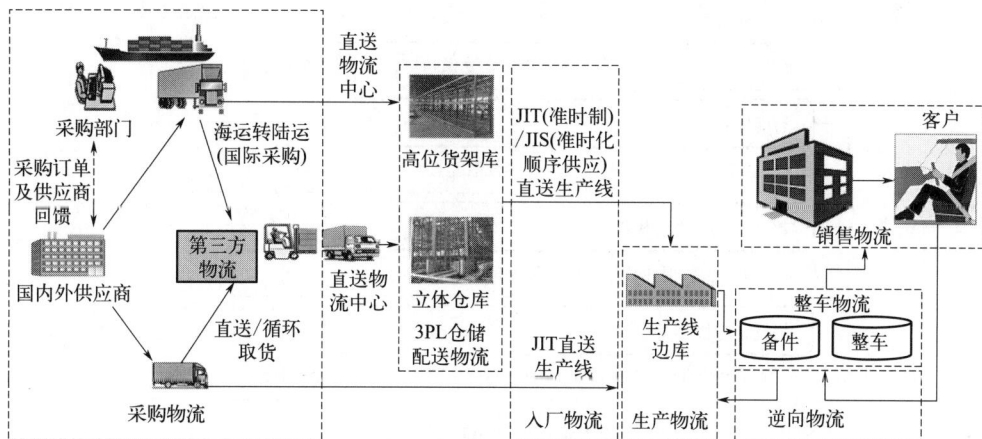

图1-3　精益智能物流模式

1.1.4 智能制造对生产运作的进一步认识与理解

1.1.4.1 智能制造

智能制造是在传统工业化生产基础上，针对各类制造资源，将先进制造技术与新一代信息技术、自动化技术、数字技术深度融合，通过系统集成环节实现信息的获取与处理，通过互联互通环节实现信息的通信与控制，进而通过信息融合环节实现业务协同，并贯穿产品设计、制造、管理、服务等各个生产环节。智能制造系统具有自感知、自决策、自执行、自适应、自学习等特征，旨在提高制造业质量、效率效益和柔性的先进生产方式。

智能制造是一个复杂的系统工程，涉及管理模式、生产方式的创新和大量新一代信息技术与工业机理、业务场景的融合创新。智能制造强调基于互联网和物联网的智能化、自动化、个性化敏捷生产，基于大数据驱动的智能决策支持；通过生产流程、供应链和产业链的联动与协同，满足市场的多样化要求。

以图1-4所示的工业4.0为例，智能制造的本质是构建基于信息物理系统（Cyber Physical System，CPS）的智能工厂，以此开展智能生产。智能制造融合物联网、机器人、虚拟现实系统以及大数据等技术，整合自动控制、信号感测、资料处理与综合决策等技术，搭建一个互联互通的制造网络。智能制造采用分布式的协同和去中心的智能化集成，推动生产方式的四大转变，即产品由趋同向个性转变、生产供应由集中向分散转变、用户由部分参与向全程参与转变、制造过程由机械自动化向智能数字化转变。

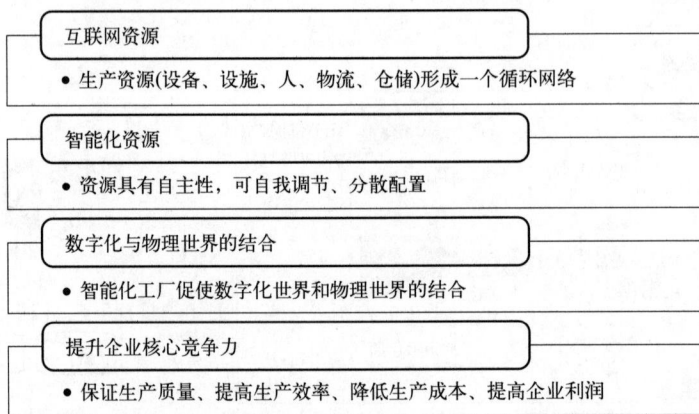

互联网资源
- 生产资源(设备、设施、人、物流、仓储)形成一个循环网络

智能化资源
- 资源具有自主性，可自我调节、分散配置

数字化与物理世界的结合
- 智能化工厂促使数字化世界和物理世界的结合

提升企业核心竞争力
- 保证生产质量、提高生产效率、降低生产成本、提高企业利润

图1-4 工业4.0的概念

智能制造系统的特点如下所述。

（1）制造过程的高度柔性与智能程度

智能制造系统的重要特征之一是可重新配置生产系统。智能制造的设备均以柔性制造系统（Flexible Manufacture System，FMS）、机械手、机器人、自动导引运输车（Automated Guided Vehicle，AGV）等制造单元的形式出现。智能制造系统通过对各种资源要素进行动态调整、优化配置和系统扩展，实现多品种、小批量生产。

以传统机械加工零件为例，上下料、切换、生产准备、检测等辅助时间在整个零件加工时间中占比高，有效加工时间占比低。在智能制造系统中，通过采用数字仿真系统或数字孪生系统，上述各项作业可以通过建模、算法设定、过程仿真和优化编排等步骤，运用数字仿真管理系统进行预先运算设定，并可以和产线调整规划等其他工作并行开展。通过智能化的生产运作管理，减少生产辅助时间，提高生产效率和设备开动率。

（2）人机协同、服务于人

在智能制造系统中，可以利用物联网和工业互联网等技术，将机器人、设备和人连在一起组成一个系统。需要强调的是，智能制造系统的终极目标并不是要建设成无人工厂，或者降低人的作用。人机协作将是智能制造系统未来发展的主要趋势。人机协作的主要优点是可以充分利用人的灵活性完成复杂多变的工作任务，人会被放置到更为重要的技术或管理岗位。智能工厂的简单人工作业相对较少。自动化设备与软硬件系统的增加，需要由更高技能人员进行工艺过程的管控、设备调试与维护、系统分析与管理决策等。对于智能工厂，人的分析判断能力和决策能力尤为重要。

例如，自动化设备具有持续、稳定、高效的特点，可以代替较为单一、简单的人工作业，实现产品质量的稳定、一致性以及单位产能的提升。在智能制造过程中，人主要负责设计产品并确定生产规则和运行参数，机器、虚拟电子物理体系则基于人的指令，触发、比对路径并选择、优化生产。对于需要高度主观能动性及适应性的生产工艺与作业内容，以半自动化设备为主的人机协作目前相对更具有普适性。

（3）重视生产过程管控

智能制造仍然是以产品质量为基础。智能制造系统的主要内容之一是把质量保证体系的重点从事后检验转移到生产管控过程的稳定、可靠和精细，以及对柔性化、混线生产方式的适应等方面。

生产过程管控和运作管理是构建智能制造系统的重要环节和关键技术。生产过程管控通过对生产工序间流转过程的跟踪及生产相关业务的协调控制，及时识别和处理各类生产异常，确保生产过程按照计划执行。正确的生产过程监控可以减少停线时间，提高设备运行安全性，降低生产成本。生产过程监控的内容主要包括过程监视和过程控制两个方面。生产过程监控以生产全过程的数据采集为基础，实时显示生产过程的各种现场数据，监视和控制生产过程，对生产业务流程进行实时调度指挥和过程质量在线控制。

（4）强调物流为先

产品的生产过程是以物的流动为主。智能物流为智能制造系统的物料供应与周转提供服务。生产过程实现配料准确，执行规范，上下联动紧密准确；仓储环节实现物料识别简单方便，任务交接快捷简单，物料存放清晰透明；配送环节做到物料配送准时，配送路径畅通，载货清晰。同时还能实现缓存区、库位、生产线等多方位物料信息的透明化，有效减少在制品和库存数量；实现生产物流系统中的人、机、物等信息的自动绑定和记录，生产全过程可跟踪和可追溯。

（5）强调全价值链的同步与集成

智能制造系统集成是指集成所有生产流程和系统，需要纵向集成人、机、料、法、环等各种资源要素，同时需要横向融合人、财、物、产、销，集成涉及面广、复杂度高。生产系统的逐步集成意味着在生产规模不变或缩小的同时，生产系统的柔性提高。在工业化大生产中，单元模块式生产通过系统间的集成和标准化的自动通信，生产的灵活性更高，更容易对局部生产进行调整优化。

1.1.4.2　精益生产

传统的大批量生产过程产生大量的在制品。过量的在制品导致工序流转缓慢、生产停滞等待、物流搬运增多、生产现场混乱、库存占用资金等浪费。同时，大批量生产导致很难及时发现与处理质量异常波动等生产过程异常，增加生产运作管理的难度。

衡量企业生产运作管理过程优劣的标准是优质、高产、低消耗。日本丰田汽车以此为目标，通过不断实践与完善，形成一种丰田汽车特有的管理思维和生产模式，即丰田生产体系（Toyota Production System，TPS）。TPS的目标是彻底消除浪费，不断降低成本。为了达成这个目标，丰田汽车破除大批量生产的传统粗放思维，引入小批量生产、U型生产线、多能工、均衡生产等方式，建立能够适应各种变化的柔性生产能力，实现按需生产。TPS在制造业得到推广应用，并不断完善，最终形成以TPS为基础的精益生产（Lean Production，LP）体系，如图1-5所示。

精益生产的五大原则与智能制造的关系分析如下：

① 价值：定义不同产品对不同客户需求的价值。

根据价值原则，对产品的用户价值进行识别与分类，形成结构化的产品族和产品系列。

② 价值流：识别产品族的价值流，确认增值与非增值活动。

根据价值流原则，识别和分析生产运作的各种浪费、生产瓶颈和不增值环节，确定智能工厂生产运作方式和主要发展方向。

③ 流动：实现价值的不间断流动或快速流动，减少生产过程中的等待或浪费。

基于流动原则，在智能制造过程中，开展单件或小批量生产、连续流生产工艺、同步化生产、一个流布局、生产快速切换等，提高生产的效率和柔性。

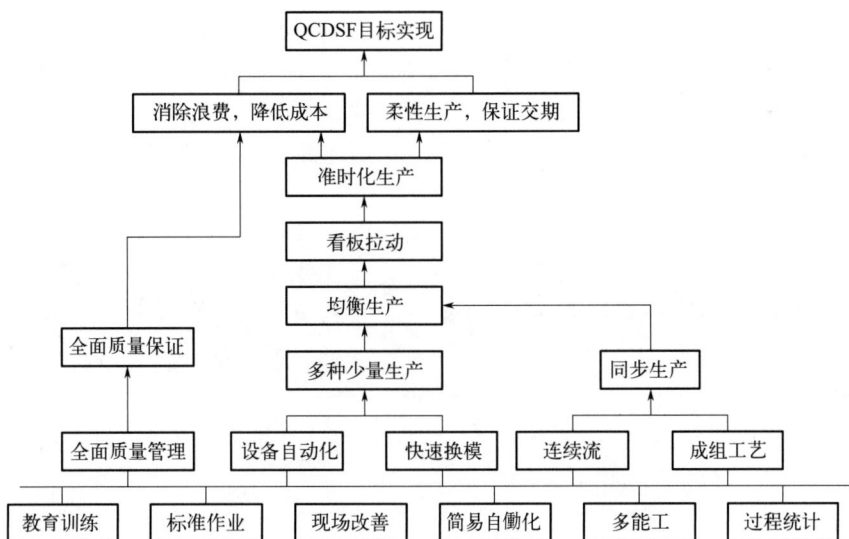

图1-5　精益生产体系

（QCDSF指顾客满意五要素，包括Quality—质量、Cost—成本、Delivery—交货、Safety—安全、Flexibility—柔性）

④ 拉动：即准时制生产（Just in Time，JIT），由后工序拉动前工序进行生产。拉动原则实现需求和生产过程的对应，消除过早、过量的投入，从而减少大量的库存和在制品，压缩生产周期。拉动是实现连续流动的基础。

根据拉动原则，运用看板（Kanban）、信息系统等工具手段，实现生产流程、物流的及时流转。

⑤ 尽善尽美：该原则包括用户满意、无差错生产和企业自身的持续改进等三层含义。

对智能制造而言，需要识别关键需求，体系化建设，搭建生产工艺与流程的闭环改善体系，分阶段开展，不断提升质量和效率。

因此，智能制造需要在计划组织、产线布置、人员分工、物流供应等方面采取精益生产的工具方法，即开展连续流生产，以最小批量实现流线化生产。智能制造的最终目标是运用快速流动的思想和应用模式，在产品研发、产品生产、供应链等生产全过程形成不间断的业务流程和生产制造流程，缩短从市场需求到产品交付的时间消耗，达成最佳品质、最低成本以及最短交货。

1.1.4.3　智能制造与精益生产的融合理念

智能制造与精益生产二者的关系如图1-6所示。

（1）目标一致

精益生产的本质是消除生产过程中非增值的活动，而智能制造是使增值活动柔性化、智能化。精益生产与智能制造的目标一致，均强调多品种、小批量的柔性生产。智能制造本质上也是基于精益生产的基本思想和五大原则开展。通过建立系统化的运作机制，对多种少量订单做出及时敏捷的响应，实现个性化产品与规模化生产的统一。因此，精益生产和智能制造的关系首先是相互融合与渗透，智能制造以技术应用为主，而精益生产以管理手段为主。

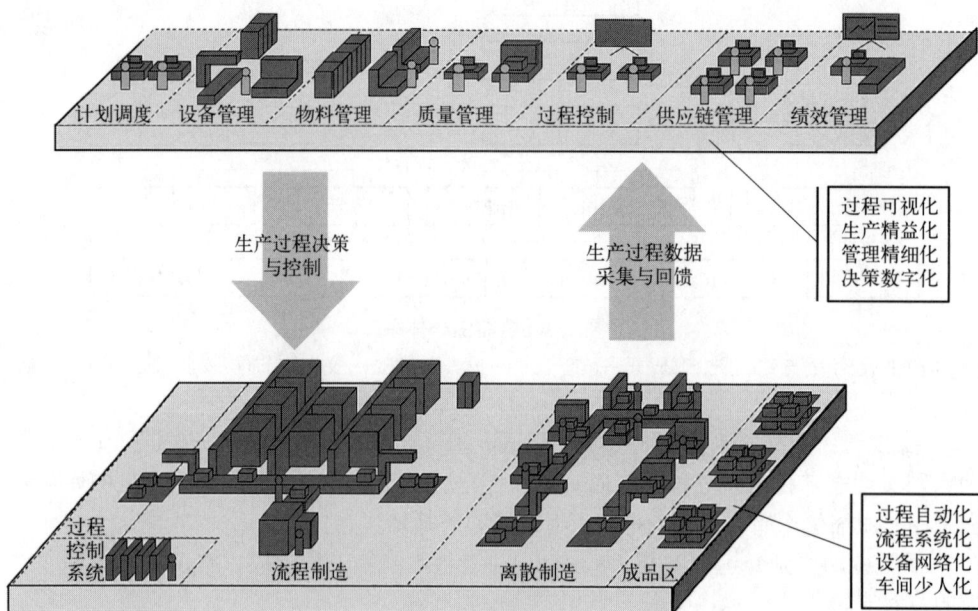

图 1-6 智能制造与精益生产的融合

（2）智能制造是精益生产的应用系统实现

精益生产是精益管理在生产过程的具体应用，主要包括 JIT、安灯（Andon）、看板等工具。在传统生产过程中，精益生产理论及工具以生产现场的持续改善为应用背景。但在智能制造环境中，精益生产的管理逻辑通常是作为智能制造系统的一种运作逻辑基础，用于智能制造的计划、质量、物料、物流等环节的流程、功能与指标设计。

（3）精益理念是智能生产的基石

智能制造的实施需要对企业生产制造流程进行重构。智能制造需要以精益生产管理思想为目标，从质量、成本、交期的角度，对产品设计与生产制造流程进行合理化。将精益优化后的生产组织模式、业务流程和生产物流布局运作方式相结合，实现人机结合的自动化应用。精益被德国列入构成未来智能工厂的四大模块之一，这四大模块分别是精益、高技术、模块化和领导力。

（4）对中国智能制造发展现状的思考

中国自 20 世纪 80 年代引入精益生产理论，90 年代开展"双甩"（甩图纸和甩账本）工程，21 世纪初提出"两化"（工业化与信息化）融合和"中国制造 2025"等制造业信息化战略工程。在长期应用实践过程中，精益生产方式与系统技术工具的融合已成为制造业的共识。遵循大批量定制和精益生产的理念，智能制造的未来发展模式将是一种针对更小批量、更多品种的柔性生产模式。这种精益智能制造是以 CPS 技术以及系统集成等信息技术为基础，将精益生产模式向供应链前端推广，直接延伸至用户，如图 1-7 所示。

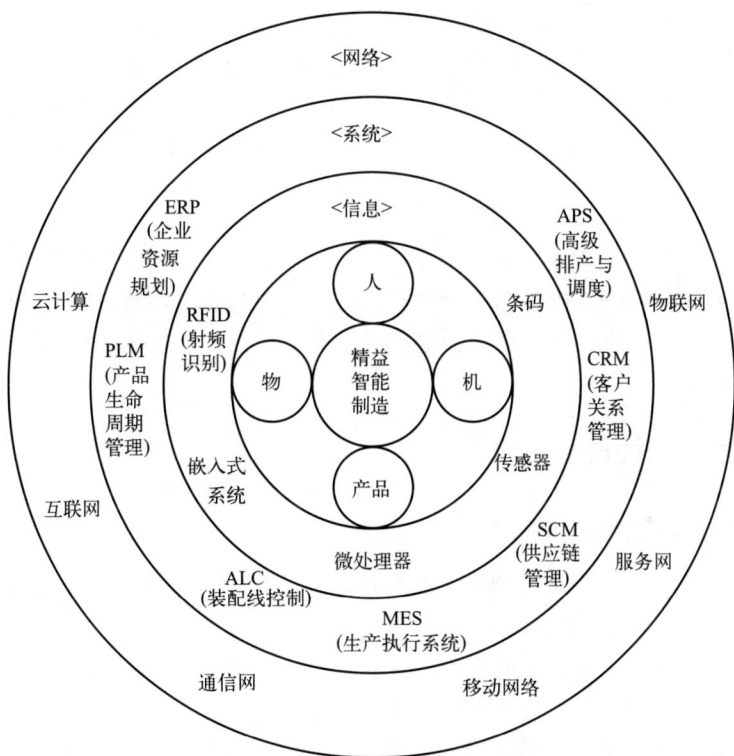

图 1-7　以精益为核心的智能制造

精益智能制造是精益管理技术与智能制造技术的深度融合，二者相互赋能，助力制造企业优化资源配置、提高效率效益、满足客户需求。精益智能制造具备两大基本特征：一是利用智能制造技术解决以往复杂产品的工艺与流程管理存在的问题；二是贯彻业务过程的核心，利用精益思维指导智能制造和智能工厂的建设，促进企业实现计划、生产和控制的智能化，实现对制造工艺、运营过程、组织管理持续改善的目标。

① 智能计划实现接到订单后的生产科学排程，也包括应对设备故障、人员缺岗等临时性问题的现场动态调度。

② 智能生产实现自动化、人机结合的产品生产过程。

③ 智能控制通过控制物料、设备、人员、流程指令和设施在内的所有制造资源，实现资源的有序供应与使用。

在智能计划、智能生产和智能控制的基础上，搭建计划管理、制造执行与生产控制的层次化体系结构，实现个性化的定制柔性生产。

当前，中国制造业整体水平尚处于发展成熟期，部分制造企业的生产过程管理、绩效考核、流程约束相对比较松散，生产工艺与管理水平相对落后，物流体系、品种切换体系缺失，信息化与自动化应用层次整体尚处于初级阶段。

智能制造和智能工厂作为一种新技术，制造企业对其还存在一些认知误区：将智能化简单等同于信息化或自动化；将智能工厂简单地认为是软硬件系统建设；对信息化与自动化期望值过高，而忽视人、组织与流程等软性因素对生产的促进作用；期望一步到位，但缺乏科学合理的规划，系统建设的整体性、系统性与连续性不足。

针对中国制造业的现状，制造企业在智能制造和智能工厂建设过程中，需要首先构建精益生产体系这一基础环节。通过对精益生产理念的倡导与实践，从生产运作管理的精益理念出发，有目的、有步骤地提高生产自动化与信息化水平，循序渐进地开展数字化和智能化融合。

1.1.5　智能制造的参考模型

1.1.5.1　智能制造体系的层次模型

代表性的智能制造参考模型主要包括德国 RAMI4.0 参考模型、NIST 智能制造生态系统模型、美国工业互联网参考架构等。

IEC 62264-1：2013 的制造企业功能层次模型如图 1-8 所示。该功能层次模型明确描述了每层的活动，部分层还定义了其运行的时间尺度。其中，第 0 层表示产品的生产制造过程；第 1 层表示通过检测、传感器等方式进行生产过程监视和任务操作；第 2 层表示控制活动，保持生产过程稳定或可控；第 3 层表示生产过程中的工序流转控制和优化；第 4 层表示工厂生产运作管理相关的业务活动。

根据工信部和国标委联合发布的《国家智能制造标准体系建设指南（2021 版）》，围绕智能工厂价值链的全生命周期，智能制造系统层级一般划分为设备层、单元层、车间层、企业层和协同层。其中，设备层是利用传感器、仪器仪表、设备等实现信息采集并接受指令操控的层级；单元层是处理信息、实现监测和控制物理流程的层级；车间层是面向工厂或车间的生产管理的层级；企业层是面向企业经营管理的层级；协同层是实现跨企业间业务协同的层级。

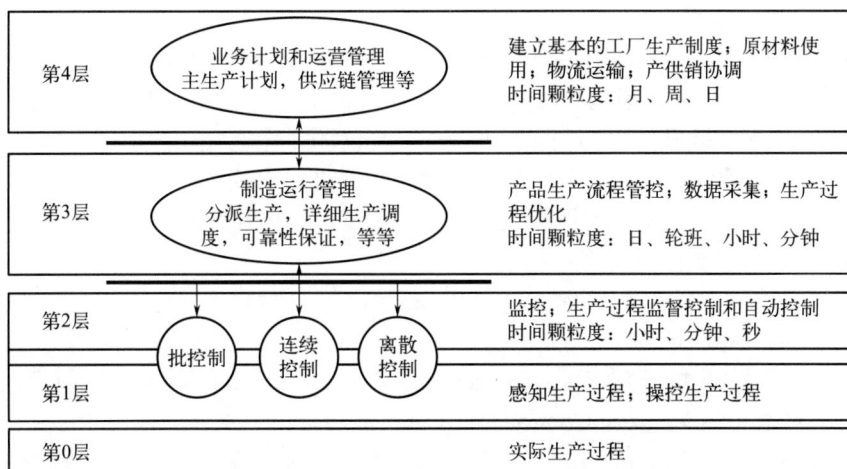

图1-8　制造企业功能层次模型

1.1.5.2　各层级智能制造的特点与联系

在智能工厂的实际规划中，目前较为普遍的层级划分是车间级、工厂级和企业级三个等级，对应的智能化对象分别被称为数字化车间、智能工厂和链主企业。数字化车间、智能工厂、链主企业在智能制造体系中所处的层级不同，承担的作用和建设规划的思路有所区别，如图1-9所示。

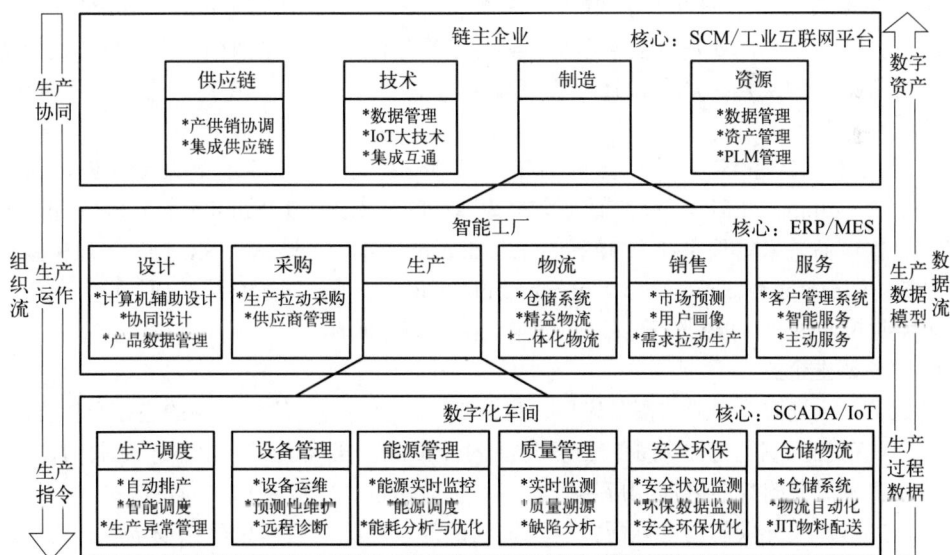

图1-9　智能制造的不同层级

（1）数字化车间

数字化车间是智能制造的生产单元，主要针对生产线及其相应的生产管控。数字化车间侧重生产设备、生产设施等硬件设施，以降本提质增效、快速响应市场为目的，实现生产工艺、生产组织、生产过程控制等环节的自动化、信息化和数字化的管理。数字化车间负责接收智能工厂下达的生产计划，编制生产指令并执行。其建设规划主要包括车间排产与调度、设备状态及能耗管理、产品质量管理、物料配送、安全管理等内容。

数字化车间规划内容主要分为三个方向：

① 以自动化生产单元或自动生产线为规划内容，实现生产过程的自动化执行，属于数字化车间的物理实现。

② 以车间生产执行系统（Manufacturing Execution System，MES）、数据采集与监视控制系统（Supervisory Control And Data Acquisition，SCADA）、物流执行系统（Logistics Execution System，LES）等系统设计为主，实现对计划调度、生产物流、工艺执行、过程质量、设备管理等生产过程各环节及其要素的精细化管控。

③ 以构建车间级的 CPS 系统为主，以物联网和工业互联网平台设计为主，连接 MES 等系统与底层产线设备。

数字化车间的系统架构如图 1-10 所示。

（2）智能工厂

智能工厂是智能制造的主体。智能工厂是在数字化车间的基础上，以工厂运营管理整体水平提高为核心，通过自动化、信息化来实现精益工厂建设和工厂大数据系统建立，实现不同生产车间的生产调度和供应协同、计划排产和管控等业务活动。智能工厂主要负责接收订单生产需求，编制主生产计划（Main Prouduction Planning，MPS）和详细生产计划并下达至车间。其建设规划除数字化车间相关内容外，还包括原材料及配件的采购、产品设计和工艺设计、生产组织方式、物流管理、销售管理、客户服务等内容。

智能工厂的系统规划主要包括工厂级 MES、企业资源规划系统（Enterprise Resource Planning，ERP）、高级计划与排程系统（Advanced Planning and Scheduling，APS）、供应商关系管理系统（Supplier Relationship Management，SRM）、客户关系管理系统（Customer Relationship Management，CRM）等。通过系统实现从精准营销到需求实时拉动生产，再到生产实时拉动采购的价值链闭环。

（3）链主企业

链主企业是智能制造的高阶应用，也是制造行业实现高质量发展的内在必然要求。链主企业在生产制造的基础上，整合企业内外资源，实现供应链上下游企业的协同、产品全生命周期的数据管理和应用等。链主企业通过构建数字化协同供应链平台，实现信息共享，促进供需精准匹配，提升供应链效率，降低运营风险和成本。其建设规划除智能工厂和数字化车间相关内容外，还包括供应链环节所涉及的发展战略、资产管理、网络建设、数据管理等内容。

企业层

| ERP | PLM | ERP | PDM | CAPP | OA | …… |

DB　　COM　　DLL　　ESB　　XML

执行层

基础数据定义及业务流程定制

| 组织架构 |
| 权限安全 |
| 工厂日历 |
| 产品BOM及工艺 |
| 生产资源定义 |
| 人力资源定义 |
| 工时维护 |
| 系统审计、日志 |

基础数据定义

| 业务组件库构架 |
| 流程配置 |
| 界面优化及调整 |
| 报表引擎(自定义报表) |
| 深度二次开发 |
| 企业门户 |

业务流程定制

主计划接收	排产算法配置	工位作业安排
计划分解	设备能力评估	任务进度反馈
生产准备	工序作业排产	过程质量控制
计划进度监控	产能评估	生产异常管理
外协管理	排产结果调整	跨车间流转

计划、作业管理及协调

工具档案维护	物料档案维护	设备档案维护
工具准备	物料准备	设备点检
工具寿命追踪	在制品追踪	设备维修、维护
工具维护、检定	齐套分析	设备效率分析
工具出入库管理	物料供应管理	备品备件管理

生产资料管理

数据采集/可视化

监控视频

条码及RFID

工业App

可视化调度

采集层

可视化展现HMI	预测性维护	大数据分析	实时数据存储处理	数据集成接口	控制指令接收
				数据标准化	数据处理
				多源异构实时数据获取	指令下达

设备层

设备物联网通信协议

| 立体库 | AGV | 机器人 | 检测设备 | 自动化线 | 其他设备 |

图 1-10　数字化车间的架构示意图

链主企业的规划内容还包括制定智能制造战略规划，组织搭建数字技术的人才队伍，部署 5G 网络，进行网络安全和网络资源优化配置，部署供应链管理系统（Supply Chain Management，SCM）和产品生命周期管理系统（Product Lifecycle Management，PLM），建设数据中心，打造数据中台和工业互联网平台、企业上云等，最终实现生产资源节点网络化和供应链协同。

1.1.6 案例：德国奥迪的未来工厂

在汽车行业，汽车柔性制造数字化车间通过自动化传输设备，将生产线上各工序主要生产设备连接成一条数字化的全自动生产线，在 MES 的控制调度下，自动实现各生产线生产计划的优化编制、计划下达、计划修改，及零件工艺路线设定、加工程序选择等作业；系统控制物料自动输送执行机构，进行生产线物料的自动分配、跨线调运、准时供应等；通过网络通信系统，控制生产线加工设备自动调用加工程序，对来料进行加工，实现生产线全自动连线生产，达到生产线无人或少人化作业的目的。

德国汽车企业奥迪公司的未来智能工厂概念如图 1-11 所示。在未来智能工厂中，传统的装配流水生产线消失不见。通过 AGV 实现产品的流动，零件运输由 AGV 甚至无人机完成。工站由独立智能工作岛（Competence Islands）组成。在独立智能工作岛，由生产人员和协作机器人（Collaborative Robot）合作将电机、电池系统或内燃机等动力系统搭载到车身。焊接、组装、物流机器人遵循更高层次的逻辑，实现有序运行，使生产更加具有柔性。

智能工厂

图 1-11 奥迪智能未来工厂示意图

奥迪智能未来工厂的核心技术主要包括：

（1）智能物流系统

零件物流是保障整个工厂高效生产的关键，在奥迪智能未来工厂中，零件物流运输全部由无人驾驶系统完成。转移物资的叉车也实现自动驾驶，实现真正的自动化工厂。

（2）智能机器人

在奥迪智能未来工厂中，小型化、轻型化的机器人将取代人工来实现琐碎零件的安装固定。柔性装配车将取代人工进行螺钉拧紧。在装配小车中布置有若干机械臂，这些机械臂可以按照既定程序进行位置识别、螺钉拧紧等。柔性抓取机器人不同于现阶段的抓取机器人，该机器人的最大特点在于其柔性触手，这种结构类似于变色龙舌头，抓取零件更加灵活。除了抓取普通零件外，柔性抓取机器人还可以抓取螺母、垫片等细微零件。

（3）智能装配系统

奥迪智能未来工厂将借助虚拟现实技术（Virtual Reality，VR）来实现虚拟装配，以发现研发阶段出现的问题。借助 VR 设备，设计人员可以对零件进行预装配，以观测未来实际装配效果。装配辅助系统可以提示工人何处需要进行装配，并可对最终装配结果进行检测。在一些线束装配任务中还需要人工的参与，装配辅助系统可以提示工人哪些位置需要人工装配，并在显示屏上显示最终装配是否合格，防止出现残次品。

（4）智能品质保证系统

数据眼镜类似装配辅助系统，数据眼镜可以对看到的零件进行分析，发现其缺陷与问题。数据眼镜可以为员工或者工程师提供针对性支持。

1.2　智能工厂的系统模型

结合"中国制造 2025"的国家战略规划，智能制造需要达成如下目标：

① 满足工厂大型化、一体化、智能化和绿色化的需要，体现安全、健康、环保、节能、减排和循环经济理念。

② 生产过程自动化与企业生产、经营管理信息化的一体化、集成化。

③ 生产装备、过程测量与控制的数字化、网络化、智能化。

④ 研发、设计、工程、生产、供应链和经营决策的数字化、自动化、网络化。

⑤ 生产过程的可视化、透明化、虚拟化。

智能工厂的生产与运作管理主要包括计划与调度管理、质量管理、物流与供应链管理、工艺管理、设备管理、成本与绩效管理等方面。传统的制造工厂主要是面向规模市场，以大批量生产方式和备货性生产为主。智能工厂需要适应定制生产、接单式生产、多种少量生产的发展趋势。智能工厂的整体生产运作模式相较于传统工厂存在明显差异。

智能工厂由数字化车间组成。数字化车间由智能工艺装备系统、智能车间物流系统和智能车间生产信息系统等三部分组成。智能工厂的生产运作场景如图 1-12 所示。

其中，数字化车间通过自动化检测、传输与控制设备，将生产线上各工序主要生产设备连接成全自动数字化生产线。生产过程中的设备、产品等能够智能感知自我所需和工艺路线。在车间生产管理系统的控制调度下，自动实现生产线的计划调度、任务下达与生产工艺路线设定；系统控制生产线物料输送执行机构，进行生产线物料的自动分配、跨线调运、准时自动供应等；通过网络通信系统，控制生产线主要生产设备，自动调用控制程序，实现产品的全自动连线生产，达到生产线无人或少人化作业的目的；通过集控系统实现物料、机器、生产、物流、仓储等的智能匹配、协调与控制，实现智能化生产。

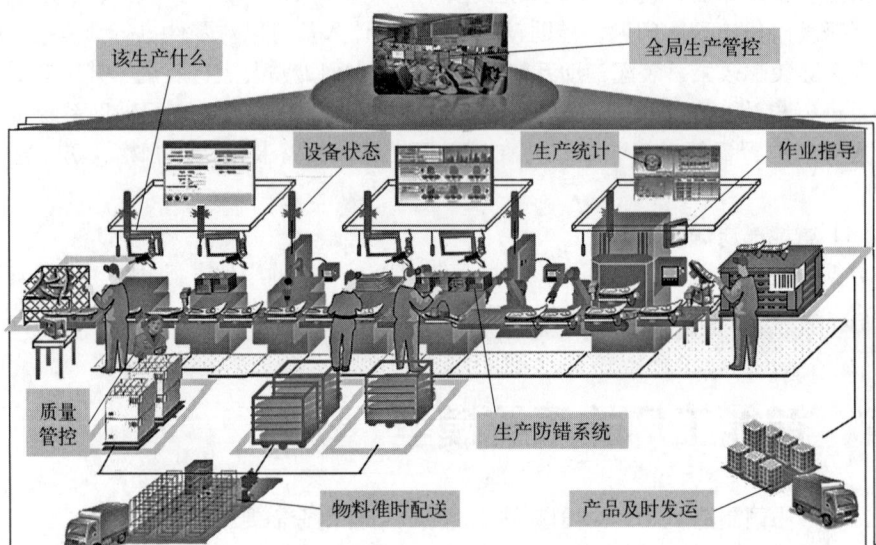

图 1-12　智能工厂的生产运作场景

企业的发展规模和发展战略具有一定的不确定性。很多企业在发展初期，对工厂设施、业务系统支持等方面缺乏系统性、前瞻性的整体规划。在智能制造和智能工厂的建设过程中，需要对产品生产模式和生产工艺进行调整，经常会出现原有的生产工艺和布局调整困难，新增的设备、工艺、线体布局的耦合性不好，导致实际生产过程中出现人、机、料、法等方面的各种问题。

如图 1-13 所示的企业生产运作体系是产品质量保证和企业的长期稳定发展的基础。为了保证生产系统具有较强的柔性，智能工厂需要对生产运作体系做前瞻性、系统性规划。具体包括生产运作体系所涉及的生产模式、计划策略、设备能力、生产工艺、供应链体系、系统工具等规划内容。当出现产品调整或订单需求波动时，企业可以及时、灵活地组织与应对，满足订单交付和产能要求。

智能工厂的建设具有逐步发展完善和迭代的特点。目前智能工厂建设存在的主要共性问题集中在如何提高系统与业务需求匹配度、数据如何深度支持业务应用、如何提高系统的可复制共享程度、如何提高生产系统柔性等，这些共性问题制约智能工厂预期目标的达成和推广应用。

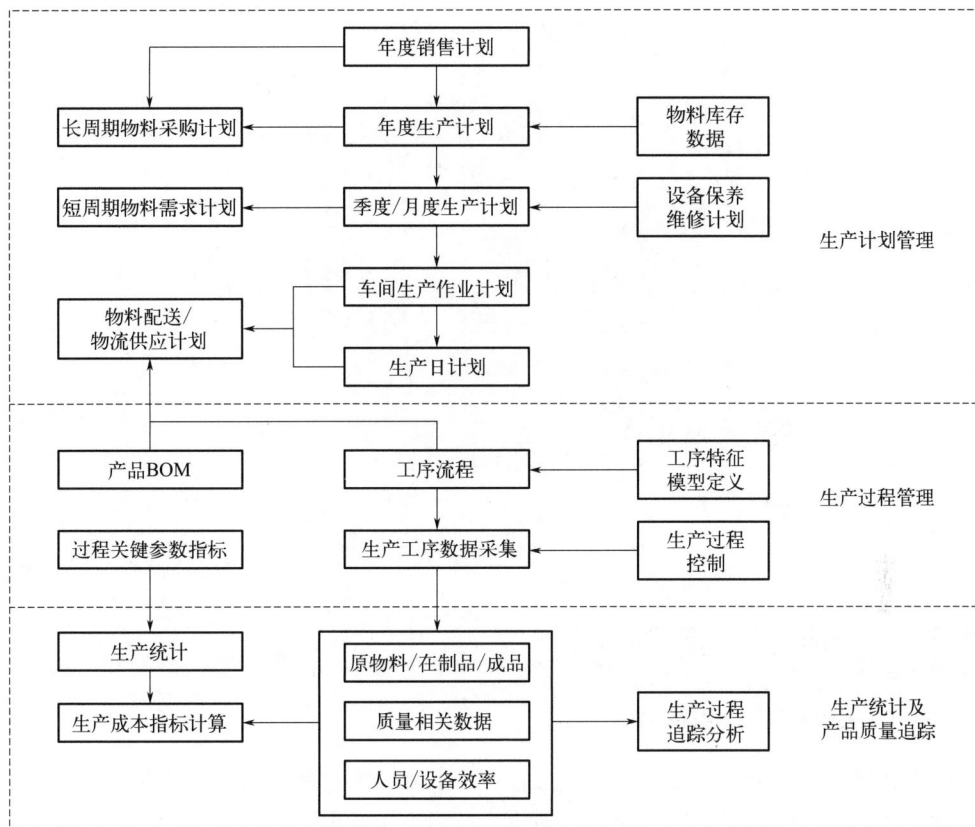

图1-13　企业生产运作体系流程

1.2.1　智能工厂的边界

智能工厂是智能制造系统在工厂层级的具体实现。通过定义智能工厂参考模型，有助于形成对智能工厂的统一理解，明确智能工厂的业务边界范围，指导工厂的具体规划和建设实施工作。智能工厂的模型维度如图1-14所示。

（1）业务边界

智能工厂处于接到订单到产品出库之间的阶段，不包括新品研发、销售物流、维保服务等环节。

（2）组织边界

智能工厂以工厂内部的纵向集成为主，不包括产业链、供应链的外部协同。

（3）信息和数据边界

智能工厂以工厂内部设备和软件间的系统集成、互联互通和信息融合为主。智能工厂的信息获取和分析决策的应用限定在工厂内部。

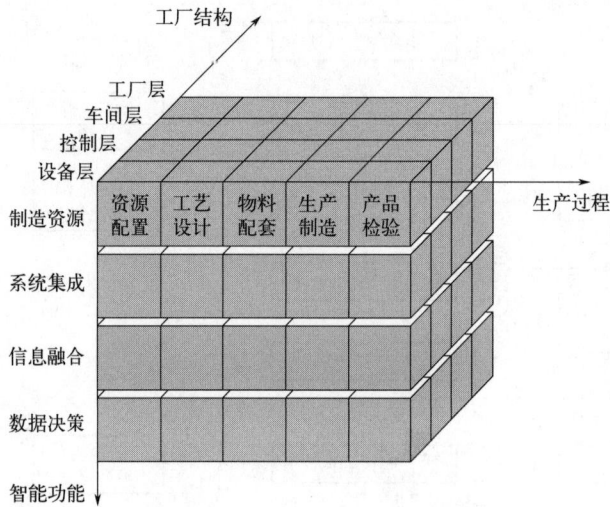

图 1-14　智能工厂的模型维度

1.2.2　智能工厂的系统组成

1.2.2.1　智能工厂的系统层次模型

对制造企业而言，智能制造的核心在于智能化。无论是信息技术与制造业的深度融合，还是数字化产品与服务模式的创新，其物理模型主要是由智能工厂、智能生产和智能物流组成。

智能工厂是智能制造最主要的应用实体与实施载体。就智能工厂而言，生产资源（设备、人、物料等）、信息（数据、模型等）和结构化系统（流程、组织、软件等）是三个重要的智能元素。智能工厂由智能工厂硬件（物理系统）、智能生产管理系统（信息化软件系统）和精益运行管理体系三个部分组成。数字化、智能化趋势影响和推动工厂在这三个方面的紧密结合、高效集成。

智能工厂的网络架构如图 1-15 所示。在智能工厂中，结构化系统和生产资源通过信息实现连接与交互，实现数据收集、数据分析、生产预测和资源配置。例如，通过信息技术对研发过程进行管理；对生产和制造工艺流程进行分析、验证和优化；对产品的功能、性能、智能进行模拟以及全生命周期的服务支持；协调生产控制系统、生产管理软件和业务决策系统中的业务流程。此外，这些内部集成系统可以与基于互联网协议的其他系统相互作用，将智能化的范围由单个企业扩大到整个价值链。

美国先进制造研究机构（AMR）通过对大量企业开展调查后，将制造业信息化定义为如图 1-16 所示的层次模型。其中，ERP 作为业务管理系统的计划层，过程控制系统（Process Control System，PCS）作为控制系统的执行层，将位于计划层和控制层中间位置的功能执行层称为 MES 系统。上层 ERP 业务计划指令通过 MES 系统传达到生产现场底层的生产设备等的控制系统；同时，生产现场的信息又通过 MES 系统及时收集、上传和处理，并将数据处理结果返回 ERP。因此，MES 是连接现场层和经营层的信息传递系统。

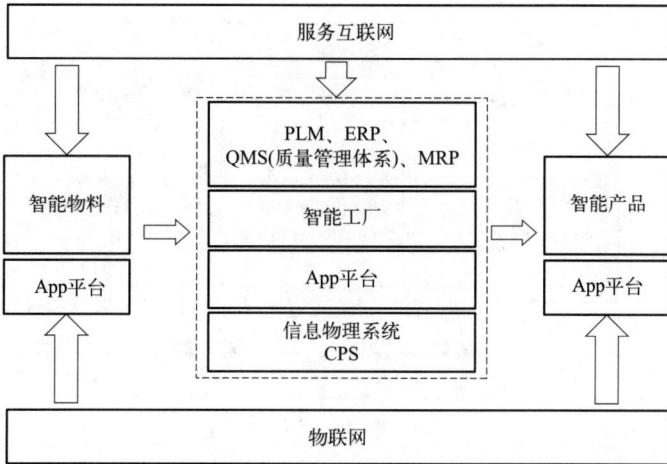

图 1-15　智能工厂的架构——基于物联网和服务互联网

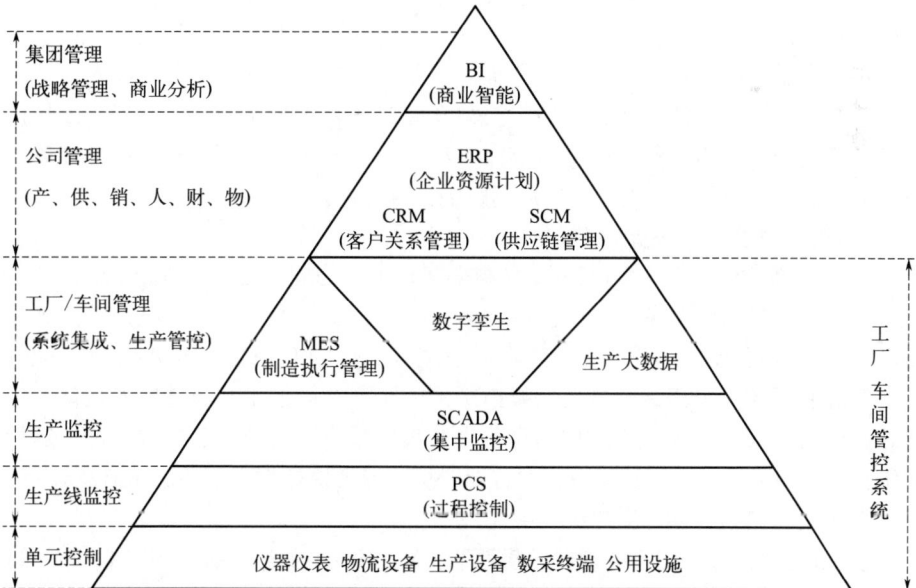

图 1-16　AMR 企业层次模型

基于智能制造发展现状和企业共性需求，智能工厂的参考模型如图 1-17 所示。

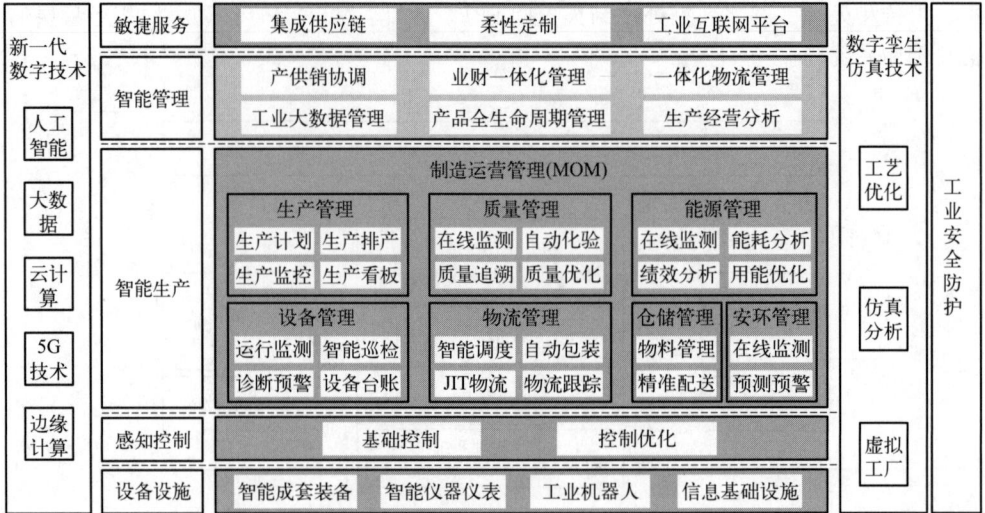

图 1-17　智能工厂参考模型

（1）基础设备与设施层（物理系统）

智能设备与设施层主要包括智能设备以及厂内配套信息基础设施，是智能工厂运作的重要手段和工具。其主要包括智能加工设备、智能物流设备、智能检测设施、智能感知与监测装置等。

智能设备的应用主要体现在两个方面：一是自动化生产线、工业机器人、智能传感与控制装备、智能检测装备、智能物流与仓储装备等生产端的智能设备；二是计算机网络、工业通信网络系统、备份与存储系统、服务器系统、信息安全系统等数字化网络基础设施，其是保障智能工厂生产运行的关键底座。

（2）感知与控制层（控制系统）

感知与控制层包括可编程逻辑控制器（Programmable Logic Controller，PLC）、SCADA、分布式控制系统（Distributed Control System，DCS）、现场总线控制系统（Fieldbus Control System，FCS）、用于过程控制的 OLE（OLE for Process Control，OPC）等控制系统。采用统一的数据接口标准，实现关键技术装备之间、装备与控制系统之间的信息互联互通。工厂现场具备生产数据采集、关键工艺参数调整、运行效果优化和安全保障的自主可控能力，为智能决策和智能执行提供智能感知信息。

（3）智能生产执行层（生产执行系统）

智能生产执行层以 MES 或制造运营管理（Manufacturing Operations Management，MOM）系统为核心，全面管控工厂的实时生产状态和绩效，并进行指挥调度。智能生产执行层包括实现计划、执行、物料、质量、设备协同管控的 MES 系统，物流全过程透明管理与优化调度的智能物流系统，能耗透明化并进行优化调度的智慧能源系统，生产过程的三维可视化监控、异常实时报警和远程调度的生产监控中心等。

（4）运营与决策层（运营决策系统）

运营与决策层是以 ERP 和 SCM 系统为核心，将产品原材料、产品结构、工艺、生产计划、质量和服务支持等方面的数据有机联系起来，形成生产和管理的闭环。

运营与决策层主要包括采购管理、销售管理、客户关系管理、资产管理、产品全生命周期管理、生产经营分析等。同时，借助数据标识解析技术管理产品设计、生产、物流、仓储、销售等数据，运用商业智能（Business Intelligence，BI）分析工具完成业务分析、绩效分析、客户分析、资源分析等业务内容的可视化展示，辅助管理决策。

1.2.2.2　智能工厂物理系统

智能工厂物理系统是指与智能工厂相关的制造资源及基础设施，主要包括智能化装备与生产线、智能物流与仓储设施、数据采集设备等基础设施。

（1）智能设备与智能生产线

智能设备与智能生产线通过先进制造技术、信息通信技术的集成和深度融合，具备动态感知、实时分析、自主决策和精准执行等智能化特征。智能设备是具有采集器、嵌入式控制器、智能仪表和传感器，以及智能通信接口等集成层的生产装备，可以通过通信技术实现设备的互联和集中控制。

智能设备主要包括智能加工设备、工业机器人、增材制造设备、传感与控制装备、检测与装配装备、物流与仓储装备等智能制造装备。

智能生产线是根据产品成组化原则的生产组织方式，完成产品生产过程并具有数字化和智能化特征的一种生产线。智能生产线通过计算机管理及智能监控系统，实现自动化、连续化生产。智能生产线具备工艺参数的自动采集、工艺动作的自动控制、设备运行实时动态模拟显示、生产过程自主控制和优化等功能。

（2）智能物流设备

智能物流设备是以物联网技术为基础，利用信息采集、传递和管理技术及智能处理技术，实施仓储与物流系统的集成，实现仓储物流的全过程优化及资源优化。

智能物流设备主要分为自动仓储设施和智能搬运设备两类。自动仓储设施主要包括电子料架、立体仓库、智能料仓等自动或半自动仓储设备。智能搬运设备主要包括自动拣选线、AGV、自主移动机器人（Autonomous Mobile Robots，AMR）、无人叉车、自动拣选设备等物流设备，实现物流作业过程中运输、装卸等环节的自动化和智能化。

（3）数据采集设备

数据采集设备主要包括电子标签、扫描设备、采集器、视觉设备、智能传感器、采集软件等。数据采集设备通过通信连接，将各种类型的数据采集单元紧密集成，实现对底层基础设施设备数字化信息的实时采集、监控、统计分析和存储等功能，为整个管控系统提供准确和值得信赖的底层数据。同时，数据采集能够实现与上层的信息系统数据库的共享及系统数据指令的互相传递，为信息系统客户端的数据应用提供支撑。

1.2.2.3　智能工厂生产执行系统

智能工厂的生产执行系统以 MES 或 MOM 为核心。MES 系统主要负责生产过程管控、防错防呆、产品质量追溯、设备运行等相关业务。MOM 是以 MES 系统为核心和基础，同时涵盖 APS、仓储管理系统（Warehouse Management System，WMS）、企业资产管理系统（Enterprise Asset Management，EAM）等系统。

MOM 针对从订单到产品完成的全部生产活动，实时采集现场数据，经过分析与处理，实现对生产活动的计划、组织、指示、控制、优化和报告。在 AMR 企业层次结构的基础上，MOM 功能结构与框架模型主要由车间管理、工艺管理、质量管理和过程管理等功能组成。

（1）数字化工艺建模

数字化工艺建模是采用数字化建模仿真技术，在计算机仿真系统中实现生产过程的模拟和仿真。其主要用于数字化工艺加工仿真、数字化装配仿真、物流仿真、生产线仿真等应用场景。

（2）全面集成

MOM 根据业务需求的不同，与 ERP、产品数据管理系统（Product Data Management，PDM）、WMS 等上下层级系统实现业务功能集成，通过 MES 系统整合上下游信息流，建立一个业务统一、流程顺畅、数据规范的生产执行平台。MES 系统业务功能集成模型如图 1-18 所示。

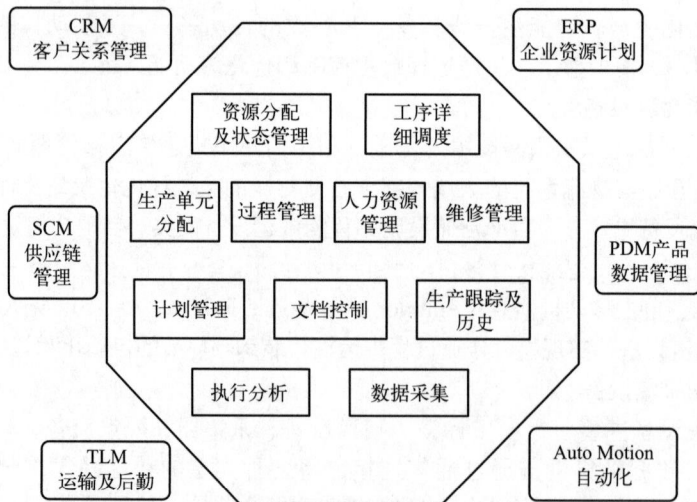

图 1-18　MES 系统业务功能集成模型

（3）精益计划与调度

基于精益生产的原则，通过 MES 与 APS 系统集成，实现生产计划的自动编制、实时调度，以及计划执行全过程可视化管理，构建物料、人员、流程指令和设备等工厂生产资源的统一生产计划管控平台。针对生产流程组织存在交错、重叠和并行等不同业务场景，以订单、工单、批量、作业任务、资源等形式，组织和调度生产单元间的工艺流、业务流，实现作业效率、设备效率和交期的综合最优。智能计划与调度功能主要满足高级计划排产、车间动态调度、生产过程管控、计划性保养维护等应用场景。

（4）自动化生产与物流

以机械制造行业为例，自动化生产与物流是通过先进制造技术、物联网技术、自动识别技术和人工智能技术，实现加工、装配、检测、仓储与物流等作业过程的自动化或半自动化。其主要用于自动供料、自动切换（工装 / 刀量具）、自动检测、自动异常报警、自动搬运等场景。

（5）生产过程监控

生产过程监控是在数据采集和系统集成的基础上，通过电子看板、安灯系统、SCADA、管理驾驶舱、BI 系统等，建立生产过程和绩效指标的可视化平台。针对设备状态、生产流转、异常报警等关键过程数据，以及工时、设备稼动率、达成率、良率、能耗等关键指标，通过与数字化管理模型进行对比，实现生产过程异常的预测和预警。MES 实现底层生产控制设备的数据交换和指令控制，同时辅助上层生产运营决策系统的管理决策。

（6）设备运维

设备运维是针对主要生产设备、关键部件或系统，采用数据采集技术、智能传感技术和智能分析技术，开展设备工作状态动态监测、健康状态评估、设备能力与负荷分析、预测预警、故障诊断，以及远程监控和维护，提高设备综合效率（Overall Equipment Efficiency，OEE）。

（7）数字化质量保证

数字化质量保证的核心在于产品在线检测、质量过程控制以及异常处理机制等。其主要用于质量数据采集、质量判定与预警、质量控制、正 / 反向追溯等。

1.2.2.4　智能工厂运营决策系统

智能工厂需要建立以精益思想和精益工具应用为主体的生产运作流程体系。运用科学管理技术、信息管理技术和管理工具等，归纳和提炼工厂生产运行模型，并结合智能工厂生产执行系统，持续优化资源配置、生产作业调度、生产管理策略和车间布局等，实现智能工厂的高效、柔性生产。

ERP 系统是智能工厂运营决策层的核心系统。在生产运作过程中，ERP 系统根据生产经营的业务流程，实现物流、信息流和资金流三者的集成应用，统一完成企业的销售、合同、生产主计划、采购、仓库、质量、成本等各项业务需求。

① 理顺生产经营管理流程。梳理和制定适应多种少量生产的企业经营管理流程，实现公司生产、运营、财务一体化管理。

② 建立生产计划的控制和反馈体系，实现各类生产计划的闭环管理。

③ 实现物料计划和采购的准确性，有效控制原物料和产品库存，实现物料的同步或齐套供应，建立缺件报警制度。

④ 建立价格管理和多层次成本控制体系。建立原物料和产品的成本核算体系，形成完善的合同报价和成本审计体系。

⑤ 建立生产的可预见性机制，包括销售预测、库存预测、缺件预测、生产过程预测、客户订单交货期预测、采购到货期预测、生产成本预测等。

ERP 各主要功能模块与业务流程的架构体系如图 1-19 所示。

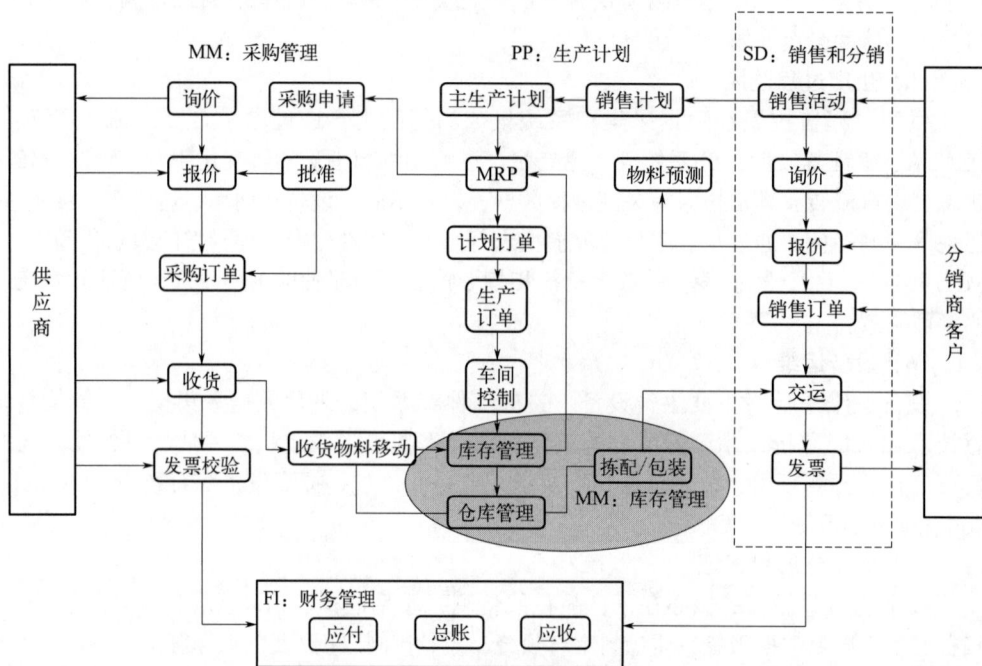

图 1-19　ERP 系统的架构体系

需要说明的是，随着系统功能颗粒度的细化和企业管理业务需求的深入，生产管理信息系统的边界是动态变化的。由于 MES 和 MOM 系统的出现，传统 ERP 包含的质量模块、维修模块功能越来越多地下沉到 MES 和 MOM 系统中。库存细部作业则转移至 WMS 系统。物料供应作业转移至 LES 系统。BOM 的相关功能则转移至 PDM 或 PLM 系统。在实际系统规划或系统转型时，需要结合自身的业务重点和未来的系统扩展方向，选择对应的系统和功能配置。

1.2.3　案例：汽车整车厂 MES 系统规划

1.2.3.1　生产工艺流程分析

汽车整车行业的生产自动化和信息化水平目前在制造业各行业领域中处于领先水平。汽车整车制造的冲压、焊装、涂装和总装生产工艺都是以流水线生产为主。在整车制造过程中，冲压车间采用批量生产方式，生产相对独立。焊装、涂装和总装车间采用整车流水线生产模式。在汽车制造关键工艺中，冲压、焊装、涂装、动力总成装配等工艺已经基本实现自动化。

如图 1-20 所示，整车厂的焊装、涂装和总装车间形成一个有序的链式结构，一般采用传输链连接在一起。焊装车间将冲压好的各种车身板件进行焊接，形成白车身总成。白车身总成被输送至涂装车间进行车身密封和面漆。在总装车间一般采用混流装配线生产模式，完成车身、发动机、变速器、内饰、仪表盘、座椅等零部件的组装，再经过检测线和路试场的检验调整后成品车下线。

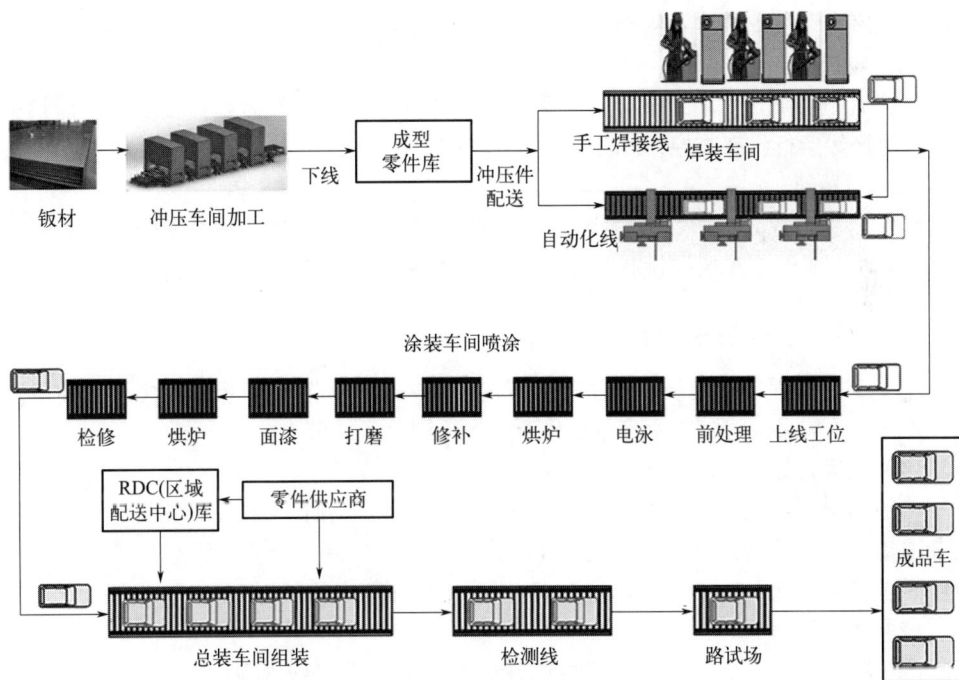

图 1-20　汽车生产工艺流程

整车厂焊装、涂装和总装车间的主要生产业务内容分别如下所述。

（1）焊装车间

接收日焊装生产计划，创建和确定当日的焊装生产顺序队列；完成车辆特征代码转化；车辆上线与下线的数据采集；焊接主生产线与子线顺序作业指示单和 MES 流转卡的打印；设备连接指示和结果数据收集；冲压件和焊装件的取货指示；焊装生产线上的车辆状态跟踪；问题车辆的下线和重新上线的处理；基础数据的维护；信息查询；等等。

（2）涂装车间

接收日涂装生产计划，创建和确定当日的生产顺序计划；车辆上线与下线的数据采集；涂装生产指示单的打印；设备连接指示和结果数据收集；物流指示单；进入空车身存储区（Painted Body Store，PBS）控制指示；涂装生产线上的车辆状态跟踪；等等。

（3）总装车间

接收日总装生产计划，确定当日总装生产顺序队列；车辆上线与下线的数据采集；设备连接和结果数据收集；物料拣选指示单；亮灯选件指示；拧紧工具控制与数据收集；关键零部件数据采集；总装生产线上的车辆状态跟踪；等等。

总装车间一方面直接面向用户需求，另一方面向涂装车间和焊装车间发出物料需求。因此，根据生产组织模式的不同，总装车间生产计划的制定方式也相应变化。在整体的生产组织上，总装车间既可以采用以后序车间的需求为基础的拉式生产，也可以采用以库存为基础的推式生产。

（4）物流部 / 生产调度

生产计划接收 / 生产结果传输；确定和发布各车间日生产计划；生产线车辆状态跟踪和生产线运行状态监控；PBS 车辆调度与控制；等等。

（5）质量部

接收日生产计划；质量检测指示单打印；质量检测设备连接和结果数据收集；车辆在检测线和工艺停车场的状态跟踪与报告；合格证关键信息传输、信息查询等。

1.2.3.2　生产业务需求分析

整车制造过程需要实现多车型的混流生产体系。如何管理、组织和协调这种多空间、多维度的信息成为整车生产与运作管理的关键业务需求。

（1）生产计划

一般情况下，通过生产预测进行生产组织与准备。同时，为了快速响应市场需求，越来越多地采用面向订单生产模式。而生产计划的频繁变更，要求整车厂具备从生产计划下达到整车成品产出的生产调度与生产决策优化能力。

（2）质量管理

汽车制造过程所涉及的零部件种类与数量繁多，在生产线中极易出现装配错误，造成质量下降。产品质量管理的方式主要是通过在流水线上设立报交点，根据工艺要求由质量管理人员进行车辆检测和报交，按照检测项进行检测，输入检测结果、缺陷数据，生成检测信息单，并根据缺陷生成问题单进行缺陷的后续整改处理。MES 质量管理需求主要包含品质保证流程、各工程最终检查流程、质量追溯、作业防呆等方面。

（3）设备管理

汽车整车制造采用流水线生产模式，生产的自动化程度高。车型扩展与产能提升对设备的柔性化生产要求较高。现场生产需要实时监控设备状态，做好设备维护检修计划，关注产线的设备瓶颈，提高产线生产效率。

（4）物流与供应链

混流生产要求物料供货同步，要做到同期计划同步供货，生产物流与供应链极其复杂，对交期管理要求较高。车型扩展与产能进一步提升，对物流与仓储带来极大压力，要求生产物流与零部件采用 JIT 供货模式。

（5）生产过程实时监控

汽车生产工艺涉及物料供应、焊装、涂装、总装、下线库存、车间线体执行，其工艺过程、信息系统与控制系统较为复杂，生产过程信息的数据采集量大，从 ERP 系统到 PCS 系统的数据交互与信息通信至关重要，要求具有特殊车辆管理和车辆监控跟踪功能。

1.2.3.3 MES 系统流程设计

整车厂的智能制造一般可以从两个维度同步展开。纵向以数字化生产车间为核心，构建自动化的控制层、执行层和决策层的闭环生产体系。横向以订单交付和生产组织为目标，以 MES 系统为核心打通工艺、计划、物料、质量、设备等业务，最终实现生产业务的全连接、全数字化。整车厂核心业务的 MES 系统流程设计如图 1-21 所示。MES 系统定期从整车厂供应链系统获得基于 EDI 标准的客户订单数据。MES 系统的订单管理模块首先对订单数据进行分类汇总，之后，对订单数据进行优化，最终形成生产计划。

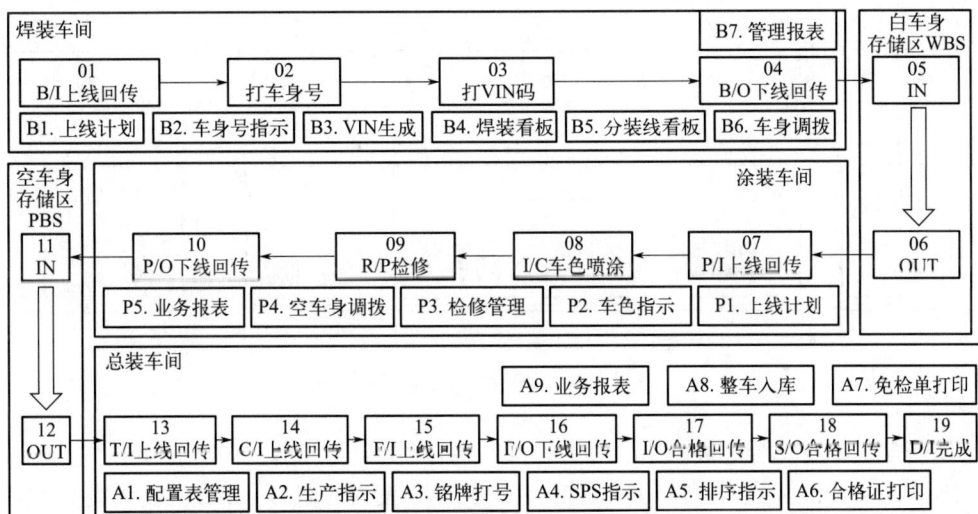

图 1-21 汽车 MES 生产业务流程组成

（1）车辆识别

在生产计划产生后，为了监控整个生产流程，MES 系统依次为每个车身分配唯一标识代码——车辆识别代码（Vehicle Identification Number，VIN）。VIN 码一般采用条码方式进行标识，为每张订单打印识别条码，整车装配过程中都需要把相关的零部件信息记录下来，并和 VIN 码、订单识别号绑定。

（2）数据采集

生产现场信息控制点是整车制造 MES 系统控制流程的基础。汽车生产工艺控制点如图 1-22 所示。MES 系统按工艺流程顺序设立对应的数据采集点（Data Capture Point，DCP）。MES 系统通过自动车辆识别（Automatic Vehicle Identification，AVI）系统，采集 DCP 的车辆过点记录，跟踪车辆位置，掌握车辆的实时生产进度。DCP 采集的数据主要包括车辆位置、车辆生产进度状态、调整返修、前 / 后车车号、生产序列、AVI 过点时间、工艺路径等。

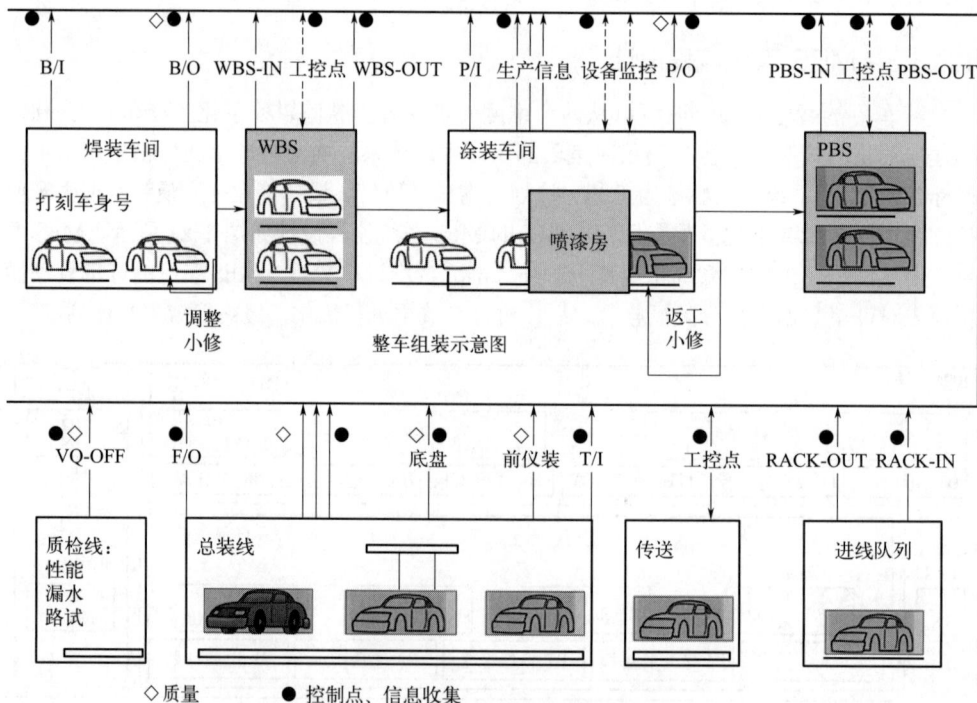

图 1-22　汽车生产工艺控制点

例如，车身焊接上线时（Body In，B/I），打印车体投入指示；通过白车身检查点（Body Out，B/O），采集当前生产进度；根据 T/I 点发送的信息，采集前仪装线上线实绩状况；根据 F/O 点发送的信息，采集后仪装线下线检查点实际状况。

（3）生产过程控制

在生产现场，MES系统根据采集的订单号在现场点显示车辆信息数据，由现场作业人员进行相关数据的输入、处理、输出，完成现场车辆的生产操作、现场状态监控与异常处理和其他现场操作流程。同时，MES系统会根据系统设计的流程，向零部件供应商发出供货请求；或向底层的设备控制系统发送控制指令，控制生产流水线的生产内容与进度。

1.2.3.4　MES功能架构设计

汽车MES系统的业务需求主要包括生产控制管理、物料管理、质量管理和设备管理等。汽车MES系统业务功能以生产制造为功能主线，以物流配套和质量管理为业务支撑，主要划分为生产计划、生产控制、物料计划、现场物流、质量管理等业务功能模块，设备管理功能包含在生产控制模块中，如图1-23所示。

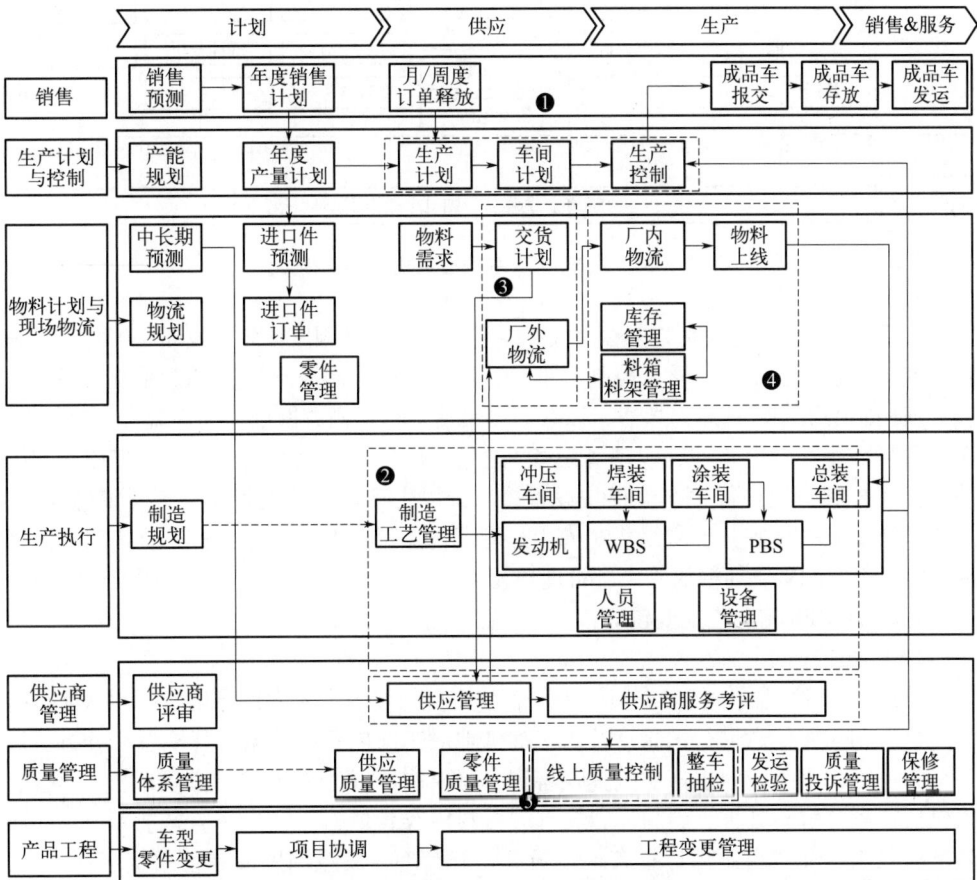

图 1-23　汽车 MES 系统业务功能图

汽车 MES 系统的业务功能层次模型如图 1-24 所示，涵盖 MES 系统的核心系统功能。

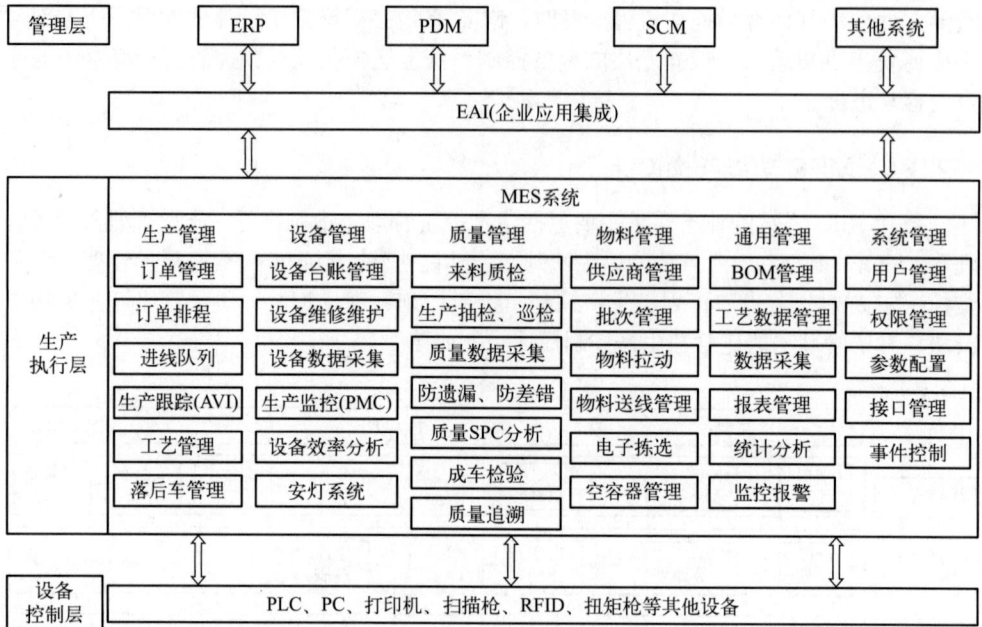

图 1-24　汽车 MES 系统业务功能层次模型

工厂级 MES 系统的业务核心模块主要包括接收生产顺序计划、发布生产指示、设备控制、车辆状态跟踪、质量控制、车间管理、物料拉动控制等。MES 系统以现场流程管理控制模块和数据库为核心，以数据接口模块和车辆数据维护模块进行订单数据、车型数据等生产数据管理；以现场设备 / 通信接口模块、数据采集模块、打印管理模块、流程控制模块进行生产流程与设备控制；以生产计划管理模块、产量统计模块、查询统计报表模块等实现网络化车间生产管理与监控；此外，还包括系统用户权限操作功能、系统配置管理模块等系统管理功能。

各车间 MES 的功能主要包括：

（1）冲压车间

MES 生产管理模块将对卷料、板料、冲压自制件的出入库信息以及各冲压线体的生产信息和品质信息进行记录，及时、准确地对车间内各种数据进行汇总和分析，提高车间可视化水平，为生产决策提供客观、可靠的数据。冲压车间管理的主要业务需求包括计划分解与分析、卷料库存管理、板料库存管理、产线生产信息录入、产线质量信息录入、冲压自制件库存管理、钣金手修管理、质量问题库存及质量图片维护、设备效率分析等。

（2）焊装车间

记录从生产计划编制、下发、执行、跟踪与统计分析的全过程。同时，通过 MES 系统的集成以及对生产过程中质量、物料数据的记录，管理人员能够实时监控车间内的各项业务活动，为生产的持续改善提供保证。焊装车间的主要业务需求包括各种焊装总成焊合校验、生产作业指示票维护与打印、车门区顺建物料单打印、一检 / 终检质量检查、不良品记录与查询、质量数据录入与分析报告、生产队列查询、白车身存储区（Welded Body Store，WBS）路由控制、生产监控、设备效率分析等。

（3）涂装车间

涂装车间的系统需求主要包括计划管理、品质管理、系统集成、作业指示、统计报表、异常情况处理等，通过与 AVI 系统集成，可以实时了解从 WBS 到涂装完工的车辆队列，管理人员能实时管控车间内的各项业务活动，帮助提高生产效率和产品质量。

（4）总装车间

总装车间的主要系统管理需求包括计划编制与下达、作业指示、车体跟踪、品质管理、统计报表、异常情况处理等，同时与 AVI 系统集成，实时掌握 PBS 车辆队列信息，实现与多种类型自动化设备的系统集成，能够实时集控车间内的各项业务活动，提高装配效率和质量。

1.2.3.5　MES 系统架构设计

MES/MOM 从应用耦合度的角度可分为松耦合和紧耦合。松耦合 MES/MOM 主要侧重数据层面的集成应用，因项目复杂度低、展示效果较佳而成为 MES/MOM 的主流实施方式。紧耦合 MES/MOM 与现场数字生产设备进行集成，参与设备的控制，是实现"自动化执行，数字化决策"智能工厂的必要途径。

除冲压车间外，MES 系统的管理与控制范围覆盖焊装车间、涂装车间和总装车间内的整个生产流程。工厂级 MES 系统架构如图 1-25 所示。MES 系统生成冲压、焊装、涂装和总装车间的排产计划，同时生成厂内与厂外物流计划，并发布给零部件与物流供应商。工厂物流在中央控制室（Central Control Room，CCR）维护主数据。

车间级 MES 系统是整车厂 MES 系统的主要组成。车间级 MES 系统的主要功能包括：实现焊装、涂装与总装车间底层数据信息（计划执行状态、设备报警信息等）的实时采集、柔性计划管理、过程可视化管理、设备报警实时监控、系统集成等。车间级 MES 系统框架一般设计为三层结构，如图 1-26 所示。

处于最底层的物理控制层是系统数据采集与处理的主体，为整个系统的实现提供数据基础支撑。业务流程层是车间整体工作的业务流程，决定 MES 系统的管理流程。业务流程层介于管理功能层和物理控制层之间，决定二者的工作逻辑顺序。管理功能层是 MES 系统各功能应用模块的实现，各功能对应于各车间的管理需求。MES 系统实现对车间整体数据信息的全局一致性控制，建立统一的全局数据库以完成全部数据的存储、读取和分析处理工作，实现车间生产过程的统一集成管理。车间级 MES 系统结构设计如图 1-27 所示。

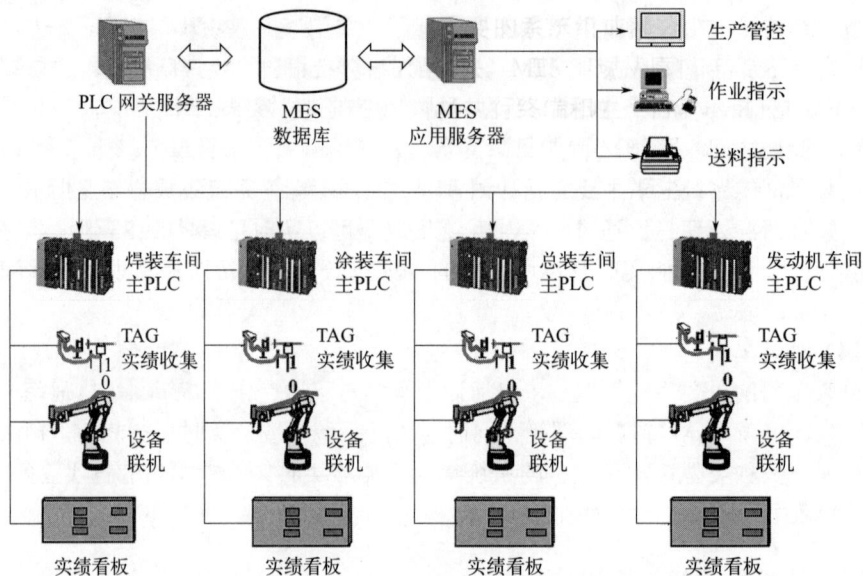

图 1-25　工厂级 MES 系统架构

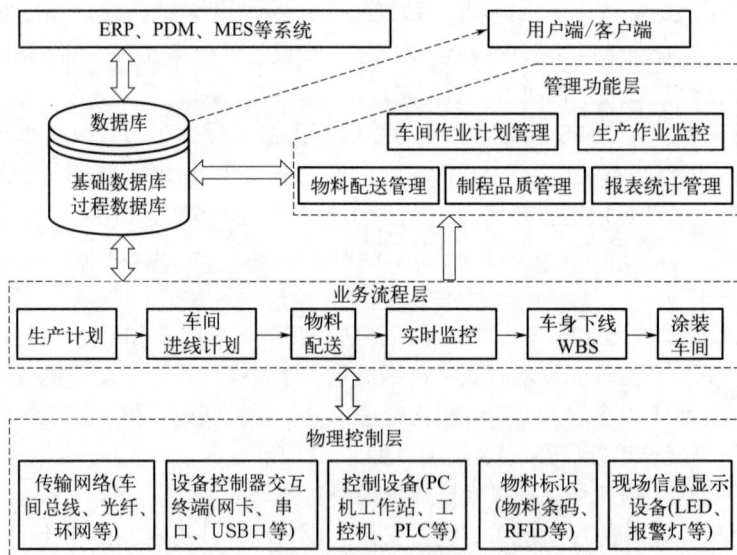

图 1-26　汽车行业车间级 MES 系统框架

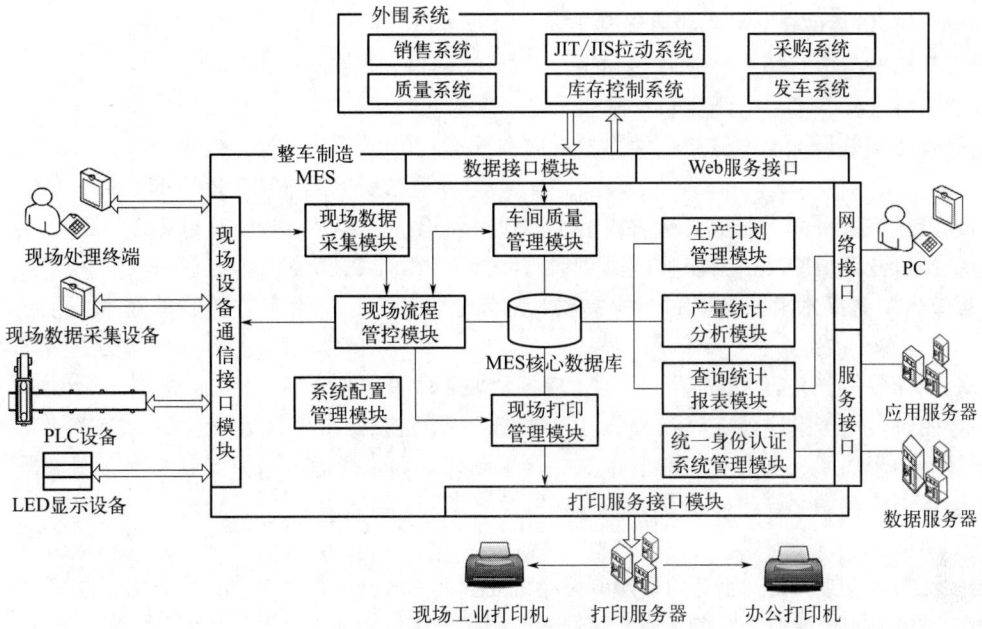

图 1-27　车间级 MES 系统结构

第 2 章

智能工厂规划的方法体系

2.1　智能工厂规划的基本原则和策略

工厂是工艺、设备、数据、系统、人、资金等资源要素的综合集成。智能工厂以实施智能制造为契机，促进自动化和数字化使能技术与精益化生产的融合。通过资源的全连接，实现资源的柔性配置，提高工厂的柔性生产能力与管理水平。

制造企业在行业属性、产品特性、战略发展、生产方式、业务需求、技术基础、资源能力等方面存在较大差异。不同的企业对智能制造和智能工厂的理解和需求具有多样性，对智能工厂规划相关的目标定位、能力要求、资源投入、项目周期等存在差异。

此外，对很多制造企业而言，工艺流程设计、设施布局、数据管理、信息化或自动化系统实施等智能工厂相关的规划内容一般基于核心业务需求和关键应用场景。从实施方法论来讲，这种方式是合理的。但是，企业生产发展和业务管理需求是动态的，企业各部门需求呈现碎片化，这些都给智能工厂的建设规划工作带来一定难度。

因此，智能工厂的建设规划需要对业务需求、建设目标、建设内容进行深入理解，需要系统性地思考企业未来长期发展的业务需求、各系统导入约束逻辑与系统间的集成问题。重点关注资源整合、系统集成、技术整合、多部门协同等跨领域的统筹工作，具备一定的系统规划和项目管理能力、风险分析和识别能力、整合资源能力和判断决策能力。如果智能工厂规划没有对上述问题开展前瞻性思考和整体性架构，会导致智能工厂后续无法有效满足新的业务需求，可扩展难度大，无法达成预期目标。

因此，为了满足不同行业、不同规模企业的智能工厂建设需求，智能工厂的前期规划十分必要。智能工厂的规划需要一种技术方法论。在智能工厂的规划过程中，需要采用精益理念和数字化思想来开展工艺、产线、质量、物料相关的生产业务与流程设计，以达成有效的生产与运作管理。其中，工艺和流程是智能工厂规划与实施的基础。

从业务实现维度，工艺和流程是驱动产品、设备、数据、系统、人、资金等资源要素运作的基础。智能工厂规划工作的首要核心是对工艺和流程的深入理解。对工艺和流程的设计，需要融合工业工程和精益生产的技术方法。从多种少量柔性生产、资源要素快速流动、安定化生产、降本增效等角度，对工艺和流程进行设计与持续优化。

从系统应用维度，工艺和流程贯穿产品、工序、产线、车间、工厂、供应链等生产组织要素。工艺和流程的连接范围确定整个生产系统的业务边界。生产组织的工艺和流程主要通过数据进行连接，而数据的载体是系统。因此，智能工厂是一个复杂信息系统，需要借助系统工程、计算机集成技术和工业互联网平台等技术。从系统化思维角度，对工厂相关生产工艺和业务流程进行功能和集成设计，实现产品生产和企业运作的数字化。

从实现过程维度，智能工厂是一项系统性建设项目，具有高度复杂性和不确定性。智能工厂建设规划不仅需要在技术层面提出各种业务需求的实现方案，同时也需要在战略、组织和人员等方面进行管理，整个过程需要遵循一定的管理流程。智能工厂规划需要按照项目管理的思维和过程方法进行，做好需求分析、方案规划、项目实施和持续优化等各阶段的把控。

2.1.1 智能工厂规划的维度

智能工厂建设规划涉及的资源、技术、因素复杂，不确定和不可控因素多，因此智能工厂规划需要从企业战略出发，明确发展方向，结合企业的现状基础，以智能制造相关技术标准为参考，整体进行统筹架构，系统规划建设方向、建设目标和实施路径。智能工厂的参考框架如图 2-1 所示。

图 2-1 智能工厂的参考框架

智能工厂规划方法论参考架构包括价值维度、技术维度和业务维度三大维度，如图 2-2 所示。价值重构是逻辑起点，技术支撑是工具，业务落地是内核。以价值重构为主线，技术支撑和业务落地双轮驱动，实现智能工厂使能技术和业务方案的双向映射与迭代。

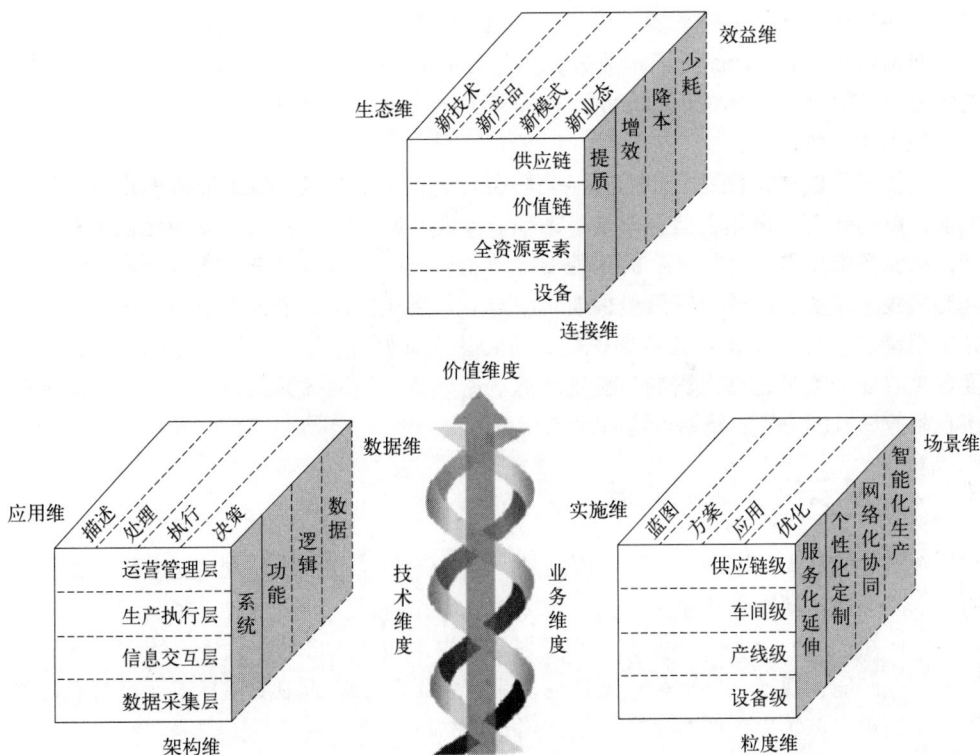

图 2-2　智能工厂规划方法论参考架构

（1）价值维度

价值驱动是智能制造和智能工厂的第一原则。价值重构是智能工厂规划的逻辑起点。价值是从宏观角度，从系统输入输出的流程上审视生产制造过程及业务流程，分析产品生产过程中的全部增值及非增值价值活动。生产过程包括从原物料采购，到工厂对其进行加工后转变为成品，并完成交付的全部过程。其中，非增值的活动是指过量的库存积压、频繁的返工现象、过多的在制品滞留、时间浪费、生产节拍不均衡等。

通过价值工程（Value Engineering，VE）与价值流分析，特别是对非增值活动的分析，为智能工厂的系统性规划与持续优化提供科学依据，促进生产资源全要素和全价值链的连接与重构，实现生产成本、质量、效益的优化和新技术、新产品、新模式的培育。

（2）技术维度

技术维度是智能工厂规划与实施的重要依据。基于技术维度，智能工厂运用智能制造技术，由工艺流程、生产模式、软硬件系统和数据驱动应用创新等组成。智能工厂的规划本质上是构建"数据+自动化+模型+管理应用创新"的整体性技术方案，提供产品生产工艺、工厂系统搭建、工厂运营决策等不同维度的业务应用。智能工厂的规划思想强调以"产品工艺 + 业务流程"为主，采取"先固化、后优化、再标准化、循环往复、持续完善"的规划策略。

（3）业务维度

智能工厂的建设应顺应企业数字化转型趋势，从企业自身业务需求的重点和痛点出发，以提升工厂整体运营管理水平为核心。业务维度是智能工厂规划建设的核心要义。从业务维度看，智能工厂的落地要坚持整体统筹、需求牵引、场景驱动、迭代优化的路线。智能工厂规划应聚焦智能化生产、网络化协同、个性化定制和服务化延伸等应用领域。规划设计首先需要梳理、整合、设计好业务，按"先主后次"的原则，确定核心业务流程，对于影响产品生产的业务环节、功能等优先设计和实现，对于非核心业务环节、功能，规划可延后开展和实现。

2.1.2　基于价值原则的进一步思考

在精益的五大原则中，第一项原则是"定义价值"。智能工厂规划是基于价值驱动的。本质上讲，精益生产是智能工厂规划的基础和目标。不同企业对精益存在不同的理解与认知。部分企业在智能工厂的规划建设中，强调以自动化设备与软件系统实施为主，以产能、规模、自动化程度作为衡量智能工厂水平的主要指标，而没有考虑整个生产过程和市场需求的均衡性，也未考虑设备、人员、系统等资源因素对快速变化市场的应对能力。市场和订单发生变化时，企业很容易出现生产浪费、资金运作效率低等问题。

针对这些现象，智能工厂规划过程中需要思考如何因地制宜、循序渐进地运用精益生产的理念与方法。精益生产主要包括 JIT 生产、单件流、看板管理、零库存管理、全面生产维护（Total Productive Maintenance，TPM）等方法，运用价值流图（Value Stream Mapping，VSM）来识别浪费，实现生产的平准化、柔性化、流线化。

2.1.2.1　后置分离点原则

订单分离点是客户需求预测转向客户需求响应的转折点，也是大规模生产流程与个性化定制生产流程的分界点。如图 2-3 所示，根据客户订单分离点的不同，制造企业存在按库存生产（Make to Stock，MTS）、按订单装配（Assemble to Order，ATO）、按订单制造（Make to Order，MTO）与按订单设计（Engineering to Order，ETO）等不同生产模式。

上述生产方式的差异在于分离点在业务环节所处的具体位置不同。接单式生产或个性化定制会导致价值交付点向需求点移动，即向需求链前端移动，这意味着制造企业需要从客户需求、产品设计等前段业务环节满足客户需求，企业业务复杂度明显提高。

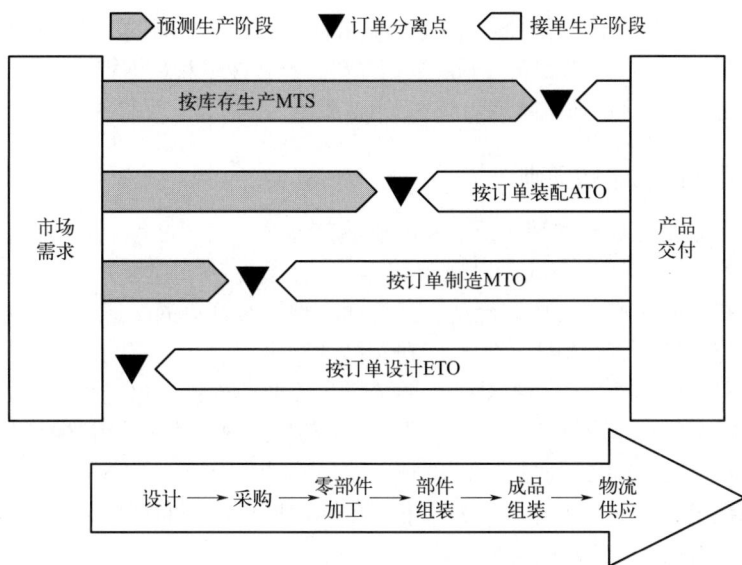

图 2-3　不同生产模式下的订单分离点

　　针对以多种少量生产为主的智能工厂，为了有效降低分离点前置导致的高业务复杂度，可以采用成组技术和模块化配置设计，对产品和工艺进行分类，通过模块化设计减少产品结构和组成的多样性，以此实现在减少生产品种的同时，扩大生产批量。成组技术的核心是成组工艺，将结构、材料、工艺相近似的零件组成一个零件族（组），按零件族制定工艺并进行生产。在成组技术基础上，采用模块化设计、配置设计、工艺标准化、库存与物流供应链协同优化等精益优化思想，实现生产运作整体效益最大化。具体到智能工厂的规划设计时，需要重点关注以下方面：

　　① 产品设计与工艺设计基于模块化思想，优先考虑采用工艺设备的标准化和项目制管理，降低生产管理的差异。

　　② 市场订单与计划排产遵循基本的生产周期规则，采用配置或计划整合理念，尽量降低订单的变异程度和生产组织的复杂度。例如，针对超小批量的产品，考虑是否可以做订单 / 计划合并，做计划性生产并保有最低安全库存。在保证超小批量产品周转的前提下，尽可能减少这类产品的生产排产频次。

　　③ 生产设备与人员配置应具有较强的适应性与可调整性，能够根据订单与业务需求的变化，实现快速的设备切换和弹性化的人机配置。

　　④ 物料采购与供应满足 JIT 原则和经济批量原则，采取适时适量供应，降低生产库存量和库存成本。

　　⑤ 保证生产过程质量的稳定性。通过产品过程质量策划，制定完善的产品质量保证体系。通过开展生产全过程质量控制，及时发现生产过程质量问题并予以分析解决，保证品质水平稳定和较高的一次直通率。

⑥ 生产系统需要能够提供准确的生产需求信息，保证数据的准确性和及时性。对生产各工序的工艺流程数据和工时开展数据采集、流程建模和数据智能分析。以精益生产为理念，在不影响产品质量状态的前提下不断优化生产工艺流程，提高生产效率。

2.1.2.2　短平快的流动原则

流动生产是指在保证快速、及时和准确的前提下，生产过程中的物料小批量供应与流动。生产流动的理想模式可以概括为短（小批量）、平（均衡）、快（并行与拉动）三个特征。在实际生产过程中，流动生产具体表现为对订单的快速响应能力、连续生产与物料的连续流动、物料等待时间和在制品的减少、生产过程的产品快速切换和产品的及时交付。流动可以采用有效的信息流动，以及单件流、单元生产、物料超市等生产方式进行实现。在智能工厂规划过程中，流动生产的具体设计策略如下：

① 运用价值流分析，通过分析生产流程的工序节拍（Takt Time，TT）、生产提前期和在制品数量，识别生产流程中各项非增值活动。重点对非增值活动进行问题分析和对策拟定，确定智能工厂的规划方向。

② 拉动是实现批量生产连续流动的基础。通过拉动看板、系统指示、线边物料超市等方法，实现各生产单元间的物料有序供应与流动，降低在制品数量，缩短成品交期。

③ 针对多种少量生产，在各工序连续生产的基础上，通过增加生产批次，缩小生产批量，开展并行生产和一个流的生产，降低在制品数量，缩短制造提前期和制造周期，实现敏捷生产。

④ 改变生产工艺的组织。将传统大批量生产线适度调整为单元式流水生产线，保证各生产单元的能力均衡和连续生产，以降低生产组织的复杂度。

⑤ 多品种生产的生产准备和调整切换频繁，会导致生产切换时间增加，生产过程异常和设备故障发生频次相对增加。为了减少生产切换时间，针对具体生产切换任务，基于快速换模（Single Minute Exchange of Dies，SMED）思想，从作业流程重组、换型件结构、工艺或设备结构快速切换等环节进行针对性设计，缩短生产切换准备时间。

⑥ 通过APS等先进计划排产工具，实现动态快速排程。对各种资源约束进行建模，对制造订单进行生产任务分割与生产资源分配，采用智能算法进行有限能力的计划排产与调度。

2.1.2.3　生产闭环可控原则

生产闭环的理论依据是PDCA循环。PDCA循环将管理分为计划（Plan）、执行（Do）、检查（Check）、调整（Action）四个阶段。在实际的生产运作闭环管理中，管理不但需要"设计"和"执行"，更需要"监控"与"完善"，追求"过程化管理"和"结果化管理"的结合。PDCA为智能工厂规划与应用落地提供指导，智能工厂则为

PDCA 过程提供数据依据，二者相辅相成，最终实现价值增值，消除非增值活动。闭环思维在智能工厂规划中的应用，可以从数据、生产和管理三个角度来理解。其中，数据闭环建立在数据流的基础上，而生产闭环和管理闭环则建立在 PDCA 过程的基础上。

（1）数据闭环

数据一般会经历从数据源到数据获取、数据加工，再到数据展现、数据应用的完整流程。通过 SCADA、MES 等系统进行数据提取和处理，采用 BI 报表、移动应用工具等系统化工具，展现形成各类数据应用。而数据应用的分析和反馈又被用于优化生产系统，数据和数据应用会不断地更新与完善，形成完整的数据闭环。

（2）生产闭环

生产闭环可以理解为从生产开始到生产过程执行，最后到生产结束的生产流程闭环。通过生产过程数据的大范围采集，生产过程数据实现与订单、班组、产线和运营等相关业务部分的共享与交互。从生产订单开始，车间生产动态排程与调度，工单同步下达至各生产线与工位，仓库准时制发料，工序报工与工序转接，数据按业务流程层层衔接，工厂对生产目标进行监控和分析。生产闭环建立在 PDCA 闭环的基础上，主要包括计划、组织、执行、监督和考核五个环节，最终的结果反馈又用于计划制定和目标拆解过程的迭代与优化，从而形成闭环。

（3）管理闭环

管理闭环也是建立在 PDCA 闭环的基础上的。不同的是生产闭环侧重于产品的生产过程，核心在于达成产品交付（如交期、计划达成率等）；而管理闭环侧重于工厂的经营运作，核心在于达成价值目标（如毛利、客户投诉率等）。智能工厂需要通过端到端的纵向数据集成，实现生产运作各部门的沟通协作，将系统价值发挥到最大。为了使智能工厂实现闭环管理，需要将设计、采购、工艺、制造、检验、仓储、物流等整体纳入智能生产系统的用户节点当中。这样，产品从设计、来料加工到生产，再到检验，最后到成品，整个过程可以实现智能工厂生产管理系统下的准确监控。

2.1.3　智能工厂规划的业务策略

2.1.3.1　智能工厂规划方法的业务视角

智能工厂规划需要充分吸取与借鉴典型应用实践经验，积极采用相关技术标准。同时，还需要考虑智能工厂相关技术发展趋势，基于适度前瞻原则和持续完善的思想，采用可扩展的技术体系结构。

（1）应用需求牵引

智能工厂的目标是快速响应市场变化，提高生产交付能力。不同工厂的业务需求在多样性、重要度和紧迫性等方面存在差异。在进行智能工厂规划时，应当客观掌握自身需求，围绕企业核心战略、关键产品、核心业务，从对生产有重大影响、迫切需要加强的业务需求入手，由急到缓，循序渐进。例如，可以将自动化技改、工艺流程与业务流程优化、绩效指标可视化、生产模式创新、数字化运营等维度作为智能工厂规划的优先切入点和关注重点。

（2）综合效益评估

智能工厂根本目的是帮助企业生存，提高利润，产生效益。智能工厂规划需要综合评估方案的先进性、适用性和经济性。例如，机器人、加工中心、软件系统等自动化的规划应用需要兼顾技术复杂度、生产灵活性、设备采购与运维成本增加、效能与质量提升等多个维度。

（3）全局性统筹

智能工厂建设规划需要企业内部业务部门、外部厂商、第三方机构等协作配合，并取得共识，完成初步的现状分析、指导性方向和目标的设定、技术体系论证、实施路径与整体方案。在规划时应根据不同行业、不同规模企业的生产工艺、目标需求和建设基础，从工厂规划、流程设计、作业规范、数据结构、系统选型等方面，搭建精益智能生产系统的设计、运作与实施标准体系。

从企业全局的角度出发，正确规划整个智能工厂建设的逻辑结构和物理结构，明确建设的主要目标、技术方向和关键应用场景，保证后续不同项目实施与整体目标要求的统一性，降低整个系统建设的投资和风险，避免资源浪费。

（4）分步展开与逐步完善

考虑产品迭代、管理要求、技术发展、资金投入、理念认知等因素，智能工厂的建设规划需要不断改进和完善。从局部试点到应用推广，从简单应用到复杂应用。可以把整个智能工厂建设规划过程分为若干个阶段，分阶段开展。采用分步实施的策略可以有效缓解企业的资金压力，避免系统实施周期太长带来的风险，并且每一阶段要解决的问题比较突出，容易取得实际效果，可以对分阶段效益进行评估，增强企业的实施信心。分步实施的阶段划分可以根据企业的实际情况而定，总体要求是后一阶段以前一阶段提供的数据为基础，做更深层次的业务处理，这样整个建设工作可以逐级推进，实现从低级到高级的平滑过渡。

需要说明的是，对于管理体系规范的大型制造企业，智能工厂的建设规划可以采用自上而下的方式开展。先从顶层规划、组织变革、系统升级、数据治理等方面，对智能工厂进行力度较大的规划建设。而对于中小型制造企业，可以参考智能制造技术标准，自下而上地实施，基于"关键需求，补齐短板，积累经验"的原则，从生产工艺和流程优化、设备（产线）智能化等方面入手，开展智能工厂的局部建设，驱动企业内部的数字化素养和创造力提升，为后续寻找智能工厂的融合接触点。

2.1.3.2　离散行业和流程行业智能工厂规划的业务重点

智能工厂规划建设需要充分考虑行业生产流程和业务环节的智能化需求，全面涵盖设计、生产、物流等过程中涉及的信息要素，提升智能工厂信息化和标准化水平。不同行业生产流程和业务需求存在差异，智能工厂规划的业务重点存在不同。

根据产品类型和生产工艺组织方式，产品的生产方式一般可分为流程生产、离散生产和混合生产（流程＋离散）。智能工厂规划在系统功能模型、信息模型以及相关技术上覆盖流程生产行业和离散生产行业。但是在智能工厂的工艺流程和生产方式的规划上，流程行业和离散行业存在较大的差别。以下分别从工艺流程、设备、质量、数据应用、管理等维度，对两种不同行业的智能工厂业务需求和规划重点进行说明。

（1）流程行业

流程生产（Process Manufacturing）是指通过对原材料进行混合、分离、粉碎、加热等物理或化学方法，以批量或连续的方式使原材料增值的制造模式。流程行业主要包括石化、钢铁、冶金、建材、纺织、医药、食品等行业。

1）工艺流程维度

流程行业的特点是以连续工艺和批次生产为主，工艺技术成熟；设备装置以自动化为主，根据产品进行布置；设备控制级大量采用 DCS、PLC；在检测驱动方面，各种智能仪表、数字传感器普遍应用；过程控制则广泛采用自动控制系统，工艺流程的整体自动化程度高。智能工厂的规划是以生产过程的数字化和生产全流程控制为核心。

2）设备维度

设备投资比较大。流程生产的设备普遍采用固定的连续式生产线，一台设备的故障会导致整个工艺流程的终止。为了避免工序中断可能产生的整条生产线停产或出现批量的产品质量问题，生产线的设备规范操作、设备维护和设备管理尤为重要。智能工厂规划需要重点保证设备效率。例如，产线各机台的设计能力要相对均衡；设备具备快速的种类切换能力；设备具备精细化管理能力；等等。

3）质量维度

流程生产的产品质量问题会导致批次报废。因此，流程生产的管理重点是产品的生产过程控制和合规性要求。智能工厂规划需要构建生产过程的可追溯体系。

4）数据应用维度

生产设备的自动化程度和系统间的集成度高。数据的采集、存储、处理与分析等能力将成为企业的核心能力和资产。智能工厂规划要重点推进产品生产全过程的数字化，实现企业内部资源和信息的整合和共享，建立统一的生产过程管控平台，打造大数据分析和数字孪生平台，推进生产工艺优化。

5）管理维度

流程企业生产计划的依据主要是市场预测。计划以整个流水生产线为单元进行调度。智能工厂规划需要实现供应链协同，提高工厂内外供应链的运行效率。此外，流程生产企业更关注降本增效、绿色安全、节能环保等方面。

（2）离散行业

离散生产（Discrete Manufacturing）是指生产由离散零部件组成的产品或零部件的过程。离散行业主要包括机械、汽车、航空、船舶、轻工、家用电器和电子信息等行业。

1）工艺流程维度

离散行业的生产特点是以离散工艺和间歇式多种少量生产为主；生产设备的布置不是按产品而是按照工艺进行布置的；生产自动化主要以单机（数控机床）或单元（柔性制造系统）为主；订单和工艺变更频繁。智能工厂的规划是以提升生产效率和柔性生产能力为核心，如生产工艺和工装设计、生产组织方式等。

2）设备维度

离散行业的同一种加工工艺的设备通常有多台。生产设备一般是按照设备种类进行集群布置的。由于采用分段生产或设有在制品缓冲区，单台设备的故障或异常不会对整个产品的生产过程产生严重影响。由于设备间存在大量的在制品库存、分批搬运环节，智能工厂规划重点关注工厂布局规划和物料操控方式的设计。

3）质量维度

离散行业以劳动密集型生产或人机协作生产为主。产品质量、生产效率与人员作业的标准化程度紧密相关。质量检验以首检、工序抽检或全检相结合。智能工厂规划需要重视生产过程的各类标准化设计、防呆防错设计和自动检测方式的设计选型。

4）数据应用维度

离散行业以人机物协同作业为主，数据采集方式一般是自动采集、半自动采集（如条码枪扫描）、人工记录（如生产报工）等方式相结合。后两种数据采集方式的时间间隔较大，容易受到人为因素的影响，数据的完整性和准确性不易保证。智能工厂规划的重点是设备互联和车间级数据采集。

5）管理维度

离散生产过程是由不同生产子流程并联或串联组成的复杂过程，包含更多的变化和不确定因素，因此生产过程的计划与调度更加复杂和多变。需要根据优先级、工作中心能力、设备能力、均衡生产等方面对工序级、设备级的作业计划进行动态调度。智能工厂需要从梳理管理体系入手，达成生产的标准化和精益化，实现量化管理，实现上下游企业间的信息共享和协同生产，提高生产和供应链协同能力。

综上所述，流程行业的生产工艺成熟，生产流程高度自动化，智能工厂规划以智能优化和数字化决策为应用关注重点。例如，生产系统的整体集控模式、数字化平台应用等。离散行业的生产和自动化以单机或单元为主，工艺的离散程度和多种少量生产的特点明显，智能工厂规划以产品柔性生产与资源协同为关注重点，如生产方式和布局设计、物料供应和物流方式设计、信息技术（Information Technology，IT）与自动化操作技术（Operation Technology，OT）融合等方面。

2.2　智能工厂的技术体系与成熟度评估

2.2.1　智能工厂的技术体系

　　智能工厂规划主要包括战略落地、生产运作模式、互联互通、业务集成、软硬件系统集成、自动化生产、综合运营管理等内容。在智能工厂的建设规划中，需要高度重视和参考各类技术标准。智能工厂技术标准主要包括业务流程管理规范、设备运维标准和智能工厂评估标准等管理规范，以及智能装备标准、智能工厂系统集成标准、工业互联网标准和主数据管理标准等。

　　技术标准贯穿智能工厂规划设计与建设实施。标准工作是智能工厂建设规划的重要保障。缺少标准会对智能工厂建设规划产生不利影响。例如：在技术架构中的设备集成方法没有标准规范，采购的设备可能无法兼容其他不同的通信协议，增加系统后续扩展、集成的难度和成本；数据字典未规范，出现一物多码，影响数据的集成和应用；物流规划缺乏标准化包装的技术要求，导致不同物流设备间的物料周转困难。

　　国际标准化组织（ISO）目前已完成 ISO 22549《自动化系统和集成工业企业信息化和工业化融合的评估》系列标准。国际电工委员会（IEC）发布了工业 4.0 核心标准 IEC TS62832-1：2016《工业过程测量、控制和自动化　数字化工厂架构　第 1 部分：总则》。此外，ISO 和 IEC 联合的信息技术委员会（ISO/IEC JTC1）成立"智能制造参考模型"联合工作组，旨在制定在世界范围内推行的智能制造统一参考模型。

　　如图 2-4 所示，智能制造关键技术体系标准主要包括智能设计、智能生产、智能物流、硬件系统集成、工业软件与 App、工业互联网、工业大数据、工业云、商务服务等。

　　① 智能设计主要包括产品设计与仿真、工艺设计与仿真和试验仿真，用于规范产品和工艺的设计、仿真、优化等方面的技术要求，确保产品设计全过程质量。

　　② 智能生产主要包括生产计划、生产执行、质量管控和设备运维，用于规定智能工厂生产过程中应满足的要求，确保生产过程的智能化、柔性化和敏捷化。

　　其中，生产计划主要包括计划协同、计划排产、优化调度等；生产执行主要包括协同生产、生产过程监视、生产过程优化、生产绩效分析等；质量管控主要包括质量监控、质量判定、质量追溯、质量优化等；设备运维主要包括设备运行、设备监控、设备维护等。

　　③ 智能物流主要包括智能仓储和智能配送，用于指导智能工厂内部物流系统的设计、建设与管理。智能仓储主要包括物料标识、储位编码、出库入库等，确保仓储物流的高效管控；智能配送主要包括配送路径规划、配送设备监控、配送状态跟踪等，确保运输物流的精益化管控。

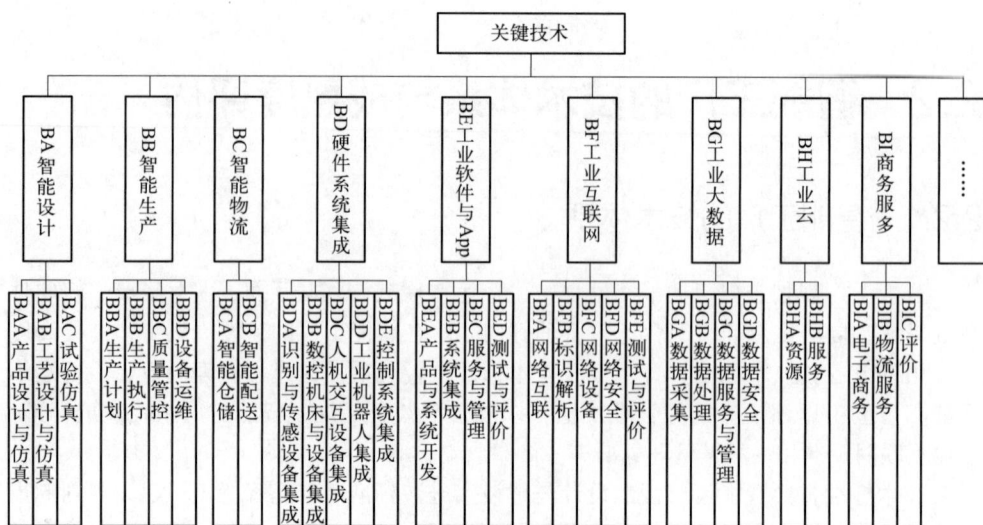

图 2-4　智能制造关键技术标准体系

④ 硬件系统集成主要包括识别与传感设备集成、数控机床与设备集成、人机交互设备集成、工业机器人集成和控制系统集成等。硬件系统集成主要用于规范智能工厂的硬件设备及相应控制系统的集成与互操作性要求，符合通用接口中特定的功能关系，确保硬件系统间的信息共享与交互。

⑤ 工业软件与 App 主要包括产品与系统开发、系统集成、服务与管理、测试与评价等。

其中，产品与系统开发涉及规范软件功能、软件性能、软件开发环境等要求；系统集成用于规范软件与硬件之间、软件与软件之间的集成与互操作性要求，确保智能工厂不同层级的信息交互；服务与管理用于规范软件供应商的服务要求，并指导软件应用企业进行工业软件的选型与管理；测试与评价用于规范智能工厂相关软件的测试和评价过程，指导相关方开展软件测试和评价流程。

⑥ 工业互联网主要包括网络互联、标识解析、网络设备、网络安全、测试与评价等，用于指导企业进行网络环境的搭建与运维。

其中，网络互联用于规范企业内外网络互联涉及的协议、接口等要求；标识解析用于规范标识数据采集、解析、存储等方面的要求；网络设备用于规范企业内部网络设备（如工业网关、工业交换机、工业路由器等）的功能、性能和管理等方面的要求；网络安全用于规范智能工厂的通信网络和标识解析系统的安全监控、防护、检测等方面的技术要求，以及相关网络安全产品的技术要求；测试与评价为工业互联网的测试和评价过程提供指导和依据。

⑦ 工业大数据主要包括数据采集、数据处理、数据服务与管理、数据安全，用于规范产品全生命周期各个环节所产生的各类数据的获取、处理和应用过程。

其中，数据采集用于规范数据采集范围、流程、信息载体等要求；数据处理包括数据预处理方案设计、数据分析、数据挖掘等标准；数据服务与管理包括数据存储、数据可视化、数据访问等标准；数据安全用于规范数据采集、处理、管理过程中采用的安全保护技术，防止数据遭到破坏、恶意更改和泄露。

2.2.2　智能工厂成熟度评估

2.2.2.1　智能工厂相关评价标准

评估是一种根据给定标准进行量化或非量化测量，并给出可靠结论的方法，是评判系统能力的重要手段之一。智能制造成熟度评估能够帮助企业判断自身智能制造水平，判断优势项和弱势项，进而规划切合实际的智能制造发展路径，达到以评促建的效果。

我国 2020 年发布的 GB/T 39116—2020《智能制造能力成熟度模型》和 GB/T 39117—2020《智能制造能力成熟度评估方法》两项国家标准，目前在中国制造业广泛应用。

《智能制造能力成熟度模型》由成熟度等级、能力要素和成熟度要求三部分构成。以人员、技术、资源、制造四大能力要素涵盖企业智能制造能力涉及的所有环节，并向下细分为 12 项能力域和 20 项能力子域，如图 2-5 所示。模型将企业的智能制造能力成熟度从低到高划分为规划级、规范级、集成级、优化级和引领级五个等级，每个等级下的每项能力子域都设置若干条要求。企业根据这些要求的满足程度计算得分，确定智能制造的相应等级。

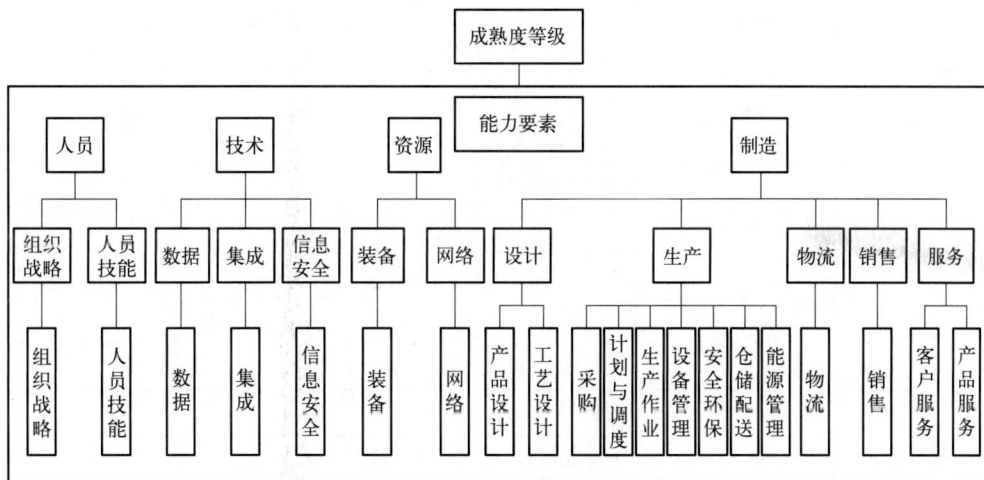

图 2-5　智能制造能力成熟度模型框架

数字化车间和智能工厂尚无用于评估的国家标准。智能制造的相关通用要求标准可为智能工厂的评估工作提供参考。例如，GB/T 37393—2019《数字化车间 通用技术要求》规定数字化车间的建设内容，GB/T 41255—2022《智能工厂 通用技术要求》规定智能工厂的建设内容。

2.2.2.2　智能工厂成熟度评价

由于智能制造的不同层级在生产活动中的职责和作用不同，其评估的要点和关键内容各有侧重。

（1）数字化车间评估要点

数字化车间是生产活动的具体执行层。数字化车间的评估主要涉及制造设备与资源、制造运行管理两大方面。其中，制造运行管理是评价的核心，主要包括计划排产、物料配送、设备管理、质量管理、能源管理、安全环保等环节，其评价指标如表 2-1 所示。

表 2-1　数字化车间制造运行管理评价指标

二级指标	三级指标	评估内容
研发设计	产品设计	数字化产品模型或原型样机的水平与能力
		模块化设计水平与能力
		产品仿真与分析水平与能力
	工艺设计	计算机辅助产品工艺规划的水平与能力
		工艺仿真与分析水平的水平与能力
		质检策划的水平与能力
	试验验证	试验验证平台覆盖的产品范围
		试验数据管理与应用的水平与能力
生产制造	生产作业计划	生产作业计划编制与执行的水平与能力
		生产作业计划动态优化的水平与能力
	生产过程监控	生产过程监控范围和层级
		生产过程信息追溯的水平与能力
		生产异常管控的水平与能力
	仓储与物流	库存管理的数字化水平与能力
		物料配送的数字化水平与能力
经营管理	生产管理	主生产计划的管理水平与能力
		物料需求计划的管理水平与能力
		外协管理的水平与能力

在评估时重点关注：是否实现产线自动排产及生产计划的自动调整；是否实现生产拉动物料配送及配送手段的无人化；是否实现生产文件自动下放、生产知识库建设和单件产品质量溯源；是否实现智能设备全覆盖、部署 SCADA 系统、生产网络全覆盖；是否实现能耗的实时检测和异常预警处理；是否构建信息化的安全环保知识库并设置完善的管理办法；车间部署的信息化系统是否实现打通和集成。

（2）智能工厂评估要点

智能工厂是生产活动的计划层，其评估要点在于生产价值链的智能化，包括采购、设计、排产、仓储、物流、销售、服务等环节。

评估时重点关注：是否部署 SCM 系统，生产活动实时拉动采购需求；产品设计和工艺设计是否实现计算机辅助设计、是否有模块化的设计知识库；是否实现工厂自动排产及生产计划的自动调整、部署 APS 系统和 MES 系统；是否有立体化仓储、部署 WMS 系统，实现物料自动配送；是否以自建或外包的方式实现物流环节的信息化和系统化；是否部署销售系统，基于市场数据的挖掘实现销量预测；是否部署 CRM 系统，实现智能为主、人工为辅的客户服务方式；工厂部署的信息化系统是否实现打通和集成。

（3）链主企业评估要点

链主企业是生产活动的规划和支持层，通过评估跨企业的业务协同、模式创新和数字化产业情况，衡量信息化环境下企业间业务协同、创新和融合的水平与能力，主要评估内容包括数据驱动的面向产品全生命周期研制和服务协同管理、基于数据模型的产业链生产精准协同、流程驱动的价值链网络化制造、平台化的服务转型等，具体如表 2-2 所示。

表 2-2　链主工厂评价指标

二级指标	三级指标	评估内容
数据驱动的面向产品全生命周期的研制和服务协同管理	贯穿产品全生命周期研制和服务阶段的业务模型建设	面向产品全生命周期定义研制和服务业务模型和关键维护水平
		面向产品全生命周期研制和服务阶段业务模型关键影响因素数据共享的及时性和准确性
		面向产品全生命周期研制和服务阶段业务模型协同化的机制建设情况
基于数据模型的产业链生产精准协同	基于模型的产品全生命周期研制和服务阶段的协调管理	基于统一的基础模型，处于产品全生命周期同一阶段的不同企业间实现协同管理的水平和能力
		基于统一的关联模型，处于产品全生命周期不同阶段的企业间实现协同管理的水平和能力
	产品全生命周期服务延伸和价值共享	在产品服务方面提供产品延伸服务的水平和能力
		挖掘和利用产品全生命周期信息资源、提供跨越产品的服务和价值共享

二级指标	三级指标	评估内容
基于数据模型的产业链生产精准协同	跨企业的生产协同业务场景模型构建	围绕产业链生产协同业务场景构建业务模型的水平和能力
		围绕产业链生产协同业务场景构建业务模型覆盖价值链环节情况
	产业链企业之间生产业务一体化程度	与客户企业、供应商、合作伙伴实现生产业务一体化的程度
	产业链企业之间协同创新	产业链企业协同创新机制和平台的建设情况及其运动水平
		产业链企业协同创新的横向整合和纵向贯通覆盖情况
		产业链企业协同创新的市场影响和市场创作水平与能力
流程驱动的价值链网络化制造	供应链企业围绕价值链各环节流程协同	供应链企业围绕价值链各环节流程协同的自动化和自适应情况
	供应链间企业围绕价值链各环节流程协同	供应链间企业围绕价值链各环节流程协同的自动化和自适应情况
	企业间数据共享和价值共创情况	基于流程协同，企业间相关数据自动流通机制建设情况
		基于流程协同和数据共享，企业间实现价值共创的程度
平台化的服务转型	工业互联网平台的服务内容覆盖	平台化的服务内容，可包括客户需求快速定义、个性化的敏捷制造、整体解决方案的贴身服务等
	平台化的服务商业模式	平台化的服务商业模式包含但不限于产融结合、虚实结合、组织动态组合等
	基于工业互联网平台的企业生态	服务资源的合理配置
		服务价值的合理分配

评估时重点关注：是否有完善的智能制造长期战略、岗位和团队，以及对应的迭代优化机制；是否有自下而上的、通畅全面的数据采集、存储、管理和应用，建设有数字中台、数据中心；供应链企业及下属的各工厂是否网络全覆盖，配备网络安全管理办法，网络资源可实现优化配置；是否有信息安全规范和长期的信息安全风险管控办法；供应链各企业部署的信息化系统是否实现打通和集成。

2.3 智能工厂规划步骤与内容

工厂规划一般包括生产制造、包装存储、拣选配送、工位使用、物流等生产节点的统筹规划，涉及生产与物流全过程的用地、建筑、面积、设施、工艺、设备、物料及产品、人员、时间、信息等诸多要素。

基于智能工厂系统性和一体化规划的诉求，智能工厂规划主要包括工艺、设施、制造、物流和信息五个维度。智能工厂规划需要企业结合自身的实际情况，提炼出五个维度的相关要素，并以工艺为制造的主线，协同联动其他规划线路，综合考虑，系统设计，从而达到一次规划、分步实施的策略。

智能工厂规划是一个系统规划的过程，需要遵循一定的步骤。智能工厂规划设计体系如图 2-6 所示，主要包括智能工厂现状评估与需求分析、智能工厂总体框架设计、项目方案规划设计、方案评估与持续完善四个阶段。

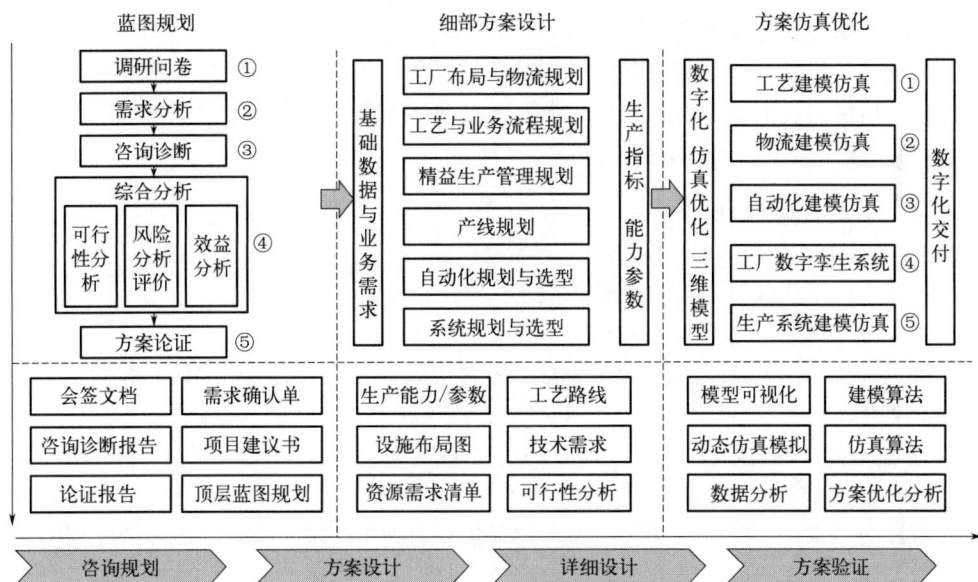

图 2-6　智能工厂规划设计体系模型

（1）智能工厂现状评估与需求分析

针对企业的实际情况，结合智能制造成熟度模型，对标行业或领域的标杆，形成业务与智能工厂融合、可量化评估、同类对比分析智能工厂成熟度模型，对智能工厂进行全面的评估。

在完成智能工厂现状分析的基础上，从企业发展战略、产业特点、业务管理要求、产品生产工艺、IT 治理架构和智能工厂能力提升等多个角度，全面分析企业各方面的详细需求，并对需求信息进行汇总梳理和重要度分级。

（2）智能工厂总体框架设计

在完成需求分析的基础上，根据战略发展规划、业务需求和业务流程完成智能工厂总体框架的设计。设计内容主要涉及智能工厂发展战略与目标（分为长远目标和短期目标）、产品与工艺规划、生产运作和自动化方案、物流与供应链模式、智能工厂的系统架构规划，IT和数据治理架构规划等。

（3）项目方案规划设计

完成智能工厂总体框架设计，对总体框架中的精益活动开展、生产制造系统建设、自动化导入、应用系统实施、基础设施完善等项目进行规划设计。项目规划设计的内容主要包括工艺流程与工厂布局、智能设备和产线设计、仓储物流设计、系统建模仿真、IT基础设施设计、生产数据采集方案、车间物联网方案、IT应用系统集成方案等。此外，规划方案还应包括性能指标、预期成效、实施关键点、实施计划等。此外，以提质降本增效为原则，对项目的资金预算进行合理规划。

（4）方案评估与持续完善

方案评估是从企业发展战略、存在的主要问题、企业的核心能力、项目对业务的重要性、项目的投资收益比、实施路线等方面进行技术和经济可行性分析。通过方案比选，确定综合最优的规划设计方案。

2.3.1 现状与需求分析

智能工厂规划过程中的主要难点包括：

① 业务不规范、业务流程混乱。

② 基础数据不规范与不完整。例如，物料编码不规范、给不出提前期数据、工时数据不准确等。

③ 业务需求不清晰，目标不明确，无法达成共识。

④ 项目实施的成本和周期不可控。

现状与需求分析是规划的起始。通过现状从而确定合理、有效、准确的规划需求和约束条件。梳理和理解需求是规划的前提，此阶段重点需要综合内外部需求，定义规划需求，明确规划方案需要从哪些方面进行提升，以及整体推进策略、范围和方向，作为后续规划的输入及依据。智能工厂现状与需求分析的主要方式包括现场调查、资料分析、成熟度评估等。

通过现状与需求分析，全面了解各业务部门的管理现状、核心流程、智能工厂应用现状及评价、未来智能工厂的需求等。基于现有的业务痛点，整理规划的需求，用系统的逻辑串联现有痛点和规划需求，确保规划需求的准确性、系统性和前瞻性。

2.3.1.1 现场调研

现场调研主要是对各业务部门进行全面摸底，对智能工厂应用现状与需求进行全面调研。

（1）调研内容

调研的主要内容包括：企业在规划期间内的发展目标、指导方针和发展策略；企业组织机构图；企业 KPI 考核体系；企业现有的管理流程；企业管理特点及难点；相应的法规、规范等；先进的管理思想和标准信息系统原理、模型；以往的信息化规划；业务部门对信息化的需求；企业已经实施信息系统的应用现状和存在问题。

（2）调研方式

1）资料数据的收集整理

有效的资料和数据支持有助于对现状的深入理解。收集和整理企业智能工厂建设相关材料，了解企业业务流程和管理特点，准备针对性的访谈与调查问卷，制定访谈与调查计划。

资料和数据主要包括调查问卷、关键指标数据、流程文件和报表等。收集数据需要设计相应表格。这些表格需要具有一定的逻辑和相互关系，收集的数据量、覆盖周期、覆盖范围等都需要定义清晰，以确保数据收集的有效性。

2）现场访谈

企业现场对研发、技术、生产、质量、资讯、管理运营等相关部门的负责人及关键用户进行访谈，充分了解企业的基本情况及战略定位、智能工厂需求与应用现状等。同时，规划团队还可以采用业务咨询、主题培训或专题讲座的形式，向业务部门描述未来智能工厂的场景和形态，以获得广泛的建议和需求信息。

2.3.1.2 现状评估

通过现场调查与问卷调查，运用智能制造成熟度模型、智能工厂成熟度模型，从智能工厂生产运作基础、生产运作流程与管理、应用系统的功能、系统集成、绩效指标等维度进行企业智能制造水平的综合评估。智能工厂现状评估模型如图 2-7 所示。

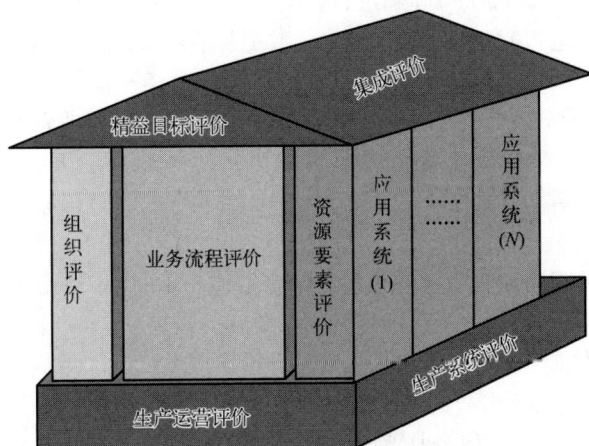

图 2-7 智能工厂现状评估模型

（1）生产运作基础评估

生产运作基础评估分为硬环境评估和软环境评估。硬环境评估主要是支撑生产系统正常运行的生产设备、自动化系统、软硬件系统、网络设施等硬件基础等的评估。软环境评估主要包括生产运作方式、生产工艺与业务流程、组织体系、运作管理体系、作业规范、IT 管理制度等的评估。

（2）生产系统评估

生产系统评估主要评估各生产系统中相关功能实现情况及应用效果，同时根据智能制造成熟度通用体系，对其包含的基本能力在工厂生产中的实现程度进行评估。

（3）生产流程评估

生产流程评估主要评估业务流程对企业核心业务的支撑情况，一方面评估管理流程是否已经灌输到 IT 系统中，另一方面检查还有哪些流程游离于系统之外，确定这些流程是否需要系统的支撑。

（4）系统集成评估

系统集成评估主要评估不同应用系统之间的集成方式、集成效果及系统升级对集成的影响等内容。

2.3.1.3　需求分析

需求分析是智能工厂规划设计、项目建设立项、系统选型的基础。通过对工厂的现场调研和现状评估、企业战略和业务模式的理解、企业信息化和智能工厂成熟度的评估，以及价值流的分析，开展智能工厂的需求分析，整理制定智能工厂的业务需求和管理改进方案。

在需求分析阶段，需要重点关注以下内容：

① 对企业生产经营现状与问题进行汇总分析，从人（组织）、财（成本）、物（物料物流）、管（生产运营）、造（工艺制造）、数（数字化系统）等维度，理清关键业务需求。

② 针对主要业务，参考智能工厂的框架模型和智能制造成熟度评估的结果，重点从设备工艺柔性能力、数字化运作管理、生产协同和系统集成等维度进行分析，对现有工厂制造水平与智能工厂之间的差距和存在的主要问题原因进行分析和梳理总结。

③ 从工厂发展战略和现状基础出发，结合智能制造的相关使能技术方案，参考行业最佳实践案例，整理汇总智能工厂建设的主要业务需求。

④ 针对设定的业务需求，初步评估相关的预期成效。

通过充分细致的调研分析，将分析结果汇总形成需求分析书面报告，作为智能工厂建设规划的过程材料，以便企业管理层进行决策。

2.3.2　总体蓝图规划

总体蓝图方案规划是在需求梳理基础上，以智能化、数字化发展为总体目标，统一各种不同的业务需求和观点，定义智能工厂的建设轮廓与要素特征，确定总体/阶段性目标、规划思路和总体架构体系。蓝图规划具体包括智能工厂模型架构设计、精益生产模式规划、智能物流模式规划、自动化系统需求规划、供应链集成规划以及数字化转型的系统规划。同时制定智能工厂的推进路线图，最终形成智能工厂建设方向和路径的共识。智能工厂总体蓝图规划框架如图 2-8 所示。

图 2-8　智能工厂总体蓝图规划框架

总体蓝图规划的输出主要包括：

（1）智能工厂建设目标

根据企业发展战略和关键需求，明确智能工厂规划重点考虑的因素，梳理工厂能力清单。工厂能力清单包括智能工厂应具备的各类能力要素，如工厂能快速响应客户订单、能够支持定制、具备生产柔性、具备数字化特征、具有绿色工厂等。在确定了能力目标的基础上，制定智能工厂规划与建设目标。

需要说明的是，智能工厂的建设目标需要结合能力目标，明确可衡量的绩效指标，同时可以将目标进行等级划分，形成可操作的分阶段或中长期规划目标。

（2）智能工厂总体架构蓝图

在智能工厂战略目标确定后，要规划出未来的智能工厂总体架构蓝图，该架构是企业战略与 IT 总体目标的支撑框架。该架构主要包含核心系统、应用层面以及系统逻辑关系，并为后续的分系统设计提供基础。

（3）工厂生产运作模式

基于工厂战略定位及价值导向，输出的工厂生产运作模式主要指工厂运作方向，比如强调以交付为目标的运营管理、强调信息集成互联的差异管理等。以精益思想和精益工具应用为主体进行生产问题整理和需求清单优化，达成智能工厂的生产能力、效率和质量等绩效指标。在此基础上，归纳和提炼生产系统的整体运行模型，完成资源配置策略、生产管理策略和整体布局方案等。

2.3.3　业务与应用规划设计

2.3.3.1　业务与应用设计的框架

在总体蓝图规划基础上，开展业务与应用的初步、整体、统一设计。首先需要进一步对工厂布局、生产工艺流程、运作管理流程、自动化技改等关键业务进行深入分析，充分考虑工厂存在的各类客观约束，确定智能工厂的生产工艺、生产运作方式、物流模式、信息应用系统等。每个业务与应用包括具体设计目标、技术解决方案、技术需求和系统实现的关键点。业务与应用设计为技术改造、系统实施等提供技术需求。智能工厂业务与应用规划模型如图 2-9 所示。

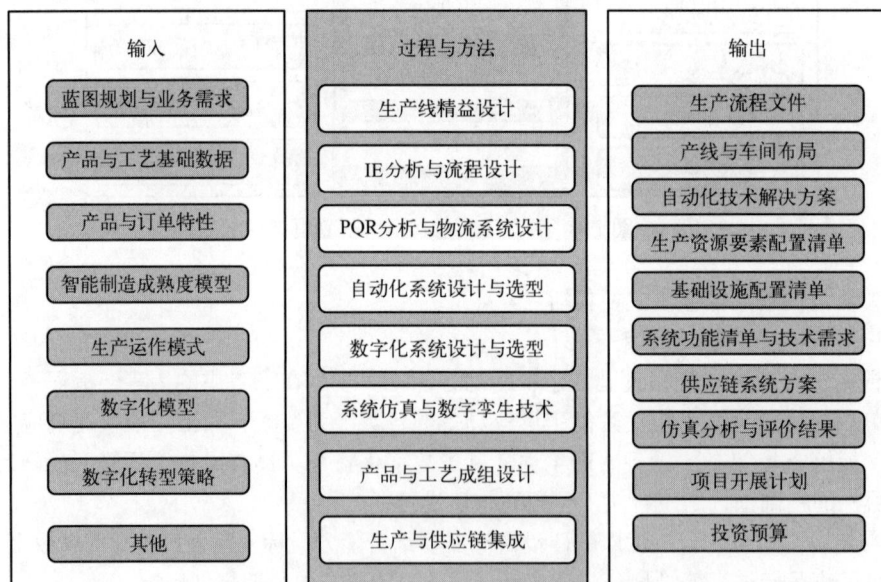

图 2-9　智能工厂业务与应用规划模型

2.3.3.2　业务与应用规划的内容

业务与应用规划阶段的主要内容包括：

（1）智能工厂的整体功能布局规划

智能工厂的生产布局是对整个车间及空间的综合考量，并最终把所有生产元素进行合理分配。这是智能工厂的基础建设，对工程后期的运行有着重要影响。

① 产线与设备布局：按照生产工艺流向和精益物流原则，对生产设备、生产线和生产区域进行布局，实现生产过程流畅。

② 物流布局：智能工厂的物流系统需要实现车间所有物料的 JIT 拉动，主要包含线边仓、料架、工位器具的布局规划和物流动线设计。

（2）智能生产的工艺与流程规划

根据需求调研与分析的结果，对产品、工艺、质量、设备、物流、系统等方面的实现路径和方法做进一步沟通，形成生产工艺技术与工艺流程的初步规划方案。

① 对于工艺、工装、流程等关键技术环节，在方案设计阶段建议产出两种或以上的技术解决方案，通过对比分析进行方案优选。

② 对创新型应用需要进行仿真模拟，并设计试验和验证过程，对已有的生产线设备和信息系统状态进行测试和确认，确认方案可行性。

③ 以可实际投入的资金和预期收益为基础，以提质降本增效为原则对资金预算进行合理分配，并保证项目的可持续进行。

（3）设施配置与自动化规划

① 工厂设施规划：考虑绿色、人文、可持续等理念，对工厂建筑框架（如层高、柱距）、功能区划、基础设施（如网络、污水处理）等进行规划。

② 产线设施规划：设计生产环节选取的生产设施、设备类型、数量及能力要求等，与生产工艺强相关。

③ 自动化方案：包括各环节选取的具体自动化技术，以及涉及的自动化设备的类型、数量及能力要求等。

（4）生产系统规划

基于作业场景方案及运营逻辑，明确智能工厂生产系统信息化系统架构，并在此基础上提出各层次的信息化功能架构。同时明确系统各功能流程节点的数据输入、业务处理逻辑、系统输出等具体方案要素。

2.3.4　方案分析评估

智能制造和智能工厂的建设需要企业大量的人力、财力和物力投入。不管是数字化项目还是智能化改造项目，都要求复杂、周期长，还涉及专业技术。智能工厂规划方案属于一种技术方案。技术评估的主要方法如下所述。

（1）方案验证

在详细规划基础上，主要采用量化分析模型及系统仿真和数字孪生等数字化技术，对方案进行验证，从而发现潜在的问题，并对方案进行优化。下面以生产车间设计方案验证为例进行说明。

生产车间规划的设计过程一般可分为初步设计和详细设计两个阶段。初步设计阶段的任务是分析生产业务需求，确定初步设计方案。根据初步设计方案，采用工程经济学的经济效益分析模型，建立量化分析模型进行方案分析评价。例如：车间生产产能是否满足用户要求；生产车间的产品组合策略是否合理；车间自动化投入的投资回收率是否达到预期目标。

详细设计阶段的主要任务是在初步设计的基础上，完成车间各个组成单元方案的详尽、完整描述，使设计结果能够达到初步设计的目标，如确定生产工艺流程、设备规格、产线布局、工装治具、物料供应、系统管理工具等。在详细设计阶段，可以采用系统仿真和数字孪生技术对候选方案进行更深入的分析与评价。具体系统仿真分析场景包括：车间生产设备的利用率；生产线的线平衡情况；生产过程是否存在瓶颈工序；是否存在工艺或物流动线的干涉；生产缓冲和节拍是否合理；整体布局是否合理；等等。

（2）方案评估

将智能工厂规划细部方案按照主题类别进行分类，如可划分为基础架构类、应用系统类、研发工具类、基础建设类、条件保障类等，并针对每个类别内容从方案效益、方案所需资源与能力、方案风险和方案合理性四个方面进行方案评估，重点考虑的内容如图 2-10 所示。采用专家打分、头脑风暴等方法，对智能工厂的各细部方案进行定性和定量相结合的综合分析与评估。

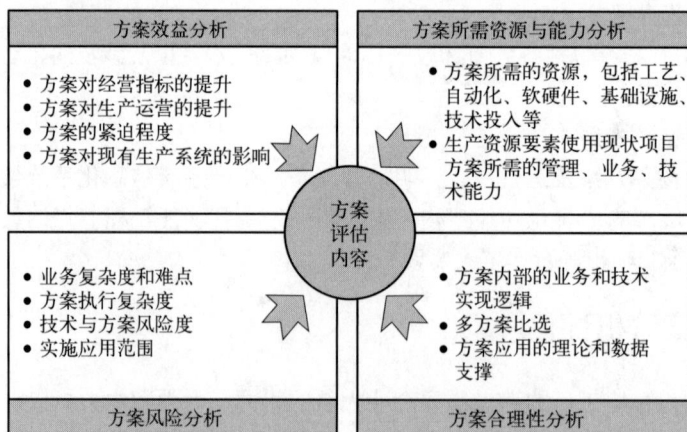

图 2-10 智能工厂方案的评估维度

2.4　案例：流程行业食品饮料智能工厂架构规划

2.4.1　企业现状与需求分析

饮料行业的生产过程符合流程制造的基本特征，从原料接收、调配、杀菌、发酵、混合、灌装、包装、码垛到入库，生产连续性强、流程固定。某饮料企业的生产特点如下：

① 为了满足不同细分市场，新品研发力度大，产品系列和规格多。

② 由于产品属于冷藏饮品，产品的交期和鲜度管理严格。工厂一般采取"当天生产，当天出库"的日配生产策略，由生产部门按日需求订单组织及时生产和发货，生产的计划调度和计划执行能力要求高。

③ 产品生产以流程工艺为主，设备自动化相对较高，生产线采用专线和混线生产，订单变更频繁，工厂的生产组织和管理的复杂度高。生产种类和规格切换频繁，生产线要求具备较高的柔性生产能力。

④ 高度重视食品安全。质量保证体系、生产过程的合规和可追溯、设备可靠性、原物料管理、生产现场环境等是生产质量管控的重点。

随着多种少量订单的增多和订单需求的波动加剧，生产过程中暴露出一系列错综复杂的问题。例如：生产工艺频繁切换导致设备可靠性和质量合格率下降，进而影响生产效率；生产进度延误造成无法按照计划准时交付，进而导致加班或赶工生产；生产不稳定导致一线生产人员流失，新人较多，进一步加剧设备与产品质量的不稳定；生产损失和返工频发，原料、能耗、人工等各类生产成本增加。

企业顺应智能制造国家战略和行业趋势，以智能工厂示范建设为契机，设定"流程优化，减人增效，绿色安全，节能减排"等管理目标，开展智能工厂的建设规划。

企业智能工厂建设的已有基础分析如下：

（1）产线规划缺乏协同和集成的思维

饮料生产线一般由数十台功能不同的设备所组成。在产线规划和设备采购时，通常重点关注灌装机等关键设备的性能和自动化程度，容易忽视关键设备与上下游设备的系统协同能力。生产线普遍存在以下问题：产线设备布局与物流未统筹规划，形成设备孤岛，影响人员走动和物料供应作业；对设备的柔性能力考虑不足，设备生产切换作业繁琐、耗时，设备的妥善率和 OEE 低；生产线设备间的异常缓冲能力设计不合理，导致设备频繁停机；设备的数据采集清单和接口协议未规划明确，形成信息孤岛。

（2）多源异构数据

工厂现有各信息系统主要包括 DCS 系统、三级计量、SCADA 系统、ERP 系统、能源管理系统（Energy Management System，EMS）、BI 报表系统等，这些系统存在技术路线各异、数据与模型不统一等问题，形成诸多系统和应用孤岛，需要攻克异构系统集成的关键技术，实现系统的集成与互联互通。

（3）生产工艺控制与工艺优化的复杂度高

产品生产过程工艺复杂，设备装置的上下游工艺关联紧密。设备间的物料、能量耦合度高，对品质异常、设备故障等扰动十分敏感，局部干扰往往会在整个生产流程传播并放大。每个工序的设备、单元，甚至整个生产线，都存在优化点、控制点及安全约束边界。单个设备局部优化需要综合考虑整个生产线的全局优化点。工艺联动是整个产线生产优化控制的关键问题。

（4）设备故障诊断与操作优化

工厂以自动化生产为主。现有自动化设备故障和异常具有漂移性、偶发性的特点，故障发生无法做到提前预防和及时发现。故障原因排查以事后经验为主，缺乏客观性和科学性。通过开展 TPM，不断完善设备点检规范、备件更换标准和设备保养制度等作业规范，但仍然无法达成较稳定的设备妥善率。因此，需要通过工业大数据进行建模分析，搭建设备故障的大数据模型，以此实现对设备潜在故障的分析预警。

（5）能耗分析与优化

由于工厂对设备的能耗数据采集能力相对不足，同时缺乏工厂不同层级设备的能效评估模型，导致生产能耗分析以粗粒度经验分摊为主，无法分摊到具体设备和工单。智能工厂需要基于现实机理和系统数据，搭建能耗综合建模的方法，实现细粒度的能耗分析。

（6）工厂绩效管理的精细化

在制定绩效管理方案的过程中，工厂根据自身特点融入各类绩效管理理念。但在实际实施中，这些理念的大部分却没有得到有效贯彻、落实。例如，工厂的成本管理和在 ERP 中的成本管理颗粒度存在一定差异。如何进行指标量化细化分解使战略转化成指标成为重要的技术难点。

2.4.2　智能工厂规划建设目标

在对企业现状和业务需求分析的基础上，确定智能工厂建设的总体目标，即采用成熟的数字化、网络化、智能化技术，围绕生产管控、设备运行、质量控制、柔性生产、能耗控制五项核心业务，采取过程控制与质量保证，计划调度操作一体化管控，能源优化减排，TPM 管理和 OEE 效率动态评估等关键措施，着力提升企业生产管控的感知能力、预测能力、协同能力、分析优化能力和 IT 支撑能力。

结合流程行业的特点，从工业工程（Industrial Engineering，IE）和 IT 两个维度进行推进，将智能工厂建设分为单元自动化、检测数字化、控制一体化、操作系统化、运营数字化和决策智能化六个层面，具体如图 2-11 所示。

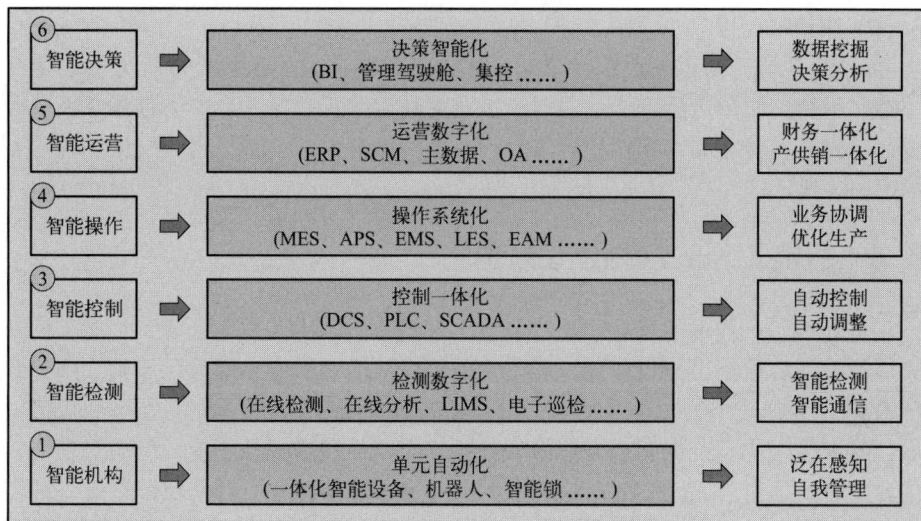

图 2-11　智能工厂规划的目标维度

（1）单元自动化

在原料接收、调配、灌装、包装、码垛等生产单元、工序中进行自动化、智能化操作改造，最大程度地利用自动称量、自动加管（勺）机、自动装箱机、码垛机器人、AVG 小车等设备，替代人工作业，实现一人多岗和一人多机作业，提高生产运行的效率和质量。

（2）检测数字化

对设备、原物料、车间温湿度、运行状态的检测进行系统化的设计和建设，包括管路阀门泄漏、智能设备巡检、在线称重、在线检测、实验室信息管理系统（Laboratory Information Management System，LIMS）等内容，并实现这些系统的互联互通、智能联动，为产品质量和安全生产提供保障和服务。

（3）控制一体化

对生产工艺的控制提供系统的解决方案，通过 DCS、SCADA 等系统实现生产工艺控制的高度自动化。

（4）操作系统化

在自动化生产的基础上，建立为生产、质量、设备、能源、安全等业务提供智能操作的系统与平台，具体包括 MES 系统、EMS 系统、EAM 系统、质量健康安全环境管理系统等，优化生产管控的业务流程，丰富操作优化的指导工具，提升生产操作的业务协同水平。

（5）运营数字化

为供应商关系管理、客户关系管理、企业资源计划、工程项目管理、科研管理等业务提供智能化服务平台，具体包括 ERP 系统、SCM 系统、CRM 系统等内容。

（6）决策智能化

基于 BI 系统，构建企业级专家知识库，搭建面向订单预测、能耗分析、工艺优化、物料平衡、质量追溯等特定主题的工业大数据分析决策平台。通过建立工业分析模型，研究开展资源配置优化和异常分析，发现潜在价值，预见可能发生的风险，并且给出相关建议。

2.4.3 智能工厂的规划建设步骤

根据智能工厂建设的行业经验，结合工厂的基础条件和技术经验，智能工厂建设规划遵循"顶层规划，分步展开，重点突破，先易后难，逐步深入"原则，确定智能工厂的长期目标。

以智能工厂为目标，利用计算机软件技术、网络技术消除企业内部信息孤岛、破除信息壁垒。通过 MES/SCADA 系统对生产设备、公用设备、其他辅助设备进行实时数据采集与监控，实现对关键工艺参数的在线反馈；对生产物料的全面数字化管理，实现生产物料全过程跟踪。以质量安全和精益生产为导向，打造数字化透明工厂。通过系统集成，打通 ERP、MES、LIMS 系统间信息通道，构建信息化共享数据平台，有效提升系统应用的深度和广度。

智能工厂建设规划的四个阶段如图 2-12 所示。

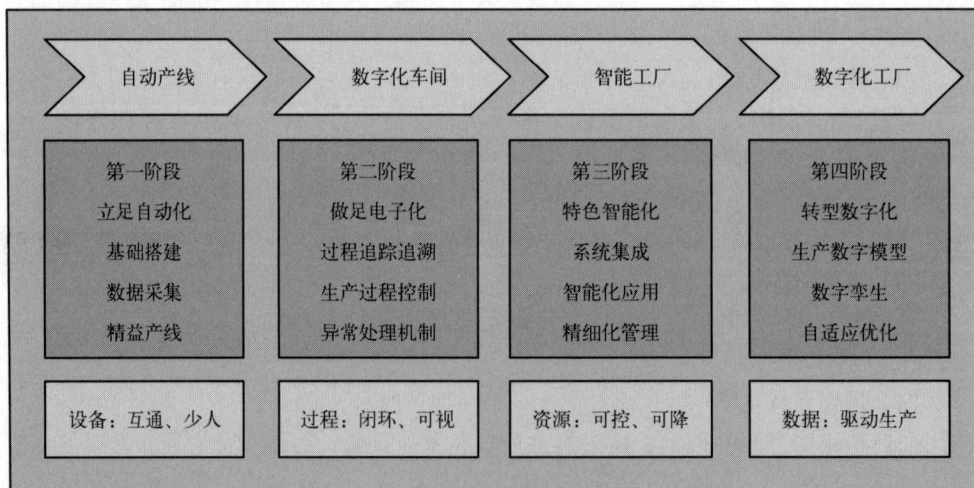

图 2-12 智能工厂建设规划的四个阶段

第一阶段以自动化改造为主。以企业生产的工艺流程为主线，分析各设备、工序、工段、车间的仪表及自动化系统，对人工操作、机械控制等环节进行自动化改造，数据自动采集率超过 90%，实现生产过程的可视化控制与可追溯。在生产工艺过程控制层面，实现高度自动化与优化控制，充分挖掘装置产能，提升产品质量并降低物耗能耗。本阶段建设的关键是实现设备互联互通。

第二阶段以车间精益化为主，以流程梳理优化为抓手，规范、固化生产过程管理业务流程，并通过信息系统进行支撑，做到管控流程的自动化，实现物料管理、设备管理、能源管理的数字化、自动化、智能化，提高生产过程精细化水平及生产效益。本阶段建设的关键是 MES 应用。

第三阶段以工厂生产业务的精细化和协同为主，将 MES、ERP、EAM、PLM、SCM、CRM、工厂设计等系统进行集成，整合工厂设计的静态数据和工厂运行的业务数据库，实现智能排产、质量全履历追溯平台、成本精细化管理等，促进企业业务流程与组织结构调整，建设以工业互联网平台为核心的业务协同平台。本阶段建设的关键是系统集成和平台化。

第四阶段以管理决策数字化为主，建立企业级知识库以及工厂长周期运行的历史数据库，结合对计划、调度、操作、工艺等机理的研究，通过建立企业的数字化模型，如物料平衡模型、设备效率模型、故障预测模型、工时模型等，分业务、分装置建立智能化决策、管控、操作一体化的优化平台。本阶段建设的关键是工业大数据的应用。

2.4.4　智能工厂的业务与功能架构规划

如图 2-13 所示，参照智能工厂的总体框架，构建满足企业业务需求的智能工厂业务架构。

在智能工厂业务架构的基础上，设计模块化、流程化、数字化的功能架构。如图 2-14 所示，通过建立数字化的生产过程管控与分析决策系统，实现多粒度生产工艺过程的全流程纵向与横向集成，并可根据业务需求设计和扩展相应功能，实现生产过程的有效生产管控。

面向生产过程的智能生产系统是智能工厂数字化系统整体布局中的重要构成，它符合国际标准，能够及时处理和传递生产相关的信息，实现工厂 SCADA 系统、LIMS 系统、MES 系统等与 ERP 系统的集成。通过 MES 系统使生产相关人员明确工作任务，及时了解和解决生产中存在的问题，实现产品的批跟踪，实现生产的透明管理，提高产品质量，精确产品成本，增强企业生产环节的核心竞争力。同时，MES 系统与新建的生产自动化系统进行集成，使信息化系统更加完整。该系统设计为三层架构：

① 最底层系统主要由生产过程控制系统、检验计量系统、物料防错系统等组成。工艺设备按工艺控制程序，对电机启停、阀的开关等数字开关量以及温度、流量、压力等工艺参数进行控制。通过现场操作站显示设备运行状况和生产数据，并进行工艺参数和生产参数的设定、修改。

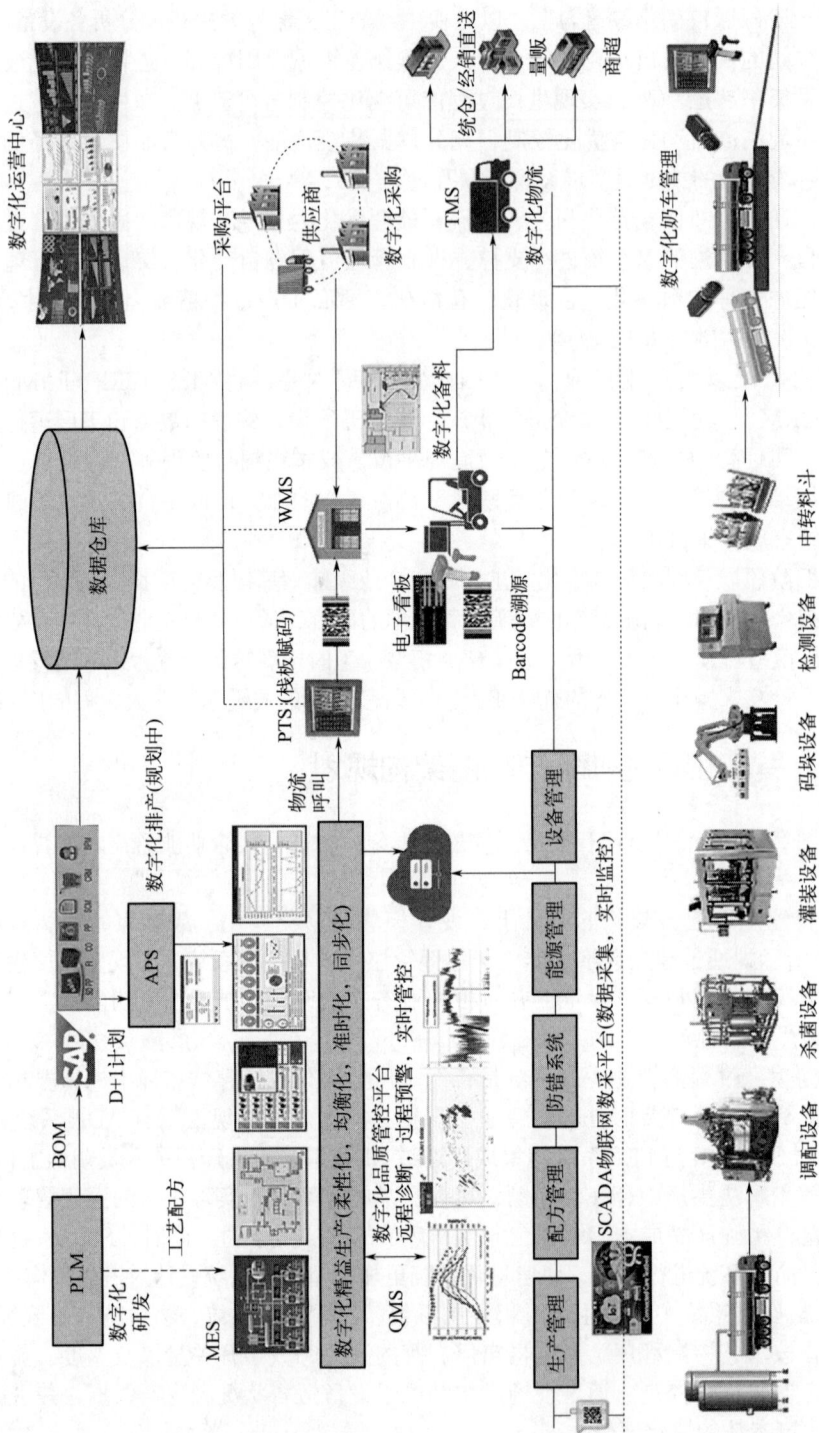

图 2-13 智能工厂的业务架构规划

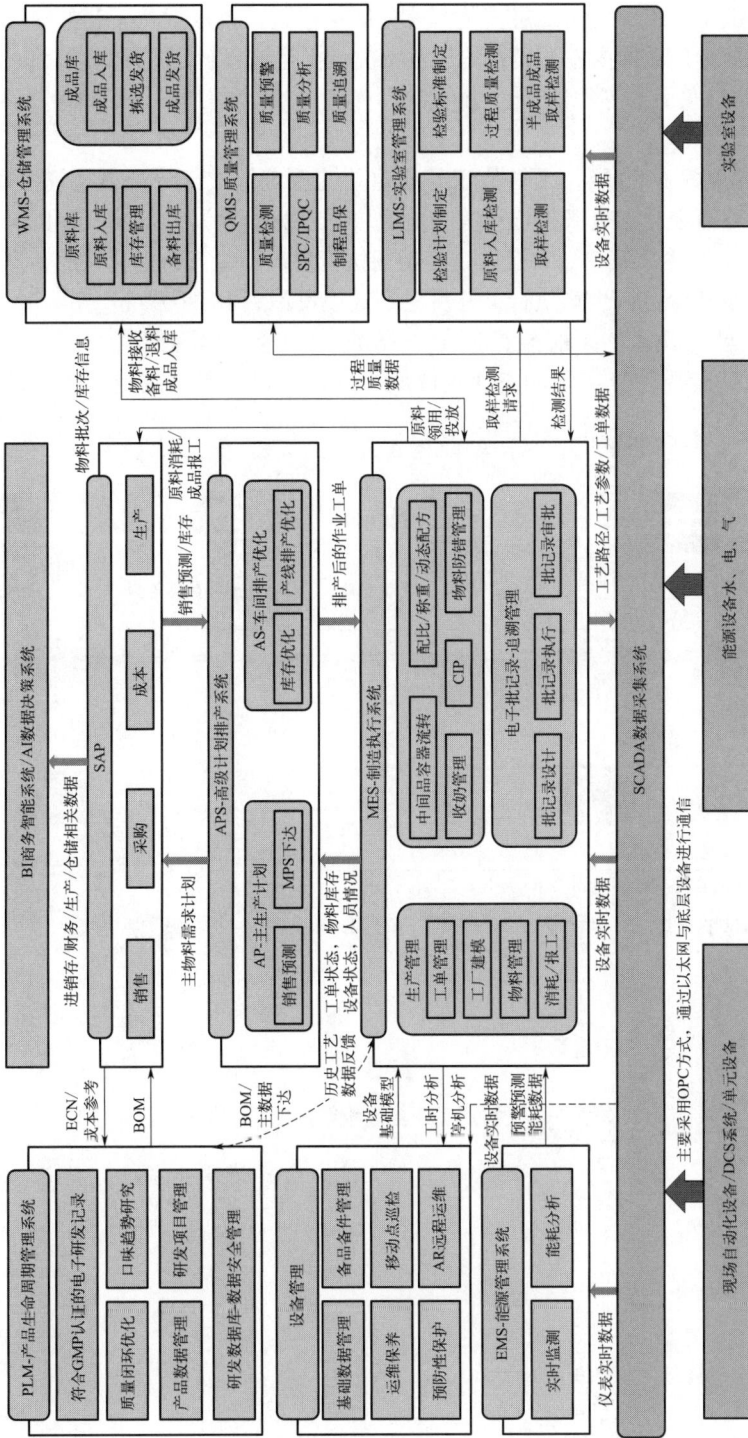

图 2-14　智能工厂的系统架构规划

② SCADA 系统作为第二层，负责监控底层控制系统数据、工艺参数和能源计量数据等，监控全厂范围内主要设备的运行状况，提供流程画面、报警列表、历史趋势、统计报表、KPI 仪表盘等功能。通过主控制屏显示各层级信息，为车间管理层提供决策支持。

③ 第三层为 MES 层，是智能工厂最重要的系统组成部分，主要包括生产管理、物料管理、称量配料、电子批记录等功能模块。MES 实现从原料到产品的全过程生产组织，MES 下达生产工单到对应的生产现场执行终端和生产自动化系统，然后由生产自动化系统按指令进行生产执行，并将生产实绩反馈到 MES 系统。

生产全过程管控的系统架构如图 2-15 所示。全过程管控以 MES 系统为基础，贯穿产品制造全周期，实现动态计划调度、过程追踪与实时控制、绩效分析与质量追溯等。

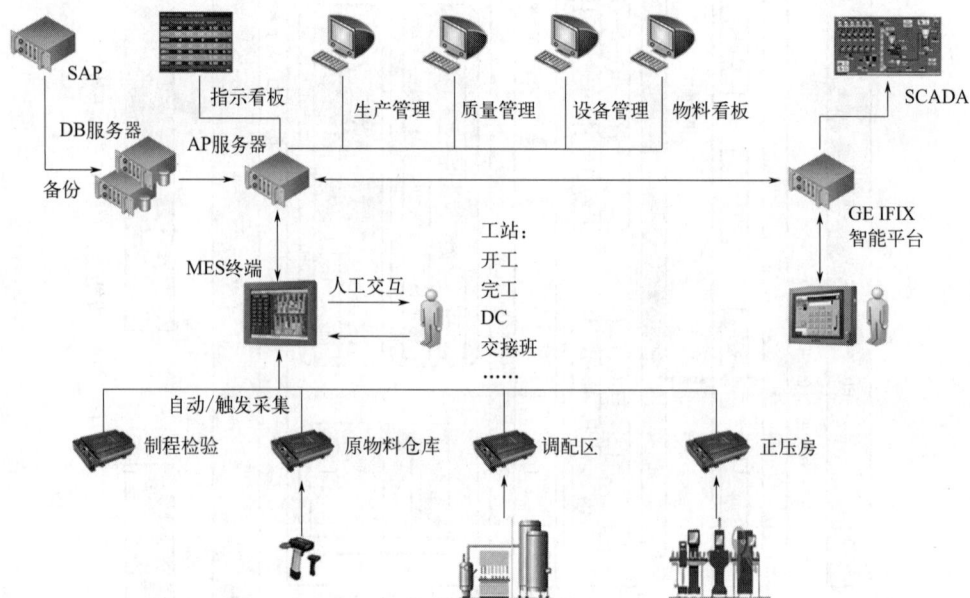

图 2-15　智能工厂全过程管控的系统架构

第 3 章

智能工厂规划的技术基础

数 字 赋 能
智能制造核心技术 丛书
DIGITAL EMPOWERMENT

3.1　工业工程

工业工程（Industrial Engineering，IE）是以生产系统不同维度资源要素（如业务组织、制造系统、工厂、供应链等）的实际工程与管理问题为对象，以系统工程、运筹学等为理论基础，以现代信息技术为工具，用工程量化方法对其进行系统性的分析、设计与优化，从而实现系统整体效率和效益的最大化。按照工业工程的定义，其基本功能主要包括规划、设计、评价/分析和创新/改进四部分，具体如图 3-1 所示。

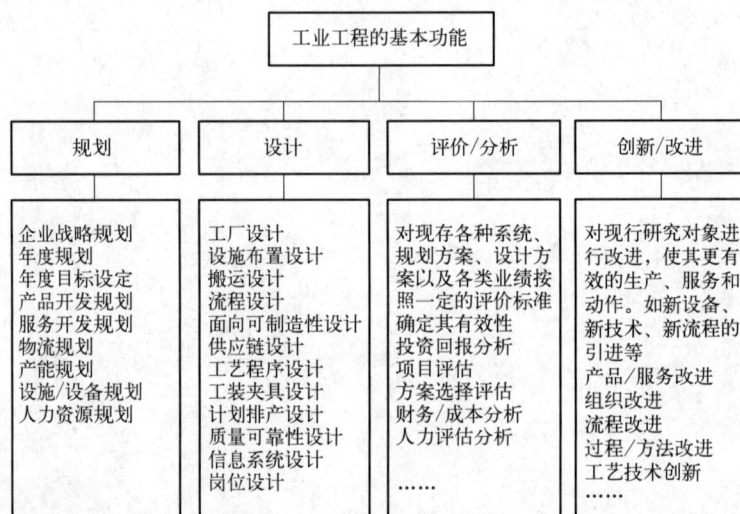

图 3-1　工业工程的基本功能

工业工程直接面向企业的生产运作过程，与运筹学、人因学、经济管理、各种工程技术存在密切的关系。因此，工业工程技术在先进工业化国家得到普遍重视和广泛应用。工业工程技术的内容体系如图 3-2 所示。

根据应用场景的不同，工业工程技术一般分为以下两类。

（1）传统工业工程（经典 IE）

传统工业工程是以数学和统计学为基础，结合工业工程的基本原理和方法，对系统的成果进行确认、预测和评价。其具体包括基础工业工程、统计质量控制、进度图、库存模型、组织行为学、工厂布置等。

传统工业工程重点面向微观管理，解决生产环节实际问题。例如，制定作业标准和劳动定额、生产现场作业流程优化等。

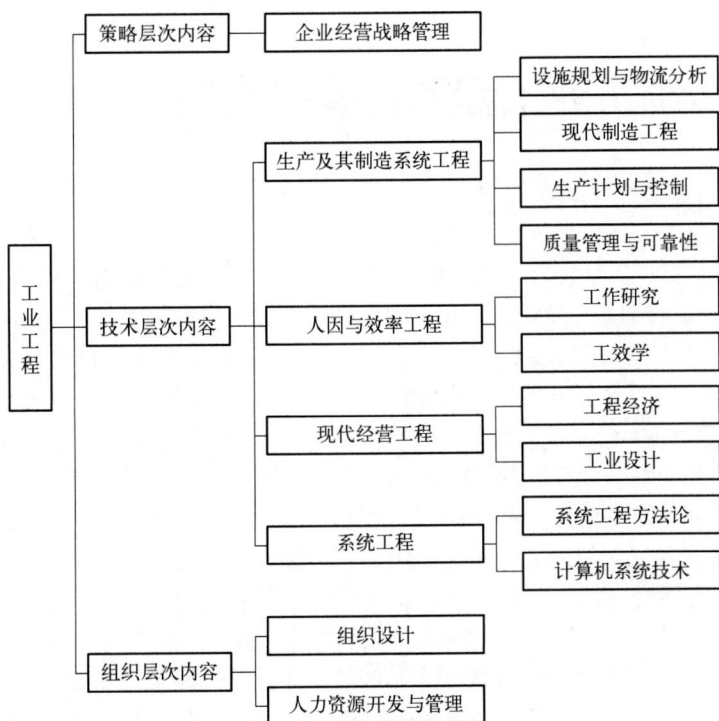

图 3-2　工业工程技术的内容体系

（2）现代工业工程（系统 IE）

随着生产系统规模和复杂度的提高以及信息技术发展，系统工程和运筹学成为工业工程的理论基础，信息系统、系统决策理论、控制理论、系统仿真技术等成为工业工程新的技术手段。特别是数学规划、优化理论、博弈论等理论和方法用于描述、分析和设计各种生产系统的运作机制、流程和系统。现代工业工程技术是以信息化应用、智能决策、集成工程为技术特征。

现代工业工程针对的对象和目标不是某个生产资源要素或生产系统的局部最优，而是追求生产系统的整体效益最优。现代工业工程从提高系统总体生产率的目标出发，对各种生产资源和环节进行统筹分析与合理配置，并对各种可行方案进行量化比较与分析，寻求最佳的设计和优化方案，以实现各资源要素和各子系统有效整合，实现系统的协同运行。

需要说明的是，基于 CPS 的理念，智能工厂规划设计需要从设备、产线、车间、物料等工厂物理资源要素以及信息系统、网络、数据等智能化资源要素两个层面展开。工厂物理资源要素的规划以传统工业工程技术为主。智能化资源要素的规划以系统工程、企业建模技术、系统仿真技术等现代工业工程技术为主。

3.2 传统工业工程的主要技术方法

3.2.1 产品 PQ-PR 分析

PQ 分析是指产品与数量（或价值）的统计分析，因此也被称为产品产量分析。PQ 分析是根据一定时期内（通常为一年）的产品产量或销量数据，按从高到低的顺序进行产品排序，并计算每种产品占总量的百分比。PQ 分析主要用于产品 ABC 分类、产品族的分解或合并。产品分类是产线划分和工艺布局的重要依据。

PR 分析又称为产品工艺路线分析。PR 分析是在 PQ 分析基础上，根据产品产量从大到小对不同产品的生产工艺进行排序。在此基础上，根据工艺的相似性和先后顺序，对不同产品的生产工艺进行组合，采用生产单元表示组合后的生产单位。PR 分析详细描述产品在工厂各生产单元之间的物流走向。通过对工艺过程的分析，计算工艺过程的各工序（作业单位）间的物流强度，作为各作业单位间相关度的基础数据。将产品组合分析与工艺路线分析相结合，建立产品与作业单位的映射关系，确定有效的工序布置形式。

如图 3-3 所示，在智能工厂规划中，PQ-PR 分析是一种流程步骤及顺序相似性的矩阵表示分析工具。通过分析不同数量的产品及其生产工艺路径之间的关系，对产品、工艺进行分类或成组。根据 PQ-PR 分析结果，完成产品系列化、成组工艺、产线设置、车间布局等分析和规划工作。

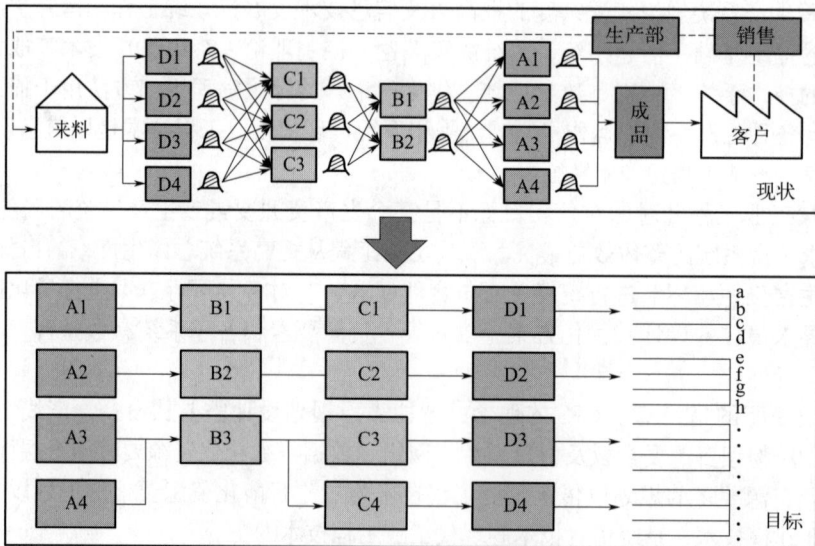

图 3-3 PQ-PR 分析实例

PQ-PR 分析适用于以下生产场景：

① 划分产品族，确定成组工艺，确定哪些产品可以在同一单元生产。

② 确定产品的优先级关系，确定重要产品，用于后续的价值流分析。

③ 识别瓶颈设备和确定关键工艺路线。

④ 生产工序能力与平衡分析。

⑤ 根据产品 ABC 分类，制定产线任务分配策略以及仓库库位分配策略。

3.2.2 价值流分析

价值流一般分为广义价值流和狭义价值流两类。广义价值流是指当前产品从顾客需求开始到产品设计、计划编制、物料采购、生产制造一直到产品交付的全部活动（包括增值和非增值活动）。狭义价值流是指产品通过其基本生产过程所包括的全部活动。

价值流的目标是将整个生产过程通过"一个流"再造或拉动联系起来，建立一个快速流动的生产链条，并且尽可能实现 JIT 生产。价值流关注的是流程而不是具体的产品，关注的是整体流动而不是局部。

价值流图是精益生产体系框架下的一种用来描述物流和信息流的形象化工具。它运用精益生产的工具和技术来帮助精简和理解工厂生产流程。价值流图作为一种图形化的生产运营分析工具，可以针对一个具体生产过程、生产线或整个工厂进行处理，采用特定的图形或图标表示生产过程、产线或工厂的信息流、物流与生产顺序的运作状况，从中发现一系列增值和非增值活动。价值流图和智能工厂的规划目标相辅相成，是精益思想与智能工厂规划技术的有机结合，同时也是开展精益生产和智能工厂规划的重要参考依据。

例如，在对企业生产过程进行数据资料收集整理后，通过绘制生产过程的价值流图，描述工厂信息流和物流的业务联系，将生产业务流程中信息的流动和物的流动进行图形化标识，为生产各部门提供一种统一的生产视图。以价值流图为基础，对信息和物的整个流动过程进行分析，检查其中是否存在信息传递滞后、数量过多（如在制品、中间库存等）、生产等待、生产节拍不平衡等价值损失问题。

VSM 工厂规划分析流程如图 3-4 所示。针对工厂规划，价值流分析能够找出工序间、业务流程中的增值和非增值环节。根据生产过程存在的问题和非增值点，得出工厂规划的生产方式、资源配置、功能区划等的优化依据。

3.2.3 设施规划与布局

工厂布局规划是工厂设施规划的核心，也是物流系统规划的重要环节。工厂布局规划方法主要包括系统布局规划（Systematic Layout Planning，SLP）、摆样法、数学模型法、图解法等。其中，SLP 方法实现工厂布局规划从定性阶段到定量阶段的发展，是当前工厂布局规划的主流方法。

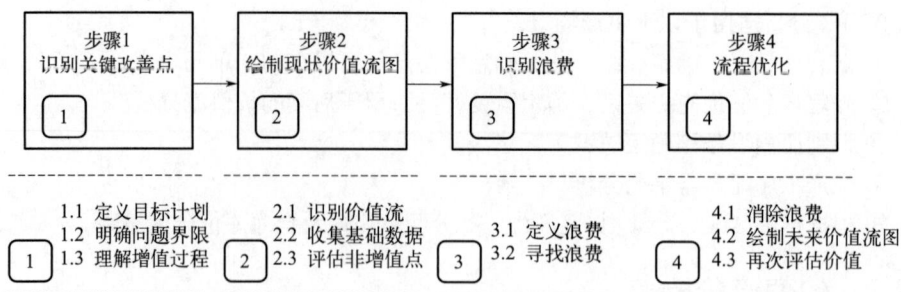

图 3-4　VSM 工厂规划分析流程

（1）SLP 基本要素

影响布置设计的因素众多。基本要素归纳为 P（产品 / 物料）、Q（数量）、R（生产路线 / 工艺过程）、S（服务部门）、T（时间安排）五个方面。

在进行工厂的设施布置时，对所生产产品进行相关性分析。根据产品 PQ-PR 分析，确定生产类型和工艺路线，划分作业单位，明确必要的生产辅助部门。

（2）SLP 方法步骤

SLP 具有严格的操作过程，每项布置设计通常要经过确定位置、总体布置、详细布置以及方案交付四个阶段，具体步骤如图 3-5 所示。

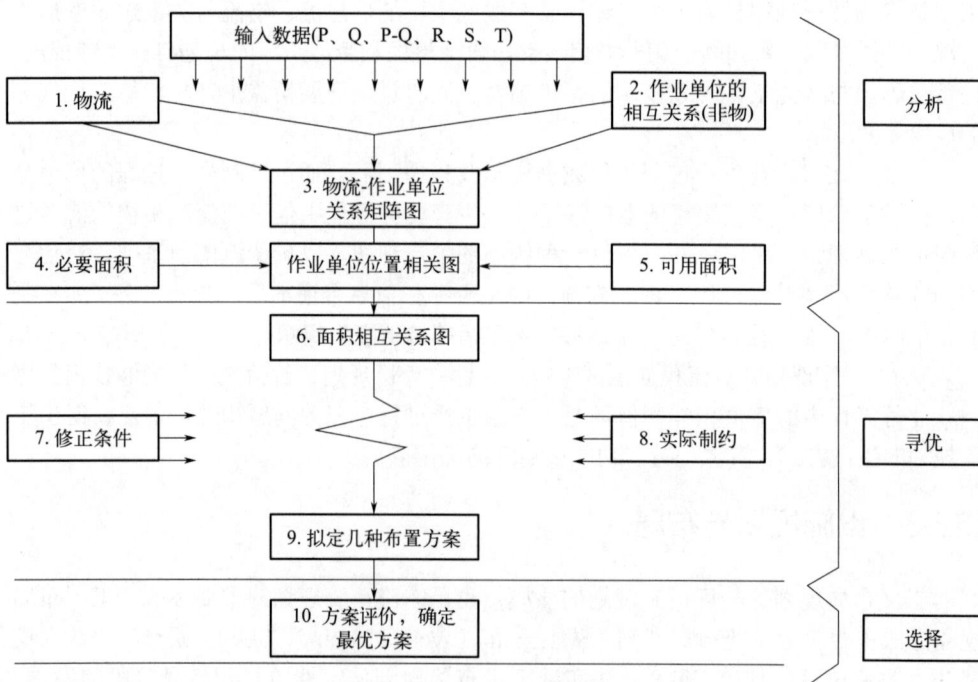

图 3-5　SLP 方法步骤

步骤 1：在产品和数量因素确定后，开始对不同类型因素所对应的功能单元进行确定。

步骤 2：总体布置。要确定布置范围内的基本物流模式，对物流以及非物流关系进行分析，表明不同粒度功能单元（作业区、作业单位、车间、工厂）的具体布局相互关系，完成作业单位位置以及相关图。根据位置的不同确定多种布置方案，对所得出的方案进行综合评估，选取出最佳的平面布置方案。

步骤 3：详细布置。包括每台设备或每项设施的位置。

步骤 4：提供布局规划图（含规划方案总图、拆解图，各单体厂房规划图）、规划报告（各阶段报告、方案报告、系统仿真）、方案说明书（建筑设计需求、规划方案说明文档）。

3.2.4 工作研究与流程分析

工作研究是最重要的 IE 基础技术。工作研究的目的是在现有设备的条件下，对生产程序和操作方法进行分析研究，设计效率最高、成本最低、质量最好的工作方法，并制定标准时间。工作研究包括方法研究和作业测定两大技术，其方法组成的层级结构如图 3-6 所示。

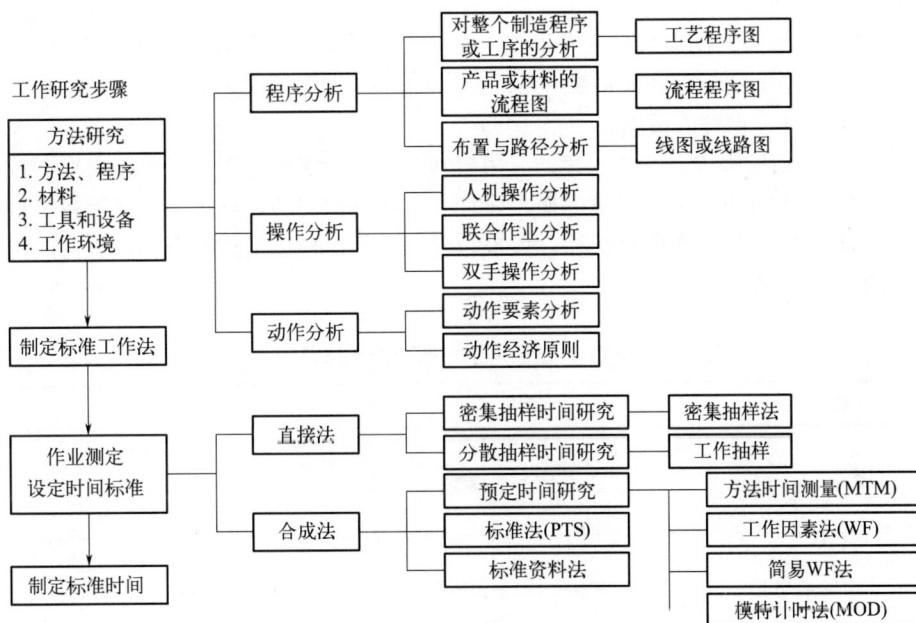

图 3-6 工作研究层次结构

方法研究是对生产系统相关方法（如加工、装配、包装、操作等）进行系统记录和严格考查，作为设计与优化工作方法的一种手段。作业测定是运用时间研究的方法技术，确定在标准状态下的工作时间。其中，标准状态是指针对某一种特定的工作，熟练工人以正常速度操作所需要的作业时间。

（1）程序分析

程序分析是以生产系统作为分析对象，采用工艺程序图和流程程序图进行分析。工艺程序图仅有操作和检验两种主要工序符号，主要体现整个程序的先后次序。流程程序图与工艺程序图的构成相似，其差异在于增加搬运、贮存、暂存三种符号。通过程序分析设计合理的工艺方法、工艺程序和空间配置。

（2）操作分析

操作分析是以人为主体的工序作业内容为研究对象，分析操作者、操作对象、操作工具三者的组织、布局和安排。操作分析主要用于分析操作者劳动强度、作业时间消耗等内容。操作分析包括人机操作分析、联合操作分析、双手操作分析等不同类型。

（3）动作分析

动作分析是在程序分析和作业分析的基础上，以人的操作动作为分析对象。动作分析的目的是排除多余动作、减轻疲劳，使操作简便有效，从而制定最佳的动作程序。动作经济基本原则主要包括减少动作数、双手同时进行动作、缩短动作距离和轻快动作等。

需要说明的是，方法研究首先着眼于整个工作系统、生产系统的整体优化（程序分析），然后再深入解决局部关键问题（操作分析），进而解决微观问题（动作分析），最终达到系统整体设计的目的。

在工厂规划过程中，方法研究的应用较为灵活。方法研究既可用于整个生产过程的流程设计，也可用于单个工站的操作设计、人或机构的动作分析。如何有效使用这些分析工具，需要结合实际情况和具体规划内容进行选择。工作研究各种方法的具体应用场景可参考表 3-1。

表 3-1　方法研究的一般应用选择范围

作业类型	示例	记录技术
整个制造过程	原材料→产品发运	工艺程序图 流程程序图 线路图
工厂平面布置	零件在工序间的移动	工艺程序图 流程程序图 线路图
物料搬运	物料进出仓	流程程序图、线路图
在工作时的手工动作	短循环重复工作	动作分析、人机程序图

3.2.5　生产线平衡分析

由于异常、操作差异等各种不安定因素的影响，工厂流线化生产通常难以实现充分的工序平衡，从而出现设备等待或在制品滞留的现象。生产线平衡（Line Balance）最主要的影响因素是瓶颈工序。生产线平衡分析主要是针对工程流动或工序流动，对生产线的全部工序进行负荷分析，识别瓶颈工序。在此基础上，通过调整工序间的负荷分配，实现各工序的能力平衡（作业时间尽可能相近）。生产线平衡分析是生产流程设计与作业标准化中最重要的方法。生产线平衡的评价指标主要包括平衡率（采用 LB 表示）和平滑性指数（采用 SI 表示）。上述指标的影响因素主要包括生产节拍、闲置时间、瓶颈工序等。

生产线平衡分析的主要步骤如下所述。

（1）生产线整体作业流程调查

开展生产线平衡首先需要对目标生产线的整体作业流程进行详细调查，以形成清晰的认识。通过了解目标生产线的生产全过程，把握目标生产线的整体状况，便于后续的详细观察分析。

（2）各工序作业内容观察

对每个工序的操作内容进行详细观察，记录具体的操作和顺序，收集工序的全部作业内容，并对观察中发现的生产问题点进行记录和汇总，用于问题点的后续分析改善。

（3）工时测量

各工序作业时间的准确测量是生产线平衡分析的关键环节。不同行业的工艺工时的测量方法有所差别。对于以人工装配为主的装配线，可以采用秒表测时法或方法时间测量（Method Time Measurement，MTM）的方法确定工时；对于不能使用 MTM 定义工时的生产线，可以采用视频录像，采用动作分析软件进行动作分解和工时确定。

（4）填写工时记录表

为了保证工时测量的准确性，一个工序一般需要测量 5~10 次，将这 5~10 次的工时测量数据进行记录，并计算其平均值。在平均值基础上考虑宽泛系数，确定该工序的标准作业工时。

（5）生产线平衡分析

对生产线各个工序的作业单元和对应的标准作业时间进行数据汇总分析。通常采用山积表对各工序的作业单元和工时进行直观展现，以快速识别瓶颈工序和瓶颈工时。在此基础上，采用如下公式计算平衡率、平滑性指数等指标。将该数值和生产线平衡效果评判标准进行对照，从而对生产线的工序平衡进行掌握。

$$平衡率 = \frac{各工序作业时间之和}{瓶颈工序作业时间 \times 工序数} \times 100\%$$

（6）生产线平衡改善

针对瓶颈工序，综合应用程序分析、动作分析、布局分析、动线分析、时间分析、ECRS❶等 IE 方法，进行生产作业流程的循环优化。

3.3 智能工厂规划的建模技术

3.3.1 智能工厂模型分类

在工厂规划时，首先需要对业务与工艺流程进行分析评价，确定工厂规划的关键需求和关注重点。在详细设计阶段，需要完成车间、生产线和设备不同尺度的布局规划和能力分析，以及生产工艺验证和物流动线的模拟测算。由于定制生产的产品多样性和生产不确定性，导致生产工艺的复杂性和对生产系统的柔性需求。目前，基于人工经验的传统工厂规划已不能满足智能工厂的规划需求。

智能工厂的生产系统是一个复杂的多维系统，需要建立生产、设备、质量、安全、能源等资源要素在时间、空间多尺度上的模型以及实现模型一致映射。建模仿真（Simulation）是利用模型复现实际生产系统发生的本质过程。系统建模仿真技术是通过计算机模拟技术，针对特定任务或场景，采用模型和数据描述现实物理过程，分析任务的结果、影响因素等，帮助解决生产系统规划过程中所涉及的工艺设计、分析优化、方案验证等问题。通过仿真，提前发现规划设计的不合理与缺陷，完善生产工艺等，提高生产系统规划的可行性与合理性。

根据生产建模对象的不同，智能工厂主要包括工厂模型、产品模型和过程模型等类型。

（1）工厂模型

工厂模型是对生产线、生产单元、生产节点等物理生产资源的抽象和描述，一般用于描述整个工厂的结构和布局。工厂模型通常包括工厂、车间、生产线、生产单元等要素，并通过图形界面展示工厂的物理布局。通过工厂模型可以直观了解车间之间的关系和流程，为生产调度和优化提供依据。

（2）产品模型

产品模型用于描述企业所生产的不同产品或产品族的特征和属性，如产品的结构、工艺路线、工序信息等。通过产品模型，可以准确了解每个产品的组成结构、生产过

---

❶ ECRS，是工业工程学中程序分析的四大原则，即取消（Eliminate）、合并（Combine）、调整顺序（Rearrange）、简化（Simplify）。

程以及相关的质量控制点。产品模型还可以支持产品的可追溯性，用于工厂的批次管理和质量追踪。

（3）过程模型

过程模型是产品生产过程的具体活动和路线图，用于定义产品生产的工序和步骤。过程模型用于描述产品从原料到中间品，再到最终产品的形态变化过程。过程模型可以对生产过程进行建模和优化。过程模型通常基于实际生产数据，如设备状态、工艺参数、人员信息等。通过收集和整合这些数据，并应用建模技术，可以模拟仿真生产过程，用于瓶颈分析和生产平衡。过程模型还可用于物料平衡、能源平衡等统计模型分析，或质量追溯、故障分析等工程模型分析。

上述三种模型的关系如图 3-7 所示。工厂模型描述工厂的结构和布局，产品模型描述产品的特征和属性，而过程模型用于建模和优化生产过程。通过对三个基本模型和模型间引用关系的定义构建，完整描述智能工厂的数字主线，从而建立智能工厂统一的多层次、多尺度数字化模型。

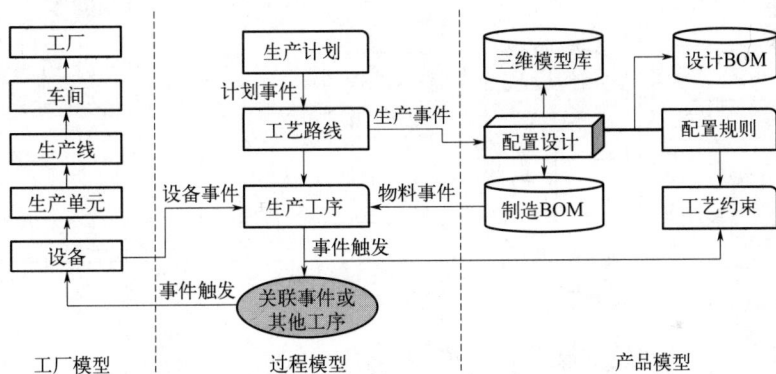

图 3-7　智能工厂模型分类

3.3.2　企业业务建模

在智能工厂的架构规划和业务流程设计过程中，业务流程梳理为方案设计提供指导。智能工厂的业务架构与流程规划通常以流程梳理为重点，聚焦工厂端到端的流程贯通，并以此为基础建立流程管理机制，形成标准规范的工厂流程运作管理体系。

如图 3-8 所示，集成信息系统架构（Architecture of Integrated Information System，ARIS）是面向过程的模型结构，广泛应用于工厂规划、业务拓展、信息系统建设等相关建模工作。ARIS 结构是一种面向流程的信息系统结构，它定义了五个视图：数据视图、功能视图（或过程视图）、组织视图、资源视图和控制视图。

① 数据视图：描述事件和环境条件，用于表征信息对象。

② 过程 / 功能视图：描述过程规则和过程结构，用于描述要实现的功能及功能间的关系。

③ 组织视图：描述使用者和组织单元之间的结构关系。

④ 资源视图：描述信息技术设备，如计算机、网络和数据库等。

⑤ 控制视图：记录和维护组织视图、数据视图和功能视图之间的关系。

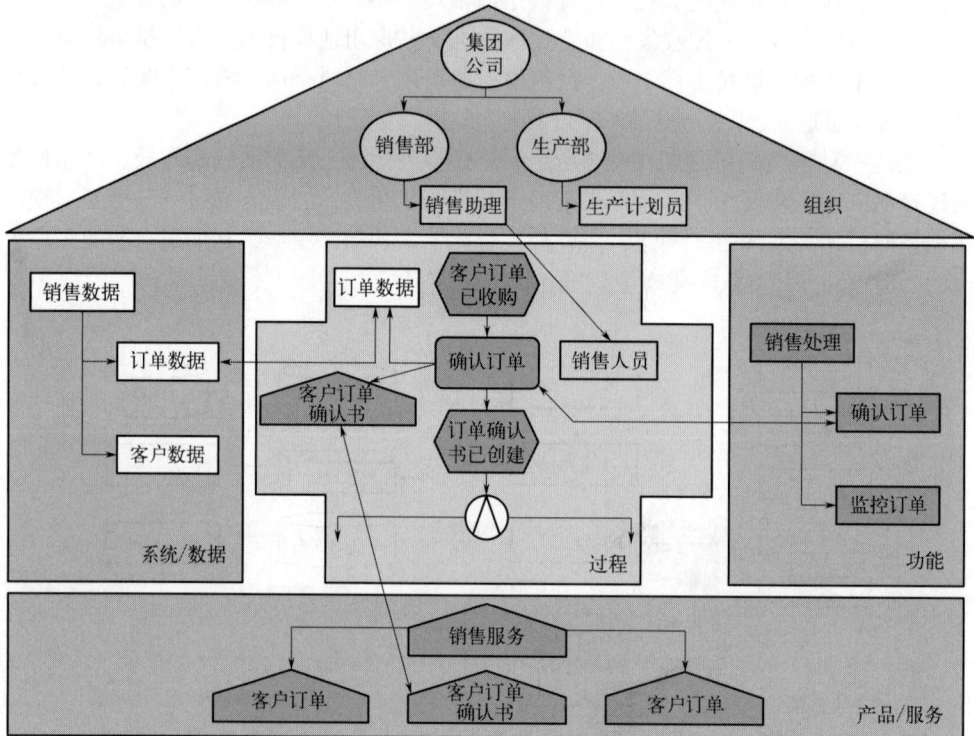

图 3-8　企业业务建模的不同维度

3.3.3　生产过程建模

生产过程建模是将实际生产过程抽象为计算机模型的过程。通过收集和整合设备状态、工艺参数、生产进度等数据，将这些数据映射到计算机系统，采用系统建模技术对生产过程进行模拟、分析和优化。通过建立准确的生产过程模型，可以更好地分析和控制生产过程，提高生产过程的效率和质量。

3.3.3.1　生产过程模型的组成

生产过程模型一般包括事件模型和执行模型两方面。

事件模型是生产过程建模的基础，用于描述生产过程中发生的各种事件及其相互依赖关系。事件可以是一次生产活动、一个状态变化或相关的具体操作。通过分析并组织这些事件，可以构建完整的生产过程模型。事件模型中包含事件的发生时间、类型、参与者以及其他关联信息。

执行模型展示如何运用事件模型来指导实际的生产过程。基于事件驱动的过程模型强调通过事件的触发和响应来推动生产活动。关注的是在特定事件发生时，应该采取什么行动以及谁应该负责执行这些行动。通过在执行模型中定义事件处理规则和相应的行动，可以实现自动化的生产控制和调度。

3.3.3.2　生产过程建模的步骤

基于事件驱动的生产过程建模步骤如下所述。

（1）识别关键事件

分析生产过程中的各种事件，并确定哪些事件对于生产效率和质量具有重要影响。这些事件可以是原料到达、设备故障、生产任务完成等。

（2）建立事件模型

根据识别的关键事件，构建事件模型。定义事件之间的时序关系和相互依赖关系，以及事件的属性和参与者信息。图 3-9 所示的是生产发料流程的事件模型示例。

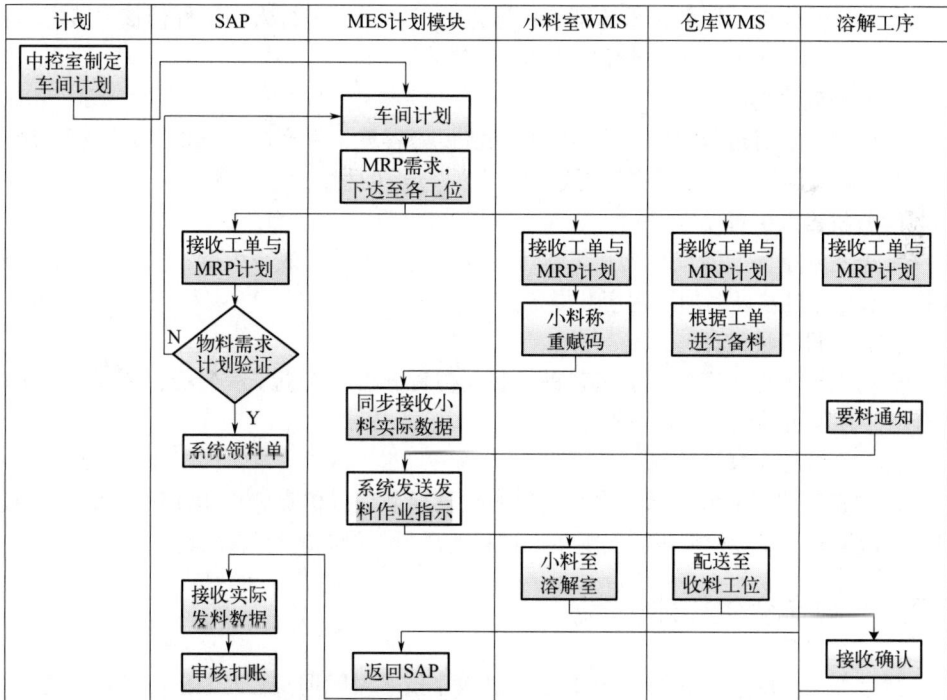

图 3-9　生产过程建模示例

（3）设计事件处理规则

根据业务需求和生产目标，确定每个事件的触发条件和相应的行动。例如，在设备故障事件发生时，触发维修团队的通知并安排备品备件。

（4）流程集成

将建立的不同事件模型和过程模型集成，实现生产过程的实时监控。通过将事件和行动与实际生产数据结合，提供决策支持和预测能力。

基于事件驱动的建模流程可以确定和组织生产过程中的关键事件，并通过相应的行动推动生产活动。这种建模方法可以用于生产过程的优化和自动化。

3.3.3.3 生产过程建模的主要仿真应用

根据业务场景的划分，过程模型仿真在智能工厂规划设计的主要应用场景如下所述。

（1）工厂布局仿真

针对工厂布局规划和生产线规划，基于企业发展战略与前瞻性进行三维工厂模拟验证，避免因不合理布局产生的时间和成本浪费。

（2）工艺仿真

工艺仿真用于模拟真实生产过程中的物理和化学变化、碰撞干涉等场景，并对生产工艺参数进行优化处理。例如，通过加工仿真，进行加工路径的规划和验证、工艺路线的可行性分析、切削余量验证等；通过装配仿真，进行人因工程校核、装配节拍设计、空间干涉验证、装配过程运动学分析等。

（3）物流仿真

通过物流仿真进行物流效率分析和物流设施容量、生产区物流路径、物流设施布局、人员配置等规划，提升物流规划的科学性，避免后续物流浪费。

（4）机器人仿真

基于三维空间，验证机器人工作可达性、空间干涉、效率效能、多机器人联合作业等，输出经过验证的加工程序，提升工艺规划效率。

（5）人机工程仿真

通过人机工程仿真对关键工艺进行装配仿真分析、人机工程分析、装配过程运动学分析，最终可输出三维作业指导。

（6）资源控制模型仿真

通过资源控制模型仿真对生产资源的配置规划进行仿真分析和优化。例如，通过建立质量模型、能耗模型等，实现生产过程的质量、能源的可视化管控。

3.3.4 数字孪生技术

数字孪生（Digital Twin，DT）是通过数字技术对物理实体对象的特征、行为、形成过程和性能等进行描述和建模，实时获取和处理实体的数据，实现实体状态和性能的监测、分析和优化。

智能工厂规划需要综合产品多样性和企业复杂度等不同业务场景，进行费用成效、工艺质量等不同维度的可行性论证与评估。智能工厂的规划是以未来生产场景的大量数据为基础，通过建立仿真模型对设计方案的可行性进行过程模拟验证，并给出详细的评估结果，对物理世界的实施规划做出指导。在后续的工厂实际运作中，通过处理孪生数据，对数字孪生车间的运作进行实时指导控制。

工厂规划设计主要包括概念设计、区块布局设计、细部设计和实施验证等阶段。工厂实体和数字孪生体在上述不同阶段的交互如图 3-10 所示。

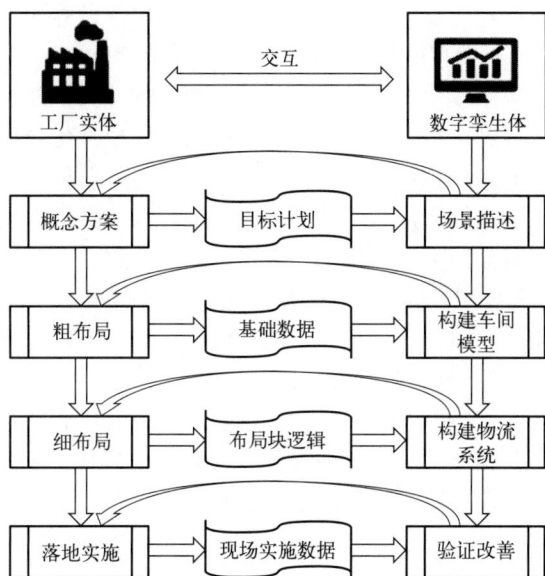

图 3-10　工厂规划与数字孪生的关联

（1）概念设计阶段

根据企业愿景明确需求，制定目标计划，初步拟定需求数据。这一阶段对物理世界的保真度较低。通过需求调研，确定目标计划和数据需求，逐步完善数字孪生的结构。该阶段的数字孪生特征为工厂规划目标主导的概念蓝图。

（2）区块布局设计阶段

区块布局属于粗布局阶段。该阶段需要确定设备需求数量，以及对应的生产面积需求。这个过程需要经过迭代验证。根据收集数据，采用价值流方法进行快速评估，初步确定设备数量。通过仿真验证设备利用率和缓存区是否合理，分析待改进的机会点，并进行优化与验证，最终确定该阶段的布局设计结果。区块布局设计阶段的物理世界比概念设计阶段更明确。该阶段的数字孪生特征为车间基础数据支撑的二维方案。

（3）细部设计阶段

根据各个布局区块之间的逻辑关系和各布局区块的工厂内部物流，进行布局区块空间上的理论设计。根据工厂生产用地面积和办公辅助用地面积计算工厂面积需求。该阶段数字孪生特征为布局区块逻辑关系支撑的三维方案。该阶段对物理世界的保真度很高，具体体现在工厂的三维方案和理论数据支撑。

（4）实施验证阶段

数字孪生系统通过大量的数据反馈，不断验证物理实体和计算机模型的相互关系，模型修正结果同步反馈至物理实体，实现二者的紧密耦合与高效互动。该阶段的数字孪生特征为数据实时交互的动态模拟方案。该阶段对物理世界的保真度高，通过不同的控制策略进行数字孪生模型的验证，对物理现场做出指导。

需要说明的是，数字孪生侧重于对工厂物理模型的计算机建模。基于模型参数的调整，对整个模型运行进行可视化模拟，产出对应的模型量化分析结果。通过数据分析发现生产系统存在的问题和优化机会。目前，在流程行业和自动化基础较好的离散行业，数字孪生越来越多地应用在工艺、产线、工厂等各类工程项目的规划设计、方案评估、工艺优化等方面。但是，数字孪生需要大量的数据采集和模型开发工作，对技术、人力和时间投入要求较高。

价值流方法论是以精益思想为核心，同样广泛应用于工厂规划的快速评估。VSM更侧重于从信息流和物料流动的角度，对工厂生产运作进行流程建模，从价值角度来分析和发现生产过程中存在的问题。VSM分析的工作量相较于数字孪生要少很多。

因此，在智能工厂规划中，数字孪生和VSM都可以用于对工厂整体生产流程的分析，需要结合工厂实际情况来选择合适的分析工具。

3.4 案例：ATO产品智能工厂的精益规划

3.4.1 价值流分析

（1）工厂生产现状与需求分析

某工厂以生产各类内燃叉车为主，生产规模位居行业中游。随着物流行业和物流技术的快速发展，产品逐步向多功能化、电动化、智能化方向发展，产品系列衍生出电动叉车、物流AGV等多个系列。由于市场需求和产品系列增加，工厂生产能力不足问题凸显。为了满足市场和供应链战略调整的需求，工厂计划建立新的生产工厂。新工厂的建设希望能够结合现有实际情况和未来需求，对标本行业先进企业，融合行业的先进生产技术，提高工厂的柔性生产能力。因此，工厂期望采用精益价值流和数字化技术完成新工厂的规划方案设计。

为了控制库存成本，工厂主要采用 ATO 生产模式。类似汽车生产工艺，工厂以产品总装为主。除门架、非标车架、桥体等核心焊接件自制外，其余零部件、标准车体 / 车架等采用委外生产方式。叉车装配方式以多种少量的混流装配为主。根据产品系列的工艺差异，装配车间包括多条主装配线，分别负责不同系列产品的装配，叉车装配车间的布局如图 3-11 所示。

以工厂某一主要产品 F30 系列为例说明产品的典型装配工艺。根据叉车混流装配的工艺设计，整个叉车装配作业内容分别由 11 个装配工位完成。各装配工位分别完成车体预装、动力装配、车体动力合装、散热器排气系统安装、转向系统、制动与液压系统、电路系统、操纵系统、座椅 / 轮胎安装、门架与配重装配、调试精整等装配作业内容。每个装配工位的作业单元又包含若干小的装配任务。根据生产节拍，进行装配工位的作业任务分配与调整。

叉车混流装配线的生产现状说明如下：

① 整个生产过程以间歇式流水线装配为主，设定的生产节拍为 25min/ 台。随着产品生产系列的增多，标准化作业和精益化管理未能同步到位。装配线生产工位的作业内容划分不合理，导致装配线平衡率下降，工位间的生产等待增多，生产效率和产能下降。由于计划与进度追踪不及时，产品各生产制程不同步，产品生产周期进一步延长。该系列产品从开始下单生产到成品检验入库合计需要 20h，相对较长。

② 大多数零部件以委外生产或外包生产为主。根据供应商的供货能力，零部件均设有一定安全库存，并根据库存耗用情况进行拉动补充。由于生产的各级信息传递不顺畅，生产进度和物料需求的时效相对滞后，牛鞭效应较显著，预测需求量相对实际生产扩大约 1.5 倍，导致原物料、在制品和成品的库存增加。同时，产品系列的增加导致零部件供应种类增加，物料不齐套问题较为突出，生产过程的物料替代（挪料）、错料、缺料、待料等频繁发生，导致零部件仓库和装配线边的零部件、在制品数量居高不下。

工厂希望在规划过程中能够基于生产现状，运用价值流工具，梳理分析有待解决的关键问题和核心优化对象，并能够完成一个可示范的精益生产线设计或装配车间规划，为后续的智能工厂整体规划起到借鉴和标杆示范作用。

（2）现状价值流

在采用价值流分析时，将工厂重要或关键产品作为价值流分析的产品对象。这种方式便于在分析过程中快速建立一个标杆性生产对象。其中，对关键产品对象或产品族对象的选择采用 PQ_PR 分析法。

对工厂的产供销历史数据进行 PQ 分析。同时考虑内燃叉车前期工艺完善后的产能并未得到明显提升，生产过程仍存在较多问题。经过综合分析，确定以内燃平衡重式叉车 F30 标准车型作为主要分析与应用对象。

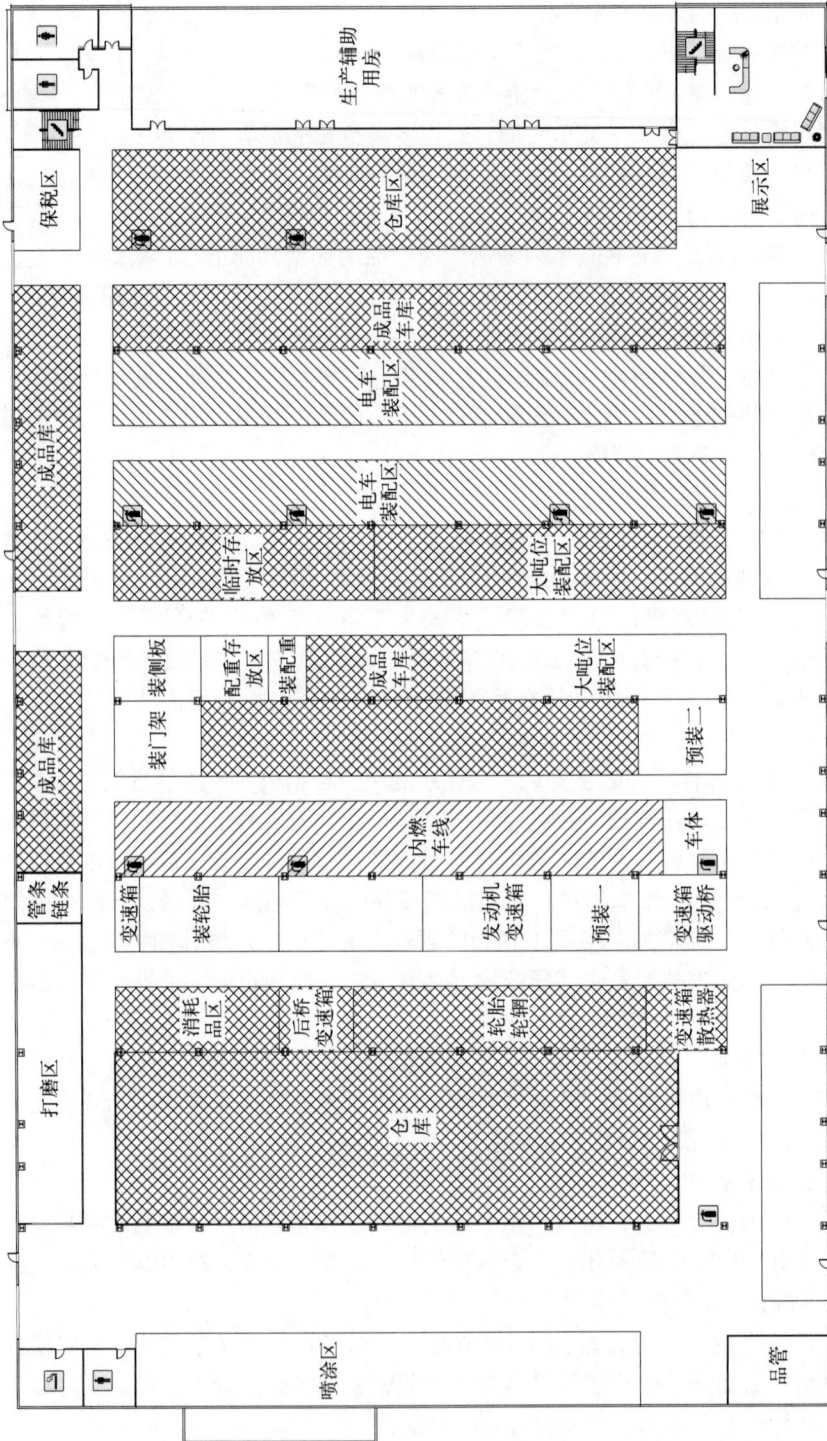

图 3-11　叉车装配车间布局

VSM 分析围绕内燃叉车产品的产供销环节，从信息流和物流两方面进行数据整理。信息流是 VSM 分析的基础。掌握信息流过程有助于对物流的理解。VSM 分析首先需要设计生产过程属性收集清单，以获取实物的流动规律，用于识别生产过程中的问题。根据工厂实际情况，生产过程属性收集清单具体如表 3-2 所示。

表 3-2　生产过程属性收集清单

1. 每班的总时间	11. 操作员人数
2. 定期安排的、会减少可利用时间的停工事项，例如工间休息、吃午饭	12. 可靠性的计量标准——两次故障自检的间隔时间、正常运行时间或设备的总有效性
3. 每日全部可利用的生产时间（从每班的总时间中减去定期安排的停工事项占用的时间）	13. 对加工过程进行操作的班次
4. 交货计划	14. 生产线的速度
5. 发运每车部件的数量	15. 预防性维修计划
6. 每月及每天发运部件的数量	16. 生产流动中的一些中断事项
7. 生产周期时间	17. 由于返工可能引发的一些例外情况
8. 转换时间	
9. 在制品数量	
10. 经济批量大小	

根据清单进行现场调查或数据整理，将收集到的数据填入生产过程属性收集栏中，如表 3-3 所示。

表 3-3　现状数据收集

平均需求量：每月 480 辆 = 每天 20 辆 每月发运天数：24 天 供应商送货车辆台数：3 辆
供应商信息： 从供应商 ABC 每天收到门架 20 台，车体 20 台，配重 20 个
过程属性： 可利用时间：装配每班可利用的总生产时间为 8 小时 (480 分钟)，涂装为 8+2 小时 (600 分钟)。两次 10 分钟的中间休息时间，合计有 20 分钟固定的计划停工时间。因此每班可利用的生产时间是 460 分钟和 580 分钟。
发运： ● 地点：成品区 ● 频率 / 方法 = 每日 / 整车发运 ● 产成品存货 =50 辆
车体： ● 周期时间：18.9h ● 增值时间：7.9h ● 转换时间：0min ● 可利用时间：10h

- 正常运行时间：100%
- 操作员人数：17
- 在制品：车体涂装之前为 59 件
- 车体涂装之前间隔时间：4.3 天

配重：
- 周期时间：17.8h
- 增值时间：8.8h
- 转换时间：0min
- 可利用时间：10h
- 正常运行时间：100%
- 操作员人数：18
- 在制品：配重涂装之前为 59 件
- 门架涂装之前间隔时间：3 天

门架：
- 周期时间：6.5h
- 增值时间：1.5h
- 转换时间：0min
- 可利用时间：10h
- 正常运行时间：100%
- 操作员人数：3
- 在制品：门架涂装之前为 86 件
- 门架涂装之前间隔时间：3 天

装配：
- 周期时间：7.8h
- 增值时间：3h
- 转换时间：0min
- 可利用时间：8h
- 正常运行时间：100%
- 操作员人数：24
- 在制品：车体涂装与装配之间为 23 件，配重涂装与装配之间为 35 件，门架涂装与装配之间为 35 件
- 卸货仓库车体、门架、配重各 20

信息与物资的流动：
- 与客户和供应商沟通信息全部都是电子化的
- 生产控制中心从销售每月一次收到预测信息并每周一次收到订单
- 生产控制中心向 ABC 公司（供应商）：中小件每 3 月一次，大件每月一次发送预测信息，并每周发出一次订单
- 生管每日一次向装配、涂装（车体、配重、门架）工序发出指令

　　根据上述调查数据，开展现状价值流图绘制，具体如图 3-12 所示。价值流图的符号含义本书不再赘述，可参考相关书籍。

　　以涂装总提前期最长的车体作为涂装提前期。

门架 LT=86÷20+6.5÷9.4 ≈ 4.3+0.7=5 天

配重 LT=59÷20+17.8÷9.4 ≈ 3+1.9=4.9 天

车体 LT=59÷20+18.9÷9.4 ≈ 3+2=5 天

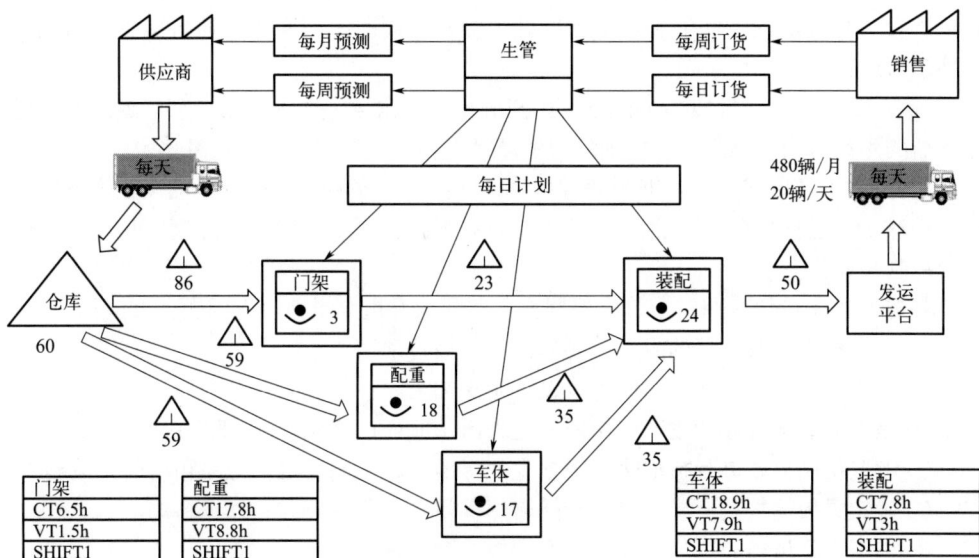

图 3-12　叉车生产的现状价值流

各个作业过程的生产循环时间（Cycle Time，CT）时间如图 3-12 所示，生产总提前期包括仓库库存、涂装提前期、装配提前期和物流周期，即

生产提前期 =1+5+35/20+7.8÷7.7+50÷20 ≈ 11.3 天

产品增值时间 =7.9÷9.4+8.8÷9.4+1.5÷9.4+3÷7.7 ≈ 0.8+0.9+0.2+0.4=2.3 天

增值时间占比即产品增值时间与生产提前期的比值，具体计算如下：

增值时间占比 =2.3÷11.3×100% ≈ 20%

（3）未来价值流

价值流的核心思想是尽量避免过量生产，这与传统的大批量生产方式明显不同。绘制价值流图的目的是突出浪费之源。根据价值流的七项准则进行未来价值流图的分析。

① 按照节拍时间生产。节拍时间可以理解为每一个生产工序应该遵守的生产速度。使得生产过程的节拍与交付用户节拍保持一致，实现准时化生产。

② 尽可能创建连续流动。尽量消除和减少库存和等待，这样生产过程可以连续进行。连续流是目前公认的效率最高的一种生产方式。同时，连续流也是构成精益价值链的最高境界。

③ 无法实现连续流动则采用看板拉动。例如，冲压、焊接等工序不易实现连续流

或实现连续流的代价太高，这时可以采用批量生产方式进行生产，同时在工序间设置库存超市，采用看板拉动生产系统。

④ 努力使订单只发到一个过程（定拍工序），保证信息的一致性。

⑤ 根据时间均匀分配多品种产品的均衡混流生产。通过定拍工序实现均衡生产，在低库存、短交期的条件下满足不同的订单需求。同时，均衡生产还将减少上游的零部件超市库存。

⑥ 在定拍工序安排一个小批量生产并进行等量搬运，实现初始拉动。通过一个稳定均衡的生产节拍，建立一个可预测的生产流程和稳定持续的生产批量单位。

⑦ 上游工序形成每天能够制造各种零件的能力。多种少量的混流均衡生产要求上游过程减少换型时间和生产批量，以此提高对下游过程变化的反应速度，从而尽可能减少在制品库存。

在绘制未来价值流图时，首先根据工厂实际情况重点思考以下问题：

① 为了控制上游过程的生产，如何使用看板拉动系统？

② 在生产流程中，哪些工序可以设置为定拍工序？

③ 是否需要开展连续生产或保证先进先出（First In First Out，FIFO）？

④ 哪些工序需要进行标准化？根据生产标准工时，确定定拍工序和均衡化策略。

⑤ 确定看板的数量、看板容量、周转库存量。

⑥ 根据产品种类的变化，确定生产切换的频次等。

根据上述关注点，确定如图 3-13 所示的未来价值流图。

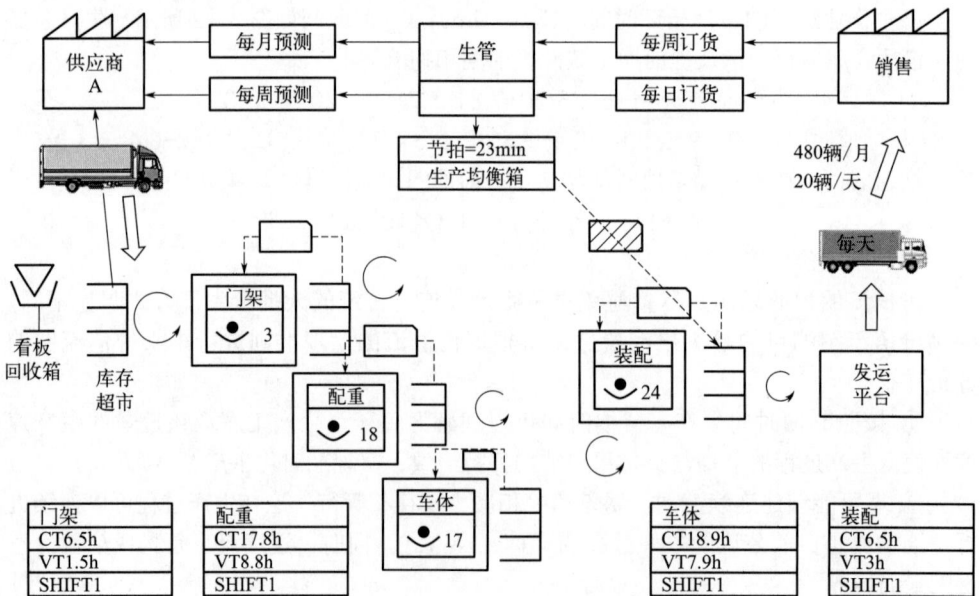

图 3-13　叉车生产的未来价值流图

在未来价值流图中，取消 MRP 计划对各个生产工序的推动，采用物料超市和看板拉动生产。在后续生产过程中逐步取消看板和超市，实现彻底的流动生产。由销售部门制定周出货计划，再根据均衡生产设定订单生产的先后顺序。主管部门根据订单排序编制生产计划，对应的需求看板放至看板箱。生产人员根据需求看板描述的零部件信息，从生产线边物料超市取料。以此类推，形成工序间的拉动生产。

根据未来价值流状态，精益装配生产线需要按步骤给出如表 3-4 所示的实施内容。

表 3-4　精益价值流实施内容示例

序号	业务环节	设计内容	达成目标
1	发货平台至装配线超市	设立线边超市，看板拉动生产，使用均衡生产箱	需求拉动生产，避免过量成品库存
2	仓库至装配线	定置化同步台车，优化取料方式，设立日拣配超市	快速拣料同步物料
3	装配线到门架	设立线边超市，看板拉动生产	需求拉动生产，减少在制品
4	装配线到配重	设立线边超市，看板拉动生产	需求拉动生产，减少在制品
5	装配线到车体	设立线边超市，看板拉动生产	需求拉动生产，减少在制品
6	车体实施标准作业	减少作业浪费，加速车体流动	减少作业批量，减少在制品，消除浪费

3.4.2　生产线设计的 IE 方法应用

（1）流程程序图

根据叉车厂的未来价值流图，可以确定叉车装配线的 CT 时间。针对新厂生产线 CT 时间的设计目标，采用流程程序分析和联合操作分析等 IE 工具分析和设计生产作业流程，采用 5W1H[1] 和 ECRS 消除流程和操作分析所发现的浪费。

流程程序图主要用于描述产品、设备或作业人员等所涉及的工艺流程和工作时间。流程程序图包括操作、移动、等待、存储、检验等内容。图 3-14 所示的是预装一工序的流程程序图。通过对流程程序的分析，减少操作、检验、移动时间和消除等待时间。

（2）联合操作分析

联合操作分析主要针对两个或两个以上作业人员同时对一项生产任务进行作业，用于描述和记录多个作业人员、生产任务和生产设备之间的相互配合关系。

---

[1]　5W1H，即对选定的项目、工序或操作，从原因（Why）、对象（What）、地点（Where）、时间（When）、人员（Who）、方法（How）等六个方面提出问题进行思考。

对象：预装一				操作人			制表人	
步骤	距离	时间	操作	移动	检验	等待	贮存	备注
1. 拆箱		96						
2. 取零件、工具	3	36						
3. 压盘		120						
4. 移动桥壳	5	36						
5. 固定桥壳		24						
6. 装密封垫片、加润滑油	3	24						
7. 等待		24						
8. 松螺栓		30						
9. 加驱动桥片+密封胶	1	24						
10. 取半轴垫片	2	12						
11. 取半轴+放垫片		24						
12. 加润滑油		12						
13. 取变速箱	6	35						
14. 对准		40						
15. 驱动桥与变速箱连接		96						
16. 紧固螺栓		40						
17. 半轴装配+红笔确认		69						
18. 放平变速箱	1	24						
19. 拆变速箱盖		63						
20. 取发动机	6	55						
21. 发动机等待		12						
22. 连接发动机		110						
23. 取刹车硬管	3	60						
24. 连接刹车硬管		84						
25. 紧固螺栓		40						
26. 取柴机油	3	24						
27. 加柴机油	1	55						
28. 取扳手	2	36						
29. 紧固变速箱盖		148						
30. 取油管和零件	3	12						
31. 进出口油管安装		105						
32. 安装齿轮泵	1	108						
33. 完工确认		108						
合计	40	1786	6	30	0	0	0	距离(m)
			1251	271	108	36		时间(s)
			13	8	1	2		次数

图 3-14　流程程序图示例

　　按照方法研究步骤，绘制工序工艺流程图，以方便动作分解时定义动作范围。下面以预装工位为例进行具体说明。预装工位的工艺流程图和联合作业图分别如图 3-15 和图 3-16 所示。

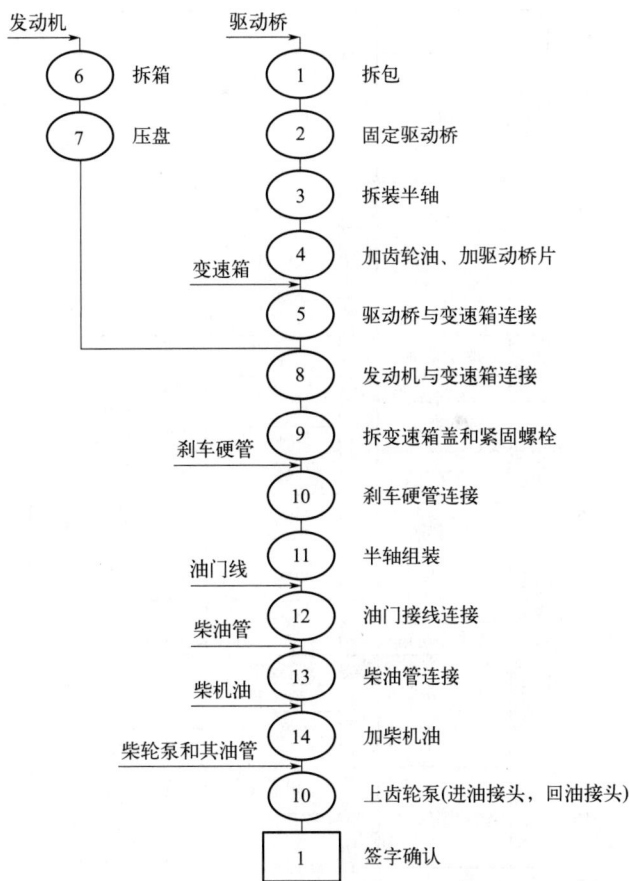

图 3-15　预装工位流程图

在绘制联合作业图时，观察并分析确定预装工序的现有作业问题，并制定相应优化方案。规划两台同步装配、线边仓位置调整等方案，提高装配作业效率。

（3）生产线平衡分析

考虑到生产同步，生产线平衡分析的范围同时包含预装工位和分装工位。在完成生产线工位设计后，根据各工序的流程程序图，对其装配作业时间进行工序平衡分析。在此基础上，通过方法研究和 ECRS 原则，对各工序的装配作业进行优化设计，消除无价值时间，实现各工位的生产线平衡。叉车装配线各工序的 CT 分布如图 3-17 所示。其中，直线代表装配线的生产节拍。

（4）混流生产线平衡的建模优化设计

通过叉车装配线价值流现状的描述，对生产计划、装配线作业流程、装配工序优先关系、上下工序之间的物料供应关系等内容进行分析。装配线各工位间的作业不平衡不仅影响生产节拍，而且还会造成工位间的物料等待浪费。

时间	甲		乙		丙
—1—	96	拆箱			
—2—			120	压盘	
—3—					
—4—	36	取驱动桥	36	等待	48	等待
	24	固定驱动桥	30	松半轴	24	装密封垫
—5—	35	取变速箱	12	取轴垫片	12	取润滑油
			24	装轴垫片	15	倒润滑油
	40	变速箱对准	36	取螺栓	40	装润滑油
—6—	48	装螺栓	35	装螺栓	15	取螺栓
			12	取气枪扳手		
—7—	24	等待	40	紧固螺栓	60	等待
	24	标红				
	24	放平变速箱	45	装半轴	63	拆变速箱盖
—8—	55	取发动机	24	标红		
			24	取工具	36	等待
			20	紧固螺栓		
—9—	30	发动机对准	60	取刹车硬管和工具	24	发动机对准
—10—	80	装螺栓			48	装螺栓
			84	装刹车硬管	24	取柴油机油
—11—	24	取工具			55	加机油
—12—	148	装变速箱盖	36	取油门线和工具盒	48	等待
			40	装油门线	20	通油路
—13—			12	取油管		
	24	取记录表	105	装柴油机油管		
—14—	108	核对检验				
—15—						
—16—			108	装齿轮泵		
—17—			60	装出油管		
—18—						

图 3-16　联合作业图示例

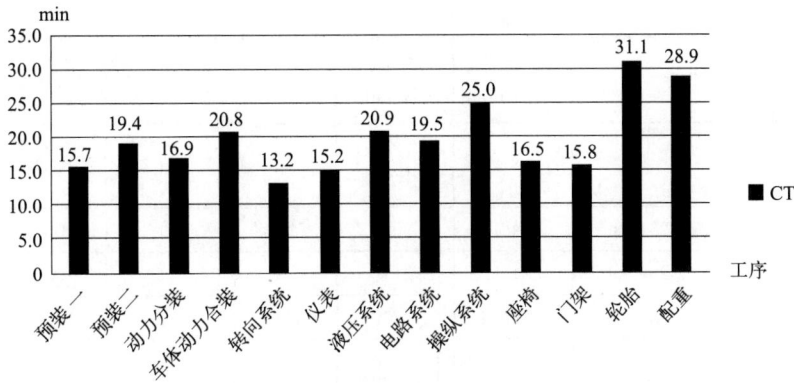

图 3-17　叉车装配线各工序生产节拍

　　混流生产的不同产品存在装配工艺和装配节拍的差异。传统的精益生产主要采用工业工程的基本工具和已有经验进行生产线平衡设计。这种方法难以解决大规模工艺复杂、约束条件复杂的混流装配生产线的平衡设计优化问题。

　　系统工程的理论方法可以通过对实际生产问题建立数学模型，并利用数学算法和计算软件程序进行计算机求解，确定最优解决方案。系统工程方法能够弥补精益生产理论在具体方案设计过程中的不足之处，使方案设计能够更加深入和量化，为工厂的系统性规划设计奠定数字化基础。

　　针对工厂的实际生产情况，混流装配线在给定工站数量、满足生产约束条件的前提下，需要把有限的工序分配到各工位内，以实现生产节拍最小。由于装配工艺、装配场地、装配工具等限制，工艺分割不仅需要考虑装配工艺的先后顺序约束，而且还要考虑不同规格产品在混线生产时的工序作业时间的差异问题。同时，装配过程中有些工序装配需要特殊的装配工具或者与其他工序具有限制约束关系。例如，配重装配由于需要使用火焰枪，不能和加油工序分配在同一个工位。因此，在满足各种生产约束条件下，对装配线上各个工位合理分配装配工序，保证各工位间作业负荷均衡而且各工位的单件产品作业时间尽可能小。

　　叉车混流装配线包括 11 个工位和 65 道装配工序。根据各工序装配作业的优先关系，确定各工位装配工序分配及装配节拍，具体如表 3-5 所示。

表 3-5　各工位装配信息统计

工位	装配工序	A 产品装配节拍 /min	B 产品装配节拍 /min	员工人数	在制品数	作业效率	一次通过率
1	1、2、3、4、5、6	27.3	27.3	1	2	100%	100%
2	7、8、9、10、11	31.0	25.4	1	4	100%	100%

续表

工位	装配工序	A产品装配节拍/min	B产品装配节拍/min	员工人数	在制品数	作业效率	一次通过率
3	12、13、14、15、16、17、18、19	28.4	26.0	1	1	100%	100%
4	20、21、22、23、24	24.0	20.6	1	1	100%	100%
5	25、26、27、28、29	21.5	21.5	1	1	100%	100%
6	30、31、32、33、34	29.9	27.2	1	2	100%	100%
7	35、36、37、38、39、4、41、42	27.8	26.8	1	1	100%	100%
8	43、44、45、46、47、48、49、50	29.0	29.0	1	1	100%	100%
9	51、52、53、54、55	26.3	27.1	1	2	100%	100%
10	56、57、58、59、60、61	31.0	31.0	1	4	100%	100%
11	62、63、64、65	25.6	25.6	1	0	100%	100%

　　针对叉车混流装配线设计需求，采用 Plant Simulation 软件建立如图 3-18 所示的装配线数字仿真模型。根据生产节拍、装配顺序、装配空间等因素设定约束条件，并利用已有的实际生产数据，采用遗传算法等算法模型进行叉车装配线的工序平衡求解。求解得到的各工序分配结果和工位平衡率分别如表 3-6 和表 3-7 所示。

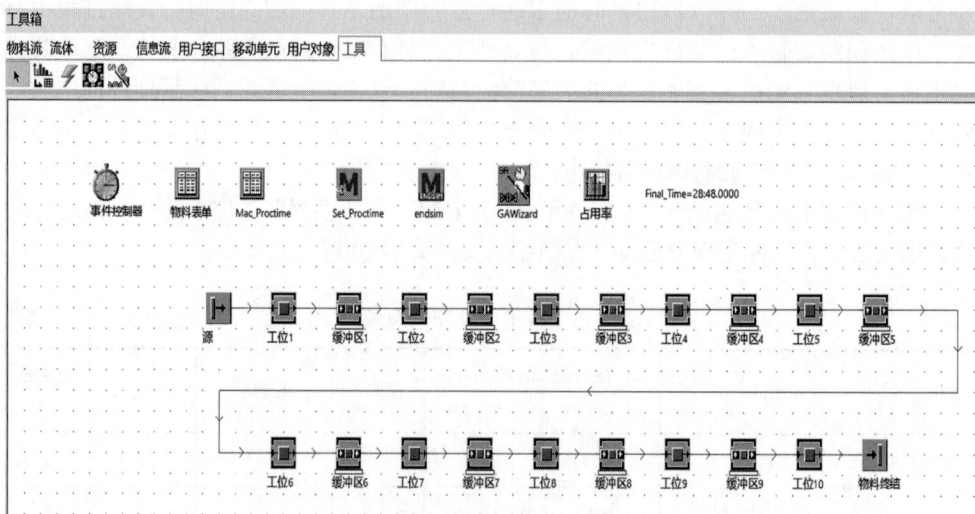

图 3-18　基于 Plant Simulation 的装配线仿真模型

表 3-6　优化后装配线各工序分配结果

工位	各工位装配顺序
1	1、2、3、4、5、6
2	7、8、9、11
3	12、13、14、15、16、17、18
4	20、21、22、23、24、33
5	10、19、25、26、27、28、29
6	30、31、32、34
7	35、36、37、38、39、40、41、42
8	43、44、45、46、47、48、49
9	50、51、52、53、54、55
10	56、57、58、59、61
11	60、62、63、64、65

表 3-7　优化后装配线平衡率及平衡损失率

工位	工位负荷											平衡率
	1	2	3	4	5	6	7	8	9	10	11	
工位加权负荷	27.3	25.3	25.7	26.0	27.5	26.1	27.5	27.4	28.1	28.5	28.1	94.9%
A 型车工位负荷 /min	27.3	27.0	26.4	27.0	27.5	26.9	27.8	27.4	27.9	28.5	28.1	96.3%
B 型车工位负荷 /min	27.3	21.4	24.0	23.6	27.5	24.2	26.8	27.4	28.7	28.5	28.1	91.7%

通过数学模型的分析求解，各工位作业负荷加权平均后的平衡率为 94.9%，瓶颈工位的平衡率得到改善。在满足各种生产约束后，实现生产节拍最小，提高装配线生产平衡率。

3.4.3　基于精益价值流和数字孪生的工厂规划

VSM 方法目前广泛应用于工厂运作管理与改善优化。这种方法通过分析生产系统的实物流和信息流，发现其中的非增值环节，并针对性地制定改善措施。VSM 将流程或工序关键信息采用符号图形进行可视化模型描述。在 VSM 可视化建模过程中，生产系统业务特征的数据描述主要包括生产节拍、生产批量、物流量、WIP 量、生产提前期等生产参数。如前所述，VSM 作为一种系统性的整体分析评价方法，非常适用于智能工厂的初步设计阶段。实际生产系统设计需要考虑的因素很多，且因素间的关联复杂。VSM 方法需要与计算机仿真或 DT 技术相结合，开展生产系统的 VSM 动态可视化分析，用于最优生产方式的辅助决策规划。

随着智能制造技术的应用深入，工厂采用数字孪生技术对其结构件生产车间进行规划。在车间的规划设计阶段采用基于 VSM 分析、计算机仿真和数字孪生三阶段规划设计模式。VSM 和 DT 技术互有优劣。VSM 可快速指出设计方向，而 DT 则可针对复杂系统提供精确的评估结果。因此 VSM 和 DT 技术的结合是一种新的数字化车间设计方法。

采用 VSM 对现有生产系统进行现状价值流和未来价值流分析，确定基于精益价值流的生产运作的目标模式。这一基本模式确定各业务环节中计划指令、信息传递、物料流动的主要设计目标。VSM 的分析结果将作为构建数字仿真模型的关键输入数据。通过系统仿真，能够动态地展示库存占用情况、设备利用率、产品生产周期、生产线产能、生产线工作负荷，以及设备故障、空闲与维修时间和缓存能力、人员作业效率等指标，为规划决策提供更为可靠的数据支持。在生产设备现场安装后，通过数字孪生模型，实现模型与设备互联，采集生产实际运行数据，对已有设计方案中的关键生产参数和指标进行动态仿真，对生产系统或生产参数作进一步设计优化。

基于精益的数字孪生价值流仿真模型基本逻辑如下：用户需求模块将产品生产信息发送给生产控制模块，生产控制模块根据产品组成及生产要求将生产任务分配给生产模块，生产模块从任务看板中拿取生产所需原材料，看板模块拉动前道工序生产对应原材料以补充库存。

VSM 仿真模块的应用关键在于将 VSM 的数据流和系统仿真的数据流进行交互，VSM 对应的每道工序都作为仿真对象，用于对 VSM 方案进行可行性验证，计算输出设备利用率、线平衡率、产能等仿真分析结果。同时针对仿真发现的问题，采用 VSM 原则对原工厂设计方案进行工艺与流程优化，并对优化后 VSM 方案再次进行仿真验证。将价值流理论模型初步优化得到的数据作为仿真模型的输入。采用仿真软件 Plant Simulation，最终形成如图 3-19 所示的叉车结构件生产车间的 VSM 孪生模型。

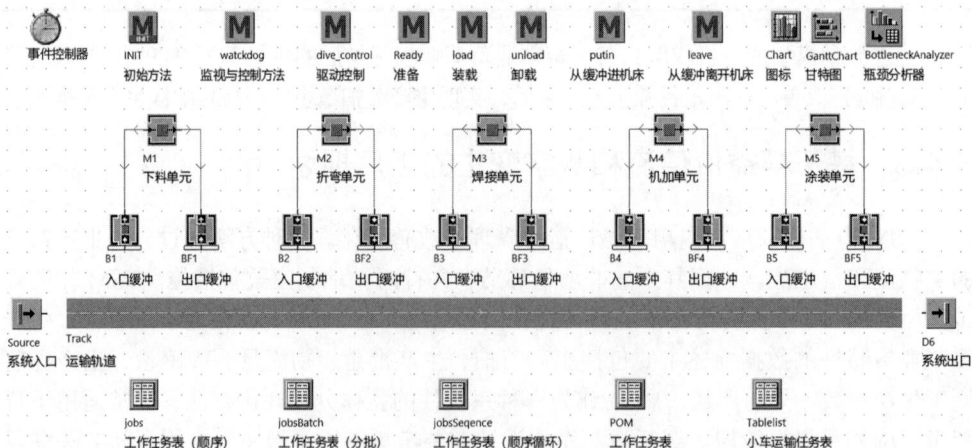

图 3-19　基于价值流的叉车结构件数字孪生仿真模型

　　针对结构件生产车间方案规划，VSM+DT 的应用处于车间粗布局阶段。由于车间粗布局阶段处于方案频繁修改的状态，数字孪生必须具有较强的易用性和适应性，能够随着布局方案的调整而快速变化。因此本案例中 VSM 和数字孪生的结合具体表现在价值流仿真方法。该方法的应用关键在于将快速评估的价值流思想转化为可执行的 DT 模型。数字孪生的关键是对价值流方法的理解，以及对焊接业务需求的理解，二者的结合方式决定数字孪生能否快速、准确地反映粗布局阶段价值流方法的特性。此外，数字孪生的动态输出结果和方案分析对于传统价值流方法有着重要的提升作用，可以补充弥补传统价值流方法只能在静态短时间内进行方案评估这一不足。

　　整个系统是一个拉动系统，任务下达模块负责下达生产任务，生产任务通过信息流模块传递到工序模块和看板模块，看板模块作为连接后道工序和前端工序的对象，拉动前端工序的生产，同时提供后道工序所需的物料，原物料模块负责原物料的采购与供应。

　　在对每个模块进行详细定义后，搭建模块时，模块的柔性至关重要。模块的柔性决定对所规划场景的适用性。通过开放部分的程序接口来提高整个模块的柔性，满足生产实际场景的需要。价值流仿真模块化的另一重要内容是模块数据接口的标准化，即对关键的通用化数据参数进行建模封装，如设备加工工时、换型时间等。

　　在车间的粗布局阶段，前期通过 VSM 方法对规划方案进行详细设计，输出物为不同产线的设备分配，后期通过数字孪生方法对详细方案构建虚拟数字模型，对应的输出物为动态的数字模型。通过动态数字模型的运行，可以直观地判断设备利用率是否处于正常水平，以及总体产能是否有望实现预期目标等。数字孪生模型的验证分析为 VSM 的详细规划方案提供了强有力的支持，使其更为可靠，最终确定如图 3-20 所示的冲压件生产车间布局方案。

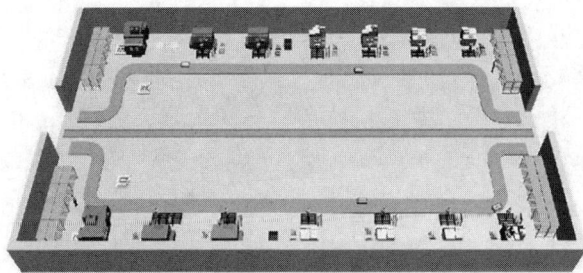

图 3-20　冲压车间布局孪生实例

　　综上所述，利用 VSM 和 DT 方法的结合，可以在较短时间内完成更为细化的方案设计与评估。数字孪生的动态输出结果无法通过 VSM 方法理论计算得到，这些数据对下一步规划起到决定性作用。同时 VSM 的方案快速评估对数字孪生模型输入也至关重要。

第 4 章

柔性智能生产线的规划设计

4.1　智能生产线的组成

生产线是按照一定的工艺路线，对所需的加工、检验、包装、物流和存储等不同生产设备进行固定排布，完成生产制造任务。

生产线的设备类型主要包括：

（1）通用生产设备

通用生产设备是针对成熟工艺的生产设备，如机械设备中的通用机床、起重机、泵阀等。以通用的数控机床为例，设备由独立的数控系统控制，具备自动开关门、自动换刀、自动对刀、自动切削、自动排屑、自动在线检测等基本功能。

（2）专用生产设备

专用生产设备是主要针对特殊生产工艺，专门设计的具有一定特殊生产功能的自动化专用设备。专用生产设备是生产线中不可缺少的重要组成部分。例如，工件流转过程中的姿态翻转或转向工作台、满足工艺要求的工件装配或拆卸工作台、工件加工过程中的检测工作台、工件输送过程中的储料或缓冲平台、工件检测完成后合格品及不合格品的自动分流设备等。

（3）物料搬运设备

物料搬运设备主要负责生产线物料的自动搬运和周转。设备主要包括多自由度多关节机械手、桁架机械手、自动辊道输送、悬挂链输送等设备。设备具有工件定位、输送导向、工件停止、到位检测等功能，实现工件的准确、可靠搬运。

根据设备的自动化程度，生产线一般分为人工生产线、人机协作的半自动生产线和全自动化生产线三种类型。多种少量生产线的产品种类多、批量多变、工艺切换频繁。生产过程的不确定和不可控因素多，产品质量、物料供应、设备运行、人员操作等异常发生频次高，导致生产线的安定程度和效率产能下降。因此，如何保质增效是多种少量生产线设计的关注重点之一。由于自动化生产具有标准化生产、产品质量稳定、生产效率高、人工成本低等优势，自动化技术在生产线得到越来越广泛的应用。

1）自动化生产线

从生产技术的发展来看，自动化生产线是在生产流水线的基础上逐渐发展形成。自动化生产线是通过工件输送系统和控制系统，将一组生产设备和辅助设备按照工艺顺序连接起来，自动完成产品全部生产过程或部分工艺的生产系统。自动化生产线以提高效率、稳定性和产品质量为主，例如，自动冲压线、自动装配线、自动检测线等。目前，自动化技术已经从自动控制、自动调节、自动补偿、自动识别等发展到自我学习、自我组织、自我维护和自我修复等更高程度。自动化生产线逐步向智能生产线转变。

2）智能生产线

智能生产线是在自动化生产线的基础上，将一组具有智能能力（如感知、诊断、优化、决策、控制、执行）的智能设备进行集成，实现各项能力的相互接通，能够适应不同品种、不同批量的柔性生产系统。其中，智能设备是指通过内置传感器、处理器、软件和其他智能部件，能够感知环境、收集数据、作出决策并执行一定功能的自动化设备。

智能生产线是智能工厂的基本工作单元。智能生产线的特征如下所述。

（1）自动化生产与智能化决策的深度融合

对自动化生产线而言，只适用于固定工艺的简单生产过程。对工艺多变或复杂生产过程的判断、决策和控制活动仍然是以人工分析、判断和决策为主，如对生产过程的可视化监控、生产数据的深度分析、异常处理的流程控制等。

智能生产线是以管理知识化和流程自动化为特征，通过物联网技术和传感器技术进行生产状态感知。通过人工智能技术将人工经验和生产系统内在规律转化为知识，建立数字化的知识专家系统。通过该系统进行复杂生产过程的自我判断和自我控制，减少人工干预和决策环节。

例如，工业机器人因其较高的灵活度和生产效率以及较强的可拓展性，广泛应用于智能生产线。工业机器人集成计算机技术、制造技术、自动控制技术、传感技术及人工智能技术，是集识别、检测、定位、夹紧、回转、松开、移动功能于一体的智能化设备。工业机器人主体包括机器人本体、控制系统、伺服驱动系统和检测传感装置，具有拟人化、自控制、可重复编程等特点。此外，利用多功能传感技术、物联网技术和人工智能技术，实现机器的自我感知和人机交互，并自主做出判断，给出决策指令，从而在生产过程中减少对人工经验的依赖。

（2）柔性化

智能生产线适用于多品种小批量生产模式。当产品品种或批量变化时，无须变动基本的制造设备，只需更改执行层和控制层的相关信息，更换相关工装，即可完成新的生产任务。

（3）精益化

智能产线主要目的是减少人工作业、提高设备利用率、提升产品质量稳定性与一致性。产线的精益化特征主要包括单元式、连续流动、自动防错、生产与物流同步等方面。

以汽车发动机装配为例，智能发动机装配线通过自动油封压装、自动锁夹压装、自动拍打试漏及自动激光检测等保证发动机的装配技术条件，有效控制装配精度以实现高质量；通过 MES 系统保证装配节拍和实现高效率；通过机器人技术实现多机型柔性装配。

4.2　柔性智能产线的规划方法

4.2.1　柔性智能产线规划的主要原则

如上所述，柔性智能生产线的规划是以智能化、柔性化和精益化为主要目标，不过分强调自动化；以任务平衡、能力平衡和资源平衡为主导思想，不过分强调节拍生产；以智能管控系统为建线核心，生产过程和生产资源要素由管控系统进行自适应管理。

柔性智能生产线规划的一般思路是：对产品的产能和工艺进行分析规划，在明确产品对象和主要工艺的基础上，确定产品的生产运作方式和工艺布局，进行模拟仿真与分析优化。针对设备产线层级，开展工装与自动化设计、智能设备设计选型、设备布局、物料供应、系统集成等。最后形成产线整体规划设计方案。

（1）需求明确化

在产线规划设计前，要明确可生产的产品型号、产能需求、生产工艺内容、功能配置需求等。在确定生产运作方式时，采用价值流分析方法，识别生产过程中存在的主要问题，梳理生产和管理的主要需求。

（2）工艺模块化

产线规划设计需从产品生产工艺入手。通过产品与工艺分析（PQ-PR 分析）进行产品族划分，配置产线可生产的产品型号，即根据工艺相似性对产品进行产品族归类和工艺成组。一般而言，产品间工艺差别不大时，可考虑采用柔性工装和多功能设备，设计混流生产线；产品间工艺差别较大时，需要考虑采用专用工装和非标专用设备，设计专线进行生产。

（3）基于工艺优化的自动化

生产线的自动化程度需要综合考虑生产工艺的复杂度和灵活性、人因工程，以及效率产能和成本等因素。半自动化工艺重点考虑人为因素对生产工艺稳定性和产品质量的干扰，以提高生产效率和生产稳定性为目标，采用自动化流水线、机器人、简易自动化装置等设备，实现生产过程的自动化或半自动化。例如，采用机器人实现上下料、搬运等作业；通过 RFID（Radio Frequency Identification，射频识别）、扫码等消除人工记录作业；通过各种检测技术消除人员目视检验。

针对复杂多变的工艺，如某些自动检测无法覆盖的质量缺陷、设备调机、包装规格多变的产品包装或码垛作业等，可考虑以人工作业为主，依靠人员技能和经验进行生产。对于半自动化生产或人工生产，需要考虑人机作业的最佳组合方式，采用低成本自动化取代简单重复性的人工作业，便于多能工的一人多机操作或同步处理多工序任务。

设备与产线的自动化前提是对产品生产工艺的理解分析、优化和标准化。生产工艺分析一般采用5W1H的工序流程分析方法和工艺优化的ECRS原则。从提质增效和人机作业分离的角度，识别生产作业具体内容的类型。相对简单和稳定的生产工艺、人工全数检验、人工搬运作业等优先考虑自动化方式。在工艺改进过程中，寻找可运用自动化解决方案的生产环节，开展可行性和效益分析，筛选出贡献度和可实现性双高的项目。工艺与自动化的导入关系如图4-1所示。

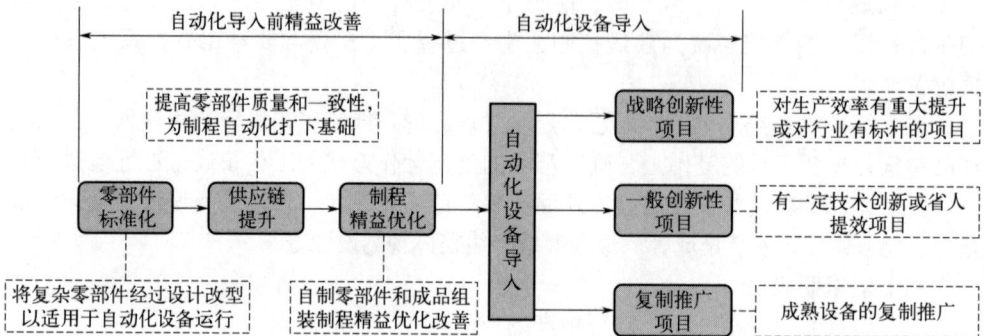

图4-1　工艺与自动化的导入关系

自动化技术及其设备选型应追求方便、实用，易于复制推广，不片面追求高新技术；工艺和自动化的设计应科学、简单、合理，确保设备具备先进的工艺技术水平、性能稳定和可维护。

（4）精益流动的原则

稳定、流动、拉动、均衡是精益生产追求的一种生产方式递进阶段，每个阶段都建立在前一个阶段的基础上。针对不能保证生产节奏的设备或工序，产线规划时需要为重要设备预留一定的生产缓冲或线边仓。适度提高紧前工序或设备的生产设计能力，提高生产的稳定性。产线规划基于流动思想，合理选择连续流、单元式生产、流水线、并行生产、看板生产等生产方式，实现生产的连续流动和拉动，提升产线整体生产效率。采用生产线平衡方法进行工序优化分析和节拍设计，减少生产工序流转的等待时间，提升工位和工序的平衡率，实现产线均衡生产。

（5）生产异常原则

产线规划必须考虑生产工艺、设备所存在的各类异常波动和不确定性因素。例如，在工位设计、单元生产线和流水线设计时，需要设计一定的在制品数量进行异常缓冲。生产线实现异常可视化或设置安灯系统，能够快速发现和处理异常问题。

（6）设备小型化与柔性原则

复杂的多用途、定制化、自动化的设备选择依据是投资效益和生产效率。精益生产线的设计理念是单用途的简单设备，小而灵活的设备更具有优势。非标设备设计或选型尽量考虑小型化，要可移动；线体设计考虑模块化设计和可连接的工位，方便线体拆装或生产线换型，提高生产线的柔性。

考虑到市场需求的变化和新技术的引入，产线设计需要考虑在空间、功能等方面后续可以适度调整和优化，方便进行改造和扩建。

（7）集中与分散相结合的布局

科学合理地利用工厂立体空间，实现生产线的紧凑、高效和灵活性。在产线设计时，根据生产工艺分成若干个生产单元（模块），对不同工序、不同设备、不同模组化单元或工作站进行分区设计。关联工序集中放置，流水化布局。产线设备避免孤岛式布局和鸟笼式布局，便于人机协作和物料供应。考虑到人性化因素，物料就近摆放，最大限度减少人工搬运距离和搬运时间。结合厂房布局和产品流转需求采用直线、U型等产线结构，保证产品和资源要素流动顺畅。

例如，针对多品种、小批量的离散型生产线，优先考虑如图 4-2 所示的 U 型布局。U 型布局目前被公认为是最高效率的生产线布局方法。随着设备自动化程度的提升，U型生产线可以根据产量和生产节拍的不同要求，灵活调整生产线的人员作业分工，实现人员弹性作业。

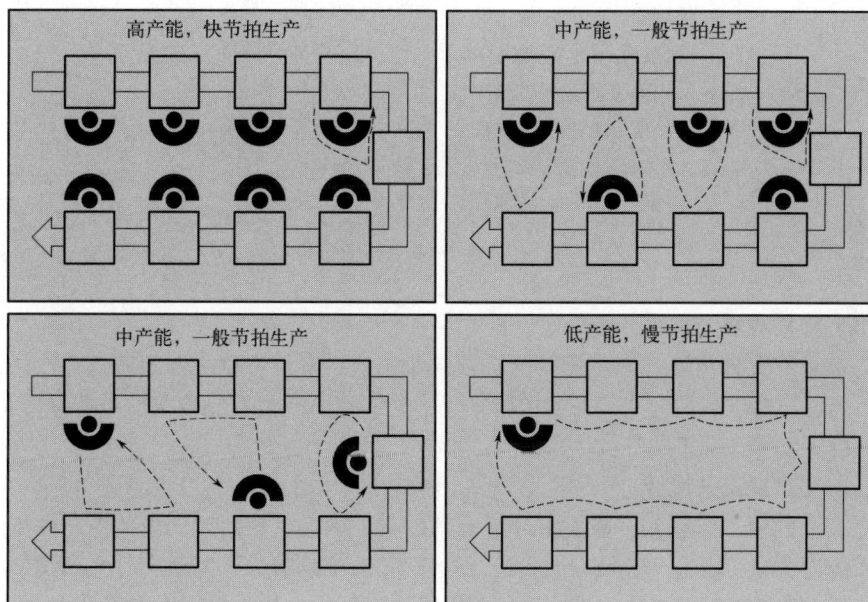

图 4-2 U 型生产线实例

基于上述原则开展智能生产线的规划设计，设计出符合生产工艺要求且经济实用的生产线总体方案，对产线设计因素进行全盘考虑和逐步优化完善，最大限度地发挥生产线各组成要素的能力，从而使生产线达到功能柔性、设备最少、投入成本最低、占地面积最少。

需要说明的是，产线规划一般遵循"生产设备—上下料设备—物流容器—物流接驳设备"的模式。以离散行业的机加生产线为例，生产设备包括数控技工设备、自动检测设备等。上下料设备根据工艺条件和空间约束，选择工业机器人、桁架装置等。物流容器用于生产物料的临时存放和流转。物流接驳设备是用于生产线与厂内物流设备（如叉车、AGV、输送线等）进行物料对接的平台。各个单元之间采用输送线、AGV进行连接，实现生产和物料的快速流转。

4.2.2 产线规划的基本步骤

产线规划主要涉及节拍设计、工位设计、生产线布局设计、物流设计、生产组织策划、生产现场准备和评价完善等工作。产线规划设计的基本步骤如图4-3所示。

模式分析	步骤1-价值分析 找问题	步骤10-无缝衔接 流线化	管理运作
	步骤2-P-Q分析 选模式	步骤11-物流方式 平准化	
	步骤3-P-R分析 分工艺	步骤12-信息系统 信息化	
设计配置	步骤4-工时观测 定工时	步骤13-标识看板 目视化	
	步骤5-工序组合 划工序	步骤14-异常响应 置安灯	
	步骤6-集成设计 出线体	步骤15-标准手持 便切换	
	步骤7-作业分析 定流程	步骤16-辅助设施 建环境	
	步骤8-工艺实现 配装备	步骤17-仿真模拟	方案
	步骤9-质量保障 设质控	步骤18-方案优化	

图4-3 生产线设计步骤

（1）数据收集与需求分析

与需求方充分沟通，通过资料分析、专业访谈、实地考察、专题研讨等方法，捕捉并明确客户需求，关注对应的功能特征、工艺要点、质量控制要求、专业设备特征、物料补给、数字系统扩展等。

（2）生产线工艺设计

在产品的生产工艺和产能要求分析的基础上，确定生产所需的相关工艺技术参数和生产能力参数（如生产节拍、设备运行速度等）。根据参数选择适合生产所需的各种工艺装备，如加工制造装备、工装、检测设备、机器人、物流搬运设备等。

（3）工位设计与设备选型

根据产品的特点和生产线的需求，细部设计一般包括机械、电气和数字系统三个部分。同时还包括选择适合的自动化设备和柔性机器人，以确保生产工位的稳定性和

112

生产效率。

（4）产线布局规划

产线布局规划需要考虑生产现场的实际情况、可利用面积、物流通道、上下游工序之间的衔接，并结合环境、工艺等限制性条件进行综合规划，完成生产线总体布置方案的设计。

（5）方案模拟与优化

在产线方案的模拟验证阶段，除了对生产线的生产工艺、实际工时做模拟验证之外，还需对生产线的物料配送、工位上的物料抓取、物料架的设计等相关物流设计进行验证和优化。此外，采用系统仿真和数字孪生技术，对生产线的制造能力、缓冲能力、生产瓶颈、生产和物流策略、产线布局等进行分析与优化。

（6）方案综合评价

对可能出现的多种总体布置方案进行工艺性和经济性分析，选择占地面积最少、工艺性能最好、生产成本最低的总体布置方案。最后作进一步细化和完善，并对产线规划设计方案逐项具体分析和明确技术要点，形成总体设计方案和相关技术需求。

4.2.3　离散行业柔性智能生产线规划的主要内容

4.2.3.1　产线规划基础——工艺规划

工艺在企业生产运作中实质是生产制造技术，主要包括从原材料进厂加工制造到产品入库等一系列的生产技术。工艺规划的目的是为产品生产、检验提供可执行的制造技术、过程逻辑、生产标准和检验规范等，具体包括 BOM、工艺路线、工艺资源、材料 / 工时定额、检验参数、控制方法等。在产品生产过程中，工艺处于基础与先导地位，是企业制造能力的切入点和突破口。

生产工艺是智能工厂顶层总体设计的基础，工艺规划贯穿于整个智能工厂规划过程。工艺规划决定生产线中最重要也是投资最大的硬件。工艺规划是生产线节拍设定、专用工装设备的设计、通用工装设备的选型、生产线调度策略和运行控制的设计依据。

传统工艺规划主要采用人工经验方式设计。工艺规划的优劣很大程度上取决于工艺规划人员的主观因素。针对多品种、小批量生产，产品及其生产工艺的多样性导致工艺规划工作量和复杂度大幅增加。解决工艺多样性和复杂性的主要思想是基于成组技术原理和 ECRS 原则，实现工艺的标准化和优化。在此基础上，采用数字化技术对各类工艺方法、工艺流程、工艺模板、工艺资源和工艺过程、检验标准等进行数据化和模型化。基于设计与工艺一体化数字化系统开展工艺设计。

由于不同行业、不同产品的生产工艺存在较大差异，后面将结合具体应用对象进行分析。需要说明的是，如何保证生产工艺具有较强的柔性扩展能力和模块化水平，是智能制造和智能工厂建设必须突破的关键技术。

4.2.3.2 工位设计与工位器具设计

（1）工位设计

工位是生产过程中的最小生产组织单元。工位设计的主要目标是基于生产线平衡的基本原则，对生产线所涉及的全部工序内容进行平均化和精益化。

工位设计的主要内容包括：

1）节拍设计

节拍是指整个生产系统在规定时间范围的生产数量。对于单台设备而言，节拍是指单个工件的平均产出时间；对于一条生产线而言，节拍是指瓶颈工位产出单个工件的平均时间。

产品生产节拍一般根据交付需求和产品生产周期进行确定。

$$日生产量 = 月需求量 / 月工作天数$$
$$生产节拍 = 日稼动时间 / 日生产量$$

2）工位划分

工位划分是指根据产品生产周期和生产节拍确定生产线的工位数量。

$$工位数量 = 产品生产周期 / 生产节拍$$

其中，产品生产周期是指单件产品从开始投入到最后产出所需要的时间，采用工作写实的方法对其进行确定。

3）工序分割与工序平衡分析

在生产节拍和工位数量确定后，采用作业测定方法，对生产线各工位的作业时间进行测定。在此基础上，运用山积图、工序推移图等工具进行生产线平衡分析与调整，并根据 ECRS 原则对瓶颈工序进行工艺优化。最终确定各工位的具体作业内容，制定完成工序分割表。

4）标准工位

根据产品工位划分和工序分割表，按工位编制工位作业指导书、模块化物料清单（Modular Bill of Material，MBOM）、工位节拍计划、质量控制文件和质量过程检验记录等工位运行规范。并运用技能矩阵表、工序推移图等工具，平衡各工位的生产人员作业负荷，保证各工位能够在规定节拍内完成相关生产任务。

5）工位功能设计

根据各工位的作业内容，设计工位功能布局、操作空间和动线布局，保证功能布局与操作空间合理。工位的安全防护设计要求设置必要的安全防护装置和报警装置，确保人员操作安全。工位目视化设计可采用状态指示灯、进度显示板等，满足操作和监控的目视化需求。

6）工位人机工程设计

根据人体工程学原理，合理设计设备高度、操作面等，要求视线范围不被遮挡，肢体可以达到要求位置，空间大小方便人员操作，人机交互设计符合人因工程的要求。根据劳动强度进行防疲劳设计。例如，选择合适的站立或坐姿操作方式；增加自动化辅助装置，减少体力劳动。在工位设置可视化的操作规程、工艺标准等指导性信息，便于生产人员随时查看。

7）智能化设计

工作台在置物基本功能的基础上，增加对系统工具的集成性和功能性设计。例如，工作台配备具有工位作业过程的 MES 数字化记录、工序引导等人机交互功能的工位一体机；能够对重点工位的人工作业过程进行自动影像记录存储，并与产品关联。

（2）工位器具设计

工位器具是工厂生产线或仓库中用于存放工件和原材料等生产对象或工具的各种装置。工位器具按照结构一般划分为箱类、架类、柜类、车类和台类等通用工位器具和专用工位器具，例如，工具柜、工具车、置物柜、零件存放架、分装台（架）、料箱、料斗、集配箱、推车等。

工位器具目前尚未有统一的设计标准。通常是依据工艺装备的一般设计原则，结合生产实际需求进行设计。工位器具设计时需要重点关注以下方面：

1）尽量减小工位器具的数量和宽度

工位器具应结合生产纲领配置，数量的设置应满足一天生产或设定的时间节拍需求，同时考虑存放和周转所需数量。为了方便生产人员拿取物料，提升作业效率，基于手的最佳作业区，放置物料的器具宽度要求尽可能小。

2）工位器具功能一体化

工位器具要求具有一定功能柔性设计，便于能够同时满足不同生产应用需求。料架设计时，可以采用如图 4-4 所示的储存与转运合并的工位器具。在推车设计时，设置胶轮、插槽与吊耳等多种物流作业接口。重载时便于牵引车、叉车、吊车等动力转运，空载时则由人工推动，实现搬运的最低成本。

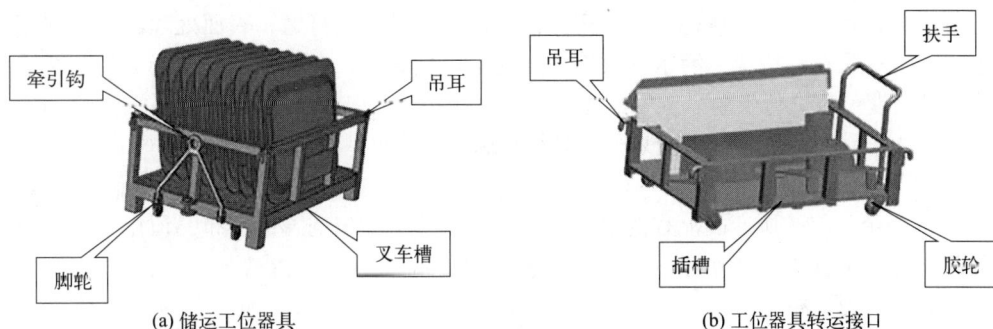

(a) 储运工位器具　　　　　　　　　(b) 工位器具转运接口

图 4-4　工位器具一体化示例

3）工位器具标准化

工位器具设计要求基于通用化和标准化规则，不能过大或过小，并且尽可能尺寸相近。以料箱为例，为了增加物流周转效率，料箱收容数量标准可以参考转运批量，或者依据物流转运时间、物流车辆的负载能力来设定。例如，料箱的收容数量尽量选取 4/5/10 的倍数，便于人工复核和包装转换。

4）定时 / 定量搬运

定时不定量搬运：设定搬运的时间触发逻辑，按照相同间隔到前工序领取需要的物料，每次领取数量不固定。

定量不定时搬运：设定搬运数量，按照规定消耗数量到前工序领取需要的物料，每次领取时间不固定。定量不定时可以采用工位容器的双箱系统设计。

4.2.3.3　布局精益设计

在生产线设计时，需要根据生产工艺要求合理布置设备。产线布局设计的主要影响因素包括生产规模、工艺路线、设备功能、物流方式、安全环境等。根据产品布局的影响因素种类，产线布局的类型一般分为：

（1）产品布局

这种形式主要用于工厂生产的产品类型少、批量大的情况。针对批量大的产品，采用流水线、专区的布局设计思想。

（2）设备工艺布局

根据工艺和设备相似性，在布局当中将种类一致的设备进行集中放置。当生产产品类型较多、数量较少时使用该布局方式，其优点在于具有较高的生产效率。

（3）成组布局

成组布局综合考虑产品因素和工艺情况，将两者结合来确定布局方式，中小批量生产的过程多采用这种布局形式。

（4）固定工位布局

首先确定某些特殊工艺的工位布局，其他工位、设备、物流等的布局都要考虑该工位因素，在其基础上进行布局。例如，机加工厂的抛光打磨、表面处理和热处理等设备，考虑噪声、粉尘、污水排放等车间安全环境要求，产线和设备布局优先围绕这类特殊工艺设备进行规划。

根据产线布局的物理形式划分，产线布局的主要类型可以分为：

（1）直线布局

将各个工位按照产品流程的顺序依次排列，形成工位的直线排布，适用于生产过程简单、产品品种少的情况。

（2）U 型布局

将各个工位按照产品流程的顺序依次排列，形成一个 U 型工位布局，适用于生产过程相对复杂、产品品种多的情况。

（3）L 型布局

将各个工位按照产品流程的顺序依次排列，形成一个 L 型工位布局，适用于生产过程中存在分支流程的情况。

（4）区块布局

将各个工位按照产品流程的关联程度进行合理布局，形成一个区块，适用于生产过程中存在多个分支流程和多个子系统的情况。

产线精益布局设计的主要原则如下：

（1）逆时针排布

对于人工作业或半自动作业为主的产线，逆时针排布便于采用一人完结作业方式，即实现一人多机的巡回作业。

（2）小批量生产原则

在产品的生产过程中，尽量实现小批量的连续流转，甚至"一个流"的生产。

（3）"一个流"原则

设备布局呈 U 型布局，出入口一致，可以增强产线的柔性。避免人流与物流交叉、孤岛或鸟笼式的设备布局。

（4）节拍化生产原则

产线布局应同时满足管理节拍和要素节拍的运行需求，保证各工序产能一致，支持物料工位节拍配送。

4.2.3.4　物料供应方式和循环设计

物料供应方式和循环设计的主要目的是定义产线所需物料如何连续、循环输送至产线的物料供应点（Point of Use，POU）。物料供应方式和循环设计是以 PFEP 的计算和设计为主。PFEP 是 Prepare for Every Part 的简写，即为每个零件做计划。PFEP 包括的主要信息如图 4-5 所示。

PFEP单一零件规划清单																
序号	物料基本信息			存储规范				配送规范						包装规范			备注
	件号	名称	类别	仓库位置	仓库最大存量	溢出地址	地址码	接收区域	物流路线	运输工具	响应流程	供应类型	再包装地址	包装类型	包装标准	单包数量	是否有损坏	

图 4-5　PFEP 的表头示例

① 物料的基本信息：物料的编码、名称、单位用量、单件尺寸、单件重量、单位时间的使用数量等。

② 单元化包装信息：物料的包装形式、标准包装数量（Standard Number of Packing，SNP）、包装尺寸、包装净重、包装总重量等。

③ 物料存放信息：投料工位、存放区域、存放方式（如通用料架、地面堆放、专用工位器具等）、最大库存、最小库存等。

④ 物料补货信息：供方、补货触发方式（如订单、看板、安灯、物料篮等）、补货路径、补货周期、供应商名称、供方编码、供方所在地等。

在产线规划时，需要按照 PFEP 提供的基础数据，进行物料供应方式和循环设计。物料供应方式和循环的设计要点如下：

① PFEP 的对象是工位（或加工工序），如果同一种物料在多个工位使用，必须分别设计。

② 所有物料需要尽可能靠近 POU，以减少人员取用物料的移动距离和时间。

③ 盛放物料的工位器具和物流容器的尺寸必须根据人员的取用需求设计。针对装配作业，可以由物流人员以台套式供应方式进行。

④ 重点考虑物料消耗量高的 A 类物料。

⑤ 物料供应和补充的动作由看板触发，并且需要清晰地标明数量、频次等信息。

⑥ 产线物料供应需要考虑小批量高频次的模式，以减少线边的物料存储面积。

需要说明的是，物料包装和容器的合理设计在 PFEP 设计中扮演着十分重要的角色。工厂需要重视相关的物流规范和物流标准，有针对性地进行物料包装和物料容器的设计选型。物料包装应符合尺寸链、数量链上的模数要求。

4.2.3.5　智能装备选型设计

设备选型需要从功能、成本、可靠性、运维、智能化等方面进行综合分析评价，选择满足工艺要求的设备。智能装备选型时遵循以下基本原则：

（1）技术适用性

设备应与产品的生产工艺相匹配，要求设备的各项技术性能指标符合工厂的发展需求。同时，能生产不同型号的产品，最大化设备的价值。

例如，根据设备主要参数估算产量，不应盲目要求设备的高生产率，应与企业的生产计划、技术力量、原材料供应等相匹配，降低成本并平衡生产节拍。

（2）生产适用性

在满足产品技术要求的基本前提下，通用设备选择需要分析设备的可操作性、可靠性，以及设备安全性和操作性。设备选型应避免接口不统一，协议不公开。

（3）经济性

在综合考虑技术、生产、成本等因素后，从耐久性、能源消耗、维修成本等方面对设备的经济性进行衡量。要求选购的设备成本适中，在设备运行的过程中无论是能耗费用还是维护费用尽可能低，追求设备投资和使用运行的最佳经济效益。

相较于传统装备，智能装备还要求具有自动化的感知、分析、推理、决策、控制功能。随着设备向高速、精密、多功能方向的发展，智能装备选型还需要关注以下方面：

（1）设备状态检测与故障自诊断能力

设备状态检测和故障自诊断功能是智能设备的重要组成。智能装备可以利用设备上的仪器、仪表、传感器和配套仪器来检测设备有关部位的温度、压力、电压、电流、振动频率、消耗功率、故障信号等动态参数，以判断设备的技术工况或故障原因。

例如，智能传感器是将待感知、待控制的参数进行量化并集成应用于工业网络的高性能、高可靠性与功能性的新型传感器。智能传感器通常带有微处理系统，具有信息感知、信息诊断、信息交互的能力。智能传感器是集成技术与微处理技术相结合的产物，是一种新型的系统化产品。目前常见的传感器类型包括视觉传感器、位置传感器、射频识别传感器、音频传感器与力/触觉传感器等。多个智能传感器还可组建成相应的拓扑网络，并且具备从系统到单元的反向分析与自主校准能力。

（2）生产快速切换系统

设备柔性是智能装备的发展趋势。针对多品种、小批量生产，设备柔性主要体现为生产快速切换能力，即设备的小批量生产能力。设备切换通常以连接、拆装、定位、紧固等作业为主。设备选型时，需要关注生产切换时的人机作业是否方便。另外，在选型时，关注设备是否包含快装快拆工具、快速换型件、快速转换平台（如电控磁力模板）、快速工装定位、标准模具高度、快速接口（如各种阀阵）、一键切换等功能系统。图 4-6 所示为冲压机快速换模系统。通过换模的推拉机构和自动搬运，实现冲压模具的快速更换。

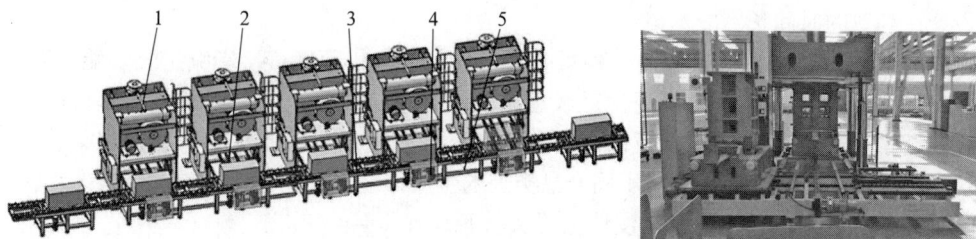

图 4-6　压力机机器人生产线快速换模系统示意图

1—压力机；2—压力机内部过桥；3—连续换模线；4—换模线推拉机构；5—压力机废料线

需要说明的是，设备的快速切换与设备的多功能相互制约。在智能产线的设备选型时，不应盲目追求设备功能的一体化或大型化。智能柔性生产线的设备选型尽量以小型化、模块化和快速切换作为重点考虑因素，这样有利于成本控制和后续运维调整。

（3）设备联网与数据采集能力

设备数据具有类型丰富、多尺度、多源分布、海量的特点。设备数据包括设备状态参数、控制指令、工艺参数、质量检测数据、产量、图片、时间、人员信息等。设备数据的采集方式因测量能力、系统开放程度等限制各有不同。

设备选型阶段需要考虑与车间级 MES 系统、智能仪器仪表、PLC 等系统集成。对设备层的数据采集应事先进行调研，对相关设备的数据采集清单、通信协议、控制器、数据接口等进行统一规定，形成技术标准，并作为设备选型和采购的技术需求之一。这样，降低不同类型设备的数据采集与管理运维工作难度，实现生产线与企业信息平台的数据贯通。

（4）自动测量技术

智能设备应包含一定的自动测量功能。智能设备测量功能的设计关键点是测量活动的工序分散化，保持价值流的连续性。

检测按生产过程可以分为生产过程中的检测、工序流转前的检测和生产完成后的检测。其中，生产过程中的检测可以借助先进的自动化检测模块，实现生产与检测的同步。在生产工序流转前的检测工作中，需要减少检测项目，以提高工序流转的速度。

例如，配备机器视觉的多功能、多目标智能装配装备首先可以准确识别对象目标的各类特征，并自动确定目标的外形特征和准确位置，并进一步利用自动执行装置完成装配过程，实现对装配质量的有效控制。同时，智能装备可以提高生产装配过程的柔性、可靠性与稳定性。

4.2.3.6 柔性工装设计

工装是一种在特定工件或生产过程中使用的专用工具和设备，主要用于定位、夹紧和支撑工件，以便进行生产和检测。常见的工装包括夹具、定位器、支撑和调整装置等。传统的工装仅能满足特定工件的生产。产品变更时需要对工装进行调整或重新设计，耗费的时间长、成本高。

工装作为智能生产线中的一种重要装备，其智能化程度直接影响工装功能。智能生产线的专用柔性工装是实现生产线工艺的重要基础，也是生产线柔性的具体体现，应在智能生产线规划阶段中予以考虑和规划。智能生产线中的工装需要达到柔性化、精密化、智能化等要求，满足不同产品类型的生产，这也是柔性工装的发展趋势。

一般而言，柔性化的工装设计主要从以下方面入手：

① 了解同类相似工件的基本结构、尺寸范围和精度等技术要求，确定柔性工装夹具的最佳设计方向。

② 工装夹紧结构的设计与选型。为了避免位移、变形和振动，在工装定位后一般需要夹紧。

a. 圆形工件采用保证中心不变的夹具设计：两边采用对称的夹爪，对称、均衡地对工件施加夹紧力，保证工作中心不受外形变化影响。

b. 矩形工件的夹具设计：常采用对角夹紧的方法保证夹紧状态和工件位置的唯一性。

c. 异形工件的夹具设计：除了借助现有的特征寻求共同点之外，所有形状的工件均可通过更替夹具实现快速切换，不同工件更换夹具但安装方式不变，这种情况重点是设计选择合适的定位元件，且能够快速固定夹具。例如，手动快卸、U 型垫圈、梨形槽等。

在柔性制造系统中，实现工件交换的方法一般是采用如图 4-7 所示的基于零点定位技术的快换工装。

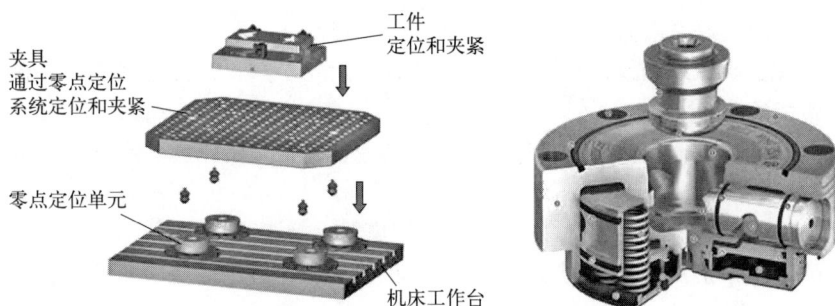

图 4-7　零点定位技术

③ 夹具内夹紧单元通过翻转、水平滑动、升降和旋转等方式来实现柔性切换是最常见的一种解决方案，适用于夹具内多数夹紧单元或夹具主体机构，仅需个别单元切换即可实现混线生产共用的情况。该方案技术难度低，适用范围广。

④ 可以将夹具系统进行拆分和模块化。通过切换系统实现定位模块的切换是目前夹具柔性化技术中系统构成最复杂、技术含量最高且柔性化程度最高的方案，一般适用于自动化程度较高的生产线。

⑤ 转台 / 滚筒式切换方式。通过将夹具固定在转台或滚筒上，通过转台或滚筒的旋转实现不同工件的生产切换。

例如，飞机装配过程中的柔性工装设备包括柔性对接平台、柔性制孔设备、AGV 等相关辅助设备，是实现智能化装配的硬件基础。柔性定位过程采用弹性体曲面柔性定位技术，通过调整、重组、控制等手段动态生成工装定位模块，通过拼装或调换柔性装配工装局部定位件进行信息重组，完成多型号飞机的装配任务，适用于多机型、多结构的生产模式。因此，柔性工装设备是降低装配成本、缩短装配准备周期的重要工具。柔性工装配合先进的测量检验系统与连接设备是保障智能化装配中最重要的环节。

4.2.3.7　简易自働化设计

简易自働化（Low Cost Intelligent Automation，LCIA）又被称为低成本自动化，是精益生产体系的要素之一。相较于全自动化，LCIA 是一种更加符合精益理念的自动化技术。LCIA 采用机械、液压、气动、电动元器件、传感器和小型控制器等技术手段，基于杠杆和重力等原理，通过精益管及零配件组合而成工作台、物料架、周转车、流水线等装置，以消除生产过程的伸手、转身、弯腰、搬运等非增值人工作业，实现省力或省人。

LCIA 结构简单小巧，功能专用，成本低，易于维护，特别适合多品种、小批量生产方式。同时，LCIA 可以部分实现人与机器的作业分离，从而为一人多机、少人化创造条件。

基础的 LCIA 结构主要由动力源和简单的机械结构组成，同时也可以根据需要增加检测传感器以及控制组件。

① 常见的动力源包括电、气、重力、液压、磁力等。

② 常见的机械结构包括杠杆、连杆、斜面、滑轮、凸轮、齿轮（齿条）、槽轮（棘轮）、皮带链条等。

③ 常见的传感器包括位置传感器、光电传感器、压力传感器、流量传感器、速度和加速度传感器等。

④ 常见的控制组件包括单片机、PLC、继电器、接触器等。

LCIA 的一般应用策略如图 4-8 所示，其主要应用场景包括自动夹具、自动弹出和搬运、自动防错等。

装置类型	示例
重力提升	提升装置 托举平台
辅助运输	输送带及盛器 物料车 自制AGV
零件提供	滑槽 零件架 线上补充 配送
装配移动平台	移动座椅 移动台车

图 4-8　LCIA 的一般应用策略

① 自动夹具。以机械式、液压、气动等自动夹紧方式，完成生产对象的固定。同时配备异常发生时的及时终止装置，防止发生危险。

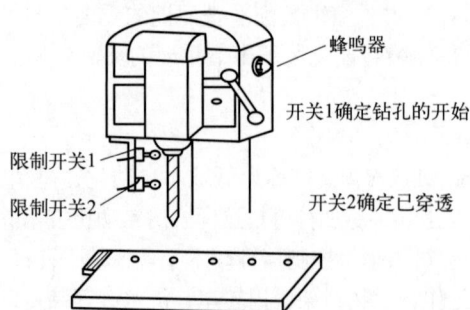

图 4-9　防止孔深度的防错工装示例

蜂鸣器

开关1确定钻孔的开始

限制开关1

限制开关2

开关2确定已穿透

② 自动弹出和搬运。以机械式、液压、气动等自动方式，将生产对象弹出并移动至后一工位，尽可能取消人工拆卸和搬运作业。

③ 自动防错。基于 IE 防错原理，采用限制开关 / 微动开关、计数器、传感器、传送槽等方式，实现生产对象的自动防错。

例如，如图 4-9 所示，用两个限制开

关固定在压杆上，在开关 2 触动之前开关 1 被松开则表示有错误发生（说明孔未钻透）。蜂鸣器发声以警告操作者，孔的深度未达加工要求。

4.2.3.8　变化点和异常预警设计

生产系统的规划设计一般遵循"二八原则"，即 20% 是正常的业务流程，80% 是各种异常情况的处理。异常处理机制决定生产系统的稳定性、鲁棒性，也是系统设计水平高低的体现。

变化点是指在生产过程中各类生产资源要素出现变化的节点，通常制造业采用 5M1E 来监控变化，5M 即人（Man）、机（Machine）、料（Material）、法（Method）、测（Measure），E 指环境（Environments）。变化点包含两种类型，一种是已知、确定的主动变化，如工艺变更通知书（Engineering Change Notice，ECN）、零部件供应商切换、模具切换等；另一种是未知、不确定的被动变化，如精密加工生产环境的变化、操作人员临时替换等。上述两种变化点都可能影响生产过程，甚至导致生产异常中断。

在多种少量生产方式下，产线出现变化点的频次和频率相应大幅提高。在产线设计时，应高度重视变化点。生产异常中断的管理重点是快速响应。在异常发生时让相关责任人第一时间获取到异常通知，并迅速对异常进行响应处理是此类异常的解决思路。异常管理方式的设计主要包括以下两种方式。

（1）变化点管理看板的设计

变化点管理看板内容主要包括生产线配置图、4M 变化点管理标准、人员配置表、处理流程、每日变化点记录（如发生时间、发生场所）等。运用看板，明确变化点的内容及所采取的措施，使变化点状态变化和针对其采取的活动目视化。

（2）安灯系统的设计

① 引入及时化的通知工具。通过智能手表或手机移动应用等方式构建安灯的技术通知层。针对不同的异常类型，定义明确的处理方式和流转程序。

② 推送异常关键信息。异常关键信息一般包括异常发生的线体工位、在制工单、在制产品、异常说明等，便于相关处理人员快速掌握异常的重点。

③ 按照组织架构层级定义异常处理责任人，并制定异常升级机制，确保异常得到有效的响应及处理。

④ 通过 MES 系统实现对异常流程的流转控制，提高异常处理的效率，促进异常的持续改善。

异常处理是在异常发生后进行相应生产活动，属于事中控制方式。基于事先预防的精益管理理念，需要对潜在风险进行预先识别和采取相应措施，以达到预防目的。

在智能产线设计时，针对变化点的异常预警设计思路如图 4-10 所示。

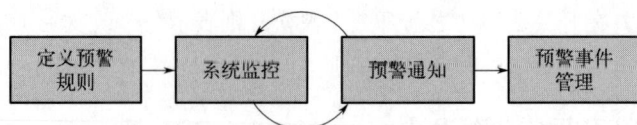

图 4-10　变化点的异常预警设计流程

（1）定义预警规则

预警规则的定义是用来识别预警项目，如定义某类参数指标连续多片呈现在标准值之外时，需要触发质量预警。规则定义一般根据产线设计和管理人员的业务经验及沉淀能力进行制定。对大批量生产线或全自动化产线，规则定义的方式可评估采用工业智能分析的技术可行性。

（2）系统监控及预警

在预警规则基础上，系统可以进行自动的数据分析及识别。识别范围和数据内容根据规则确定。例如，质量预警可以采用统计过程控制（Statistical Process Control，SPC）来降低产品品质的变异风险。SPC 是利用统计方法来监控过程的状态，针对连续性产品出现某类参数波动，系统持续统计计算。识别生产过程管制的状态类型，抓取符合条件的产品序列进行通知预警。预警数据产生后，进行相应的预警处理。

需要说明的是，实现异常预警的基础是数据的互联互通，即系统应用层的集成和数据的集成交互。

4.3　生产线规划系统仿真

4.3.1　生产线数字建模

智能工厂规划仿真是智能工厂的重要环节，主要应用于生产线节拍分析、设备（如自动流水线、机器人、加工中心等）的运动轨迹和动力学分析、产线布局和工艺路径分析、设施规划方案选择、生产线平衡与瓶颈分析、派工模拟、物流分析等。在仿真模型"预演"的基础之上，对规划方案进行性能分析、功能评估和目标验证，同时分析和优化方案仿真中发现的问题，减少后续方案落地的实体系统变动调整，提高系统规划和实施的质量和效率。

规划仿真采用数字化建模技术，构建设备、产线、车间的二维或三维数字化模型。数字化模型主要包括产品及零部件、专用工装、通用设备、物流设备以及其他基础设施等。数字化建模时，需要根据产品图纸，并通过实体测绘等方式获取基础数据。在此基础上，通过专业建模软件进行产品及零部件建模、设备建模、工装建模、设施建模等。此外，在建模过程中，需要根据生产工艺流程，建立生产过程的数字化模型。

通过对生产线上所涉及的全部资源进行数字建模，计算机仿真系统可以实现产线的可视化布局和生产过程的数字化模拟，并可对数字化模型进行虚拟动态调整，为产线和工厂规划提供分析结果和参考指导。

以机械行业为例，CATIA、Pro/E、UGS 及 SolidWorks 等三维 CAD 建模软件都可以建立高逼真度的虚拟仿真模型。在智能工厂虚拟仿真规划应用时，智能工厂所涉及的组件模型众多，对上述三维建模软件设计的模型进行堆积时，三维模型数据量已经超出一般计算机的硬件极限。因此，智能工厂规划仿真工具建议选择 Tecnomatix、DELMIA 等专用系统规划仿真软件。

4.3.2　生产线规划仿真应用

Tecnomatix 是西门子旗下的一款数字化工厂仿真软件，广泛应用于汽车、飞机等行业。该系统可帮助解决产品制造工艺规划过程中所涉及的工艺设计、规划、验证等问题，通过系统仿真，提前发现产线和工厂设计的不合理与缺陷，完善生产工艺等，提高方案规划的可行性与合理性。

（1）工厂仿真

利用离散事件仿真功能进行生产过程模拟分析，实现对生产系统及其流程的建模、仿真、探索和优化，如图 4-11 所示。利用这些模型，可以评估产线的合理化程度，判断产能是否满足，排查生产瓶颈，平衡工位负载，提高设备利用率。针对存在的问题进行假设性方案调整，再次运行仿真，直至仿真结果达到最优。

图 4-11　工厂仿真示例

（2）物流仿真

利用 Tecnomatix 物流与物料流仿真解决方案，可以借助离散事件仿真与统计分析功能，优化物料处理、物流、设备利用率以及人力需求，如图 4-12、图 4-13 所示。通过产线连续生产的动态过程仿真展示，直观查看仿真运行过程中物流是否顺畅，分析加工设备、缓冲区、物流设备的动态指标数据，优化物流路线，配置物流资源，设置合理库存。

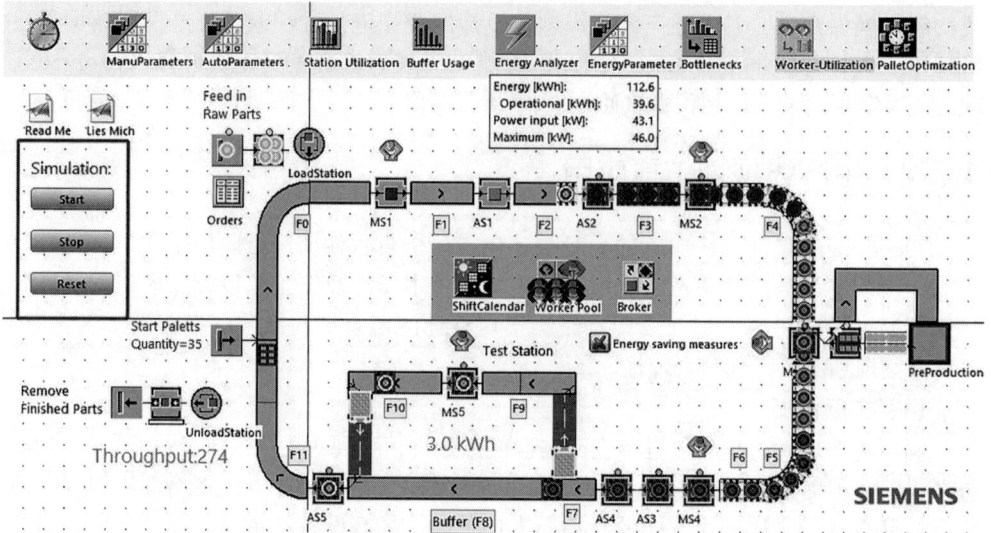

图 4-12　生产线仿真与分析示例

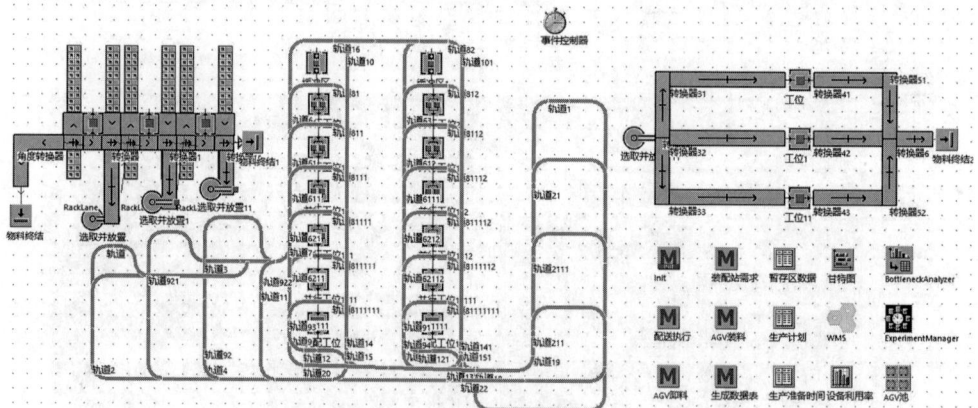

图 4-13　物流仿真示例

（3）设备工艺虚拟验证与调试

利用 Tecnomatix 虚拟调试功能，在虚拟环境中调试自动控制逻辑和 PLC 代码。如

图 4-14 所示，通过模拟生产工艺过程，对工位作业人员和机械手的可达范围、大型工件的通过性进行验证，及时发现生产过程中存在的干涉、碰撞等问题，提升生产过程的可操作性。通过虚拟方式仿真和验证自动化设备，保证设备的表现达到预期，降低系统安装成本并缩短实施上线时间。

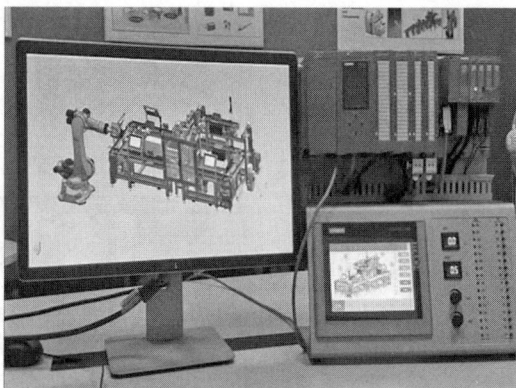

图 4-14　虚拟验证示例

（4）人机工程仿真

通过 Tecnomatix 人体建模和仿真，可以利用虚拟人物改善工作场所的安全状况，提高工作效率，并增加工作环境舒适度。可以通过模型分析以人为中心的操作，测试生产过程中的一系列人为因素，如受伤风险、时间安排、用户舒适度、可达性、视距、能耗、疲劳限制等，通过仿真规划保证生产系统满足人机工程学标准，避免后续实际生产过程中出现人工操作不可行问题。

（5）工艺流程设计解决方案

通过 Tecnomatix 工艺流程设计解决方案，可以关联和协调产品物料清单（设计 BOM）、制造物料清单（制造 BOM）以及流程清单的配置。还可以使用高级虚拟化和分析工具，验证制造规划决策。设计和制造工程师可同步研究产品和流程规划定义，确保制造约束在产品设计中协调一致，获得更高效的制造计划。

4.4　案例：电连接器柔性智能产线规划

4.4.1　生产现状分析

某工厂以生产电连接器产品为主。电连接器是电子设备的基础元器件之一，主要用于实现电信号的传输控制和设备间的电气连接，广泛应用于电子通信、航空航天、自动化、新能源汽车等领域。如图 4-15 所示，电连接器主要由壳体、绝缘体、接触体三部分组成。

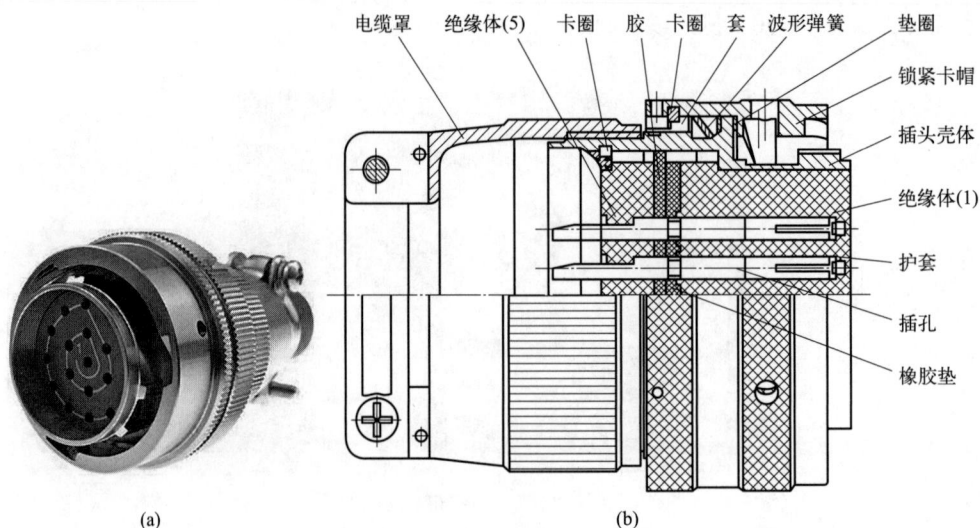

图 4-15　圆形电连接器示例

该工厂电连接器生产的特点如下：

① 电连接器产品的客户定制要求高，品种规格多，产品谱系及其生产工艺复杂。以小批量订单生产为主，对生产设备的柔性程度要求高。

② 工厂强调生产一代、试制一代、研究一代。基于型号进行生产管理，多型号任务、多项目并行交付，研制与生产高度交叉。设计与工艺变更多，物料齐套性低，型号交付周期不确定，生产组织复杂。

③ 生产管理以型号计划为核心。围绕型号计划展开工艺、生产、质量、采购等业务，按照项目汇总生产进度，并按照项目任务和生产进度进行生产动态调度。

④ 产品的供应链分散且集中度低，导致产品与生产的技术集成度和标准化程度低。采用自动化生产技术的难度和成本风险高，难以广泛实现全自动化的流水线生产。产品装配以人工操作和单机自动化为主。

⑤ 工艺流程中各工序基本以串行方式连接，各工序单元离散布局，生产过程不透明。产品线下周转搬运作业多（断点多），设备利用率不高。

⑥ 产品质量和可靠性要求高。在生产过程中，原材料选用、设备精度、设备参数、人员技能、车间温湿度等都会影响产品质量，需要严格管控生产设备、人员、物料、操作流程、环境等。

⑦ 产品追溯要求高。要求对产品的设计开发、生产制造、检测试验、交付使用等全过程形成产品数据包，以确保信息可追溯。

现有生产模式无法满足日益增长的成本压力和交期要求，工厂希望对现有生产线进行技术改造，以适应多品种、小批量生产要求。工厂前期采用工作研究的方法对该系列产品的生产作业流程和生产线现状进行调查分析，发现现有生产方式存在效率和质量问题。

① 按工序分段式生产，以推式生产为主，生产准备时间长，生产节奏不明显，生产流转慢，不利于整个生产过程的管控。

② 由于缺乏自动化装配设备，产品以人工装配作业为主，装配质量受个人装配操作技能影响较大，质量不稳定，不良率较高，产品采用人工全数自检方式。

③ 由于不同工位的人员作业差异、工序节拍不平衡等问题，生产线不均衡，生产流转不畅，在制品堆积较为严重，同时增加生产人员无效等待时间。

④ 产线缺乏物料自动转运设备，生产人员需要在仓库、工作台与货架间往复搬运走动，周转搬运时间多，有效装配作业时间少，导致生产效率偏低。

4.4.2　产线规划思路和目标

电连接器智能装配线的规划思路如下：

① 以生产效率和质量一致性为目标，以任务平衡、能力平衡和资源平衡为主导思想。不追求完全的自动化生产，以柔性化生产、部分自动化、人机协作为主进行产线设计。通过产线装备技术改造方式，采用自动化（数字化）设备仪器代替原来手工或目视作业，搭建电连接器柔性组装检测生产线。重点围绕柔性智能组装技术、智能在线检测等进行工艺技术的规划与研发。具体包括上料机构结构设计、末端自重机构结构设计、柔性结构设计和控制系统集成等关键技术。

② 以生产线智能管控系统为建线核心，排产、线上、线下等作业信息由管控系统进行自适应管理。设计基于工业总线技术的智能生产控制系统和生产线数据采集系统，通过覆盖电连接器装配的生产物流、数据采集、过程管控和智能装备，实现典型产品柔性化生产。

③ 基于柔性生产的思想，采用 PQ 分析方法确定 A 类电连接产品。A 类产品的产量占比大，物料种类较多，工艺路线较为典型。以 A 类产品的生产工艺过程为重点，对工序作业内容和作业时间进行分析。在工艺优化和工序分割的基础上，对设备自动化、工位布局、线边物流进行规划设计。为了适用于不同规模、不同产品的生产，优化后的产线需要具备一定的柔性和可扩展性能力。

电连接器智能装配线的规划目标如下：

① 精益化布局设计。进行模组化单元化工作站（工位）设计，以及生产车间和产线精益化布局，提高物料流转率。

② 装配模式革新，降低工艺难度，生产节拍化设计，实现标准作业。由单人一站到底转换为多人协同作业，同时通过电子示教，降低装配作业难度，提升装配效率。

③ 以自动化工艺装备为依托，实现生产过程自动化改进。采用 RFID、扫码、工装防错防呆等手段，消除产品零件漏装和错装。通过视觉及电子测量技术提升产品检验质量。

④ 现场管理信息化提升。通过车间 MES 系统、RFID、扫码追溯和电子工位看板实现产品过程透明化、可追溯性。

⑤ 产线精益化管理。通过生产线平衡设计、物料精益管理、安灯管理等方式，提高生产现场的管理水平。

4.4.3 产线规划设计的主要内容

4.4.3.1 工艺分析与优化

电连接器的装配工艺主要包括：复查零件外观质量，金属件和非金属件的清洗，打印标记，绝缘件组装，插头（插座）本体装配，电缆罩组装，产品外观检查，机械性能、电性能及密封性能的检测等。其中，某 A 类电连接器的产品装配流程如图 4-16 和图 4-17 所示。

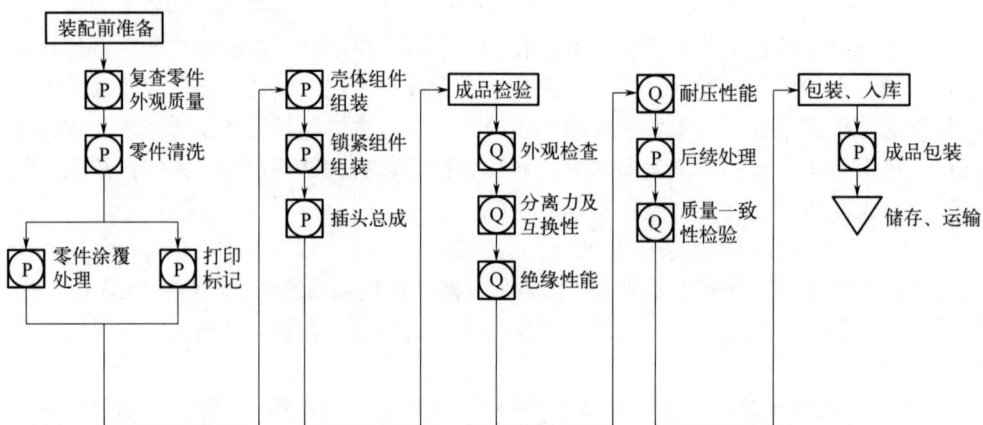

图 4-16　插头装配工艺流程

电连接器成品组装与测试是形成产品关键特性的最终过程。在电连接器装配阶段，导通与接触电阻特性均会受到生产过程的影响，因此均需进行全数检测。表 4-1 是导通与接触电阻特性的测试要求。

电连接装配线由三防车间的 16 个工作台、检验区域、缓存货架、线边仓等组成。通过对各装配工序进行作业测定，测量生产人员的移动路径，统计各工序的物料种类及其数量等信息。综合运用 ECRS 分析法、操作分析法和动作分析法，对装配工序作业内容进行优化设计，消除无效操作。工序优化作业内容如表 4-2 所示。

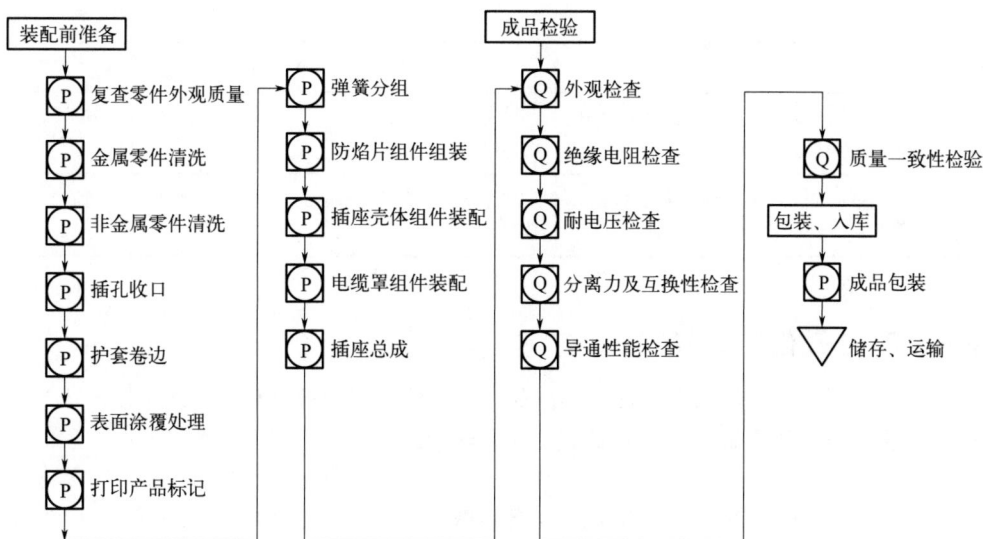

图 4-17　插座装配工艺流程

表 4-1　导通与接触电阻特性测试要求

设计关键 / 重要特性展开	装配阶段影响因素	控制要求识别
插针针头插配直径	混料误装、漏装	100% 再检测
插孔收口力	混料误装、漏装	100% 再检测
镀金层厚度	不影响	无
接触长度	组装不到位	组装到位 100% 再检测
接触电阻	多余物影响	100% 多余物检查
导通	组装不到位	组装到位 100% 再检测
导通	多余物影响	100% 多余物检查、导通检验

表 4-2　工序优化的内容

优化前	优化后
工位与缓存货架间距离较长，工人在转运过程中，物料的搬运距离和时间较长	采用单件流模式，减少中间缓存，并缩短工位尺寸，将缓存货架放置在工位附近
生产过程中缺料加工情况较多，导致生产中断，拖延计划	加强管理，坚决杜绝缺料加工
动作经济性差，如工位物料摆放杂乱，工具拿取难	采用单件流模式，减少物料并加强管理，杜绝出现物料摆放不合理的情况

续表

优化前	优化后
工序布局不合理，工人需在"钳装—布线—三防—钳装"中往返，移动路径长	工序内容调整，经分析后，将布线和三防内容提前，从而合并两处钳装操作
工序不平衡，钳装和导热垫安装的时间长，造成产能瓶颈，导致在制品堆积	开发导热垫自动测量设备，并调整作业分工，降低在制品数量

4.4.3.2　自动化组装设备

电连接器的品种规格多、批量小，要求自动化装配设备具有较高的柔性。在产线设计过程中，结合产品典型工艺需求，对现有工艺方法进行改进，同时采用大量的新工艺、新装备。针对易实现自动化的工序，研制非标自动化专用装配设备。对复杂的工序则研制半自动装置，并采用 MES 工艺示教模块指导人工装配，以经济的方式实现装配过程。

（1）机器人自动插针系统

由工业相机、光源、工业机器人和工控机等构成机器人视觉插线系统。相机固定于机器人末端，通过机器人运动完成连接器的图像采集，采用视觉定位算法对连接器进行识别并对其插孔进行定位，利用自研的机械手完成插针动作。

（2）绝缘组件自动组装系统

由全自动柔性上料系统和 CCD（Charge Coupled Device，电荷耦合器件）相机辅助四轴机器人软夹上料，自动检测绝缘胶尺寸，确保坐标精准定位并准确地进行插孔装针操作。同时，系统还可以自动检测收口端和变形情况。

（3）绝缘体组件柔性自动粘接设备

采用绝缘体送料装置、绝缘体翻转装置、绝缘体 CCD 拍照装置、上胶装置、绝缘盖板输送等装置，实现绝缘盖板和绝缘体自动上胶、粘接并保证两者节点孔准确对应。

4.4.3.3　自动检测装置 / 设备

电连接器检测一般以人工仪器检测为主，自动化水平较低。需要设计柔性化产品夹持机构，开发对应规格产品测试程序，保障产品技术指标检测的可靠性，实现自动化数字检测。自动检测系统的设计主要包括关键尺寸柔性检测系统、过程检测系统和后端检测系统等。

① 关键尺寸检测机负责产品关键尺寸的一致性检测，并将检测后的产品通过线路检测机传输到主生产线。

② 过程检测系统包括关键部件装配正确性检测和漏装检测、接触件组件分离力

检测、连接器单孔分离力检测、电性能检测等。其中，装配正确性检测采用视觉检测方式。

③ 装配后端检测系统用于惯量检测、物理量检测、尺寸检测、喷码和外观检测。后端检测物流传输采用六自由度机械手、步进机构和三坐标机器人相结合的方式。采用六自由度机器人从主生产线上搬运装配后的产品，依次在惯性检测设备、物理量检测设备、尺寸检测设备和喷码设备之间进行搬运和调整姿态。喷码结束后通过步进机构和三坐标机器人进行下线。

4.4.3.4 智能工位

如图 4-18 所示，智能工位主要为生产人员的装配、检测或配料等任务提供工作平台。智能工位是集生产、管理和信息化于一体的工作平台，设计集成辅助设备、电源插座、LED 照明、工位器具挂板、终端看板、人机界面和扫码枪。针对不同的生产任务，设计多种防错手段，快速高效进行人机协作工作。

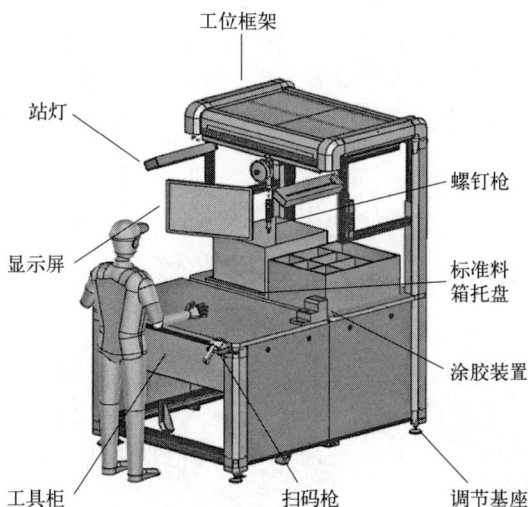

图 4-18 智能工位设计示例

为适应单件流输运模式，智能工位缩减原有工位的尺寸；考虑生产现场 6S❶ 要求，减少工位上的工具和物料；设置标准工具柜，采用工具模块槽定置工具，便于人工抓取；原有工位一体机和车间 MES 系统互联，在 MES 系统功能中增加可视化的多媒体作业指导书，提高装配质量和效率。

❶ 6S，即整理（Seiri）、整顿（Seiton）、清扫（Seiso）、清洁（Seiketsu）、素养（Shitsuke）、安全（Security）。后文提及的 5S，即前 5 项。

4.4.3.5 产线与布局设计

由于现有的组装线采用分段式生产，存在物流周转时间长、不适应单件流模式以及信息化集成度较低等问题，难以满足优化后的工艺设计方案，需要对现有的产线布局和运作方式进行规划设计。

根据电连接器产品装配工艺流程的共同点和差异，按单元化思路进行布局。每个单元集中进行相应工序的作业，同时根据产品装配工艺流程构成不同的装配生产线，以适应不同规格的产品，实现柔性化。另外，在满足产品功能、工艺、安全等技术要求的基础上，通过输送线连接各个单元与自动仓库，配备物流控制系统，实现物料按需自动传输。采用中央控制系统作为整条生产线的监控管理中心，实现电连接器的自动化、数字化柔性装配。

根据工艺优化设计，并综合场地尺寸、人员数量、设备成本等因素的限制，对现有钳装工位设备、工位数量和物料流转模式等内容进行设计优化。在设计过程中，还应考虑作业标准化、人因工程学和现场 5S 管理等要求。

设计过程中采用仿真模拟、实地装配、搬运测试等方式，不断完善规划中的内容。仿真模拟的最终结果如图 4-19 所示，原有的钳装和布线工位设计为通用工位，并与自动物料输送线对接；取消物料暂存货架区域，将物料暂存货架合并到自动物料输送线中；设置自动配料设备、导热间隙自动测量设备和导热垫自动裁剪设备。

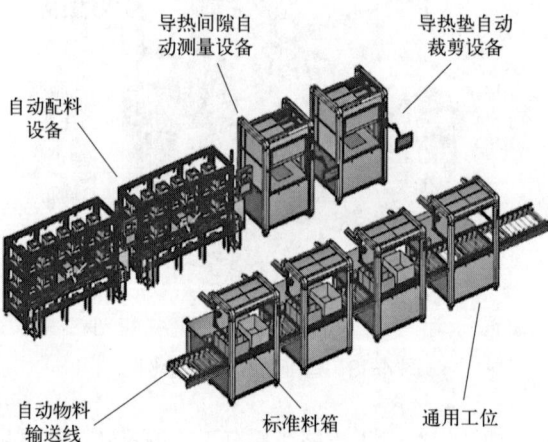

图 4-19 智能产线设计示例

4.4.3.6 产线管控系统

产线的数字化管控主要依托车间级 MES 系统。产线系统管控功能如图 4-20 所示，其设计内容介绍如下。

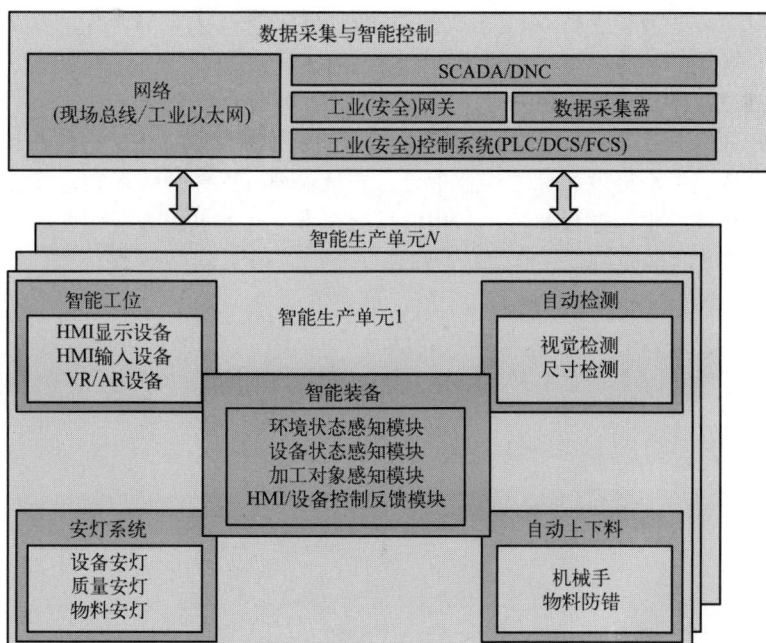

图 4-20　智能产线的管控系统功能

（1）建立基于工业网络的设备集成

对车间现有生产设备，基于 SCADA 建立统一工业以太网。通过联网项目将现场独立或局部联网的控制设备接入工业以太网，实现对设备的网络化统一管理和数据交互，整个生产制造过程更加透明。

（2）产线数据的采集方式

1）在线数据采集

现场实时数据通过 OPC_UA 协议进行采集。在工序上配置读数量具，实现关键工序和特殊工序的生产监控，自动采集人员信息、设备状态数据、产品对象数据（如温度、时间、力值、绝缘电阻、接触电阻）等。

2）图像采集

对产品上不可见部位、不可逆过程、不可测环节进行多媒体记录，以证明过程控制符合规定的要求。

3）物料数据采集

标准料箱上的信息码与产品的名称、型号、物料、工序信息等信息绑定；在工位配备条码枪，装配完成后扫描信息码，MES 系统自动更新工序与位置信息。

（3）规范数据互联接口

对车间设备进行种类划分，对每一类设备类型定义符合工厂实际的数据互联接口，要求供应商根据标准化接口实现数据互联，便于未来扩展与管理。SCADA 系统与上层

MES 系统交互。一方面下达 MES 系统的指令到设备，另一方面将采集的设备数据上传 MES 系统。

（4）建立集中生产监控系统

通过车间级 MES 的生产过程控制模块，开展从生产计划下达、物料齐套、生产节拍、完工确认、生产进度、标准作业指导、质量管理、工件条码采集、安灯报警、物料防错等多维度的生产过程管控。利用信息化技术，并通过以太网和现场总线实时将生产过程数据及时准确地传达给生产管理者。

第 5 章

多种少量生产的计划方法

数 字 赋 能
智能制造核心技术 丛书
DIGITAL EMPOWERMENT

5.1　同步化生产的计划方法

5.1.1　同步化生产

　　同步化生产是一种在多品种、小批量生产环境中进行生产系统组织的新观念。同步化生产是基于拉动原则，一般通过后工序领取的方式来实现。后一工序只在需要的时间到前一工序领取所需的物料，前一工序按照被领取的数量和品种进行生产。在产品生产各工序设置必要的物料缓冲或线边仓库。同步化生产的特征是拉动、连续流动、小批量、并行生产、JIT 采购、供应商管理库存（Vendor Managed Inventory，VMI）等。

　　针对传统的大批量生产，可以在单件或生产小批量的基础上，实现生产整体的快速流转。首先实现车间产线内部各工位的连续流生产。连续流生产以同步化生产为特征，单件或小批量产品在工位间进行节拍化的快速同步流转。同时，基于并行思想，设计车间产线间生产工艺顺序、生产优先级和提前期等，实现各产线间的流线化并行生产。此外，同步生产可进一步延伸至供应链的整体协同，即根据生产的实时进度和提前期，开展 JIT 采购和物流同步供应。

　　如图 5-1 所示，汽车摆臂件生产主要包括冲压、焊接、涂装和装配工序。首先对工序能力平衡进行分析和设计，设定合理的生产批量和生产提前期。以完成品工序作

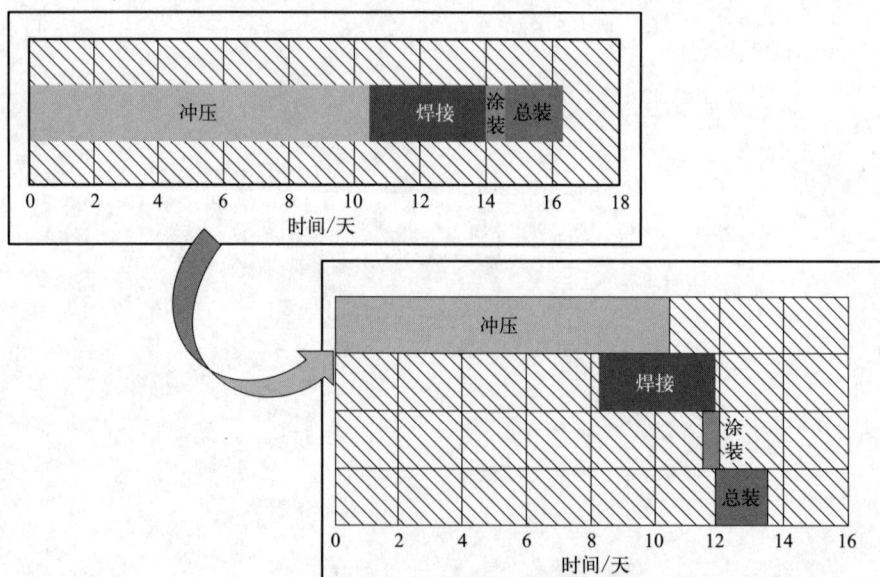

图 5-1　同步化连续流生产示例

为生产的拉动点，生产计划下达给成品装配线或成品工序，并以此为起点，通过看板拉动方式向上一工序领取必要的物料，实现工序间的同步生产。当生产过程存在瓶颈工序（如焊接）时，则以瓶颈工序作为生产拉动点，实现前拉后推的局部同步生产。

同步化生产可以大幅缩短生产周期，降低生产库存，因此得到很多企业的重视和采用。但需要说明的是，工厂生产系统的资源配置在前期规划时如未考虑同步化生产因素，在后期同步化生产实施前，需要对生产系统的负荷能力进行匹配分析与相应调整，否则在同步化生产的应用过程中，容易出现局部或部分设备生产效率下降的问题。

5.1.2　同步化生产计划设计

5.1.2.1　约束理论

约束理论（Theory of Constraints，TOC）的原理（DBR 运行原理）如图 5-2 所示。

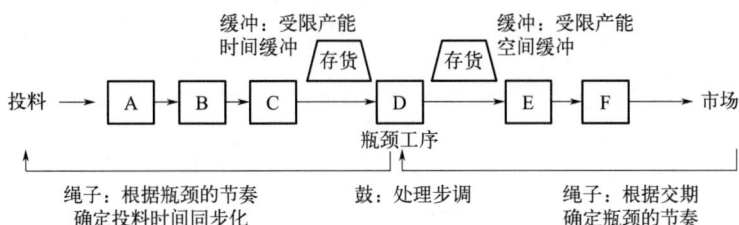

图 5-2　DBR 运行原理

Drum（鼓）一般是指所在工序是制约整个生产线能力的瓶颈工序，也被称为定拍工序。定拍工序决定整个生产线的最终生产节拍。

Buffer（缓冲）是指为各工序设定必要、合理的缓冲库存和缓冲时间。为了尽可能降低瓶颈工序对整体生产的不利影响，需要为能力相对充足的工序设定必要的缓冲。

Rope（绳子）是指定拍工序与其他各工序间的任务信息传递机制。这种机制采用一种拉动式生产管理模式。例如，均衡化生产要求所有工序都尽可能以相同的生产节拍进行生产。最重要的是第一工序和瓶颈工序的生产节拍需要保持一致。

生产过程各工序能力的差异容易导致生产过程的不均衡。根据 TOC 理论，这种生产不均衡本质是生产工序之间的 DBR 系统出现问题，因此需要基于 TOC 理念进行生产系统的设计。

5.1.2.2　同步生产的基本原理

TOC 理论是同步生产作业计划与控制的理论基础。同步生产的基本原理如下所述。
① 追求物流的平衡，而不是生产能力的平衡。只有追求物流平衡，才能实现在制

品最少、生产周期最短。

② 瓶颈工序决定生产系统的产能和库存水平。在制品数量与生产系统的生产速度成反比，生产速度又受制于瓶颈工序。

③ 为提高生产系统的产能，根据瓶颈工序设置缓冲。通过设置缓冲保证瓶颈工序满负荷生产。

④ 非瓶颈工序的利用水平由瓶颈工序的产能决定。非瓶颈工序超过瓶颈工序的那部分能力形成非增值的在制品。

⑤ 对瓶颈工序的上下游工序应该采用不同的生产组织方式。对瓶颈工序的上游工序采用拉式生产，对瓶颈工序的下游工序采用推式生产。这样既可以防止过多的在制品库存，又可以快速响应市场需求。

⑥ 生产批量的大小不应固定不变，而应根据实际情况动态地调整。不同工序生产同一批任务时，其生产时间各不相同。为实现物流平衡，减少生产等待，各工序的生产批量应根据实际情况动态地调整，而不是使用同一个固定不变的批量。

同步生产的 TOC 计划逻辑是将生产需求与瓶颈工序、非约束资源联系成一个整体，实现生产的同步化。如图 5-3 所示，该系统由控制点、时间缓冲器和通信三部分组成。

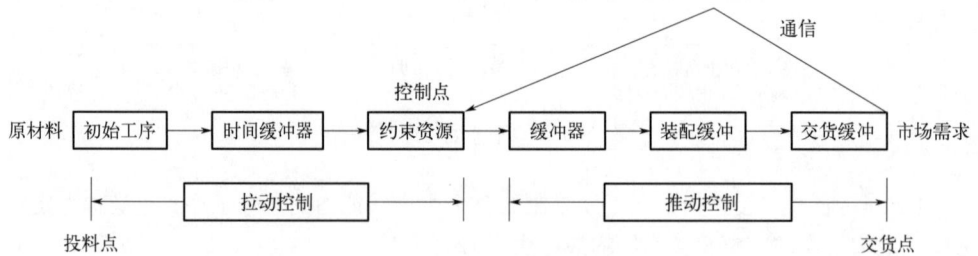

图 5-3　同步生产的计划原理

（1）控制点

控制点即瓶颈工序。瓶颈工序的生产节拍控制工厂生产系统的生产速度。在同步生产过程中，由通信将瓶颈工序的生产进度逆工序向前传送给前工序，直至初始环节，即拉式生产；从瓶颈工序顺工艺流程直至最后工序，实行推式生产。

（2）时间缓冲器

时间缓冲器是指为了应对生产系统其他部分的各种变动，在生产过程中提前投入原材料或半成品的时间，使之不受生产系统各种变动的影响。时间缓冲器用于对瓶颈的保护，生产系统仅在瓶颈工序、装配工序、交货工序等环节设计时间缓冲器，其他工序之间没有时间缓冲。因此仅需对这些关键点进行控制，即可实现各工序按约束资源所确定的步调同步进行。

（3）通信

瓶颈工序与缓冲之间的通信可以利用看板、信息系统等工具实现。

5.1.2.3　同步生产计划的设计步骤

同步生产计划的设计步骤如下：

（1）减少外部多样化

针对多种少量生产，同步生产需要对产品对象进行工艺相似性分析，分类形成产品系列类别。按照产品系列类别规划混线生产。不同产品之间的加工或装配工时存在差异，在实际生产中可采取副线工序、专用生产线等方法消除不同产品的工时差异。

（2）识别瓶颈工序

可以根据产品生产流程的类型进行瓶颈工序的识别。产品生产流程一般分为 V 型、A 型和 T 型等三种类型。

① V 型是由一种原材料加工或转变成许多种不同的最终产品，如石化、钢铁等行业。这类生产的特点是在制品一般在瓶颈工序前堆积。因此，可以分析各工序前的在制品，确定瓶颈工序。

② A 型是由许多种原材料加工或转变成一种最终产品，如造船、食品医药等行业。识别约束的方法是进行 VSM 分析或生产进度追溯，确定瓶颈工序。

③ T 型与 A 型的区别在于 T 型产成品包含多种，如电子、汽车等行业。由于有多种类型的产成品，需要通过对延迟订单与非延迟订单的生产工艺程序进行分析比较，确定瓶颈工序。

（3）确定缓冲位置及时间缓冲

缓冲设定的位置策略主要包括：

① 设置在瓶颈工序之前：可保护瓶颈工序的利用不受前面工序随机事件的影响。

② 设置在瓶颈工序之后：可保证当瓶颈工序出现故障时，后面的工序不受影响。

③ 设置在装配点之前：基于分离点原则，保证装配过程不受影响。

④ 设置在交货点之前：基于分离点原则，保证按预定时间交付。

时间缓冲器的时间长度依据瓶颈工序的生产进度计划确定。缓冲器为进度计划提供足够的时间保护，以使之不受随机因素的干扰。例如，若从初始工序到瓶颈工序需 1 天时间，则在瓶颈工序前可先设置 1 天的缓冲库存量，具体做法是在从初始工序到瓶颈工序的生产提前期基础上再提前 1 天投料。

（4）制订瓶颈工序的生产进度计划

为了保证瓶颈工序生产能力的充分利用，制订瓶颈工序生产进度计划的重点是关注生产批量的选择和生产时间的安排，即确定生产批量、流转批量和订单生产的时间顺序。

瓶颈工序调整时间的要求是生产线效率和产能的首要影响因素。若瓶颈工序没有设备调整时间，生产线的可用时间完全由生产时间构成。这种情况下，生产进度计划较为简单，瓶颈工序可根据订单的数量和交货时间次序组织生产。生产批量为单个订单生产数量或多个订单的总生产数量，流转批量则为 1。

若瓶颈工序在订单生产转换时要求调整，生产线的可用时间是在生产时间基础上去除生产切换时间。在这种情况下，生产批量的大小会影响生产线的产能利用率。为了保证订单的交货日期，瓶颈工序需要多次切换，导致瓶颈工序的效率和产能下降；为保证交货量，加大生产批量，则会出现交期延误。因此，在实际的生产过程中，生产批量的确定是在瓶颈工序的能力约束下，基于订单交货日期与交货量权衡后的结果。

（5）建立投料计划

在制订瓶颈工序生产进度计划后，制订初始工序的投料计划。瓶颈工序的生产进度计划减去初始工序至瓶颈工序所需生产提前期和时间缓冲量后，即确定初始工序的投料计划。初始工序的投料计划可严格控制流入生产系统的产品生产数量，避免生产系统中在制品的过度积累和生产周期的不必要延长。

5.1.3 同步化生产的系统运作信息系统

5.1.3.1 同步化生产的系统运作逻辑

在 MES 系统的功能模块中，物料管理模块的一个重要业务功能是实现生产与物流同步，协助生产现场作业有序进行，物料供应及时、准确。以汽车行业为例，MES 同步生产指示系统的业务逻辑如图 5-4 所示。

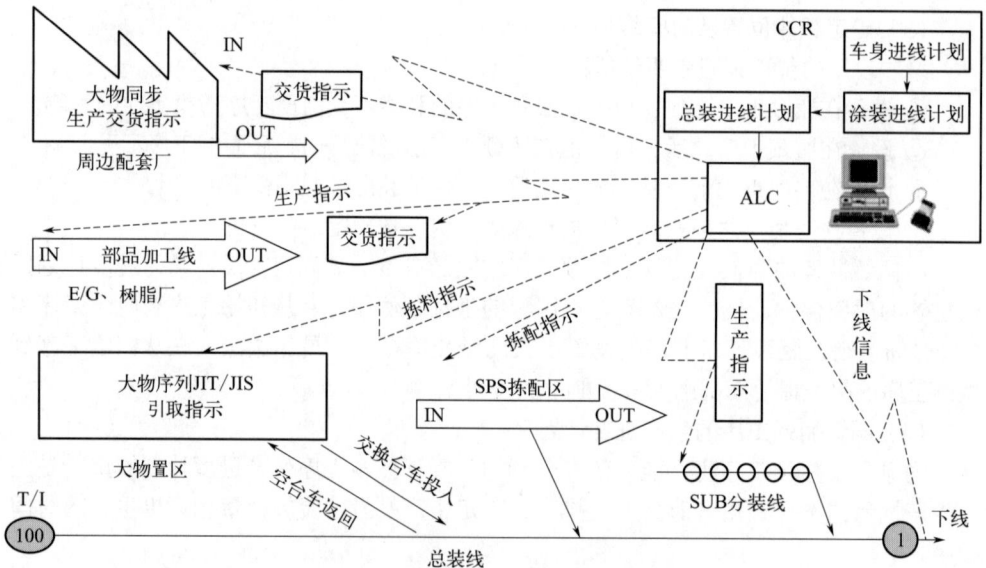

图 5-4 MES 同步生产指示系统逻辑示例

MES 系统在确定总装车辆进线顺序时，根据该车型是否缺料和空车身混线比例配置原则，在空车身存储区确定空车身。在进入前仪装线 T/I 前的空车身排序上线区后，每 20 台产生一个进线序列报表。根据进线序列信息，MES 系统向周边零部件供应商发布同步交货指示，也向厂内发动机等其他车间发布同步交货指示。供应商根据设定的物流方式和物流前置时间进行零部件的准时交货。

MES 系统根据整车装配工程深度的不同，对不同工程深度的分装线、零件拣配区进行同步指示。每个生产批次（4/5/10/20 台）生成一个排序送料指示报表，发布给总装车间的其他生产线，实现同步送料和同步生产。汽车总装同步生产模式如图 5-5 所示。

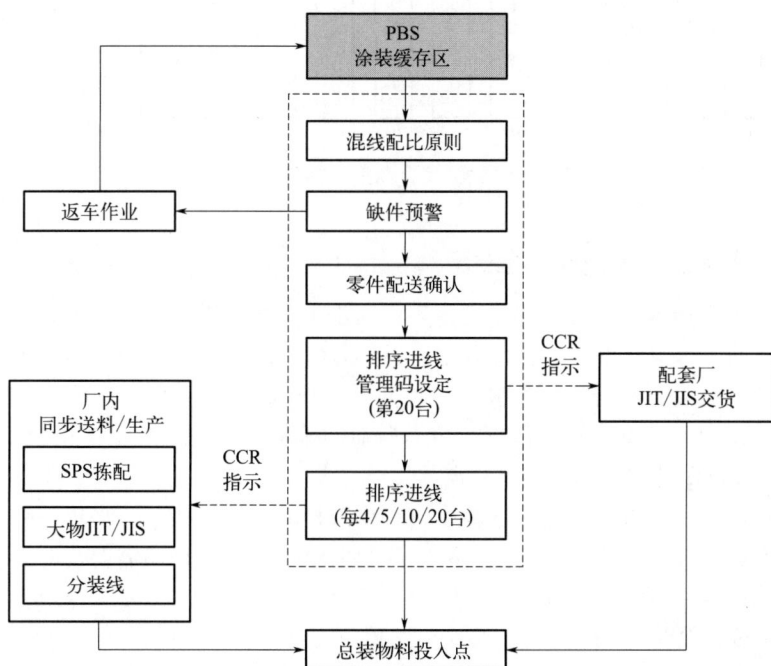

图 5-5 汽车总装同步生产模式

整车厂零部件供应一般采用 JIT 和准时化顺序供应（Just in Sequence，JIS）两种模式。具体设计时主要考虑混线车型的状态和零部件包装形态，选择排序上线或原包装 JIT 拉动上线。一般情况下，混线车型较多的装配线采用 JIS 排序上线方案，以减少零部件的线边存储面积。

图 5-6 是某整车厂零部件同步生产交货对象与交货台数设定表。其中，零部件同步生产指示需要综合考虑其包装规格、台车规格和拣配距离等因素，采用 SNP 为 2/4/5/10/20 的物料台车进行零部件供应。

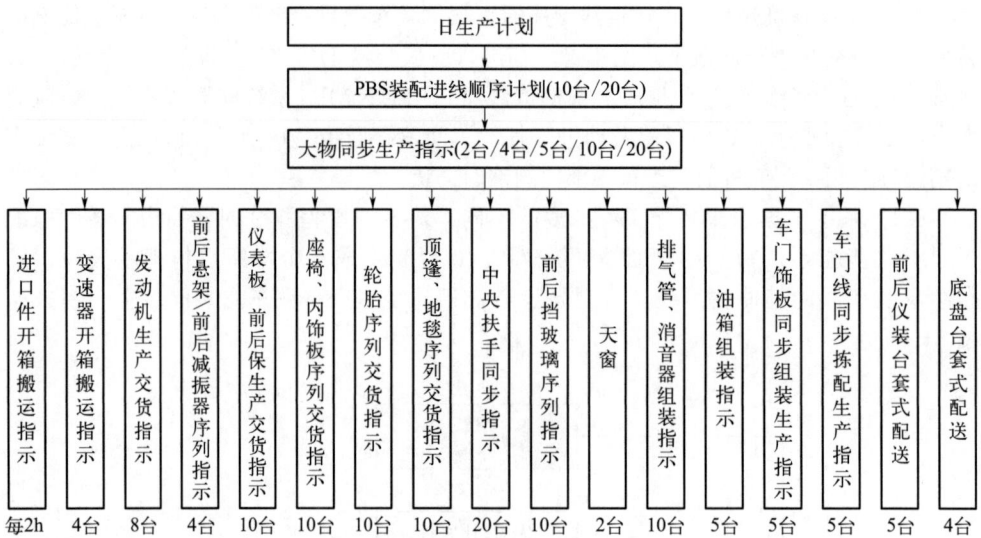

图 5-6　总装线大物同步交货设定表

5.1.3.2　同步生产指示的位差设定

在同步生产指示中，位差的设定是实现同步生产的关键。位差是指装配线各零部件上线装配的工程深度差异。工程深度是指将装配线的装配工位数由结束工序向前工序进行排序。以装配线最后一个装配工位为参考控制点，设为工程深度的第一工位。每个装配工位为一个单位工程深度，由后向前倒排累计形成各装配工位的工程深度，最后的工位深度即装配线的车辆上线点。

根据装配工位的位差进行零部件生产和物流拉动的同步指示。采用一个单位数量进行零部件的同步物流拉动指示。此外，深度指示的设定逻辑还需综合考虑线边安全库存、拉动距离和装配节拍等因素。例如，安全库存设定 2 个或 4 个台份，装配工位的单次同步拉动数量则设定为 1 ～ 2 个台车单位。

以汽车总装为例，空车身的进线管理号码与设定的工程深度如图 5-7 所示。总装线进线一般采取 0001 ～ 9999 的 4 位数作为每个空车身的循环进线管理号码，并与 VIN 码绑定。总装进线管理号码主要用于计算工程深度的深度差，即工位差 / 空车身的车位差。MES 系统根据不同的零部件深度差和设定的送料参数进行生产和物料供应的同步指示。

图中装配工位深度的范围是从前仪装上线点 T/I 到后仪装下线点 F/O。前仪装上线工位是总装线最开始的工位，一般设为第 0 工位。假设总装车间包括 100 个装配工位，其中，前仪装线工位数为 40 个，底盘线工位数为 40 个，后仪装线工位数为 20 个。后仪装线最后工位为第 1 工程深度，前仪装线的第一个工位的工程深度为 100，前仪装上线搭载点的深度为 101，倒排确定各工位的零部件工程深度。例如，座椅安装是在第 83 工位，则其对应的工程深度为 17。

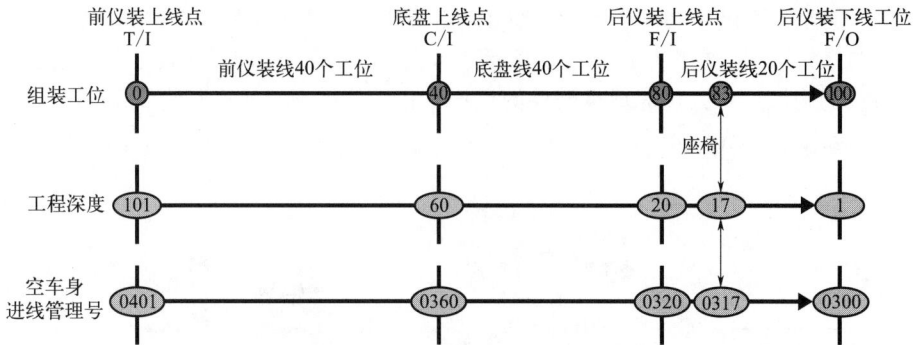

图 5-7　组装工位、工程深度与空车身进线管理号码对照

同步生产指示的位差拉动系统程序设定的流程如图 5-8 所示。

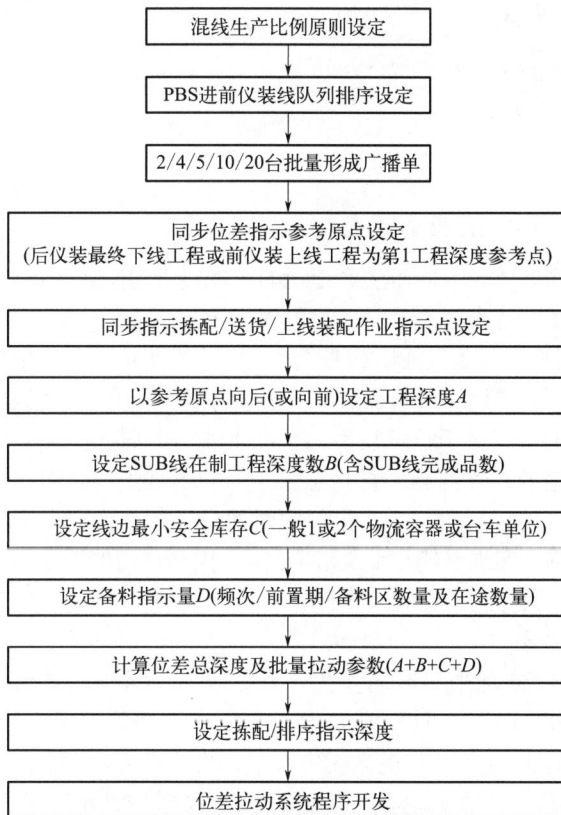

图 5-8　同步生产指示的位差拉动系统程序设定流程

对反映产品生产进度的车身信息进行采集后，MES 系统计算各工位的同步供料位差。在总装入口点 T/I 采集空车身进线管理号码，MES 系统指示厂内 JIT/JIS 零部件（如发动机）的生产和供应上线。对于厂外 JIT/JIS 零部件，考虑工程深度的关系，根据 L/S 点采集的进线队列信息进行同步拉动指示。根据 MES 系统的同步送料指示，主装配线和分装线的物流操作人员完成零部件的生产、包装、拣配、排序和物流配送作业。其业务流程如图 5-9 所示。

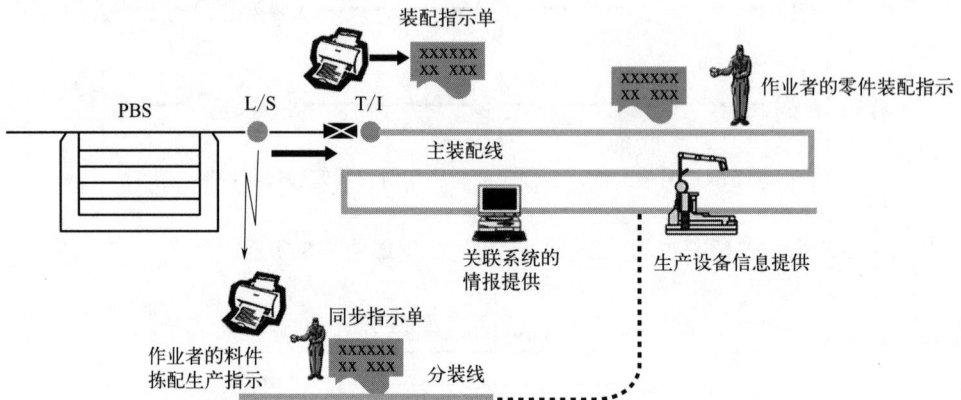

图 5-9　MES 生产与物流同步作业的系统流程

5.1.3.3　同步生产指示的基本要素

以汽车装配生产为例，对同步生产指示的基本要素说明如下：

（1）总装车间 L/S 点至总装第一工位的时间控制

利用 MES 系统采集总装进线队列开始点 L/S 的进车情况。零部件的供货时间一般相对固定。装配节拍加快后，车辆经 L/S 点至总装第一工位 T/I 所需时间减少。当车辆到达某一装配工位的时间少于正常设定的标准上线时间时，出现车辆到达装配工位而所需零部件尚未到达的缺件问题，影响总装车间的正常生产。因此，需要严密监控车辆在上述两个工位间的运行时间。如果间隔时间小于标准时间，可增加进线队列空车身数或降低装配节拍，实现车辆在 L/S 和 T/I 两个控制点间的流动时间大于零部件上线供应时间，以保证车辆到达工位时的零件齐套。

（2）生产信息采集

生产现场的车辆信息采集对同步生产和供应非常重要。车辆经过某一 DCP 点（如 L/S 点）时，MES 系统实时采集如表 5-1 所示的相关信息，如车辆识别号、顺进线管理号码和通过时间等，并将这些信息及时发送给零部件的分装线、生产车间、仓库和零部件供应商。在收到总装生产信息后，根据与整车厂事先的约定开始零件供货。

表 5-1　车辆在 DCP 点的采集生产序列相关信息

时间	管理号	车身号	车型	颜色	数量
2017-0302-090754	6984	1123054	XXXXX	XXXX	1
2017-0320-090904	6985	1146066	XXXXX	XXXX	1
2017-0302-091014	6986				
2017-0302-091124	6987				
2017-0320-091234	6988				

（3）物流管控

如图 5-10 所示，物流控制负责监控零部件供应的不同阶段节点，保证零部件上线早于车辆到达装配工位的时间。MES 系统的过程监控模块负责监控生产线实际的生产情况，物料管理模块管控零部件的供应过程，如供应商的零件准备情况、零件的在途进度、零件上线情况、JIS 零件排序情况等。上述两个管理模块实时交互信息，随时判断每个零件所处的阶段，分析最终上线所需剩余时间是否低于规定值，是否能够在车辆到达前送达。一旦零部件未按预定时间送达，MES 系统进行预警，同时列出问题零件清单、供应商清单和受影响车辆清单，提请相关区域工作人员及时采取措施。

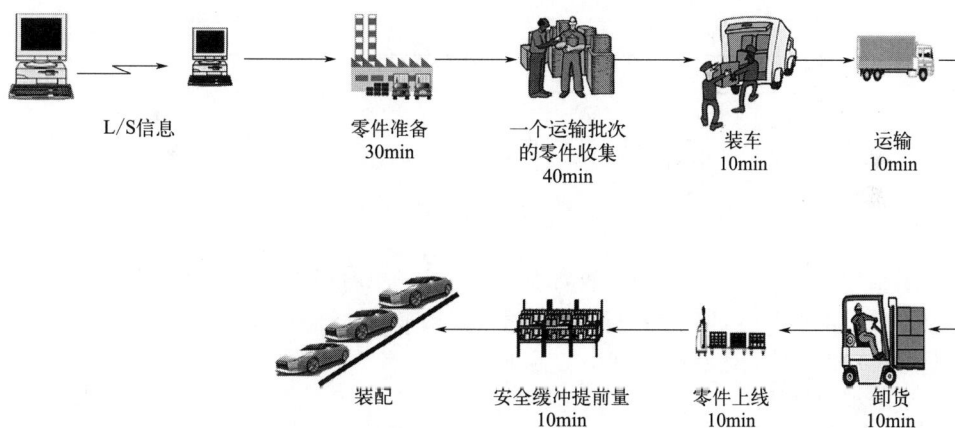

图 5-10　JIS 供货时间组成

总装车间的零部件供应从总装 L/S 点开始。某些零件由于装配工位距离 L/S 较近，而零件的供应时间相对较长，导致以 L/S 点为界点的工程深度不够，无法在规定时间内完成零件的按时供应。为保证足够的工程深度，可在 L/S 点之前的工位进行车辆信息采集和同步指示，使供应商提前进行生产和供应。

5.1.4　同步化工具设计——看板

在精益生产体系中，看板是传递生产信息的重要工具之一，提供生产任务指令、物料供应、质量信息和生产进度等多种信息功能。看板包括电子显示屏、卡片等多种形式。根据应用场景的不同，看板一般分为生产指示看板、领取看板、特殊用途看板。

看板作为一种协调企业内部及外部的生产运作方式，其实质就是通过看板将作业指令发送给各工序、各车间以及供应链厂商。看板的各业务相关部门严格按照看板信息进行生产和供应，实现 JIT 生产。

看板的工作原理是基于拉动式生产，从订单需求出发，根据订单需求信息确定产品生产数量和时间，然后通过后工序生产拉动前工序的生产数量和时间。实际生产时，MPS 计划通常下达至瓶颈工序或最后一道工序。其余各生产单位根据看板信息向上游车间或工序发出需求信息，上游车间或工序根据该需求信息进行生产和供应。看板拉动的流程如图 5-11 所示。

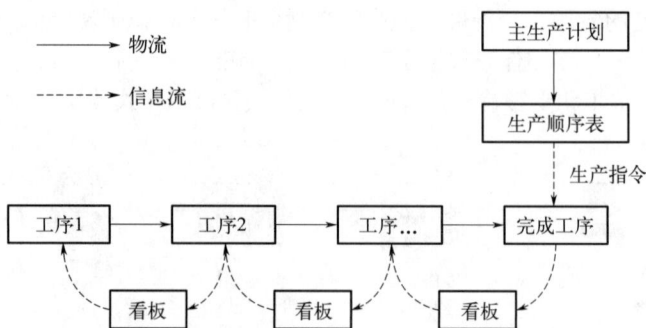

图 5-11　看板拉动生产流程

看板管理主要包括单看板和双看板两种方式。单看板方式适用于工序内看板。双看板方式适用于工序间领取看板（领取看板）和工序内看板，目前实际生产中较多采用双看板方式，其工作原理如图 5-12 所示。

双看板的具体使用步骤如下：

① 部件 B 装配工序摘下领取看板。当看板积累到一定数量后，物料人员将领取看板和空容器放置于搬运车上，运至零件 A 存放区。

② 核对零件 A 存放区的生产看板。核对无误后，有顺序地取下生产看板，放入生产看板箱，并把空容器放至指定位置，最后将零件 A 搬运至装配工序。

③ 从看板箱内收集生产看板，根据看板顺序依次生产。

④ 在零件 A 加工完成后，附上生产看板，放置于零件 A 存放区，便于物料人员随时领取。

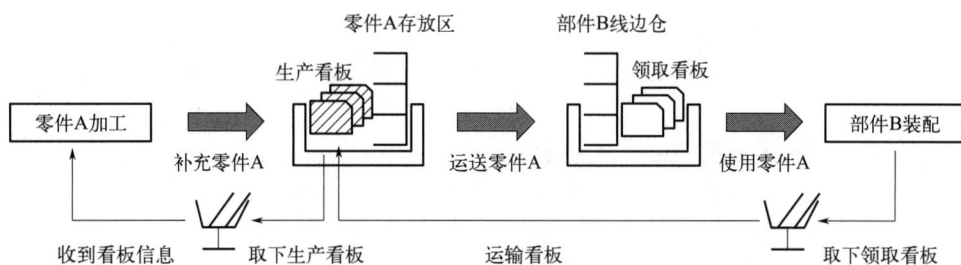

图 5-12　同步化生产的双看板工作原理

在 JIT 生产中，看板的数量与零件的箱数是一致的，即一张看板代表一箱零件。因此，看板数量过多意味着在制品的增加。通过看板数量可以控制在制品库存水平。

5.2　生产平准化的计划模式

5.2.1　平准化生产的计划设计

（1）平准化的应用方法

平准化生产是指在多品种生产条件下，科学地组织和管理生产线上若干品种产品投产顺序的一种最优化方法。平准化生产要求生产平稳、均衡地进行。平准化生产不仅要求实现产量均衡，而且还要保证品种、工时和生产负荷的均衡。平准化生产本质上是均衡生产的一种高级阶段。

平准化生产体现出对产品种类、生产数量与生产时间三者的精益化要求。其中，"平"是指节拍式的均衡化生产，即考虑不同产品的生产节拍、标准作业、设备能力等，合理分配设备产能，实现不同产品间的节拍化生产。"准"是指 JIT，即所生产的产品在需要的时间完成生产或供应，适时适量。

如图 5-13 所示，平准化生产是将一段固定期间里的产品生产任务按种类进行比例平均，形成相同顺序的产品生产组合。平准化生产是一种均衡、稳定、持续的生产供需状态，为高效率生产创造有利条件。

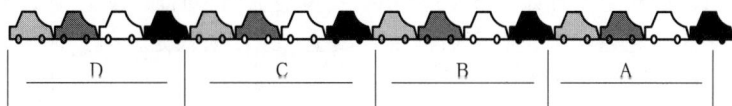

图 5-13　平准化生产示例

以汽车组装生产为例，平准化生产是指在规定的生产时间内，采用如图 5-14 所示的生产方式，根据不同型号的生产任务进行排序，实现需求数量、品种和产能平准化。

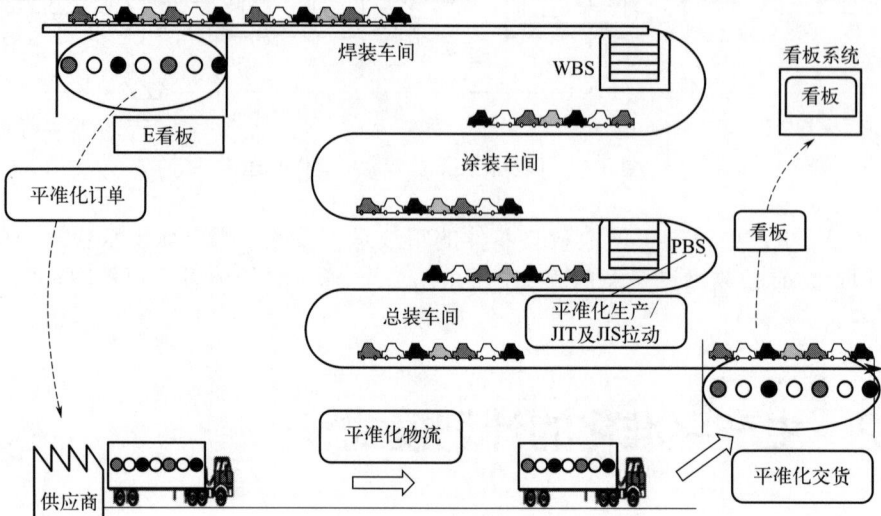

图 5-14　平准化生产模式

通过整车厂和供应商的平准化生产，实现小批量、多频次的快速生产切换。

① 当装配线为多品种混流生产时，各车型结构和工艺相近的，每个装配产品在流水线上是混流生产。

② 当装配线为多品种混流生产时，增加批次，缩小批量，以实现小批量生产，满足不同产品的交期要求。

③ 优化排产原则，扩大排产比例，即最优化的排产顺序。

④ 整车厂平准化生产要求供应商同步供货。例如，零部件的同步交货指示精细到日或小时。

整车厂在生产过程中，根据平准化生产计划和实际进度，同步下达零部件供应订单。零部件需要在规定时间内送达总装车间线边。这种平准化生产思想的应用，能够实现供应商的同步生产和供货，减少零部件出入库所产生的移动成本，提高生产与物流效率。

平准化生产的应用流程如图 5-15 所示，具体包括两个阶段。第一阶段是根据月度主生产计划，通过总量均衡，确定每日生产数量；第二阶段是确定产品投入顺序，再通过看板管理实现拉动生产。

（2）平准化计划

平准化生产的实现需要制定详细和稳定的作业计划。即生产计划排产系统能够平衡销售订单与生产能力，提前制定详细的采购计划、生产计划，并将计划与采购订单及时发送至供应商。同时，生产计划部门需要实时管控现场生产进度和物料供应进度，保证生产线有序完成生产计划目标。以整车厂为例，其平准化生产运作的系统流程如图 5-16 所示。

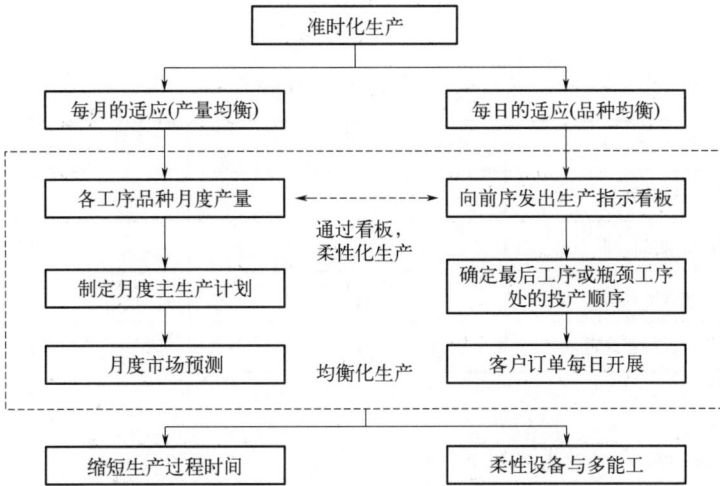

图 5-15　平准化生产的应用流程

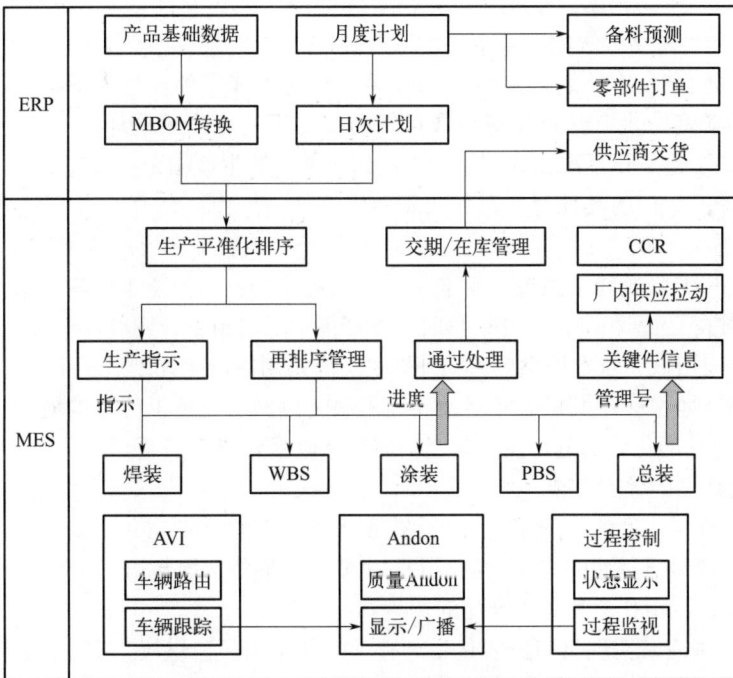

图 5-16　平准化生产运作的系统流程

　　某整车厂的月度计划展开模式见表 5-2。整车厂一般在每个月（M 月）的中下旬制定后续 4 个月的滚动生产计划，确定每月的不同车型、规格、颜色的生产数量。对 $M+1$ 月和 $M+2$ 月而言，月度计划的生产任务被平准化均匀分配到月度内的每一个工作日。根据平准后的车辆生产计划确定零部件的需求供应计划，因此零部件需求计划也是平准的。

表 5-2　月度计划模式

计划项目	$M+1$	$M+2$	$M+3$	$M+4$
车辆台数计划	○	○	○	○
车辆台数确定计划	○	○	—	—
每日车辆台数计划	○	○	—	—
车型、规格、颜色确定	○	—	—	—

　　注：其中，○表示计划中提供该项目；—表示计划中不反映该项目。

　　月度计划制定的一般步骤如下：

　　① 首先根据年度计划完成月度均衡计划的编制，M 月中下旬确定 $M+1$ 月的车辆台数、车型、规格、颜色等数据。

　　② M 月中下旬根据年度生产计划、全国各销售店实际订单和预测订单确定 $M+2$ 月的车辆台数和车型等数据，基本确定每日台数计划。

　　③ 根据生产月度计划与 BOM，ERP 系统自动生成零部件月度采购计划，并发送给零部件供应商。供应商可以提前数月得到整车厂的生产滚动计划，并在 M 月得到 $M+1$ 月和 $M+2$ 月每日平准化计划，便于组织零部件的生产和物流供应。

　　④ 对于整车厂的其他生产车间或本地零部件供应商，在对 $M+1$ 月生产计划转换为周 / 日车序作业计划时，同步进行平准化混流的计划排序，形成平准化车序计划。车序计划经 ERP 系统转化生成日平准化物流供应计划，指示整车厂其他车间和本地供应商按车序进行生产和备货，并根据时序生产指示配送到生产线边。

　　例如，丰田汽车对本地供应商和外地供应商采用平准化计划进行生产与供应指示。整车厂要求外地供应商按月进行零部件的平准化生产与交货，而对本地供应商则按更精细的周 / 日平准化计划进行生产与交货，具体流程如图 5-17 所示。

　　平准化计划的优点在于：

　　① 零部件供应商的生产和交货不会出现大幅度波动。

　　② 月度内每日零件的物流货量不会发生变化，取货物流也可以平准化。

　　③ 整车厂物流作业也是平准化的。

　　④ 整体供应链实现具有流线化生产特征的同步生产与供应，实现生产物流的 JIT/JIS 拉动模式和供应链整体库存的最小化。

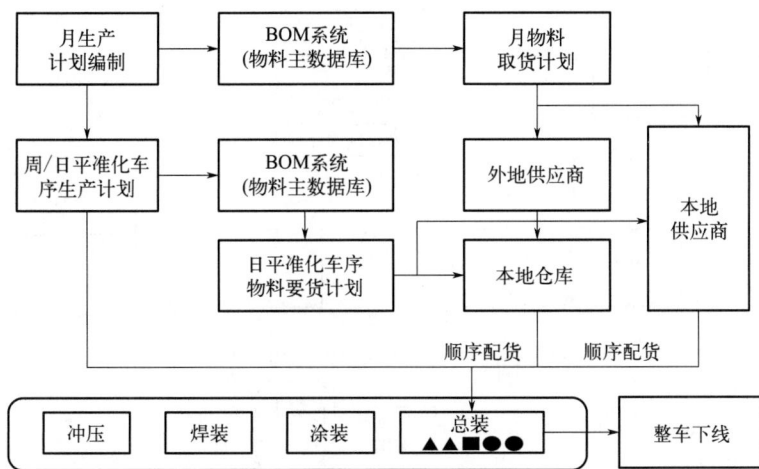

图 5-17　丰田平准化生产计划流程

5.2.2　平准化计划系统的设计

平准化生产追求短的交车前置时间，及时响应客户需求。生产部门需要根据销售预测，制定年度/季度的生产计划、滚动生产计划、当月和周（或旬）的固定生产计划以及每日微调计划。采用平准化生产计划实现对物流的计划拉动。对于多种少量生产，平准化一般采取小批量的平准化计划，即计划的生产批量小，计划的生产批次多。

ERP 系统和 MES 系统遵循"严守前工程对后工程 JIT 交付"原则，以产品下线为起点，根据提前期倒排确定各前置工序的生产计划，以此实现工厂各生产车间的同步平准化生产。

以汽车生产为例，以总装车间下线为起点，反向拉动计算涂装、焊装的生产计划，以此实现焊装、涂装和总装车间的同步生产，以及零部件供应商的同步生产与供应。在生产过程中，MES 系统将车辆下线信息传送至整车发运系统。以平准化生产计划为前提，丰田汽车平准化生产的物与信息流流程如图 5-18 所示。

在生产计划、均衡排产与看板拉动等应用实践过程中，丰田汽车采用计算机辅助计划系统进行平准化生产计划的制定，而由装配线控制（Assembly Line Control，ALC）系统负责实现平准化计划在零件加工、物料准备和供应、装配等工艺环节的计划下达、调整和控制。

ALC 系统是基于 MES 系统的一种平准化生产管控系统。ALC 系统功能设计主要包括生产顺序调整、生产实绩管理、生产指示等功能，其系统工作原理如图 5-19 所示。

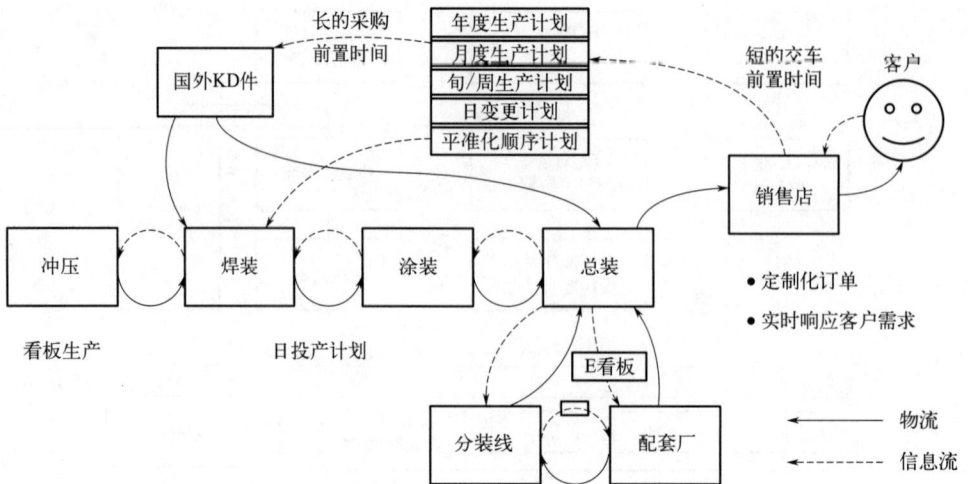

图 5-18　汽车平准化生产的物与信息流流程

图 5-19　ALC 系统原理图

ALC 系统的网络结构如图 5-20 所示。ALC 系统采用自律分散型网络控制结构。位于中央控制室的 ALC 系统对整个工厂进行车间级的集中管理，协调控制焊装、涂装与总装等车间级的生产控制子系统（即车间级 MES 系统）。而各车间的生产控制子系统负责控制各车间工序级的设备控制群。在焊装车间、涂装车间、涂装存储线和装配检验工序，全部由车间级 MES 系统控制各工序的自动化设备群，如制卡机、读卡机、打印机、指示灯牌、机械手、机器人等。

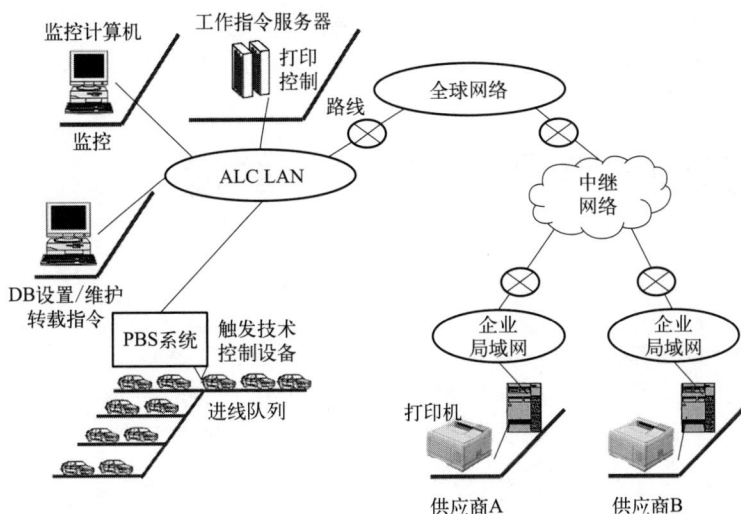

图 5-20　ALC 系统网络结构

　　焊装、涂装和总装等车间 MES 系统一般以日为单位，接收中央控制室发布的汽车装配顺序计划等信息。各车间 MES 系统以日为单位，同步向车间内部工序生产控制单元传送生产计划数据。各工序的生产控制单元接收到生产数据后，根据车间生产进度，内部自动对工序进行控制。ALC 系统同步实时接收各工序的生产实绩。ALC 系统的控制范围如图 5-21 所示。

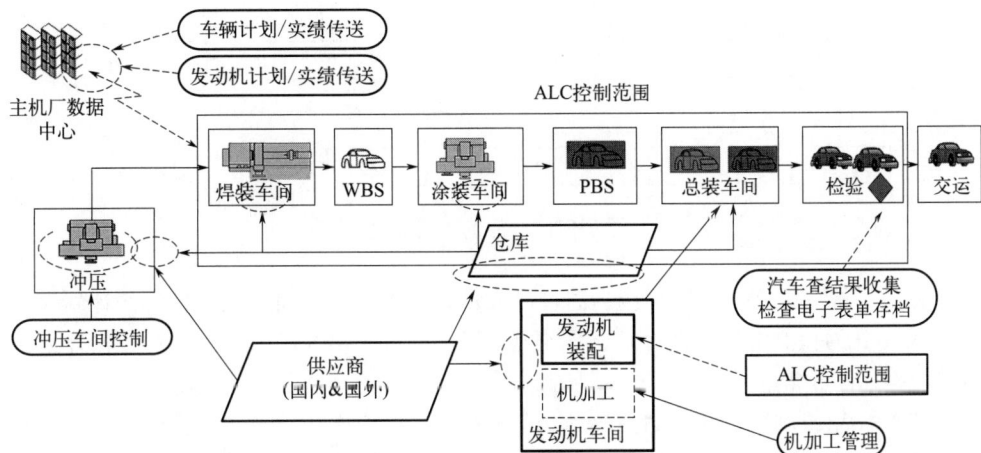

图 5-21　ALC 系统生产控制范围

在整车厂生产过程中，在被组装车辆或其运输台车上包含车辆的唯一性 ID 标签。当车辆经过车身扫描点时，ALC 系统根据 ID 标签判断当前生产进度，进行生产指示的下达。同时，通过车间级 MES 系统和电子看板，同步进行生产与物流的拉动，实现整车厂各车间、各分装线的平准化同步生产，以及厂内物流与厂外物流的平准化作业。

5.3 案例：平准化生产计划的设计

5.3.1 生产计划现状分析

（1）生产计划现状

某电动工具集团下属工厂以生产电动工具的附件刀具为主。该工厂的生产属于面向订单的多品种、小批量、短交期的离散制造。产品的生产工艺流程主要包括冲压、焊接、喷砂、抛光、喷漆、磨削、包装等工序，产品工艺流程具体如图 5-22 所示。

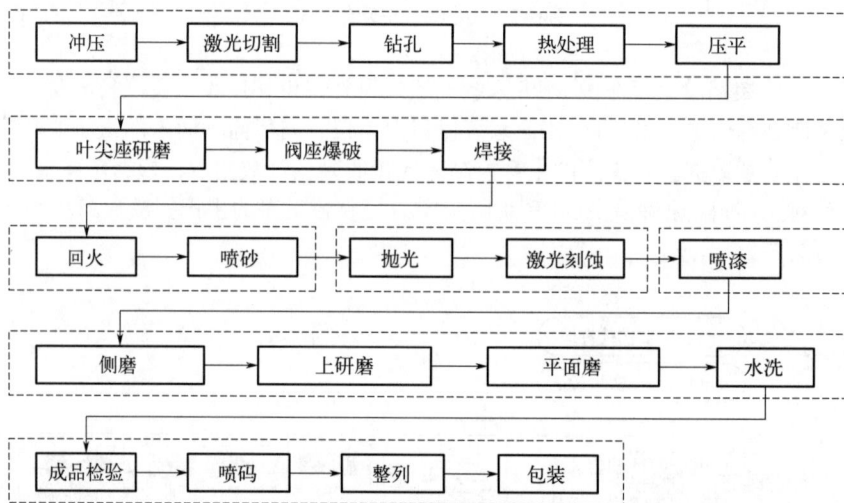

图 5-22　产品的工艺流程

在工厂成立之初，为了适应当时产品大批量、少品种的需求状况，生产计划模式是以 MRPII 为核心的推动式计划管理模式。ERP 系统采用 SAP 软件。工厂生产计划的具体流程如图 5-23 所示。

生产计划由制定层和执行层两部分构成。其中，制定层又分为战略层和战术层。生产计划由综合生产计划、主生产计划（MPS）和车间作业计划组成，具体如图 5-24 所示。

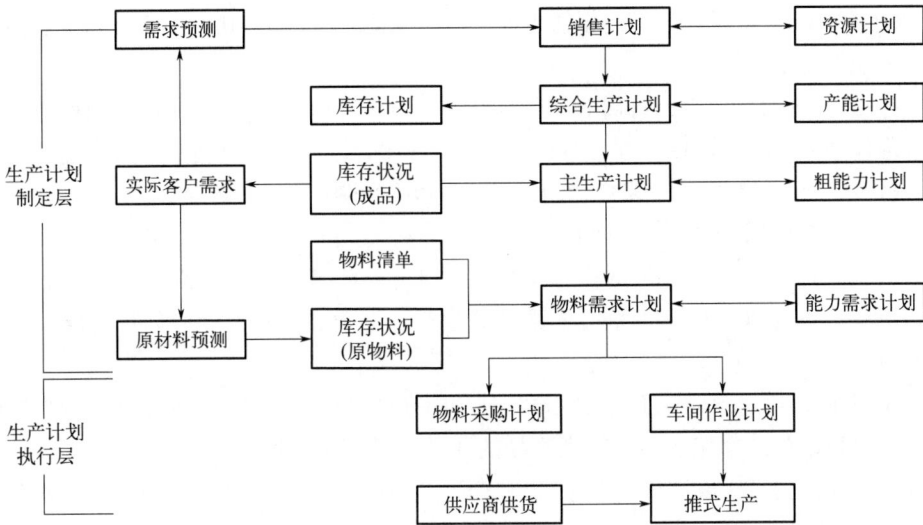

图 5-23　原有生产计划模式体系

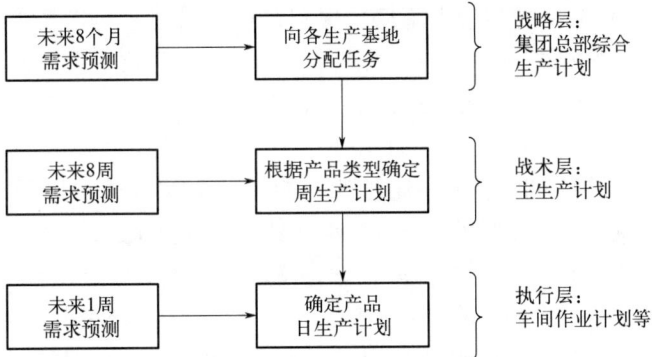

图 5-24　工厂生产计划制定层

集团总部将综合生产计划分配于工厂。工厂根据产品类型、交货时间等因素确定 MPS 计划和 MRP 计划，并根据工厂的实际生产能力和库存状况制定每日的生产计划。

① 集团总部根据上月销售数据、月末库存以及历史销售数据，预测今后 8 个月的月销售数量。每月召开产供销会议，根据集团的经营计划以及销售预测，制定今后 8 个月的供应计划，并下达给工厂。

② 工厂根据今后 8 个月的供应计划制定 MPS 计划。各业务部门根据 MPS 计划制定相应的设备能力计划、物料采购计划、用工计划等。

③ 每周初，工厂计划部门根据当前实际需求更新今后 8 周的 MRP 计划，并通过能力需求验证计划可行。

④ 根据今后 8 周内的每周 MRP 计划，生产部门制定各生产车间的车间作业计划和采购计划等。车间作业计划具体包括生产订单顺序、生产进度控制、人员安排等信息。物料计划人员制定相应采购计划，供应商根据采购订单准时发货。

（2）生产计划存在的主要问题

对工厂而言，生产计划的执行是由生产计划、销售、物流、采购、生产等部门共同完成。作为以 MRPII 为核心的推动式生产计划模式，在生产计划执行层存在以下问题：

① 车间作业计划柔性不高。生产计划部门在制定车间作业计划时，为了减少换模次数，提高设备效率和产能，放大产品的计划批量。这样不仅延长了产品生产周期，而且容易导致生产线出现待料、停线的情况。当多品种、小批量订单较多时，甚至会出现交期延误的问题。

② 车间作业计划执行力不强。生产车间的计划排序和生产执行不严谨。生产人员一般都是先生产工艺简单的产品。例如，对于不同规格的产品，其焊接难易程度不一样。当两种产品冲压完毕后，焊接早班人员会先生产加工难度简单的一种规格产品，而由中班人员生产另一规格产品。不仅导致早中两班人员矛盾和半成品积压，更重要的是不能按照规定时间将产品交付下一道工序，影响最终的产品交货时间。

③ 车间作业反馈信息不及时。计划部门与生产部门主要通过电话和邮件沟通，生产信息反馈不及时。例如，当其中一种规格产品出现质量问题时，生产部第一时间会将问题交由工程人员解决。如果工程人员无法解决，则会暂停该产品规格的生产，转而通过换模进行另外一个规格的产品生产。而计划部门却无法在第一时间了解生产信息，导致不能及时调整生产计划，影响生产计划执行效果。

④ 面对紧急插单，反应迟缓。在出现紧急插单时，计划部门经常出现无法做好重新排产的准备工作，再加之车间计划员缺乏较强的分析判断和现场协调能力，经常出现对单个订单调整后，影响其他订单的正常交货。

5.3.2 价值流分析

为了更好地理解工厂生产过程中的物流和信息流，采用 VSM 工具发现其中的增值和非增值活动。在绘制价值流图之前，首先通过 PQ 分析法确定工艺流程相同或相似的产品族。由于产品 Y 是公司生产量最大也是急需改善的产品，选择产品 Y 作为价值流分析的对象，绘制如图 5-25 所示的现状价值流图。

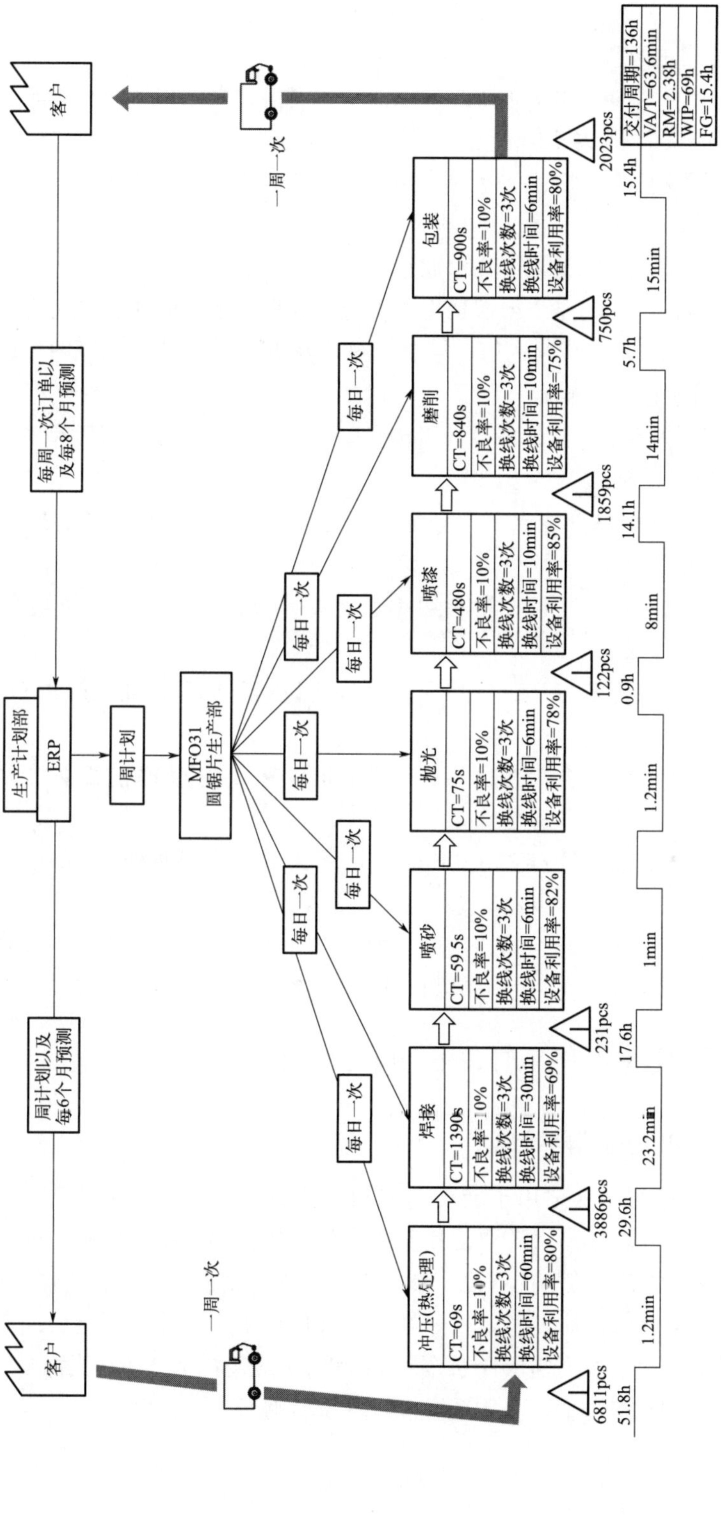

图 5-25　现状价值流分析

对现状价值流简要分析说明如下：

① 计算得到生产节拍为 27.4s。

② 生产一个产品的增值时间为 63.6min。生产模式为推式生产，造成非常大的在制品库存。产品整个 LT 为 136h。

③ 焊接工序前的在制品库存合计 3886pcs，约占整条生产线（除去原材料和成品库存）在制品的一半。

④ 原材料库存高，采购周期为每周一次。

绘制价值流图的目的是突出浪费之源，通过分析一个短期内可实现的未来状态价值流图来进行优化。根据优化内容，绘制如图 5-26 所示的未来价值流图。这里对未来价值流图简要分析说明如下：

① 将焊接设为定拍工序，并设计周转库存区（超市）。焊接工序后都采用先进先出（FIFO）原则组织生产。

② 在原材料和成品处设定一定安全库存与缓冲库存，原材料通过外协看板进行采购。

③ 焊接作为瓶颈工序且设备利用率低。设计快速换模方案，将换模时间降低 50%。

④ 包装工序采用 IE 方法进行作业流程优化设计，标准作业工时由 900s 降低到 800s。

⑤ 生产一个产品的增值时间为 61.9min，整个生产提前期为 1541min（约 25.7h），比原来（136h）下降 80%。

⑥ 焊接工序的周转库存为 1800pcs，比原来的在制品库存（3886pcs）下降约 55%。

通过对工厂整体价值流分析，反映需要重点对现有 MRPII 生产计划模式进行设计优化，在计划执行层导入 JIT 生产，以有效降低库存，提高资源利用率。

5.3.3 平准化生产的 MRPII/JIT 计划模式

5.3.3.1 MRPII/JIT 混合计划

MRPII 生产计划模式适用于宏观调控和长期规划。由于计划与控制分离，对生产作业层控制相对薄弱。而 JIT 更适用于生产计划执行的实物流控制，可以有效弥补 MRP 缺乏生产计划实施监控的不足。结合上节对工厂在生产计划执行层暴露的问题，采用 MRPII/JIT 混合生产计划模式，即将 MRPII 应用于生产计划制定层，负责制定产能计划、主生产计划、能力需求计划等；同时将 JIT 应用在生产计划执行层，负责物料采购、生产与物料供应作业。其体系框架如图 5-27 所示。

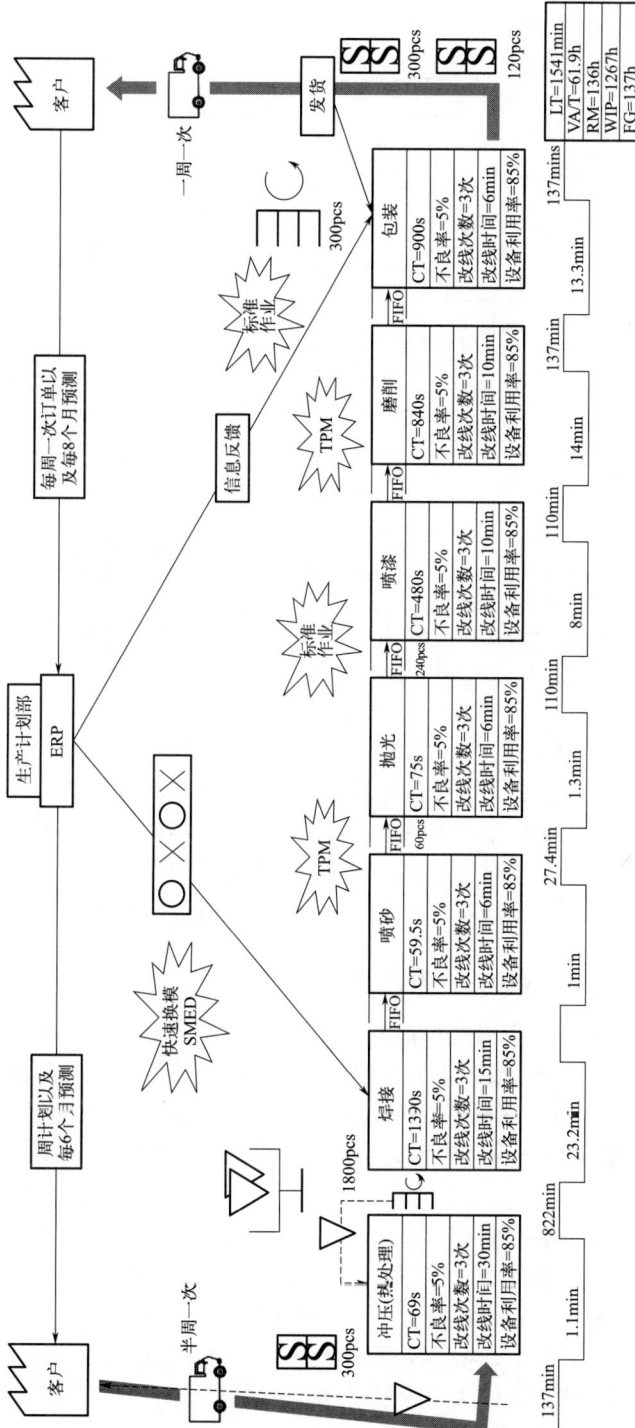

图 5-26　未来价值流分析

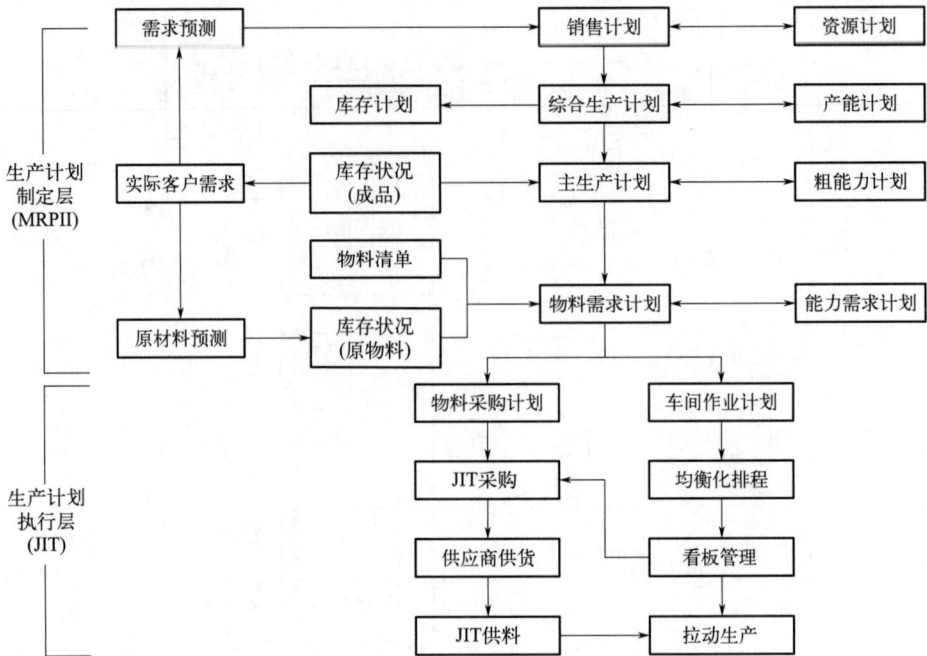

图 5-27　MRPII/JIT 混合计划模式

由图 5-27 可知，该模式与工厂原生产计划模式存在的差异如下：

① 每日生产计划是根据车间作业计划按照均衡化原则制定的。

② 生产过程通过看板的生产控制系统拉动原材料供应和工序生产。

③ 当原材料低于订货点时，通过外协看板通知供应商发货。

④ 供应商根据看板指定数量准时发送至仓库，实行 JIT 供应。

5.3.3.2　MRPII/JIT 混合计划的重点

MRPII/JIT 混合生产计划模式在最大程度满足订单需求的同时，降低原物料库存和提高订单交付率。由于 MRPII 在制定生产计划时是通过系统自动计算处理实现，其输出结果是确定的，而实际生产充满不确定性。因此，JIT 在生产计划执行阶段对物料采购和车间作业的控制是决定生产计划成败的关键，也是设计和实现 MRPII/JIT 混合生产计划模式的关键。

（1）JIT 对物料采购控制的设计

物料采购控制的主要手段是 JIT 采购，具体流程如图 5-28 所示。

① 当外协看板收集到指定订货点后，采购部门向供应商发送生产需求信息。

② 在确定日生产计划后，根据实际生产情况，向供应商及时通知生产顺序。

③ 供应商根据采购部门的生产计划顺序将原物料排序，并按顺序装车。

④ 供应商根据计划部门指定的时间按顺序交货。

⑤ 物流部门按顺序卸货、暂存，并通过看板系统进行生产供应。

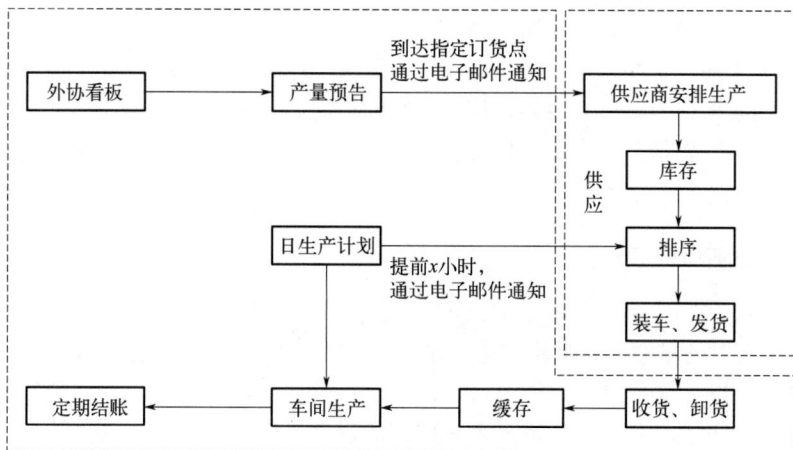

图 5-28　JIT 物料采购流程

从上述 JIT 采购步骤可知，第一步中采购批量和订货点的确定将直接影响供应商的准时供货、库存成本和采购的采购成本、缺货成本等。

（2）JIT 对车间作业控制的设计

车间作业控制的主要手段是 JIT 生产，其具体流程如图 5-29 所示。

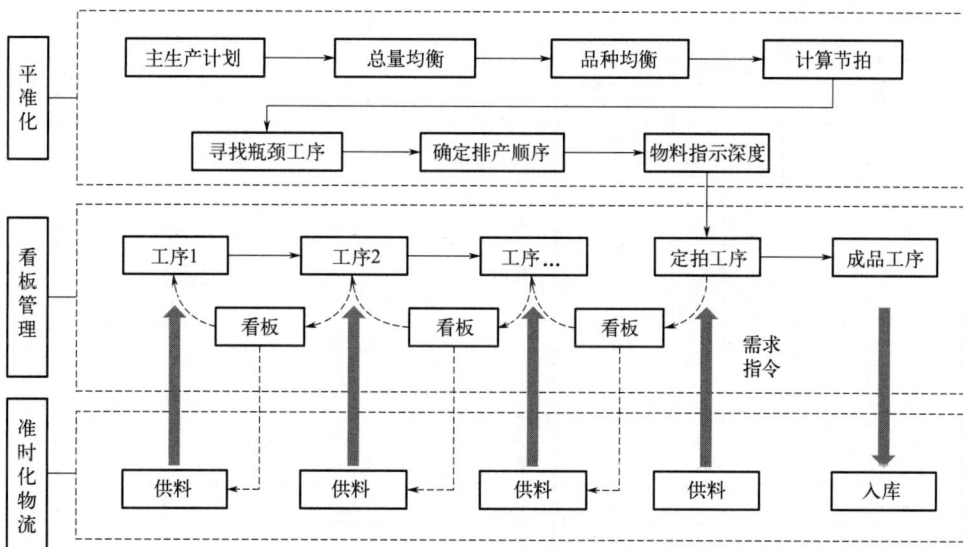

图 5-29　JIT 车间计划与生产流程

① 对 MRPII 生成的 MPS 计划进行总量和品种的均衡化。
② 计算生产节拍，保证各工序按照统一节拍进行生产。
③ 分析确定瓶颈工序，采用启发式等数学优化算法，确定投产顺序。
④ 将生产顺序表发送至瓶颈工序（定拍工序）。
⑤ 瓶颈工序前工序采用看板拉动生产，瓶颈工序后工序采用 FIFO 方式生产。
⑥ 根据看板的指示或其他需求信息进行物料的同步供应。

由于工厂产品具有一定的特殊性，均衡化和看板管理流程的设计是实施 JIT 生产的关键。

5.3.3.3 均衡排产示例

为了解决工厂订单交付率低的问题，采用 JIT 进行均衡化排产。首先要求计划部门进行定量定时的排产。定量定时排产是在 MPS 计划内，按照产品生产数量进行必要的产品分类，以总量和总类均衡为目的，规定每类产品的生产时间和生产数量。这里以实际产品生产状况为例，对定量定时排产的过程进行详细分析。某月的生产需求情况如表 5-3 所示。

表 5-3 产品产量与生产频次分类

产品号	日需求量 /pcs	生产间隔天数	类别	产品号	日需求量 /pcs	生产间隔天数	类别
2.608.689.535	404	1	A	2.608.670.311	42	6	B
2.608.650.308	275	1	A	2.608.674.383	42	6	B
2.608.689.545	188	1	A	2.608.689.555	42	6	B
2.608.689.548	146	1	A	2.608.689.551	38	6	B
2.608.689.085	130	1	A	2.608.674.393	31	6	B
2.608.650.309	125	1	A	2.608.689.002	30	6	B
2.608.689.536	113	1	A	2.608.670.357	25	6	B
2.608.689.039	92	1	A	2.608.689.010	25	6	B
2.608.689.848	83	1	A	2.608.689.556	25	6	B
2.608.689.501	75	1	A	2.608.689.807	25	6	B
2.608.689.549	75	1	A	2.608.670.305	21	6	B
2.608.689.822	60	6	B	2.608.674.374	21	6	B
2.608.689.554	58	6	B	2.608.674.387	21	6	B
2.608.689.558	58	6	B	2.608.689.071	21	6	B
2.608.689.816	58	6	B	2.608.689.079	21	6	B
2.608.689.557	50	6	B	2.608.689.091	19	6	B
2.608.689.026	43	6	B	2.608.689.082	18	6	B

续表

产品号	日需求量/pcs	生产间隔天数	类别	产品号	日需求量/pcs	生产间隔天数	类别
2.608.674.363	17	6	B	2.608.689.078	8	24	C
2.608.689.050	17	6	B	2.608.674.366	7	24	C
2.608.689.036	16	6	B	2.608.689.195	7	24	C
2.608.689.072	14	6	B	2.608.689.083	6	24	C
2.608.689.087	13	6	B	2.608.689.099	5	24	C
2.608.689.074	12	6	B	2.608.689.080	4	24	C
2.608.689.025	11	24	C	2.608.689.094	4	24	C
2.608.689.092	11	24	C	2.608.689.105	4	24	C
2.608.674.336	8	24	C	2.608.689.201	4	24	C
2.608.689.003	8	24	C	2.608.689.080	4	24	C
2.608.689.009	8	24	C				

　　由表 5-3 可知，该月产品共生产 64664pcs，合计 55 种型号，每日平均生产 2695pcs（每月 24 个工作日）。工厂传统的生产计划策略是减少换线次数，保证设备运行效率最高。因此制定的生产计划如表 5-4 所示。

表 5-4　工厂传统生产计划示例　　　　单位：pcs

产品号	1	2	3	4	5	6	7	8	9	10	11	12
2.608.689.535	2423	2423	2423	2421								
2.608.650.308							2200	2200	2200			
2.608.689.545					2250	2250						
2.608.689.548												
2.608.689.085												
2.608.650.309												
2.608.689.536												
2.608.689.039										2200		
2.608.689.848												
2.608.689.501											1800	
2.608.689.549												1800
2.608.689.071												500
2.608.689.079											500	
2.608.674.363												400
2.608.689.050											400	

续表

产品号	1	2	3	4	5	6	7	8	9	10	11	12
2.608.689.036									190	190		
2.608.689.072										328		
2.608.689.087									300			
2.608.689.093								300				
2.608.689.074							296					
2.608.689.025						270						
2.608.689.092					270							
2.608.674.336								200				
2.608.689.003							200					
2.608.689.009						200						
2.608.689.078					200							
2.608.674.366	160											
2.608.689.195		160										
2.608.689.083			140									
2.608.689.099				120								
2.608.689.080				100								
2.608.689.094			100									
2.608.689.105		100										
2.608.689.201	100											
总计	2683	2683	2663	2641	2720	2720	2696	2700	2690	2718	2700	2700

注：截取前 12 个工作日数据。

由表 5-4 可知，每天的产品种类和产量并不是均衡生产的，且换线次数均为 3 次。同类规格的产品均采用批量生产，一般都是集中在 2~4 天内完成。这种计划必然会导致生产现场出现库存堆积与物流不畅。当出现临时更改订单的情况时，生产线无法对订单变更做出及时响应，而已批量生产的产品只能堆放在仓库，占用流动资金的同时影响产品质量。

将该月 55 种产品根据订单需求数量进行 ABC 分类。A 类产品为生产频率比较高、需求量大的，产量占比 80% 左右，可以安排每天生产。B 类产品需求量相对较少，产量占比约为 15%，可以安排每周生产一次。C 类产品需求量最少，产量占比约 5%，可以安排每月生产一次。产品 ABC 分类完成后，将这 55 种产品根据生产频率设定换线次数，A 类为 1 日一次，B 类为 6 日一次，C 类为 24 日一次。

采用定量定时排产。排产结果如表 5-5 所示。以 A 类产品 2.608.689.535 为例，其生产间隔为 1 天，即每天生产量都为 404pcs。

表 5-5　定时定量原则的生产计划示例　　　　单位：pcs

成品号	1	2	3	4	5	6	7	8	9	10	11	12
2.608.689.535	404	404	404	404	404	404	404	404	404	404	404	404
2.608.650.308	275	275	275	275	275	275	275	275	275	275	275	275
2.608.689.545	188	188	188	188	188	188	188	188	188	188	188	188
2.608.689.548	146	146	146	146	146	146	146	146	146	146	146	146
2.608.689.085	130	130	130	130	130	130	130	130	130	130	130	130
2.608.650.309	125	125	125	125	125	125	125	125	125	125	125	125
2.608.689.536	113	113	113	113	113	113	113	113	113	113	113	113
2.608.689.039	92	92	92	92	92	92	92	92	92	92	92	92
2.608.689.848	83	83	83	83	83	83	83	83	83	83	83	83
2.608.689.501	75	75	75	75	75	75	75	75	75	75	75	75
2.608.689.549	75	75	75	75	75	75	75	75	75	75	75	75
2.608.689.822	360						360					
2.608.689.554		350						350				
2.608.689.558			350						350			
2.608.689.816				350						350		
2.608.689.557					300						300	
2.608.689.026		255						255				
2.608.670.311	250						250					
2.608.674.383					250						250	
2.608.689.555				250					250			
2.608.689.551			225						225			
2.608.674.393		188						188				
2.608.689.002	180						180					
2.608.670.357				150						150		
2.608.689.010				150						150		
2.608.689.556			150						150			
2.608.689.807			150						150			

续表

成品号	1	2	3	4	5	6	7	8	9	10	11	12
2.608.670.305	125						125					
2.608.674.374		125						125				
2.608.674.387					125						125	
2.608.689.071						125						125
2.608.689.079						125						125
2.608.689.091			115						115			
2.608.689.082					110						110	
2.608.674.363					100						100	
2.608.689.050					100						100	
2.608.689.036				86						86		
2.608.689.072						82						82
2.608.689.087						75						75
总计	2695	2699	2696	2692	2691	2693	2695	2699	2696	2692	2691	2713

注：截取前12个工作日数据。

由表5-5可知，定量定时排产后的生产计划每天生产的数量都是小批量且均衡的。根据产品的生产频次不同，实际情况以日为单位、以周为单位或者以月为单位进行生产。这样多品种、小批量的均衡生产，不但有效减少了库存数量，而且具有柔性和多变性，能够避免因物料供应不及时带来的一些问题。所以，当客户需求出现变化的时候，可以在一定范围内对产品的生产进行调整，既减少浪费，又可以满足客户的准时供货要求。

需要强调的是，多品种、小批量生产下的平准化计划会增加生产切换次数，工厂需要重点对生产工艺、工装治具、生产切换作业流程等方面进行设计与优化，从而保证生产快速切换的实现。

5.3.3.4　生产计划排产仿真分析

根据工厂价值流分析和TOC理论，将生产线的瓶颈工序——焊接设置为定拍工序。在对生产计划进行定量定时排产后，每日生产计划在定拍工序——焊接的投产顺序决定产品的出产时间。由于产品加工属于批量加工，每个批量为60pcs。焊接工序主要包括开齿、喷钢丸、强度检测和焊接四个制程。不同产品的CT时间存在差异，必然会出现等待时间的浪费。由于开齿机、喷砂机、强度检测机均只有一台，而焊机数量较多，因此仅从开齿、喷钢丸、强度检测三个制程对每日生产计划通过仿真进行排产优化，以缩短生产时间。

针对产品焊接工序投产顺序最优化问题，分析不同规格的产品在开齿、喷钢丸、强度检测等三个制程的排序问题。根据工厂焊接工序的实际情况，基于符合实际以及简单方便原则开发排产算法，运用 FlexSim 软件对投产顺序进行仿真评价与优化，如图 5-30 所示。

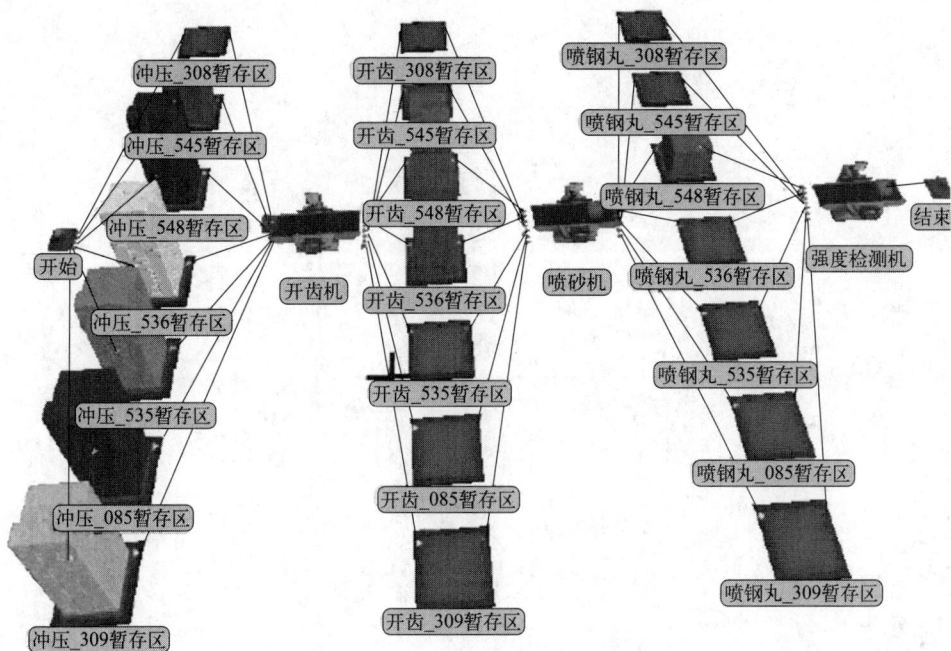

图 5-30　JIT 排产的过程建模

第6章

流线化生产模式设计

数字赋能
智能制造核心技术 丛书
DIGITAL EMPOWERMENT

6.1　多种少量的主要生产方式

6.1.1　混流生产

在用户个性化需求、生产技术的进步和市场竞争激烈的背景下，传统大规模生产的规模效益与个性化定制生产需求无法有效匹配。面对产品种类的变化，传统的大批量生产线主要采用增加专用功能型生产设备、快速换模装置等方式来予以应对。上述方法在一定程度上提高了产品生产的灵活性，但需要频繁调整工装，生产工艺和产品质量的稳定性差，进而影响生产效率和交期。因此，传统的大批量生产系统不能满足多种少量生产需求，生产系统的柔性对定制化生产越来越重要。生产系统的可适应性和竞争能力在很大程度上取决于生产系统随产品变化的快速切换和生产能力，这种能力即生产柔性的能力。

以汽车生产为例，为了保证生产效率和产能，汽车整车厂普遍以大批量、批次化、节拍化的快速流水线生产为主。随着产品订单的不确定性和多样性增加，这种方式容易出现以下问题：

① 不同订单存在车型、配置、颜色等个性化需求差异，产品 BOM 和制造 BOM 的种类和版次繁多。BOM 的多样性增加设计、采购、制造等业务环节的复杂性。

② 由于供应链的不稳定性和要保证准时交付，整车厂和零部件供应商需要大量的原材料和零部件库存，以满足不同规格产品的生产需求。

③ 不同车型的生产节拍差异导致流水线生产的节拍波动性大。当生产批量过大时，极易在不同工序间产生大量的在制品库存。同时生产流动变慢，无法保证节拍化的同步生产，影响生产效率和订单交期。

为了克服上述问题，整车厂一般采用接单式混流生产模式。混流生产是实现大批量定制生产的一种有效生产组织方式，目前在加工和装配型产品生产中得到推广应用。根据精益生产的思想，混流生产一般被归纳为平准化的多品种、小批量共线生产。实现混流生产的核心要素是均衡化生产和准时制生产，即根据订单交期与生产线能力，按照一定的生产计划排程逻辑，确定生产线上不同品种、资源要素的投入顺序，实现对需求订单的快速响应。

① 单件产品均衡变化有序，对零件供应影响极小。

② 保证不同时间段的产品数量精确。

③ 除销售环节外，制造系统没有成品库。

④ 稳定、节拍化的零件供应。

⑤ 分装线的人员需求稳定，原材料和零件库存低。

针对订单多样性导致混流装配线生产切换频繁这一问题，整车厂一般通过平准化生产和快速切换来加以应对。整车厂各个生产车间和配套供应商根据每日的生产装配计划和订单配置清单、工位的场地大小、供货的时间间隔，制定均衡且准确的生产和配送计划。并根据生产进度、库存周转等管理指标进行综合决策和计划调度，对各种生产资源要素进行合理配置，实现快速交付。

以图 6-1 所示的整车厂总装车间的混流生产为例，整车厂按有限能力节拍编制装配生产线的日上线计划，零部件供应商根据整车厂日上线计划进行 JIT 供货，提前一小时或数小时将零部件送至整车厂仓库或装配线边工位，以较少的库存实现零库存生产。

| 70s×3 | 90s×3 | 80s×3 | | 70s+80s+90s | 70s+80s+90s | 70s+80s+90s |

无平准化TT=90s   平准化TT=80s

图 6-1 多品种混合装配的优势

以机械制造行业为例，混流生产由产品装配线、部件装配线、零件加工线等多级生产线并行开展。为了减少在制品数量，提高响应速度，不同生产线间基于拉动原则进行生产，即前工序生产由后工序生产来进行拉动。考虑到不同生产线间的节拍差异，生产线间设置一定的缓冲区域，保证相邻工序或生产线的紧密衔接。为了保证生产的协调和节拍的一致性，合理设定各生产线的生产顺序和物料供应策略。

以整车厂总装车间为例，总装线一般由门线、内饰线、底盘线、总成线和检验线等分段流水线组成。各段以缓冲作为开始，生产线包括该段所对应的工序和工位。缓冲和生产线分段为订单装配的顺序调整提供了可能。通过顺序调整可以实现生产线的均衡和订单优先。丰田汽车一般是将总装线设计成 5~10 个部分，每部分大约包括 20 个装配工序，中间设有一定部件缓冲区。为了避免生产不均衡或生产异常导致的停线，通过增加中间在制品缓冲来应对异常波动，提高总装生产线的柔性。

6.1.2 单元式生产

单元式生产根据生产工艺流程对工序进行降维，按照"一个流"原则进行工序设置，构成一个完整的生产单元，生产任务在单元内完成。单元式生产可以形象地理解为：把一条很高生产能力的生产线分解为若干条较低生产能力的小型生产线。单元式生产非常适合多品种、小批量产品的生产。

当订单需求变化时，可以通过增加或停止一条或几条小生产线，实现对产能的对应调整。此外，为了提高生产的灵活性，单元式生产主要以人机协作模式为主。根据人机协作方式的不同，单元式生产分为屋台式生产、逐兔式生产和分割式生产等类型。

（1）屋台式生产

根据工艺复杂度，将产品生产过程划分为一个或多个生产单元，每个单元完成一定的工序作业内容。屋台式生产通常由一名生产人员负责一个生产单元。生产人员按照工艺顺序，从头到尾负责该单元的产品生产工序，并且每次只生产一个产品。

屋台式生产布局一般采用如图 6-2 所示的 U 型布局，开始工序和结束工序处于同侧。生产人员在完成上一产品最后一道工序后，立刻开始下一产品的第一道工序。屋台式生产的理论平衡率为 100%，但对设备的人机操作和工艺的自动化程度要求较高，人员需要多能工化。

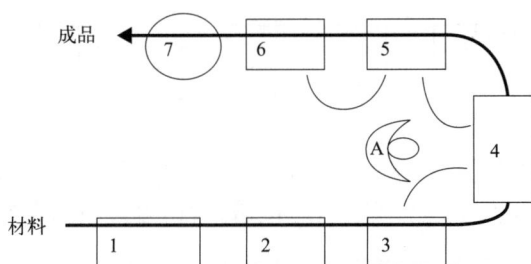

图 6-2　屋台式生产布置方式

（2）逐兔式生产

逐兔式生产是指一人完结 + 互相追赶，生产人员仍然采用一人完结式作业方法，其生产布置如图 6-3 所示。与屋台式生产不同的是，逐兔式生产属于一种多人协作生产方式。生产人员间并不进行准确、固定的工序分割，而是采用一人完毕的方式进行"你追我赶"，类似于"龟兔赛跑"，因此称为逐兔式。逐兔式生产对生产人员的协作程度要求高，否则容易出现作业快慢差异，进而影响生产线平衡。

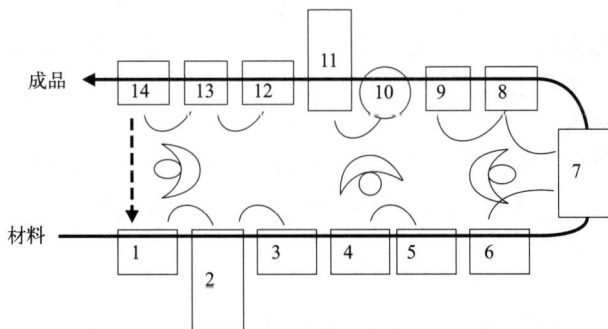

图 6-3　逐兔式生产布置方式

（3）分割式生产

如图 6-4 所示，分割式生产首先根据生产人员的技能水平，尽可能地合并和重组生产作业内容，多人协同负责一条生产线。由于需要对生产内容进行明确的人员分工，故被称为分割式。分割式生产的设备投资少，对人员技能要求低。但生产线平衡与工序分割具有很强的关联性。

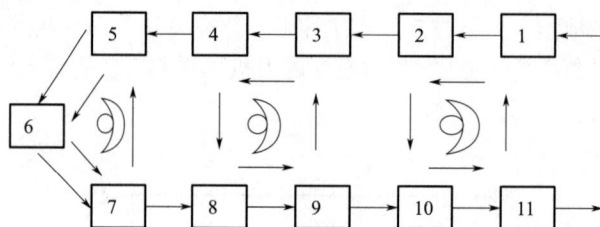

图 6-4　分割式生产布置方式

上述三种单元式生产方式存在各自的优缺点。在实际生产模式设计时，需要结合实际生产现场的工艺设备状况、生产线平衡等要求，确定生产流水线的具体布置方式。

6.1.3　柔性制造系统

FMS 是传统大批量生产系统应对个性化和定制化产品的一种重要途径。作为智能工厂建设的新方向之一，FMS 是一种适用于多种少量和混流生产的高效自动化生产系统，具有高度柔性和自动化的生产能力，能够适应产品快速变化的要求。

6.1.3.1　FMS 系统组成

就物理实体而言，FMS 是在成组技术基础上，针对相似产品族，以机器人、自动加工中心、自动装配、自动检测等自动化功能为主的生产设备或生产单元为核心，通过自动化物流系统进行连接，由主控计算机和相关软件进行集中监控和调度管理。FMS 由单元化制造系统、物流系统、计算机控制系统三个子系统组成，在加工自动化的基础上实现物料流和信息流的自动化。FMS 系统的主要组成如图 6-5 所示。

（1）单元化制造系统

单元化制造系统具体采用的设备由生产对象的类别决定。例如，加工系统的功能是以任意顺序自动加工各种工件，并能自动地更换工件和刀具。其通常由若干台零件加工的 CNC 机床所构成。

（2）物流系统

物流系统实现工件的输送和存储功能。物流系统用以实现工件、工装夹具、刀量具等的自动供给和装卸，以及完成工序间的自动传送、调运和存储工作。物流系统的设备具体包括传送线、AGV、各类工业机器人、货架和立体仓库等。

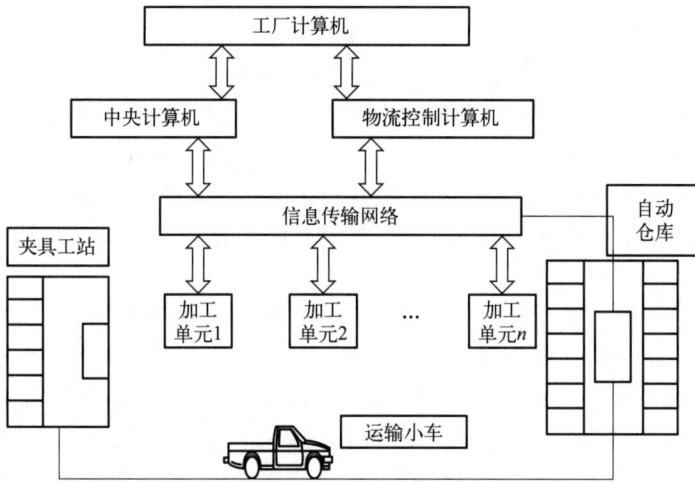

图 6-5　FMS 组成

FMS 的物流系统与传统的自动线存在一定差别。前者整个工件输送系统的工作状态可以进行随机调度，而且都设置有储料库，以调节不同工位加工时间的差异。

（3）计算机控制系统

控制系统用于处理 FMS 的各种信息，输出控制加工系统和物流系统等自动操作所需的控制信息。FMS 的信息流系统采用设备控制级、工作站控制级、单元控制级的三级分布式控制体系。

以图 6-6 所示的钣金加工 FMS 系统为例，其包括若干台加工中心、机器人去毛刺单元和清洗单元，以及机械手、轨道运输车等设备，同时配备立体货架或立体仓库储存和完成工件或工装的出入库。加工中心根据工艺要求，完成从初加工到精加工的全自动加工过程。除主控计算机外，还配备应用系统服务器和分布式数控终端等，形成多级控制系统或组成局部网络。钣金加工 FMS 系统可以实现从钣金下料、冲孔、折弯到焊接等整个钣金制造工艺。

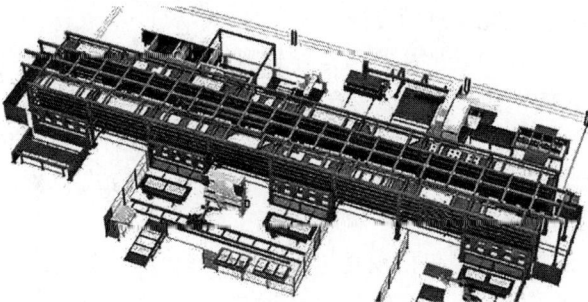

图 6-6　柔性钣金生产系统示例

6.1.3.2　对FMS系统的应用思考

结合FMS的整体应用现况，对FMS的优势与不足分析如下：

① FMS能够同时满足结构或工艺相似的产品加工或装配。系统由多个模块化生产单元所组成。生产工序集中，工序在制品少，生产等待时间缩短。

② FMS与传统柔性生产线的区别在于FMS属于并联开放式的制造系统，自动化和信息化集成度高，具有柔性自动化特征，没有固定的生产节拍，以及物料的非顺序输送。

③ 随着多品种、小批量生产越加普遍，FMS规模趋向小型化。柔性制造单元（Flexible Manufacturing Cell，FMC）属于自动化的单元式生产，具有独立的自动生产能力、自动传送和监控管理等功能。FMC通过物流自动化技术和生产调度技术，可实现多个FMC的灵活组合，完成更复杂的生产任务。FMC的投资远低于FMS，而经济效益相接近，因此更适用于中小型制造企业的多种少量生产。FMC逐步成为FMS发展的主流。

④ 智能工厂建设过程普遍缺乏前瞻性规划。大多数工厂以单机设备的自动化改造为主，设备、物流及信息系统间的联通和集成受限，导致无法进行单元级和产线级范围的柔性生产。

⑤ FMS是智能工厂车间级自动化、柔性化、智能化的发展趋势。FMS应高度重视生产工艺的精益改善和标准化。稳定、合理的工艺是导入FMS等自动化系统的前提条件之一。

6.1.4　多种少量生产体系的规划

多种少量生产方式是智能工厂规划与建设的一个重要内容。多种少量生产方式与需求计划、物料采购、物流管理、库存设置和周转、供应商管理、用户服务等多个方面存在复杂紧密的联系。多种少量生产体系的架构如图6-7所示。

多种少量生产体系需要开展如图6-8所示的分阶段建设规划。通过四大阶段循环开展，不断提高智能工厂的精益柔性生产能力。

（1）第一阶段：流线化生产的设计

采用价值流方法，调查企业生产与运作管理的整体流程。采用约束理论分析瓶颈工序，确定瓶颈产生的根源。以精益生产和供应链协同为理论基础，围绕销售、采购、生产、仓储和物流等业务，对生产组织、生产计划等方面进行重点分析。在此基础上，采用基础IE的工具方法，规划设计流线化生产组织的具体方式。

（2）第二阶段：设计安定化生产体系

多种少量生产的常见问题包括预测与实际差异过大、计划制定方法低效性、计划均衡性差、订单达成率低、物料管理混乱和无计划追踪手段等。在安定化生产体系的规划设计阶段，以产供销计划协同理论为基础，对上述问题进行深入分析，找出销售预测、生产计划和计划追踪的问题原因，确定设计优化方向。例如，提高预测准确性，提高计划的合理性、均衡性等，建立相应的生产过程管理指标与管控体系。

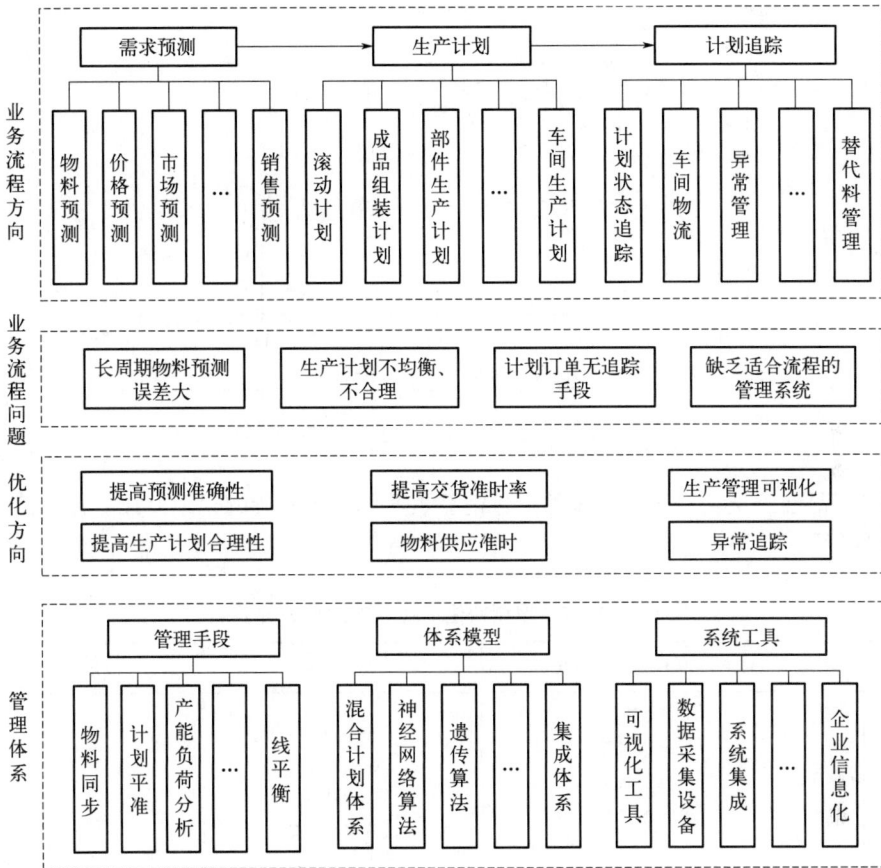

图 6-7　多种少量生产体系架构

（3）第三阶段：设计平准化生产体系

运用精益管理办法、现代优化方法、分析问题方法和管理信息系统等工具技术方法，规划设计生产系统平准化生产方案。例如，针对计划达成管控性差的问题，运用管理系统结合现代优化算法，采用 MES 和 APS 系统进行生产进度的追踪与调整，提高计划的均衡性、合理性。

（4）第四阶段：设计与建立数字化闭环生产运作体系

基于精益理念和数字化转型理论，采用大数据、移动技术、工业互联网平台等技术工具，规划与建立数字化的生产绩效与生产异常管理系统，提高工厂内部的高效运作机制。通过协调部门间的关系，形成沟通顺畅、行动迅速、高效协同的精益型智能工厂。

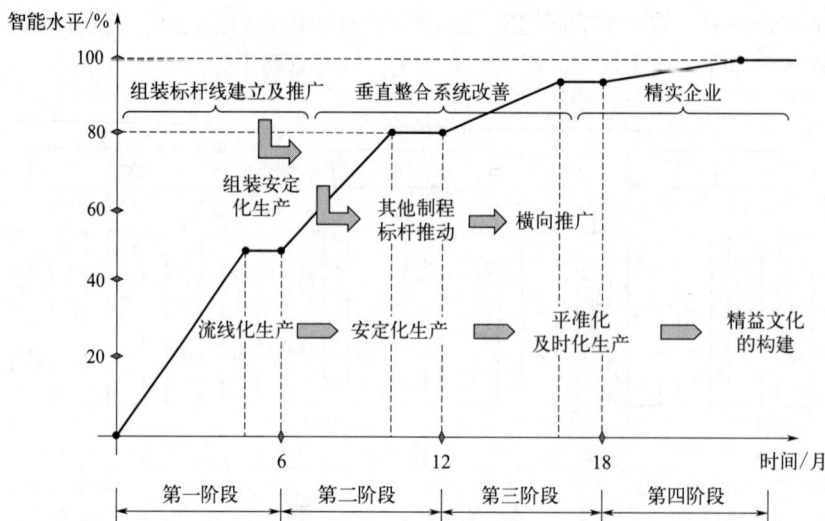

图 6-8　多种少量生产体系建设规划的阶段划分

以产品装配型工厂为例，多种少量精益生产体系各阶段的规划设计内容和目标如表 6-1 所示。

表 6-1　多种少量精益生产体系的规划设计要点

	阶段	规划设计要点	主要目标	应用范围
第一阶段	流线化	按节拍生产 连续流动生产 定义标准 WIP 来料线外检查 不良品处理	等待减少 WIP 减少 搬运减少 作业效率提高	示范装配线 推广到所有装配线
		台套供料 看板管理 质量安灯	作业员效率提高 减少不良	
第二阶段	安定化	TPM/TQM 推动 六西格玛推动	设备可动率提升 损失工时减少 制程不良减少	从制造推广到周边部门
第三阶段	平准化	拉动式生产 平准化生产 （供应链整体改善）	拉式生产体系建立 JIT 生产模式建立	生产与供应链
第四阶段	制度化	管理驾驶舱 工业互联平台	生产标准化 生产闭环管理	全员全过程

需要说明的是，流线化生产模式是基于集中与分散的思想，采用流程优化方法来进行设计和实现。

6.2　整流化生产模式的规划

6.2.1　整流化生产

在机加工、组装等离散制造过程中，当生产设备采用设备集群式布置时，不同生产工艺的产品在不同设备间进行流转，容易形成物流的乱流现象。以图 6-9（a）为例，在冲压、焊接等大批量生产流转过程中，前工序的每台设备都可以对应后工序的所有设备，设备间没有设定具有一定逻辑的固定工艺路径。当生产未开展齐套管理或同步生产时，就会出现生产乱流。乱流会进一步加剧物料不齐套、生产等待、生产与物流效率下降、交付延迟或提早生产等问题。

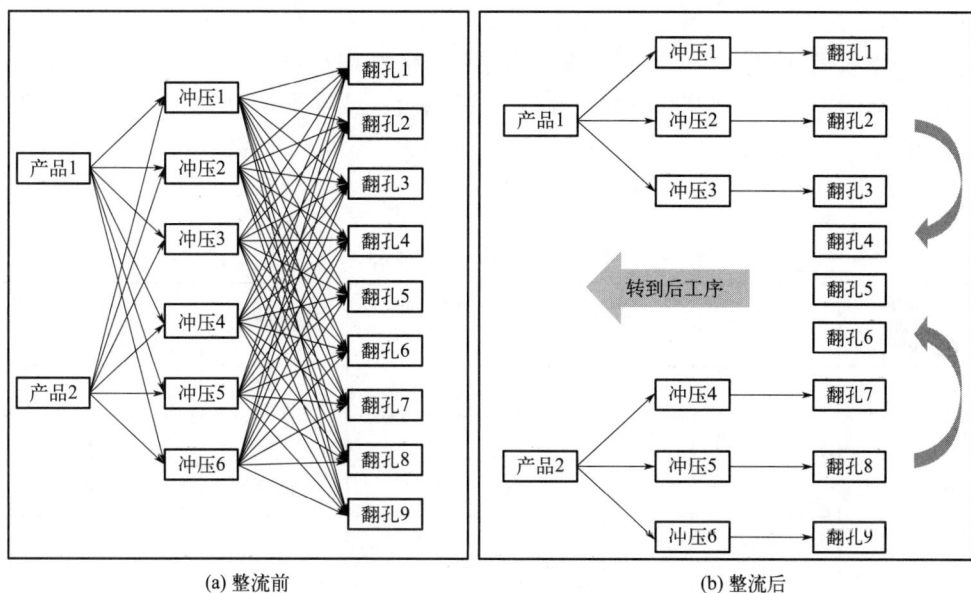

(a) 整流前　　　　　　　　　　　　(b) 整流后

图 6-9　整流与乱流的对比示例

整流化生产是实现乱流转变为整流的一种生产组织方式。整流化是指在连续流、均衡化、同期化的原则下，以提高生产系统整体运作性能为目标，采用"产品线"的概念对设备、布局、物流等生产要素进行合理设计，将生产过程中的"乱流"整流化，形成一个连续的生产形式。通过生产过程中所有增值行为的流动，实现生产一次性完成，不出现中断。

对整流化生产而言，按照产品种类进行划分并进行作业单元重组，划分后的生产线打破按设备分区的界限。以图6-9（b）为例，将冲压、焊接等设备组成虚拟的产品生产专线。各工位、每台设备都存在明确、固定的信息流和物流动线。因此，整流化生产的生产现场管理相对简单。工序间的物料流和信息流通过信息拉动方式，有利于提高整体效率，缩短搬运距离，降低在制品数量，缩短生产周期，实现JIT和生产效益的最大化。

6.2.2 整流化生产的规划方法

6.2.2.1 生产批次/批量设定

整流化生产本质上属于一种节拍化的流水线生产方式。在传统大批量生产向中小批量的转化过程中，标准批量的合理设定是前提基础。标准批量设定的流程如下：

① 对整流化生产对象的生产工艺进行分析，确定定拍工序、生产节拍和各工序生产周期。定拍工序如前所述，通常是将瓶颈工序或关键工序作为定拍对象，以此确定生产线的生产节拍。

② 根据生产节拍和各工序生产周期确定各工序的生产批量。

③ 基于订单优先级和经济批量原则，根据每批产品数量的不同，进行产品批量的订单批次拆分，如表6-2所示。将批量较大的产品分解为多个批次，避免工序间的大批量流转生产而产生的大量排队等待和存储。

表6-2　标准批量设定表

生产量/pcs	换模次数	生产批量/pcs	生产时间/h	日稼动时间	生产天数
16000	3	5333	22	11.2h	1.96
	4	4000	16.7		1.5
	5	3200	13.3		1.19
	6	2666	11.1		1
	8	2000	8.3		0.74

④ 根据小批量齐套生产原则，确定批量及其时间基准，缩短批次生产周期。

6.2.2.2 生产批量流转策略设计

对于多种少量生产类型，企业生产批量管理十分重要。品种多导致批量管理工作量大，而批量小又会导致换线频繁。一般来说，生产批量流转包括以下三种策略。

（1）顺序移动策略

如图 6-10 所示，顺序移动策略是指当一批工件包含多道生产工序时，只有整批工件在前一道工序都完成加工后，再整批进入下道工序进行生产。

顺序移动策略的优点是：

① 计划排产相对简单，不用设定是否需要批量分割。

② 局部的单机设备利用率高。由于前工序整批工件都已加工完成，后工序设备不会出现生产待料的情况。

③ 物流效率高。工序间的物流搬运是在前工序整批工件都生产完后才开始，物流搬运的集约化程度高，物流频次相对较低。

顺序移动时，由于后工序需要等到前工序整批加工完毕后才能开始，后工序的等待时间长。批量越大，工序数量越多，累计的等待时间就越大，导致整体生产周期延长。因此，顺序移动的不足在于生产周期长，一般适用于产品交货期比较富余的应用场景。

（2）平行移动策略

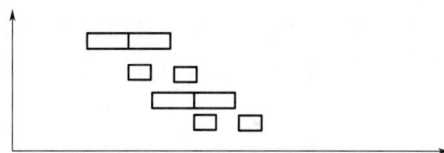

如图 6-11 所示，平行移动策略是将一整批工件分成若干小批量的间断性生产，即前工序完成一个小批量后，就转移到下道工序生产。

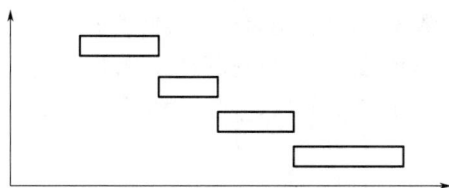

图 6-10　顺序移动策略　　　　　图 6-11　平行移动策略

平行移动策略的优点是：

① 生产周期短。在前工序完成一个较小批量后，就可以开始后工序生产，而不用等待前工序整批工件生产完成。相较于顺序移动策略，整体生产周期缩短。

② 在制品数量减少。平行移动加快工件的流动，空间占用减少，资金周转加快。

当前后工序的生产能力不匹配，工序节拍不一致时，平行移动策略会导致生产速度快的设备出现空闲待料的情况，设备利用率下降。如果在空闲时间安排其他工件生产，又会增加生产切换时间和切换成本。

相较于顺序移动策略，平行移动策略的生产周期相对较短，但设备利用率下降。当出现订单交货期短的紧急情况，为保证产品交货期，可采用平行移动策略，缩短生产周期。

（3）平行顺序移动策略

如图 6-12 所示，平行顺序移动策略综合前两种生产方式的特点，核心是工件生产不做批量分割，等工件在前工序完成一部分后，后工序即开始生产。

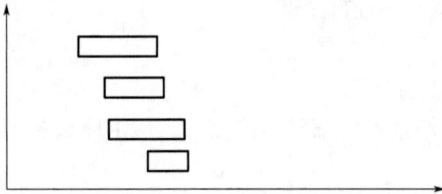

图 6-12　平行顺序移动策略

平行顺序移动策略的特点是：

① 生产周期相对短。因为各工序在时间上属于并行生产，所以生产周期比顺序移动短，但和平行移动相比，其生产周期长。

② 设备利用率高。在平行顺序移动方式下，零件批量不分割，整批一次性完成生产，所以设备切换成本低。

平行顺序移动策略的生产计划排产相对复杂。当前后工序生产节拍不一致时，为了避免设备待料空闲，需要计算前后工序流转的批量大小。平行顺序移动适用于产品交货期充分，同时又希望降低设备切换成本的应用场景。

此外，生产批量流转还需要设定工件的转序操作规则，具体包括不同工件的流转批量大小、流转容器规格、摆放区域、拉动频次、物流看板、接收方式、流程卡片等内容。

6.2.2.3　拉动式计划方法

拉动式计划是开展整流化生产的重要前提。拉动式计划管理基于精益生产的拉动思想，根据 MPS 计划确定各紧前工序计划。以图 6-13 为例说明汽车摆臂件的整流化生产，冲压生产计划需要考虑后续焊接工序的齐套性要求，严格按照生产批次进行齐套生产和工件转序。这样可以尽量减少冲压排版时的材料损耗，同时避免多排造成的过量生产。

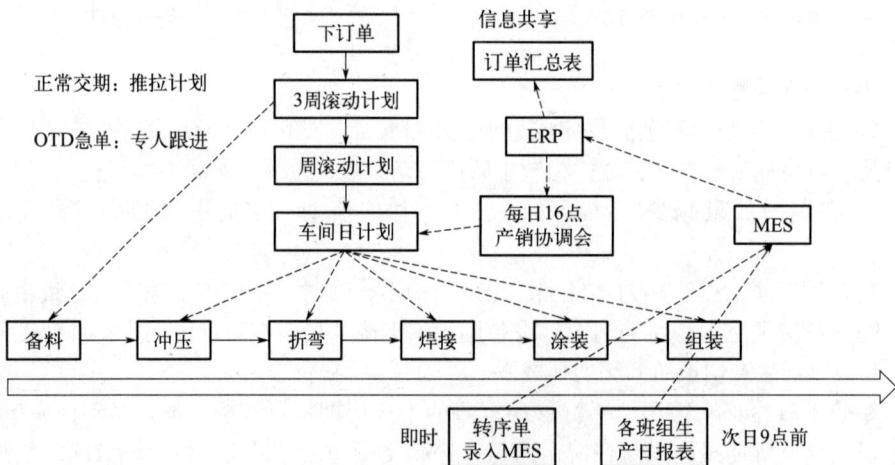

图 6-13　推拉式计划示例

6.2.2.4 快速切换的设计

在整流化生产过程中，要求各工序尽可能实现小批量的齐套同步化生产。这就要求生产系统具备一定的生产快速切换能力。生产快速切换能力是实现整流化生产的关键因素。整流化生产快速切换的原理如图 6-14 所示。

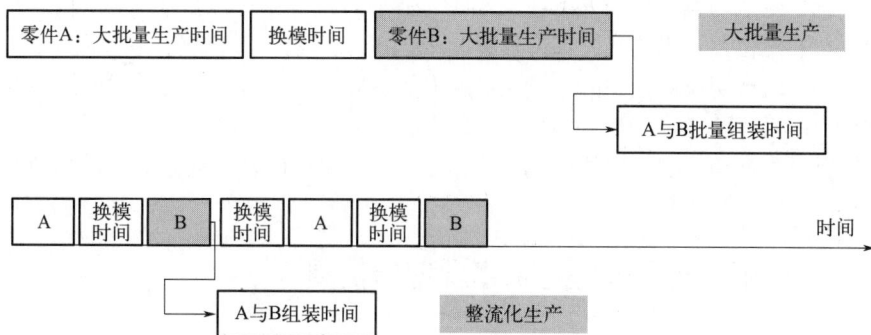

图 6-14 整流化生产的快速切换

通过增加生产切换次数实现多种少量生产，提高柔性生产能力。生产切换会增加生产损失时间。为了保证较高的生产效率和产能，需要在生产切换频次增加的同时，尽量缩短生产切换时间。因此整流化生产需要设计 SMED 快换方案，减少生产切换与调整时间。SMED 设计的主要内容包括：

（1）识别内部作业与外部作业

内部作业是指需要设备停机才能进行的生产切换作业内容，又称内换模作业。外部作业是指不需要设备停机就可以进行的生产切换作业内容，一般包括前外换模作业（即生产切换前的准备工作，如准备工具、各类换型件等）和后外换模作业（即生产切换后的收尾工作，如生产现场和换型件整理等）。

采用流程图和工作写实的方法，将生产切换的作业内容明确划分为内部作业和外部作业两部分。采用人机作业分析和联合作业分析的方法，分析生产切换作业中动作、搬运、等待、检查等作业时间。

（2）内部作业转换为外部作业

此部分主要是将需要停机进行的生产切换作业内容转换为设备运行过程中进行。针对生产切换过程中需停机的准备作业，可以通过作业流程分析，进行准备作业的前置设计（即内换变外换），如模具预装配、预设定、预清洁、预热等。此外，这部分还需重点对生产切换工艺进行创新设计。例如，对加工设备进行回转工作台的设计，实现边生产边换型。

（3）缩短内部和外部作业时间

此部分主要是基于 ECRS 的原则，对生产切换作业进行简化、重排、消除和合并。

① 针对换型件的人工拆装作业，基于不换、少换和快换的进阶理念，开展换型件的成组设计（如组合夹具）和标准化设计，换型件的快拆卸装置设计、锁紧方式改进（如一转锁紧、油压锁紧）、一键切换或一触（One Touch）切换的结构功能设计等。换型机构的快换设计可参考本书第 4 章柔性工装设计和简易自働化部分的相关内容。

② 针对生产切换过程的人工调整作业，基于不调和快调的思想，重点从快速定位（如定位块、定位销、定位孔、定位导轨）、目视化、简易自働化方面进行设计。

③ 针对生产切换过程中的人员走动作业，从降低人员作业负荷和时间的角度，重点开展工装（如模具车）、布局动线、自动搬运（模具输送线）的设计。

④ 针对生产切换过程中的多人协同作业，主要采用联合作业分析，进行多人并行作业方案的设计。

6.2.3　案例：冲压车间整流化规划与仿真

（1）企业存在的问题

某汽车零部件工厂是汽车转向零部件生产的行业龙头企业。工厂的生产设备以集群式布局为主，产品生产过程主要包括冲压、焊接、表面处理和装配等工艺制程。伴随汽车行业的新车型研发上市速度的不断加快，工厂生产的产品呈现种类多、寿命期短、订货批量小的特点。由于工厂生产规模快速发展，已有的生产系统和生产运作模式无法满足产品的生产要求。工厂实际生产过程存在大量的过程等待和在制品，影响正常的生产进度，产品生产周期相对较长。生产交付能力不足与产品交期压力成为困扰工厂的主要问题。为了保证订单的及时交付，工厂需要对其现有生产运作方式进行优化设计。

以工厂生产的摆臂件产品为研究对象，收集生产制程、设备能力、工序生产节拍等基础数据，绘制如图 6-15 所示的现状价值流图。

结合现状价值流分析，对工厂现有生产方式及其存在的主要问题分析如下：

① 冲压工序以大批量生产方式为主。由于冲压生产批量大，任务负荷与设备能力不均衡，导致批量转序的流转不畅和生产排队等待，形成较多的在制品。生产批量流转采用顺序移动策略，一个批次的冲压零件在某一工位完工后，再转入下一工位的冲压生产，这样导致冲压件的齐套生产时间长达 2 天以上。

② 由于冲压设备以集群式布置，各规格型号的冲压设备布局不合理，工序间的物流搬运路线交叉无序，呈乱流状态，搬运浪费严重，物流效率低下。

③ 冲压制程以大批量生产为主，但生产同步和齐套管理能力不足，导致焊接制程的物料齐套率仅为 20% 左右。基于保障焊接的正常生产，组焊工序的半成品零件设定 2 ～ 3 天的库存量，又导致部分 B/C 类零件出现严重的呆滞情况，占用大量的库存面积。

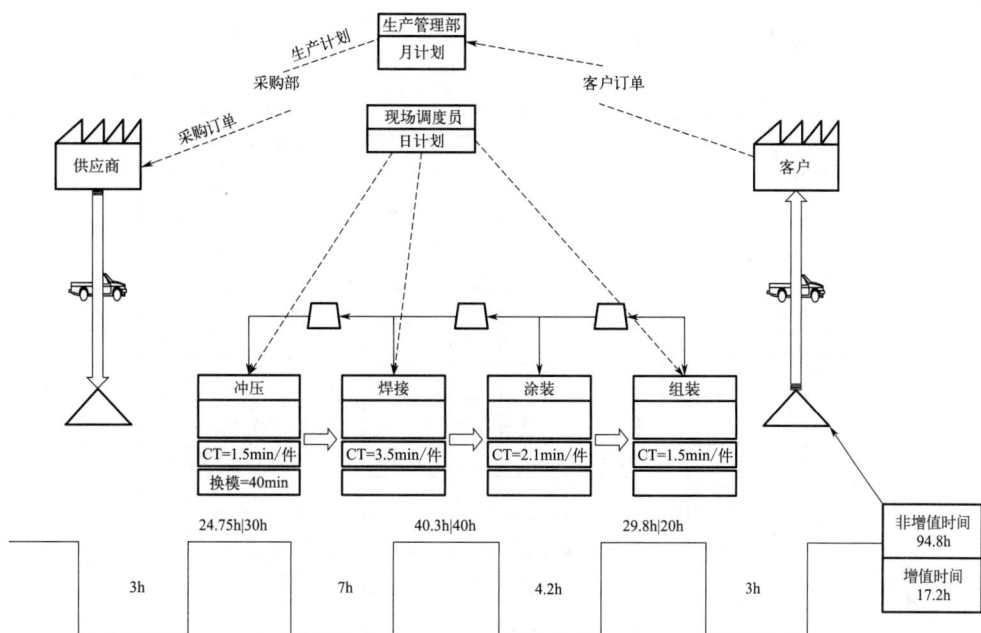

图 6-15　摆臂件产品现状价值流图

④ 车间和班组的生产调度、管控与协同能力不足，工序间物料交接不充分，导致少料、错料、补料等成为生产现场的常态。

⑤ 摆臂件采用批量生产模式。整个生产周期长达 11 天，其中非增值时间约占 85%，工序流转等待时间多。具体表现为生产现场存放大量的在制品库存，同时生产任务的调整困难。

针对上述问题，结合工厂现有的自动化技改和数字化车间项目，对工厂进行整体精益规划。本案例将消除冲压线的非增值部分作为生产系统的规划设计目标，主要规划思路是采用小批量的流线化装配拉动生产，具体到生产线中的每一个工序，就是设计拉动系统或连续流，实现前后工序的合理衔接。每个工序都尽可能根据后工序的需求指令组织生产，实现 JIT 生产。同时，通过构建原物料、在制品、成品超市，以及单元间协助作业和单件流，提高生产线平衡率。整流化生产线的规划设计步骤如图 6-16 所示。

通过对生产现状进行价值流分析与问题梳理，确定精益规划方向。以整流化生产为目标开展工艺成组分析，进行设备的整流化布局与物流动线设计，规划适应多品种、小批量的连续流冲压生产线，实现 JIT 同步生产。

（2）整流化工序规划与仿真

开展工艺成组分析，对摆臂类各品规产品开展如图 6-17 所示的 PQ-PR 分析。在 PQ-PR 分析的基础上，确定整流化的产品对象和进行工艺成组。

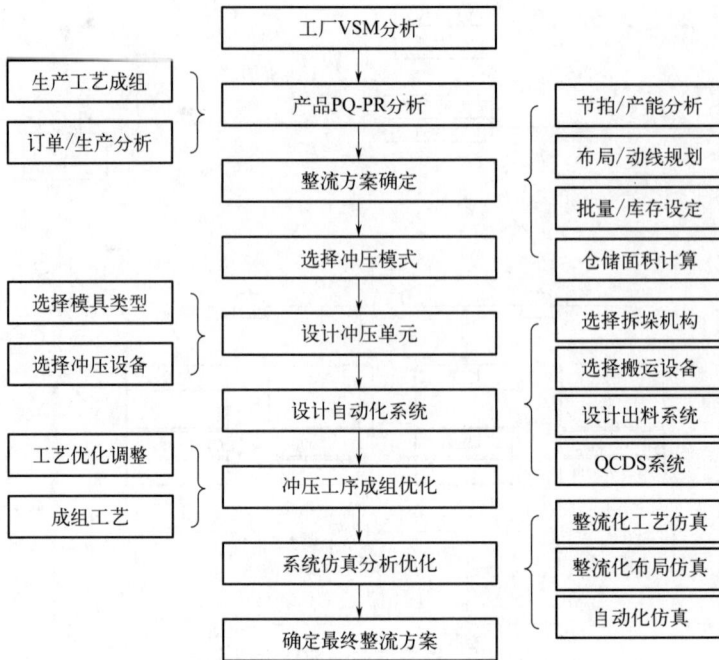

图 6-16　整流化生产线规划步骤

产品代号	月均出货量	占比	累计占比
	14944(3)	5.31%	5.309%
	14819(3)	5.26%	10.574%
	14051	4.99%	15.565%
A类	12669	4.50%	20.066%
	12562	4.46%	24.529%
	11107	3.95%	28.475%
	10876	3.86%	32.339%
	7629	2.71%	35.049%
	7434	2.64%	37.690%
	7334	2.61%	40.295%
	7166	2.55%	42.841%
	7043	2.50%	45.343%
	6593	2.34%	47.686%
	6533	2.32%	50.007%
	6000	2.13%	52.138%

PQ分析

产品代号	剪板	落料	预成形	成形	冲孔1	冲孔2	冲孔3	冲孔4	翻孔	切头部	切边	冲头孔切边
B7、B8		800T			100T							
B12、B13		630T	→	600T	315T	45T	45T		165T			
B10、B15、B16		630T	→	300T	315T						45T	
B27、B30		630T	→	400T	315T	45T	45T	63T				
5、B14、B20		315T	200T	200T	100T				165T			
B2-1、B3-1		315T	400T	300T	315T					100T	45T	
B23、B24		160T		200T	45T	160T						
B2-2、B3-2		80T	→	45T								
A2、B18、B19		800T	315T	600T	315T	45T						
A5、B11、B17		630T		600T	315T						→	
6、B27、B30		45T	→	45T	45T							

PR分析

图 6-17　产品 PQ-PR 分析示例

在 PQ-PR 分析基础上，采用 ECRS 原则和设备能力与生产任务相对均衡原则，对不同产品的生产工艺路线进行成组设计。最终确定如图 6-18 所示的成组冲压序列。成组后的冲压制程合计 8 种。其中，前 3 种冲压制程的产量占比最高，占比达到 80%。

工艺系列	AB类制程代号	C类制程代号	自制月均产量	外协月均产量	前制程(成形)	后制程(冲压)									
1	1、2、3、4、6、9、11、外1、2、4、7	2、4、6、7、10	182061	60086	600/300/400	315×2	45×2	100	45	165	63	100(外)	80	45×2	铣床
2	10		61421		600	315	600		45	165	100		立钻	45×2	
3		5、7	23447		800+600	加工中心	400	315	45	63×2	45×2		铣床		
4	外6、9	1	5732	31232		165	45	315	机械手	45					
5	外10	8、14、15、18、20、22	6939	14051		45	63	45×4	63×2	160	63				
6	外8	3、9、11、21	11241	5215		315	100	200	80	100	45	80	63	45×2	
7	外11、12、13	12、5、13、16、17、19、23、24、25	35220	5546	80										
8	外3、5			25158		315	165	165	315	165	立钻	165			

图 6-18　产品冲压制程成组分析

如图 6-19 所示，采用 Flexsim 系统仿真软件，对成组设计的产品冲压过程进行系统仿真和分析。系统仿真分析的结果输出如图 6-20 所示。

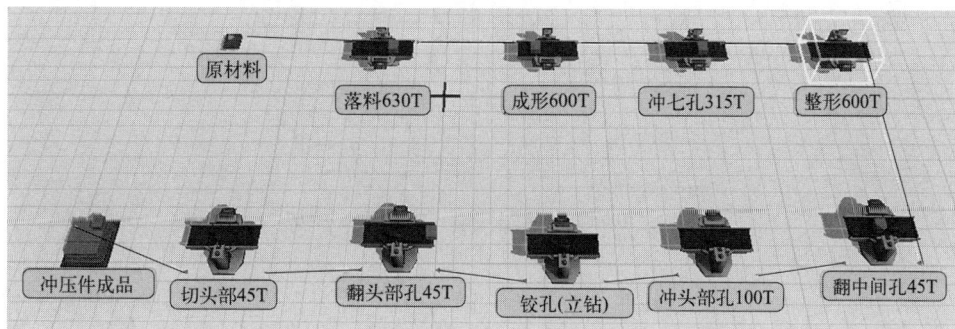

原材料　落料630T　成形600T　冲七孔315T　整形600T

冲压件成品　切头部45T　翻头部孔45T　铰孔(立钻)　冲头部孔100T　翻中间孔45T

图 6-19　冲压生产整流化工艺的系统仿真

（3）整流化布局规划与仿真

冲压车间目前是根据设备种类和规格进行集群式设备布置，设备布局和物流动线不合理。伴随着产品逐渐多样化，产品的冲压工艺路线日趋多样复杂，设备间乱流情况十分严重。工件往复运送，产生大量的搬运浪费，物流效率低下。冲压车间布局及物流现状如图 6-21 所示。

Flexsim State Report			生产线平衡率	70.56%				
Time:	16175.5							
Object	Class	C.T.	机器空闲率	机器加工率	阻塞率	最大停留容量	最大停留时间	机器加工时间
原材料	Source		0.00%	0.00%	99.36%	1023	10227.5	0
落料630T	Processor	7.5	0.54%	74.61%	24.85%	1	10	7680
成形600T	Processor	10	0.52%	99.48%	0.00%	1	10	10240
冲七孔315T	Processor	8.5	15.44%	84.56%	0.00%	1	8.5	8704
整形600T	Processor	8.5	15.44%	84.56%	0.00%	1	8.5	8704
翻中间孔45T	Processor	6	40.31%	59.69%	0.00%	1	6	6144
冲头部孔100T	Processor	6	40.31%	59.69%	0.00%	1	6	6144
铰孔(立钻)	Processor	6	40.31%	59.69%	0.00%	1	6	6144
翻头部孔45T	Processor	5.5	45.29%	54.71%	0.00%	1	5.5	5632
切头部45T	Processor	5.5	45.29%	54.71%	0.00%	1	5.5	5632
冲压件成品	Queue		0.00%	0.00%	0.00%	1024	0	0

图 6-20 整流化生产系统仿真分析输出

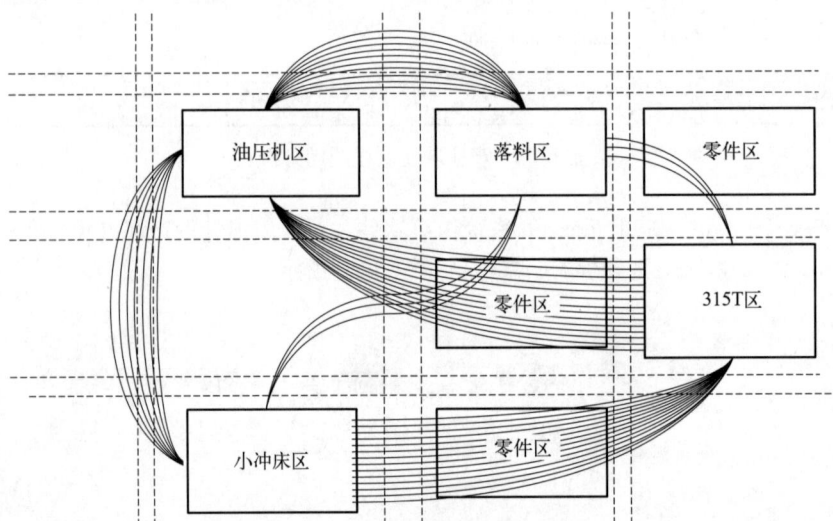

图 6-21 冲压车间布局简图及物流现状

采用 Flexsim 系统仿真软件，对冲压车间的设备布局实体和物流逻辑进行数字化建模，建立如图 6-22 所示的布局设计仿真模型。

通过对整流化生产布局仿真模型的模拟结果分析，对布局规划方案进行优化设计，仿真优化前后的布局方案如图 6-23 所示。

通过对 Flexsim 系统仿真生成汇总报告，完成布局方案的仿真数据分析。

① 产量满足计划需要。原有布局方案的生产和物流效率并未受到新增生产线的影

响，由于布局优化缩短物流路径，各冲压生产线产能均有所提高。

②　空间利用率提升。布局优化后，冲压车间内的暂存区与仓库占用面积减小，生产设备与物流通道在车间内的空间利用率有较大提升。

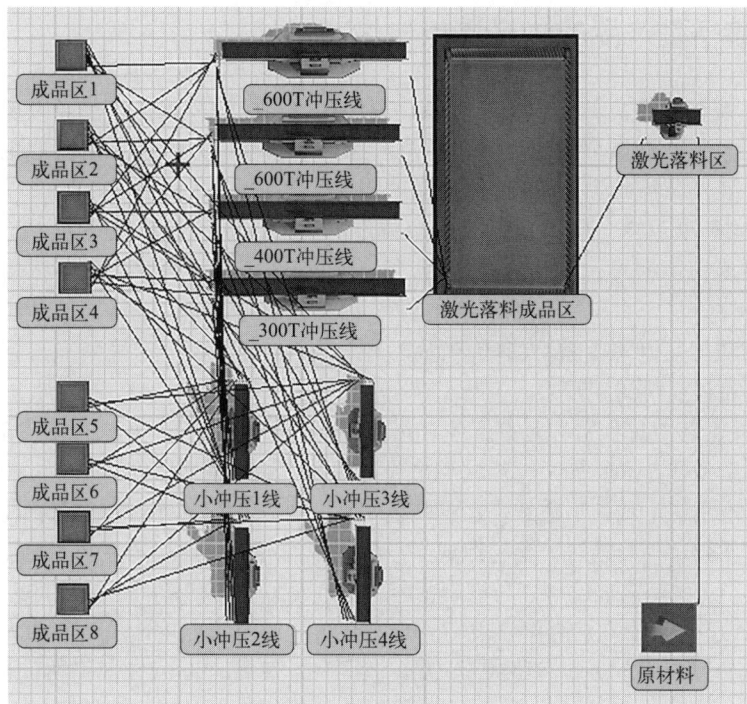

图 6-22　布局优化仿真模型

图 6-23　仿真优化后的布局对比

6.3　单元式生产模式的规划

6.3.1　装备型产品的生产特点与生产方式

机床、汽轮机等装备制造业的产品具有结构复杂、体积大、产品类型多样化、定制需求明显、生产批量小的特点。装备型产品属于多品种、小批量离散式生产的典型ETO产品。装备型产品生产的特点与存在的主要问题分析如下：

① 面向订单生产，生产周期长。装备产品生产一般以订单生产为主，订单批量小。每个订单均不相同，涉及的产品生产工艺也存在差异。通常情况下在接到客户订单后才开始生产。部分产品根据客户的具体需求，还需对产品进行局部功能的设计修改。非标和功能定制等因素会影响产品设计、功能验证、生产准确到加工制造等各环节，产品的整体交付周期较长。

② 生产工艺与过程管理复杂，生产进度不可控。装备产品种类规格，物料组成和生产工艺复杂多样，产品加工、装配和检验工序多。通常采用车间、工段、班组等工艺专业化的生产组织形式，离散式生产的特征明显，生产过程的连续性和节拍化差。当出现缺料、品质异常等问题时，容易造成生产过程中的等待。产品的生产和功能调整耗时波动大，生产进度不易准确计划与控制，容易出现紧急生产和延期交货等问题。

③ 对人员作业技能和协作要求高。产品装配过程对装配生产人员的技能和协作程度要求高。产品装配过程需要装配、钣金、电气、质量、调试等部门协同配合完成。工厂的作业标准化水平普遍存在较大提升空间，以老带新的现场技能传授方式较为普遍，新人学习周期长且技能掌握程度参差不齐。装配作业的过程管理粗放，装配作业的随意性大，难以保证产品的高质量。

装备型产品的装配方式主要包括固定式装配方式、连续移动装配方式（流水线）和脉动式装配方式（脉动线）等类型。

（1）固定式装配

固定式装配是指将装配的基础件安装在固定的装配工作台上或工作地的固定支撑架上，由一组装配人员将待装件按照工艺要求逐一安装到基础件上，一直到完成产品的装配任务。人员协作、现场空间等因素影响固定式装配过程，生产衔接不稳定，生产效率相对较低。

固定式装配主要针对单件小批量或外形尺寸大、结构及装配工序复杂的装备型产品。此外，这种装配形式还应用于新产品的试制工艺过程。

（2）流水线装配

传统的流水线生产方式是按照一定的生产节拍，将复杂产品的装配工艺进行分解，根据分解的工艺内容和装配顺序，装配对象按照一定节拍在流水线各工位间进行流动，每个工位只负责部分装配工序。对于流水线每一个工序，工序生产人员可以快速掌握本工序的作业技能，作业的熟练度和稳定性较高，能够保证整体生产线的产能要求。以机床为例，沈阳机床、大连机床等大型机床企业均采用如图 6-24 所示的机床装配流水线生产模式。

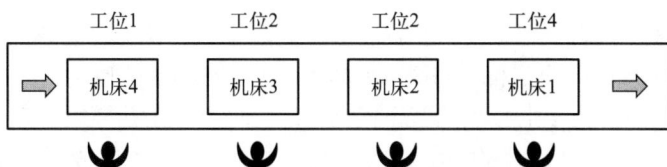

图 6-24　机床装配流水线的人机配置图

装备型产品多属于大型高精密装备产品，对零部件精度、装配精度要求高。装备型产品的装配流水线需要考虑地基振动、工位工装、移动装置等因素，流水线的基础设施投资大。此外，流水线属于节拍化生产，对装配流水线的生产管理要求高。当出现欠料或重大不良时，需要将无法生产的装备及时清理出生产线，避免造成整线的生产停滞。当生产现场不确定性因素较多时，流水线生产组织的灵活性相对偏低。

因此，流水线生产模式较适用于市场需求较大、标准化程度高的通用机型。但装备型制造企业大多属于中小型制造企业，产品的品种规格多且生产批量小。由于产品生产工艺的复杂性和小批量因素，这类企业通常不具备大量生产方式（流水线生产）的应用条件。

（3）脉动式装配

脉动式装配是流水线装配与固定式装配的过渡阶段。脉动线可以设定缓冲时间，对生产节拍要求不高，不需要等步距。当生产某个环节出现问题时，整个生产线可以不移动，或留给下个站位去解决。当全部工作完成时，生产线就脉动一次。脉动式装配可实现按设定节拍的站位式装配作业，缩短装配周期，满足客户要求。

① 生产具有一定的节奏性。用户订单和产能确定脉动装配线的迁移速度。脉动线要做到均衡生产，并按设定的节拍完成脉冲式移动。整体装配过程流畅，不会产生挤压或脱节。

② 工位专业化程度高。脉动装配线将指令分配至各站位，站位内仅完成固定指令的操作，生产线分工明确细致，工作量单一重复，生产效率较高。

③ 装配进度易于掌握。各站位的工作小组要在限定节拍内完成相应的装配任务，装配进度可通过装配对象所在站位的位置来获取。

④ 自动化程度高。生产线上配备专业的自动化设备和先进的供给线，减少生产过程中人为的误差。

脉动线目前已在飞机制造业实现成功应用，并在航空发动机、卫星、电力装备等行业领域得到应用扩展。

6.3.2 单元式模组生产

6.3.2.1 单元式模组的生产模式

单元式模组生产方式是单元式生产在装备制造业的一种实践创新。单元式模组生产是根据精益生产"流动"和"均衡"的思想，基于 ECRS 的原则，将产品装配工艺和人员作业内容拆分为工时接近的若干工艺模组。每一个工艺模组设定一个定位式装配工位，负责完成一台装备的组装。由这些工位共同构成一个装配单元。在这个装配单元内，单元内部采用产品定点装配方式，按照工艺模组划分的装配作业内容和装配顺序，分别由专人依序完成工艺模组的装配作业，在单元内部人员接力作业，即形成产品不动而人员流动。

以机床装配生产为例，单元式模组装配对传统一人或多人的定点装配式作业进行拆分，可形成 2 台 /4 台 /8 台等不同模数的机床装配单元。单元内部的机床装配作业被分解为相应的 2/4/8 等份的装配工艺模组。在一个装配单元的内部，由同样模数的装配小组分别完成相应的工艺模组。每台机床按照工艺模组的装配顺序，由各模组的生产人员依序完成装配作业，直至产品装配完结。当机床装配完结后立刻移出装配单元，同时将下一台待装机床的床身移入装配单元，实现"人动物不动"的循环装配生产模式。

以四台份的机床单元式模组装配生产为例，将机床装配工艺分割为工时接近的Ⅰ、Ⅱ、Ⅲ、Ⅳ四部分，A、B、C、D 四组生产人员按照工艺模组的顺序分别依序完成这四台机床的Ⅰ、Ⅱ、Ⅲ、Ⅳ四个工艺模组。在第Ⅳ工艺模组装配完成后，机床 1 将移至整机调试区，并在单元内放置新的机床 5。这样每组生产人员负责其中的一个装配工艺模组，进行交叉循环作业。四台份单元式模组的生产过程如图 6-25 所示。

在四台份装配作业单元内部，采用两台机床的面对面布局，中间放置工具车和两台份的物料车，外围也可放置一定数量的物料车。

单元式模组装配要求根据装配进度进行 JIT 同步供料。对大物（如电气箱、护罩钣金等）采用 JIT 发料，在装配前 1 ~ 2h 配送到装配单元现场；对中物（如刀塔、主轴头等）采用专用的两台份物料车（或栈板），在装配前 3 ~ 4h 配送至装配单元现场；对中小物采用四台份 SPS 专用物料车。

综上所述，单元式模组生产是单元式生产的一种发展和应用，采用"人动物不动"的生产组织形式。这种生产方式不同于"物动人不动"的传统单元生产方式。单元式模组生产可以解决传统定点装配生产效率低和生产周期不可控等问题，同时克服流水线装配的投资大、在制品高、重大异常时难以处理、不能灵活变化等难题。单元式模组综合了单元式生产的柔性和流水线生产的节拍化，生产灵活高效，满足不同类型装配型产品的多种少量生产。

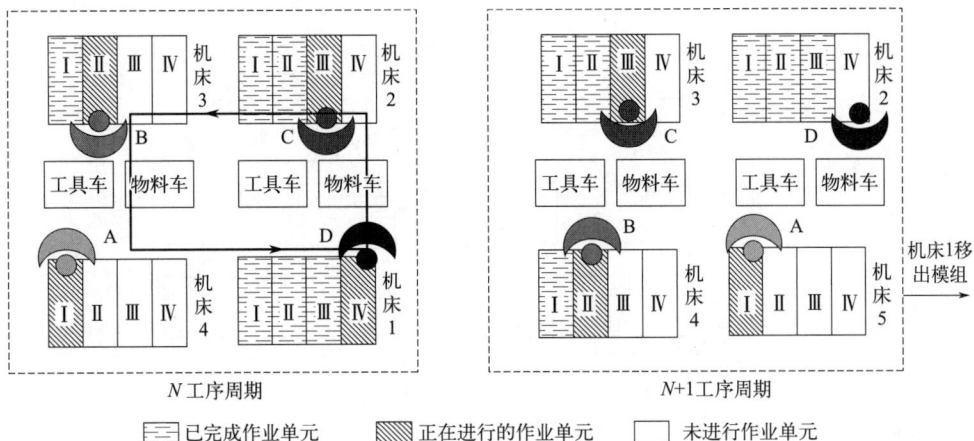

图 6-25　机床四台份单元式模组装配过程

6.3.2.2　单元式模组的变化

　　为了进一步减少生产准备时间，缩短整机装配时间，单元式模组装配可以采用Ⅰ区和Ⅱ区两个装配区域，两个装配单元以分区接力的方式组织生产，具体如图 6-26 所示。

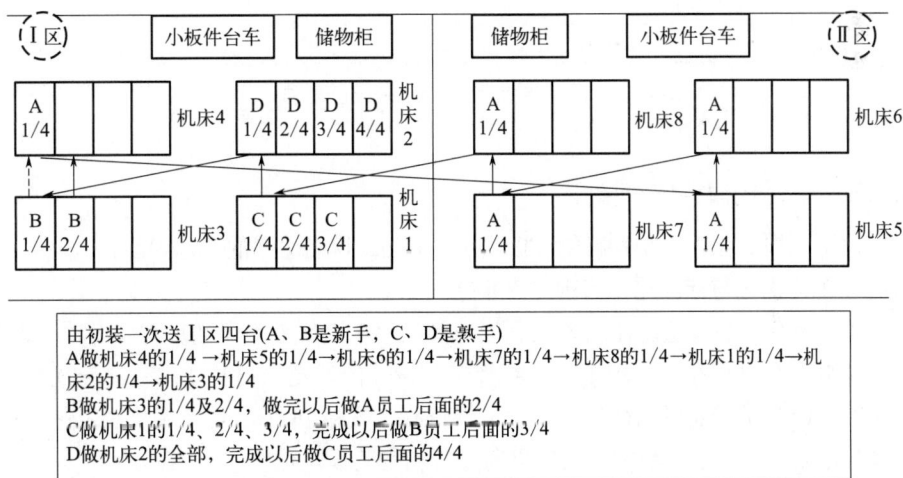

由初装一次送Ⅰ区四台(A、B是新手，C、D是熟手)
A做机床4的1/4 →机床5的1/4→机床6的1/4→机床7的1/4→机床8的1/4→机床1的1/4→机床2的1/4→机床3的1/4
B做机床3的1/4及2/4，做完以后做A员工后面的2/4
C做机床1的1/4、2/4、3/4，完成以后做B员工后面的3/4
D做机床2的全部，完成以后做C员工后面的4/4

图 6-26　四台份单元式模组装配的不间断式设计

四台份单元式模组的生产布局包括水平和垂直两种设计方式，分别如图 6-27 和图 6-28 所示。其中，垂直布局的机台操作侧垂直于物流主通道，便于物料的供应与搬运，但人员作业移动相对不便。

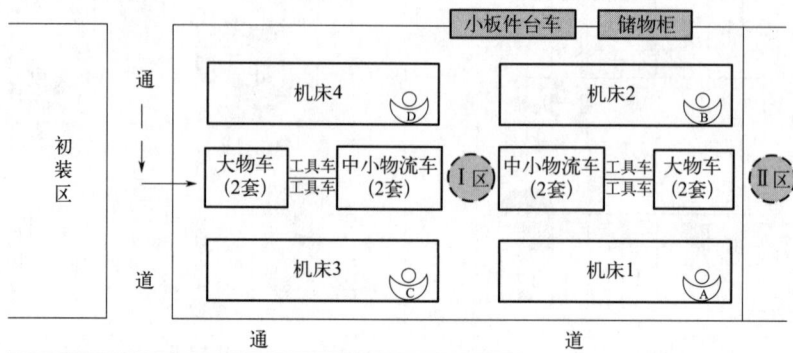

图 6-27　四台份单元式模组装配的水平布局

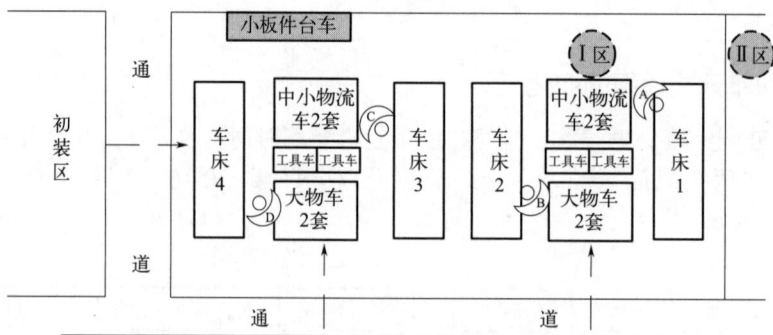

图 6-28　四台份单元式模组装配的垂直布局

6.3.2.3　单元式模组生产要素

如何实现均衡化生产和物料的 JIT 供应是单元式模组生产的关键问题。

（1）工艺优化与标准化，实现工序平衡

在单元式模组生产过程中，各工艺模组间的平衡会影响整体生产有序流转。因此，单元式模组生产对标准工艺和工艺重组等工艺设计内容提出更高要求。单元式模组生产的规划设计首先需要以均衡化生产为设计目标，安排 IE 小组对产品装配工艺流程进行流程与作业分析、工时制定、工序平衡分析和工艺模块化。

（2）物料同步供应

在装备型产品装配过程中，物料的种类和数量多，装配过程的时间相对较长。在传统的单台定点式装配过程中，由于生产计划与协调管理不足，装配现场会放置大量的物料，物料寻找和识别占用大量生产时间，影响生产效率。因此，基于 JIT 的精益思想，实现装配生产过程的物料同步生产与供应十分重要。针对该问题，需要采用信息化手段，设计 ALC 装配生产控制系统。根据装配工艺设定送料位差表，大物采用 JIT 供料方案，中小物设计台份备料方案。

（3）异常管理

在传统的定位式装配过程中，当遇到缺料、不良等异常问题，装配人员会先去做其他的机台装配工作，被动等待问题的处理，生产异常的反馈和处理相对滞后，生产不连续，没有节奏。单元式模组的接力式循环生产方式能够凸显生产过程中隐藏和被忽视的各类问题。与流水线生产方式一样，单元式模组生产对异常问题的处理具有一定的强制性，对问题的处理速度要求高，生产过程需要实现安定化和异常快速处理，要求从根本上解决问题产生原因，减少异常处理与等待时间。单元式模组生产方式需要设计安灯等生产异常管理的系统化工具手段。

6.3.2.4　单元式模组生产的应用分析

单元式模组生产作为一种新的装备生产组织形式，具有以下特点：

（1）生产柔性高，适用于不同规模的生产

单元式模组生产现场简便灵活，基础设施投入少。通过设计和调整工艺细分程度，可以实现不同生产节奏，从而适应不同的订单规模。例如，针对常规机型的大批量生产，可以把装配工艺模组化分解为八份或更细，实现接近流水线的生产节奏；对特殊机型或小订单，则可以采用两台份的工艺模组，实现多种少量的柔性生产。

（2）节奏均衡化，生产过程可控

单元式模组生产属于一种有节拍的流动生产（人动物不动），使机床装配过程波动和顺序思维降到最小，有助于制定详细、准确的生产计划和采购计划，实现 JIT 生产、采购与供应。

（3）学习周期短，生产安定程度高

将产品装配工艺流程拆分为不同的作业单元，由专人完成具体某一作业单元的作业内容。这种方式可以减少人员所需学习的技能，缩短从培训到独立操作的学习时间，同时还能避免流水线单一重复作业易于疲劳等问题，装配质量提高。

单元式模组生产方式融合传统单元式生产和流水线生产各自的优点，不仅适用于装配生产，也同样适用于离散机加、自动化生产等应用场景。单台定位生产、流水线生产与单元式模组生产三种生产方式的对比分析如表 6-3 所示。

表 6-3　单台定位生产、流水线生产及单元式模组生产比较

项目	单台定位生产	流水线生产	单元式模组生产
生产人员	全能工	单能工	单能工（新手）与 多能工（熟手）配合
生产效率	低	高	高
生产周期	长	短	分工越细，生产周期越短
学习周期	长	短	短
生产节奏	不确定	明确	明确
生产作业空间	一般	相当大	占用少
投资费用	低	高	低
生产指向	多样少量生产	大量生产	柔性化生产
熟练性	多工程作业的重复	单一作业的重复	单一作业重复（新手）+ 多工程作业重复（熟手）
物料要求	提前备料	提前大量备料	JIT 供料
工序间平衡	无要求	高	高
生产柔性	高	低	一般
异常处理	无强制性	强制性高	强制性一般

6.3.3　案例：机床单元式装配生产的规划

6.3.3.1　单元式装配生产的设计流程

某工厂主要以数控机床的多种少量生产为主。其作为机床行业的龙头企业，现场 5S、生产标准化和目视化管理具有较好基础。随着产品品种的不断增加，行业和市场的竞争加剧，订单呈现小批量化和短交期的特点，原有的单台定位式装配生产模式无法满足交付要求，制约了工厂生产能力和产品系列化的进一步发展。如何提高产品的生产效率和质量保证是工厂急需解决的问题。因此，在对装备制造行业生产模式开展行研和工厂自身诊断评估后，工厂决心对已有的机床生产线进行变革。采用单元式模组生产理念和智能制造技术，规划和建设面向装备产品的单元式模组装配生产线，实现变批量的柔性化生产。

结合工厂的现有状况，确定以年产量最大的机型进行单元式模组装配生产系统的规划设计。该机型的机床装配工艺主要包括铸件装配、电气箱等装配、钣金件装配、行程调整等内容。机床主线装配工艺的装配作业内容、人数、工时如图 6-29 所示。

底座定位 —2h/2人→ 组装线轨 —3h/1人→ 真直度测量 —3h/1人→ 打定位销 —1h/1人→ 座校正 → 传动座尾端 —3h/1人→ 螺杆装组 —4h/1人→ 尾座组装 —2h/2人→ 润滑系统

↓ 1人/4h

电子线路装配 ←4h/2人— 刀塔组装 ←2h/1人— 电控箱装配 ←2h/2人— 电机组装 ←2h/2人— 通电前钣金组装 ←2h/1人— 变压器组装 ←4h/1人— 线路装配

通电 ←— 电子线路装配

↓ 4h/2人

主轴刮花 —6h/2人→ 油路装配 —4h/1人→ 油压缸装配 —2h/1人→ 装夹头 —1h/1人→ 装持刀座 —2h/1人→ 调三轴行程 —4h/1人→ 主轴精度测量 —2h/1人→ 调整尾座精度

↓ 3人/1h

镭射 —2h/1人→ 装内部钣金 —4h/1人→ 装外部钣金 —11h/1人→ 铣工作台 —2h/1人→ 试切削 —4h/1人→ 自检全功能 —2h/1人→ 跑合 —2h/1人→ 出货 —9h/2人

12

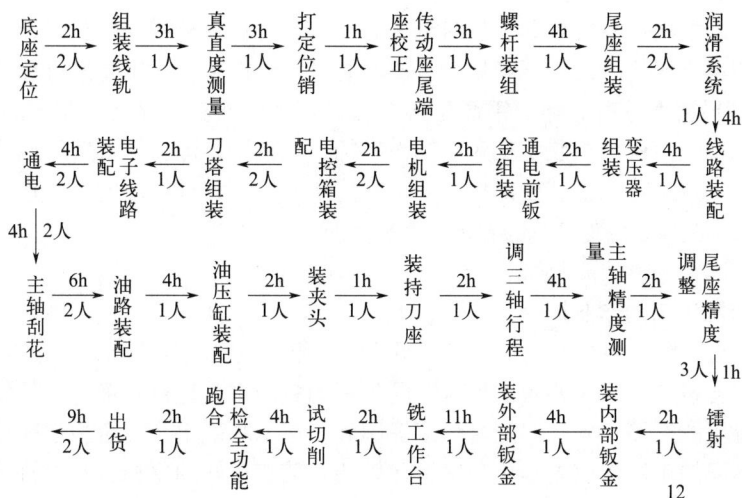

图 6-29 某机型机床的主线装配作业流程示例

机床单元式模组装配生产是对传统机床生产方式的一次变革，也对现有的生产模式、物料供应、组织架构等提出挑战。通过从精益培训、确立组织、IE 分析和系统支持等环节入手，针对现有工厂规划设计机床单元式模组装配生产系统。单元式模组装配生产系统的规划步骤和内容如图 6-30 所示。

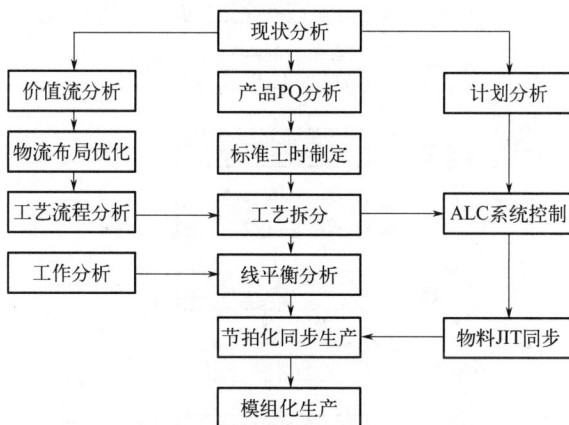

现状分析

价值流分析 ｜ 产品PQ分析 ｜ 计划分析

物流布局优化 ｜ 标准工时制定

工艺流程分析 ｜ 工艺拆分 ｜ ALC系统控制

工作分析 ｜ 线平衡分析

节拍化同步生产 ← 物料JIT同步

模组化生产

图 6-30 单元式模组装配生产系统的规划步骤

6.3.3.2 工艺的模组化设计

工艺的模组化设计是机床单元式模组装配生产的基础。对机床工艺进行模组化拆分是一项复杂的系统工程。实现流程化和均衡化是工艺模组化的主要设计目标。机床单元式模组装配生产系统规划首先对机床装配工艺进行分析和模组化设计。工艺模组化设计是根据机床产品品种、产量、产能等要素，对机床装配工艺进行标准作业时间测定和工序平衡率分析。作业平衡是接力式循环装配作业的基础。根据 ECRS 原则，以保证装配单元内各模组装配工时平衡为目标，将机床装配工艺分解和设计为若干工艺模组。由固定的若干工艺模组构成一个装配单元，工艺模组间的标准作业时间基本平衡，每一工艺模组的作业内容由专人负责完成。

工艺模组化的设计流程如下所述。

（1）装配工艺的作业拆分

机床装配过程一般由电气组、机械组、钣金组、测试组等不同生产小组协作完成。在工艺模组化设计时，需要考虑机床不同工序的装配工艺复杂程度、人员技能水平差异、工艺流程的衔接和各部门配合程度等因素。在此基础上，综合生产现场的实际状况，开展装配的工序作业内容和顺序设计以及工艺模组间的平衡，对整机装配工艺开展模组化设计，并对工艺模组化后的工序平衡进行仿真模拟分析和调整优化，最终确定整个装配工艺的作业拆分表。

例如，机床精装工段的工序如图 6-31 所示。图中标明每道工序的生产小组和标准作业时间（单位为 min）。四台份机床单元式模组装配的精装工段工序拆分如图 6-32 所示。

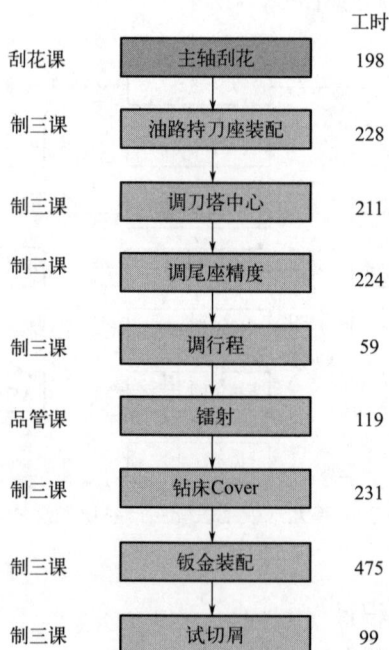

生产小组	工序	工时
刮花课	主轴刮花	198
制三课	油路持刀座装配	228
制三课	调刀塔中心	211
制三课	调尾座精度	224
制三课	调行程	59
品管课	镭射	119
制三课	钻床Cover	231
制三课	钣金装配	475
制三课	试切屑	99

图 6-31　精装工段的装配工艺流程图

时间	机床1	机床2	机床3	机床4	时间	机床1	机床2	机床3	机床4	备注
1h–5h	A1				51h–55h		B9	C4	A3	A、B为主作业，C、D为辅助作业。深色代表作业者空闲、浅色代表机器空闲
6h–9h	C2	A1			56h–58h		A5	A5	C4	A在模组中前74h中64h在作业，效率为87%
10h	机器				59h–60h		B10	机器		
11h–14h	A3	C2			61h–64h		A11(只需1h)	A5		B在模组中后80h中76h在作业，效率为95%
15h–18h	C4	A3			65h–67h		B6	D7	B6	
19h–22h	A5	C4			68h–71h		A8	A8	D7	A工作17h，B工作18h，工序平衡率95%
23h–26h	B6	A5			72h–75h		B9	A8	A8	主工序划分
27h–28h	D7	B6			76h–80h		B9	B9		1：行程、油路和持刀座 5h
29h–33h	A8	D7			81h–85h		B10			2：主轴头刮花 4h
34h–36h	B9	A8			86h–89h		A11(只需1h)	A11(只需1h)		3：装油压缸及夹头 3h
37h–41h	B9		A1		90h–96h				B9	4：刀塔校正 4h
42h–44h	B10		C2	A1	97h–99h				B10	5：调刀塔中心 4h
45h–46h	B10	B9	A3	C2	100h–102h				A11(只需1h)	6：调尾座 4h
47h–50h	A11(只需1h)	B9	A3	C2						7：镭射 2h
										8：机床Cover 4h
										9：钣金装配 11h
										10：整理 3h
										11：重切 4h

图 6-32　精装工段四台份单元式模组装配的工序拆分

　　通过对精装工段进行模组化的工艺拆分，将除铸件装配外的所有装配作业内容设计为四个工艺模组。这四个工艺模组的工序内容和装配工时如表 6-4 所示。

表 6-4　精装工段四台份模组化工艺拆分表

作业者	工序	部门	作业代号	标准工时 /min
张 ×	初二	制三课	A1	805
李 ×	通电	电子课	B1	528
李 ××	主轴刮花	刮花课	B2	198
周 ×	油路装配	制三课	C1	112
	油压缸装配	制三课		39
	装夹头	制三课		22
	装持刀座	制三课		54
	调刀塔中心	制二课	C2	211
	调尾座精度	制三课	C3	224
	调行程	制三课	C4	59

续表

作业者	工序	部门	作业代号	标准工时 /min
辅助	镭射	品管课		119
王 ×	钻床 Cover	制三课	D1	231
	钣金装配	制三课	D2	475
	试切屑	制三课	D3	99

（2）确认和现场编排

由生产主管、IE 部门、质量部门、设计部门、现场生产人员等一起讨论和确认工艺拆分表的合理性，并确定装配作业人员、物流动线和工具等。

（3）现场优化调整

针对机床模组化实施中出现的瓶颈工序、作业不平衡等问题，利用 IE 分析手法和工具，对作业时间和工艺拆分表进行优化调整。

（4）工艺优化设计

对现场实施的数据进行分析总结，通过收集整理数据，积累经验。通过动作分析、ECRS、PDCA 循环等手法，明确差异设定新目标，运用创新思维进一步优化设计生产工序和工艺流程，确保装配效率不断提升。

通过对模组化工艺拆分和平衡分析，四台份机床单元式模组装配生产的作业单元平衡率如图 6-33 所示。

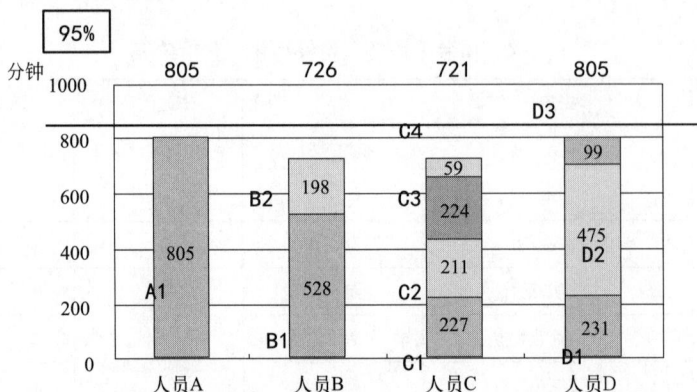

图 6-33 机床模组化装配的作业单元平衡率

机床单元式模组装配生产的理论作业平衡率可达 95%。在实际生产过程中，物料供应是否及时，异常问题出现与处理效率都会影响单元式模组装配的单元平衡，所以还需要从系统、管理等方面保障生产过程的均衡化、节拍化生产。下面将从物料 JIT 供应、异常快速解决等方面保障单元式模组装配生产效率。

6.3.3.3　物料同步供应规划

在机床单元式模组装配过程中，装配车间的物料供应与实际的装配进度需要准确匹配。否则，会出现物料供应过早，生产现场物料积压；也会出现物料供应不及时，装配过程中出现待料等待，影响装配效率，导致延误交期。因此为了减少生产现场的物料积压和生产等待等问题，保证适时适量的物料供应是机床单元式模组装配时的关键。

（1）模组化的 JIT 物料供应

适时适量地将物料发送至装配现场，有助于提高装配效率，避免呆料和废料的产生。通过对装配工艺的分析，设计单台或多台模组化的物料供应。模组化物料供应的发料表如表 6-5 所示。

表 6-5　模组化物料发料表示例

工序	料号	名称	数量	大小	容器	料车放置位置
电气箱装配	2001732010	电源线盖板	2	S	料盒 1	第一层
	D07AH101S8	直铜接头（含套环）	1	S	料盒 1	第一层
	G140000001	电源开关把手	1	S	料盒 1	第一层
	G16AFJ19B6	润滑油机	1	S	料盒 1	第一层
	J09ACC403M	门锁（电气箱）	4	S	料盒 1	第一层
	J09AK0Y201	KEY 开关	1	S	料盒 1	第一层
	L05AA02AR	热交换器	1	S	料盒 1	第一层
操作箱装配	1030552020	操作箱转轴	1	M	料盒 1	第二层
	1030553040	操作箱固定轴	1	M	料盒 1	第二层
	1030578010	操作箱上固定轴	1	M	料盒 1	第二层
	1330046020	旋转轴（上）	1	M	料盒 1	第二层
通电前零件	1740211000	主电机调整块	1	M	料盒 1	第二层
	1800384010	左支架	1	M	料盒 1	第二层
	1800385030	右支架	1	M	料盒 1	第二层
	1800515010	支架（一）	1	M	料盒 1	第二层
	1800560000	支架（二）	2	M	料盒 1	第二层

续表

工序	料号	名称	数量	大小	容器	料车放置位置
通电前零件	1811376000	机身罩支架	2	M	料盒2	第二层
	2410194000	基础垫片	1	S	料盒2	第一层
	2411240000	刀塔座垫片	6	S	料盒2	第一层
	2630004000	螺母（基础垫片）	6	S	料盒2	第一层
	J09AB016M6	磁铁型门扣	5	S	物盒2	第一层
	J09AE00140	把手	1	S	物盒2	第一层
主轴电机	1210662010	电机带轮	1	M	物盒2	第二层
	1440571010	带轮内隔环	1	S	物盒3	第一层
	1812120020	控制器固定架	1	S	物盒3	第一层
	2430045020	压力片	1	S	物盒3	第一层
	F06AB48X55	迫紧环	2	S	物盒3	第一层

根据模组化物料发料表，物料按初装、精装等工段在物料车分层放置，按工段装配的工艺进行排序放置。如图 6-34 所示，小物放置于第一层的物料盒中，料盒按装配工艺流程摆放，每个制程设计一个物料盒。重物和中物放置于物料车的第二层和最底层，减少物料的拿取和搬运时间。物料以物料车形式发料到装配生产现场。

图 6-34　中小物模组化备料发料示例

（2）JIT 供应

单元式模组生产体系下的 JIT 物料供应方式和传统大批量生产的物料供应方式的对比分析如表 6-6 所示。

表 6-6　单元式模组生产和传统生产物料供给对比分析

项目	大批量生产	单元式模组生产
物流体系的特征	在各仓库大批量搬运	多品种、小批量、高频次地搬运
物流设备	多使用大型设备和垫板	混载小型容器的牵引台车
物流路线与时间	没有设定固定的路线及周期	确定固定的周期和线路
供应周期	提前供应、余量多	按已确定的周期供应
信息传递方法	按生产计划及作业员的要求	通过指示灯、看板等传递信息
线边供应方式	放置于生产区域周边，由人员走动搬运	将必要物料直接配送到作业区

从表中可以看出单元式模组生产中的 JIT 供应机制可以大幅减少生产现场的物料库存。生产现场的装配人员根据 ALC 系统的现场指示进行机床装配作业。通过 ALC 系统控制生产物料和物流，从而实现 JIT 供应和适时、适量生产。

ALC 系统需要对物料的需求时间点和送料时间点进行分析和设定。例如，机床精装工序的大物需求时间点和送料时间点分别如图 6-35 和图 6-36 所示。通过对送料时间点的规划，减少物料搬运次数，统一物料搬运工具，消除人员、设备、库存等一系列浪费，只在生产需要的时候提供所需的零部件，解决现有物料供应和生产脱节问题。

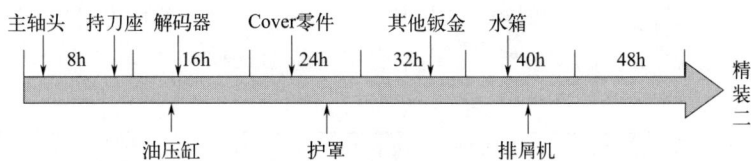

图 6-35　大物需求时间点

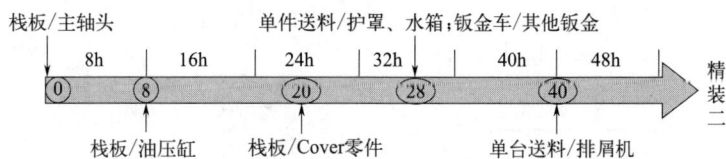

图 6-36　大物送料时间点

6.3.3.4　物料同步供应指示系统

ALC 系统是机床单元式模组装配的信息化辅助系统。ALC 系统通过与 MES 系统的集成，将 MES 系统中的生产计划导入 ALC 系统。通过 ALC 系统终端在生产线现场进行指示发布和机台信息收集。ALC 系统运作流程如图 6-37 所示。

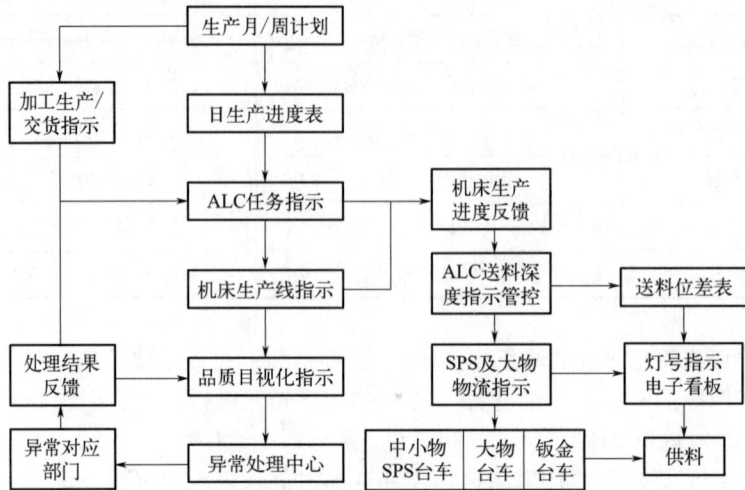

图 6-37　ALC 系统运作流程

　　如图 6-38 所示，首先根据机床装配工艺路线设定送料位差表，ALC 系统自动确定机床各装配模组所需的物料清单及备料时间点。物料仓库根据系统指示对电控箱、护罩等大物进行 JIT 供应。中小物料按工艺模组的模数（如 2/4/8 台份）进行台份备料。根据现场进度指示进行 JIT 发料和供应。例如，刀塔、主轴头等中物采用两台份的物料车进行备料。根据 ALC 的发料指示，由牵引车提前 1h 把物料送到装配现场。

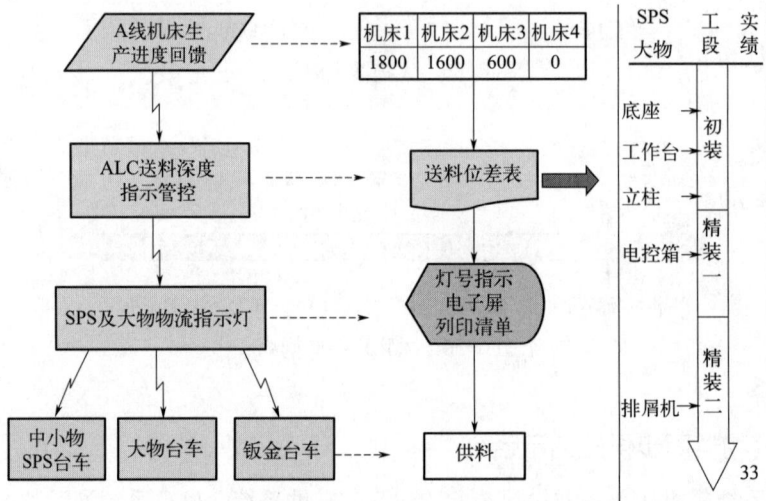

图 6-38　ALC 物料管控示意图

6.3.3.5　ALC 系统异常目视化看板设计

机床单元式模组装配本质上也属于一种流水线生产。流水线生产方式要求生产具有较高的安定化程度，能够及时发现和处理各类生产异常。为了保证单元式模组装配生产的正常运作，ALC 系统提供如图 6-39 所示的生产现场的异常反馈功能。装配人员通过异常选项触控按钮直接进行异常问题反馈，异常问题以生产看板、手机短信等方式发送至相关业务部门或责任人，相关人员必须在规定时间内进行响应与处理。通过这种方式实现对生产异常的快速响应，提高异常处理速度和生产效率。

区分	作业开始	作业完成	异常开始	异常结束	异常选项	
触控灯号	Ⓢ	Ⓔ	Ⓢ	Ⓔ	D	设计
					E	误料
开始时间	8:00		10:00		I	欠料
结束时间	17:00		10:30		Q	品质
					W	等待
小计	540′		30′		S	4S
					M	会议

图 6-39　生产现场异常反馈功能示例

通过 ALC 系统的看板系统，可以随时了解单元式模组生产的进度和异常状况，从而对生产过程中的异常进行及时处理和解决，消除产生工序不平衡的潜在原因。ALC 单元式模组生产的异常目视化看板如图 6-40 所示。

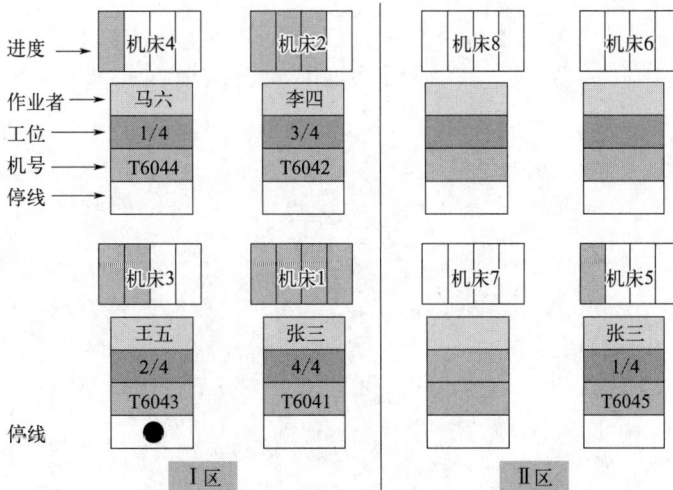

图 6-40　ALC 单元式模组生产的异常目视化看板

第 7 章

智能工厂智能物流模式规划

数 字 赋 能
智能制造核心技术 丛书
DIGITAL EMPOWERMENT

7.1　精益物流

物流的构成要素包括运输、仓储、包装、装卸搬运、流通加工、配送以及相关的物流信息等。在生产模式从面向库存到面向订单的转变过程中，生产物流的目标已从单纯降低库存、提高作业效率提升为通过集成优化，降低物流综合成本和提高整体运作效率。生产物流已经从粗放模式演变为以关键绩效指标为依据的精细化模式。

生产物流的上下游环节多，不确定性因素多。生产物流既要防止生产延迟，又要最小化存货，因此企业需要高度重视生产物流运作方式和流程的规划设计，让物流在生产内部实现最短时间、最短流程的准时供应，保证生产准时交付。

生产物流的管理内容主要包括：

① 物料管理。物料管理主要包括库存管理、出入库管理、物料包装管理、物料基础数据维护等内容，保证物料的账务准确、及时供应。

② 物流计划与控制。根据生产加工的需要，规划工厂和车间的物流作业方式、物流路线，进行物料和物流设备的计划调度，实现生产物料的及时和高效供应。

③ 物流过程监控。通过生产物流系统设置各种采集和检测装置，对生产物流过程中的各种物流状态进行采集和监控，及时发现和处理异常，保障物流系统生产供应的正常运行。

精益物流是以精益生产思想为指导，通过实现物流活动的精益全方位运作，提高生产效率，降低生产成本。精益物流核心思想主要包括：

① 强调生产与物流一体化，要求物流的同步供应，实现物流供应与工位生产的进度同步。

② 以拉动方式为主，将看板、ALC、LES 等系统作为物料供应指示的系统工具，通过看板传递物料需求，实现 JIT 物流。

③ 通过生产与物流的协同组织，实现物流平准化。在技术上要实现自动化、信息化、智能化、透明化的物流运作模式。

7.2　智能生产物流模式

7.2.1　精益智能生产物流模型

7.2.1.1　智能物流

智能物流是以精益化、自动化、智能化、一体化为目标，结合各类信息系统和物流新技术，围绕制造企业的投入、转换、产出等主要物流环节，构建跨时空、跨地域、信息集成、物物相连的智能物流系统，实现生产全过程的物品识别、跟踪、溯源、监控与实时响应。智能物流模式如图 7-1 所示。

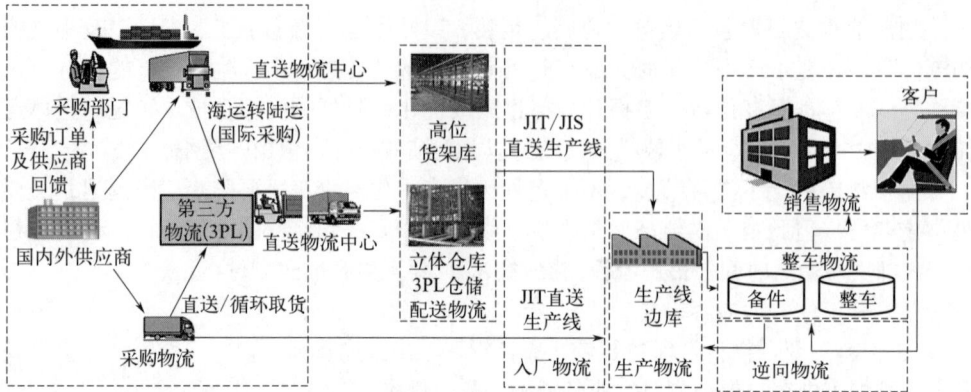

图 7-1　智能物流模式

智能生产物流的系统功能架构如图 7-2 所示，系统向上与企业 ERP 系统集成，获取产品、工艺、生产订单等基础信息；向下与不同设备、生产区域相连，通过无线射频等技术，对物流活动信息进行数据采集，有效管控生产与物流。

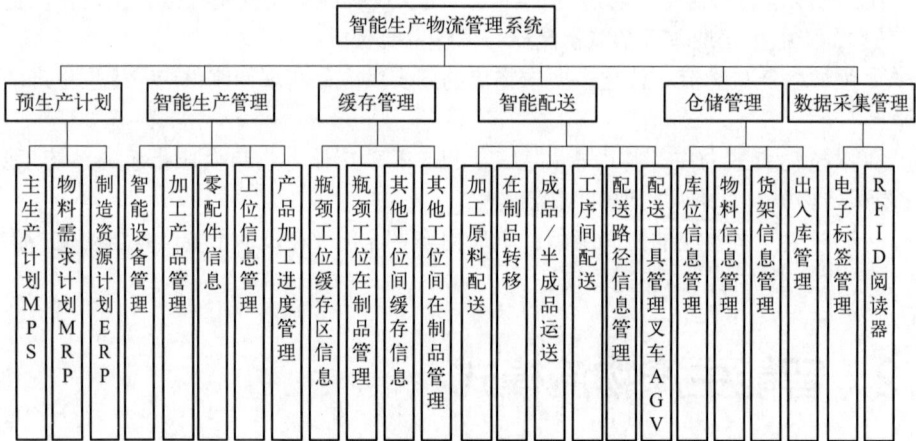

图 7-2　智能生产物流系统功能架构

智能物流的主要特点包括：

（1）实时感知

物流系统是一个实时更新的系统。运用条形码、射频识别技术、传感器、全球定位系统等先进的物联网技术，获取运输、仓储、包装、装卸搬运、流通加工、配送、信息服务等物流环节的各种物流信息，使各方能够准确掌握和感知货物、车辆和仓库等信息。

（2）数据共享

将物流过程中采集得到的信息通过网络传输到数据中心。利用数据库技术和数据关联分析技术进行数据归档，实现数据的标准化与结构化。在此基础上，实现物流各业务环节的数据共享与应用集成。

（3）分析决策

针对具体物流问题和物流数据，建立物流分析模型，模型的迭代分析具有自我完善能力。通过对物流作业活动中的能力要素、资源配置、瓶颈环节进行优化分析，提出最合理的解决方案。同时，可以对物流活动中的潜在风险与问题进行预测分析，使决策更加准确、科学。

对智能工厂的物流规划而言，精益物流侧重于物流运作流程层面的模式策略与作业设计，智能物流侧重于使能技术层面的工具选型与系统实现。在实际物流规划过程中，需要对二者进行综合分析与融合应用。

7.2.1.2　智能物流的发展趋势

随着物流与供应链精益管理水平的提升，以及物流新技术和管理新工具的不断发展，智能物流呈现模块化、一体化发展的趋势。

（1）模块化供货

以汽车行业为例，针对仪表板、座椅等物流体积较大的零部件，供应商将生产车间建在整车厂周边，实行模块化供货。整车厂通过设定 1 ～ 2h 库存的零件拉动系统，控制周边供应商的零部件供应，并在设定的时间窗口生产、存储、配送和接收，缩短物流提前期和降低物流成本。

（2）中央物流中心的系统整合

中央物流中心主要是指提供库存管理、运输、物流中心管理、信息系统等物流服务的专业化物流平台。中央物流中心的作业都是基于客户工厂的需求驱动，通过与工厂业务的高度集成和专业化服务，目前中央物流中心已经成为很多工厂规划建设的重要延伸部分。工厂以自建或第三方的形式进行中央物流中心建设。

例如，为了满足日益复杂的零部件生产需求，汽车行业普遍将工厂的零部件物流都集中在同一物流中心进行运作实施。通过业务整合与优化，采用如图 7-3 所示的汽车零部件物流管控集成系统，对生产计划、零部件同步供应指示、物流进度跟踪控制、零部件库存管理、线边零部件缺件预警、零部件拣配作业等进行系统化管理，实现零部件物流的系统决策和综合成本最优。

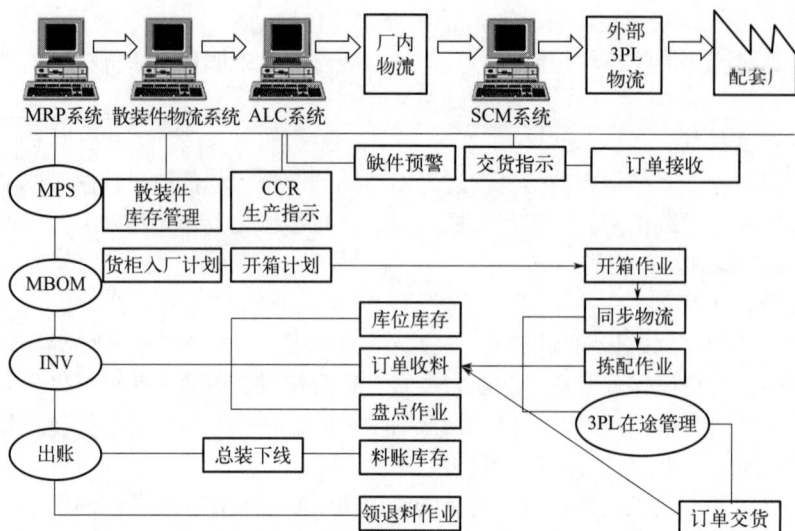

图 7-3 汽车零部件精益物流系统架构图

（3）一体化零部件供应物流运作模式

目前，制造业普遍采用 MTO 或 ATO 生产方式，即根据客户订单组织生产。规模较大的制造企业的零部件供应基本采用一体化零部件精益物流运作模式。这种运作模式的规划设计内容主要包括精益物流管理、看板拉动排序循环补料、配套小总成精益管理、JIT 配送、工位器具设计、最大最小库存及断点零件管理、WMS、运输管理系统（Transportation Management System,TMS）、循环物流配送、定量及运送全程控制、标准化包装等。通过上述一体化管理，达到整个物流系统运作的有序化、透明化、高效率、低成本目的。

7.2.1.3 智能物流规划的主要内容

物流系统在智能工厂的建设规划中占据主要地位，是实现工厂智能化、自动化和可持续发展目标的关键因素。智能工厂的物流规划设计需要根据精益物流的思想和智能物流的要求，对生产物流系统进行全局规划，从源头上消除各种不增值的物流环节，提高物流的整体效率。

智能工厂物流规划的主要内容和目标主要包括：

（1）物流模式的设计

物流模式设计的目标是保证物流供应的及时性和均衡性，实现小批量多批次的供应，减少生产过程中各类库存数量。其设计内容如图 7-4 所示，主要包括智能工厂顶层物流规划、物流策略的制定、生产物流运作方式的设计、物流计划体系搭建和物流操作流程的设计等。

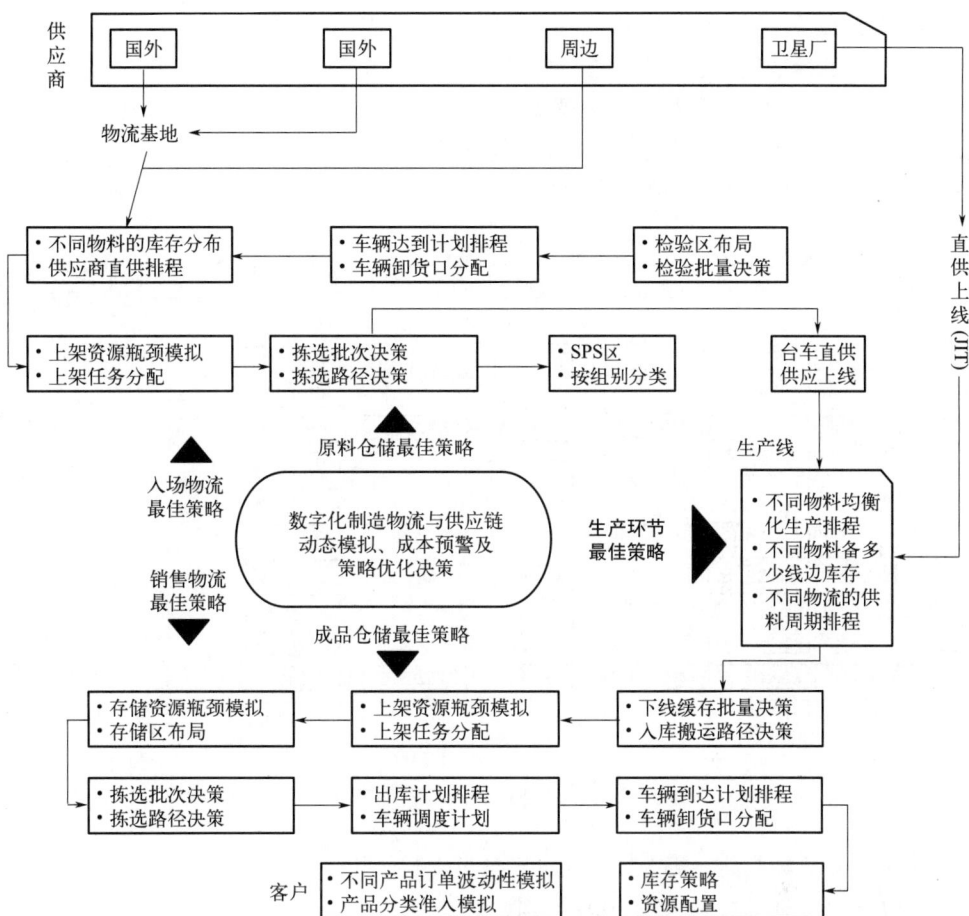

图 7-4　生产物流策略体系

（2）布局与动线设计

布局与动线设计的目标是进行合理的空间布局，将仓储区域、生产区域以及通道的面积、位置与逻辑关系进行梳理，以达到物流运作高效和经济目的。其主要的设计内容包括工厂整体物流布局规划、仓库布局设计、线边仓设计、车间物流动线设计等。

（3）物流系统的设计

物流系统设计的目标是物流资源合理调度和智能决策，实现物流管理指标，如库存准确、JIT 配送、SPS 作业、物流效率提升等。系统设计的内容主要包括物流 PFEP 设计、LES 系统、WMS 系统、条码系统、看板系统等。

（4）物流设施的设计与设备选型

物流设施的主要设计与选型内容包括仓储系统、物流搬运系统、拣选系统、配送系统、非标物流设备等。

（5）物流标准化的设计

包装容器是物料载体和物流关键要素之一。物流标准化设计的主要内容包括：物流器具的标准化设计、物料包装的模块化设计等。

智能物流的规划体系如图 7-5 所示。

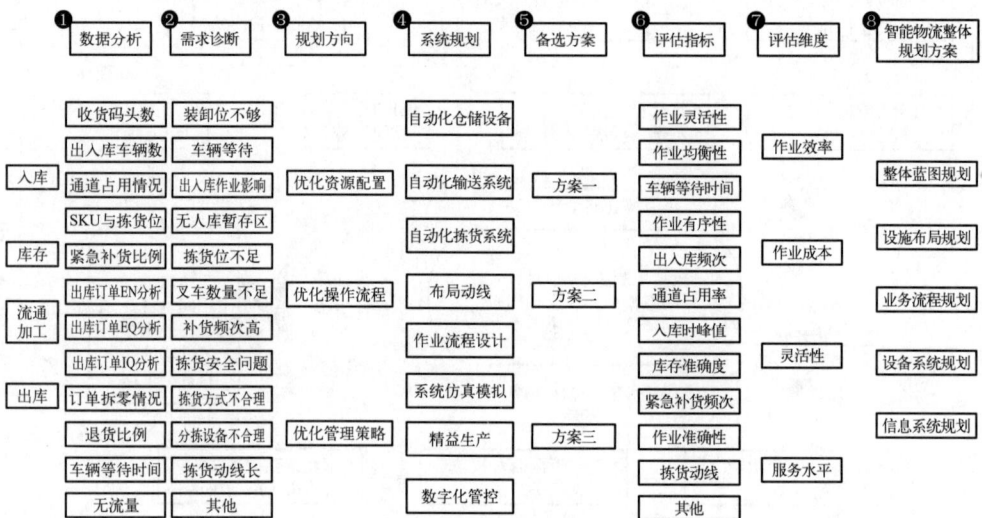

图 7-5　智能物流规划体系

在智能物流规划时，需要加强以下方面的技术应用：

（1）融合系统工程和精益的技术思维

为了确保物流业务的正常协同运作，物流需要与生产、库存、销售以及供应链其他环节交互集成。智能工厂的物流系统涉及 ERP、MES、SCM 等多个系统。因此，物流规划需要基于资源要素的系统集成思想，将物流与生产工艺、运作管理、信息系统进行一体化考量，即物流规划和工艺规划相结合、物流模式和生产模式相结合、物流管理和精益目标相结合、物流和软硬件系统相结合。

以整车厂总装车间物流为例，在 TMS、WMS、LES 等物流信息系统的智能调度下，实现从零部件供应商到车间生产线的互联互通，同时与自动化立体库、AGV 等智能物流设备集成，保证零件接收、储存、拣选、配送上线等作业准时、高效地执行。

（2）效率优先，重视自动化、智能化技术的创新与应用

物流具有作业相对简单、用工多、占地面积大等特点。为了提升物流效率和降低物流成本，物流的自动化和系统化需求巨大。例如，采用 RFID 技术，提高器具的全过程管理水平；集成 AGV、自动上下线机构、自动随行机构的台套式配送系统（Set Parts Supply，SPS）。

（3）IE 规划工具和系统仿真工具的应用

生产工艺流程是物流规划的基础。物流作业流程是物流设计的核心内容。采用 IE 技术工具，进行物流作业测定与流程分析、SLP 布局的物流量计算、储运单位分析等，提高物流规划设计的科学性。在初步规划设计的基础上，采用物流建模仿真技术和数字孪生技术，对智能工厂物流方案进行模拟验证与分析评估，发现问题并进行优化。

7.2.2　多种少量生产的物流使能技术

7.2.2.1　生产与物流一体化——基于 MES 的同步拉动

随着计算机和信息技术的发展，JIT 物流实时拉动式信息系统得到快速发展。为了实现 JIT 目标，MES 系统与 ERP 系统进行数据和应用集成。在生产过程中，利用 MES 系统对生产进度进行实时监控。参考 ERP 系统的生产计划，MES 系统形成 JIT 物流计划。根据生产实时进度，MES 自动发布 JIT 物料供应或批次配送的指示信息。基于 ERP/MES 系统的 JIT 同步物流系统流程如图 7-6 所示。

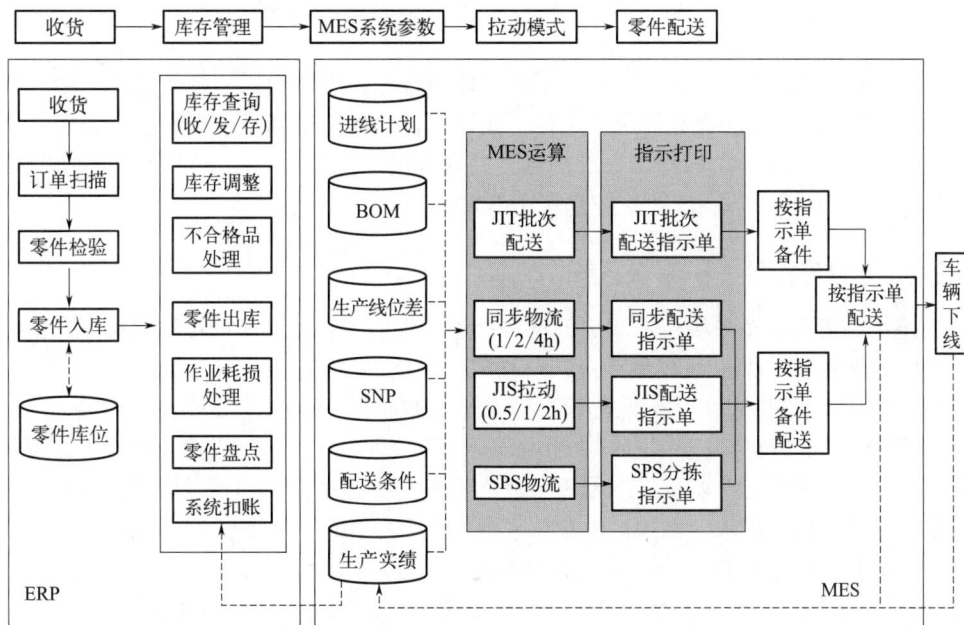

图 7-6　JIT 同步拉动系统流程图

以汽车行业为例，MES 系统根据 ERP 系统中的 MPS 计划生成周生产计划或更精确的 3 日生产滚动计划，并且将该生产计划按批次划分。在此基础上，根据制造 BOM 的信息，将整车生产计划转换为零部件物流供应计划。MES 系统根据零部件在生产线的上线点、工程指示深度和物流包装信息，计算物流供应的批次数量，以及每批次的零部件配送箱数或台车数量，系统生成如图 7-7 所示的 JIT 批次配送指示票。

计划代码	A1-99	供给车间	A1
零件代码	KL003	零件号	7XXXXXXACSXXXXXX
零件名称		后视镜	
物流车次	2	箱数	6
日期	2017-02-23	包装数	20
时间	0900	码头	A03
库位	DM01-22	料位	S01A-033
备注			

JIT批次配送指示牌

4/20

KL003201702230004

图 7-7　JIT 批次配送作业票

JIT 批次配送指示主要包括供件车间、计划代码、零件代码、零件名称、零件简码、容器数量、SNP、物流批次、库位、使用工位、配送日期、配送路线等信息。其中最关键的是物流批次号与该批次的零件需求数量，在设定一定运算参数和规则后，MES 系统可自动生成该 JIT 批次配送指示信息。

7.2.2.2　物流拉动——看板系统

传统制造企业多采用生产线边的物料推动式供给方式，生产现场的物料多、占地面积大。随着多种少量混线生产方式与精益生产的结合，要求生产物流实现小批量、多频次的 JIT 物流供应，以实现生产线边和仓库的物料库存最小化、物流效率最大化。

JIT 思想已广泛应用于制造行业的生产与物流管理领域，通过安灯、看板等目视化指示方式实现 JIT 生产物流。JIT 物流供应在物料库存最小化前提下，保证产品多样化和柔性生产的物料需求。例如，整车厂混流生产一般采用小批量分割的生产方式，即以一个小的生产批量（如 30 台）进行混线生产。在零部件配送上线时，同样以相同小批量（如 30 台套）作为零部件物流的拉动批次，以此实现零部件的 JIT 物流供应。针对部分体积大的零件，无法一次性将整批次零部件全部配送上线，则采用厂内 JIS 同步配送方式加以解决。

看板系统是一种拉动式生产的物料控制系统，主要用于制造、搬运、交货和供应等活动的调控管理。看板拉动的对象主要针对通用配置的中小型物料，如整车组装所需的大部分标准件（如各种紧固件）、汽车线束等。在传统的看板系统中，主要采用看板卡作为物料拉动需求的信息载体。如图 7-8 所示，看板卡的内容一般包括看板号、供应商名称、零件号、零件名称、库位号、线边供应工位地址、盛具类型、收容数、卡片序号和条形码等。其中，看板号是标识看板的号码。

厂商 (代码)	广州KC (5101)	订单号	20170306009	受入时间	0900
				便次号	GT21-02
件号	90XXX1-55XX3			件号代码	005
件号	左轮罩外板				
包装代码	T1730	SNP	50	收货码头	A01
管理号		90XXX1-55XX3-001			
料位	T1R-0603		链号-分割线		PL04-08
序号	02/16	XX公司交货标签		分割链出发时间	11:00

图 7-8　交货看板卡片示例

目前，条码、RFID、系统集成等信息技术在看板系统得到广泛应用，采用 E- 看板进行物流跟踪控制、物流信息可视化以及 WMS 系统交互等。如图 7-9 所示，整车厂的零部件看板拉动采用条码扫描方式进行。条码信息包括看板号和卡片序号，实现系统快速扫描和防错。

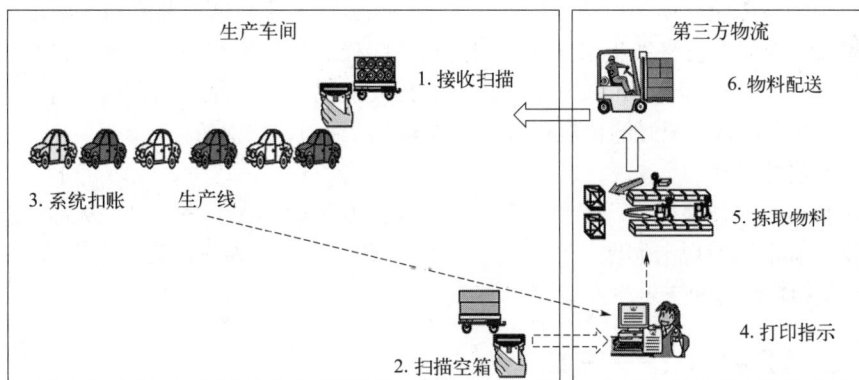

图 7-9　看板系统运作原理图

厂内看板拉动的业务流程如图 7-10 所示，在生产过程中，通过看板的循环过程实现基于看板的物料拉动。

MES系统 报表	MES系统 物料模块	送料工	车间物料组长	线边工人
				从料箱中取出第一个零件时投出看板卡
		定时收取各工段收集盒内的看板卡	定时收取各工位看板卡投入工段看板收集盒中	
		进行扫描形成送货单		
	系统根据相应条件进行分类组单，记录相应的需求信息	依送货单提示信息进行备料送料	核对零件数量并对送货单执行接收扫描	
	线边收货信息系统记录，自动完成移库或零件库存消耗	取回空箱		
系统打印发货报表		将空箱放置于空箱返回区		

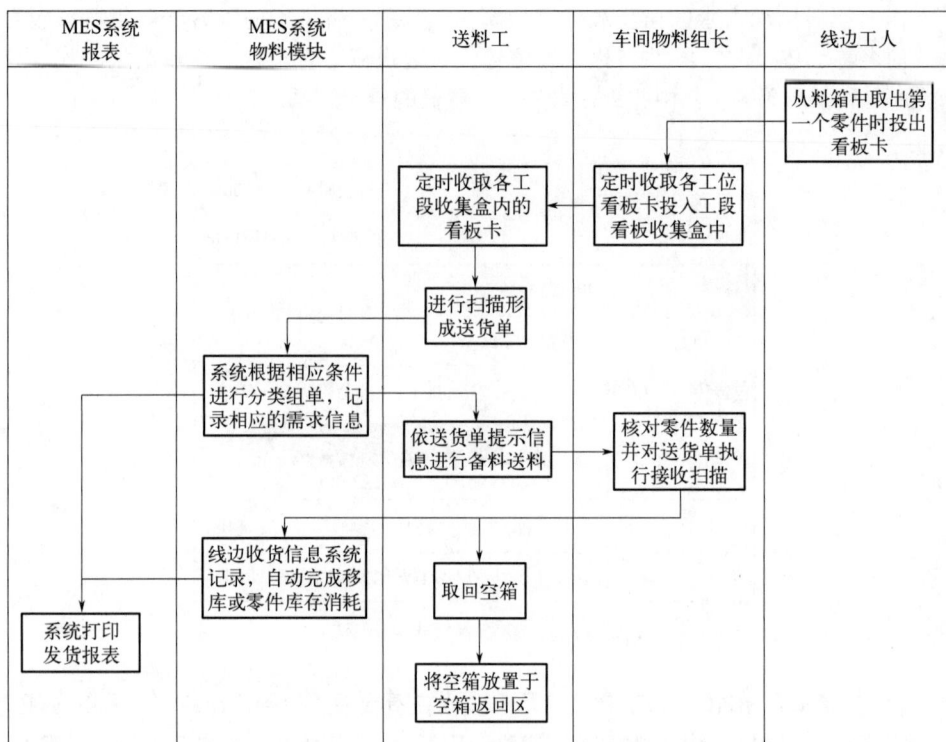

图 7-10　看板拉动系统业务流程图

（1）拉动循环

一个完整的拉动循环包括线边操作人员使用某一箱零件时，将看板卡取出放入看板收集盒，送料人员将看板卡回收至扫描点，扫描点将看板扫描信号发送到区域配送中心（Regional Distribution Center，RDC），RDC仓库根据扫描信号配送物料至现场存放点，送料人员将匹配好的物料和看板卡送至生产线边，依次循环。

（2）看板循环

送料巡线人员根据实际产量和工作量，每隔 0.5h 或 1h 巡线一次，从生产线边将看板收集盒中的看板卡回收。根据看板卡的信息，在仓库内完成物料的拣选和备货。看板卡和物料一起配送至生产线。

7.2.2.3　物流平准化——P 链

P 链位于工厂内物流和工厂外物流的交接位置。P 链是根据生产时间和平准化生产数量划分的一个物流缓冲区域。P 链由一组长方形区域组成，区域内被分割为等距离区块，某整车厂 P 链如图 7-11 所示。P 链的主要目的是完成物流的分割和物流进度吸收，提高物流配送效率，节省人员和物流面积。因此 P 链又称为进度吸收分割链，是平准化生产物流的重要技术之一。

图 7-11 P 链示意图

以整车厂为例，假设日生产时间 920min，计划日产量 480 台，生产节拍 TT 为 1.9min/ 台。采用平准化生产与物流模式，P 链设定 24 条，每链的零部件数量经平准化分割为 20 台份。P 链每日向生产线供给 24 次，每条链的零部件物流拉动周期为 38min。

P 链的作业模式如图 7-12 所示。每链零部件的出链指示来自安灯信息显示屏，一般是由两组两位数字组成。前一组两位数字代表总装下线的车辆循环序号（1 ～ 20），后一组两位数字指示出链的链号。

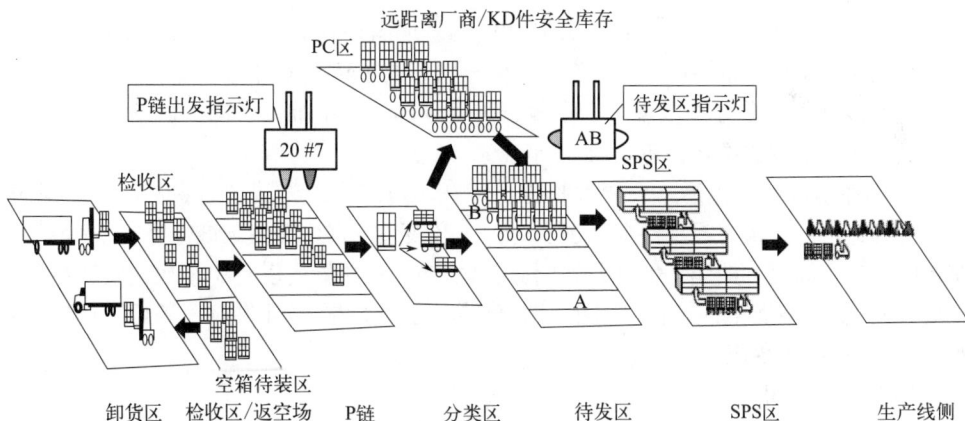

图 7-12 P 链出链进线示意图

图中的安灯显示为 2007（20#7），代表当前 P 链出发指示 2007，即 7 号链的零部件开始搬出，与此同时，6 号链的零部件已经根据 E- 看板指示，全部投放至分类场的分线台车，投入待发区，而 5 号链的零部件从待发区出发送线。再过 38min，8 号链的零部件开始搬运，依次循环，实现 P 链的运作。

P 链的作业要点如下：

① 必须根据下线计数器的显示进度搬运零部件，使搬运进度与生产线进度一致。

② 进度计数管理。进度计数管理是结合生产线进度和 E- 看板相关信息对物流现场人员进行物流搬运作业指示。

③ E- 看板发注量和 P 链进度反映。E- 看板方式会根据每日生产实绩调整订单发注数量，所以每日总货量会相应变化。但是不论总货量增加或减少，都会被吸收并平均分配到所对应的 P 链中，实现物流供应的均衡化，安灯指示的台数也相应进行调整，具体如图 7-13 所示。

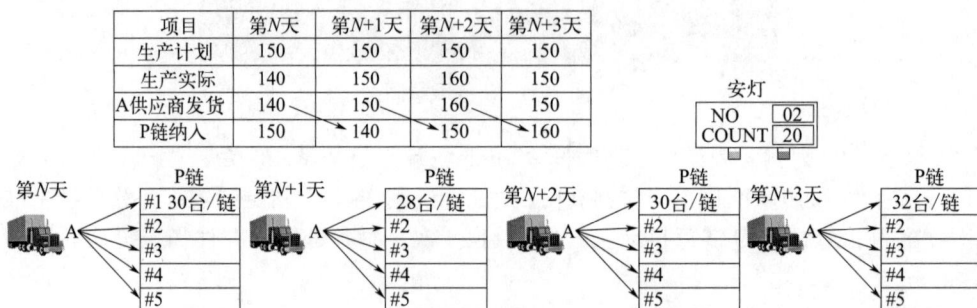

图 7-13　E- 看板发注量和 P 链进度反映

P 链对多种少量混流生产的平准化物流规划非常重要。P 链的主要作用如下：

（1）分割作用

P 链的第一个重要作用是物流分割功能，实现内外物流的分离。分割链实现多频次、小批量的 JIT 零部件物流。P 链一般是根据每天生产作业计划、规格种类和数量，将每天的零部件订单分割成多个小批量，采用零部件的小批量供应。通过分割链实现小批量零部件物流的循环供应。

零部件物流量过大通常会导致物流供应在单位时间内无法送达生产线边。同时，一次性到达生产线边的零部件数量过多时，生产线边没有足够区域进行存储。P 链可以有效解决这一问题。如图 7-14 所示，利用 P 链的分割功能可以将 1 车次交货的零部件平均分配到 12 条链中，这样可以根据生产进度进行 12 次循环供应，满足小批量、多频次的零部件 JIT 供应。

（2）吸收作用

P 链的第二个作用是对工厂外物流的计划交货零件的进度吸收功能，保证零部件的正常收货。如图 7-15 所示，当生产线正常运行时，P 链零部件的供应进度与生产线生产进度实现同步❶。此外，工厂外物流的计划供应还会面对生产线异常停线或降速生

---

❶ 图 7-15 中，"便"是丰田精益物流 P 链的专用术语，是指供应商设定的每日零部件物流量的供货节拍或频次（可分割为 1/2/4/6/8/12/24/36），如 4 就是把 24 小时的零部件用量分解为 4 个批次，每一便供应 6 小时的零部件用量。

产情况，这时工厂外物流和工厂内物流出现进度差异，P 链的空白区域可以作为吸收的缓冲区。当线边不需零部件时，P 链就停止搬运，未放满的链可以吸收已到货零部件，这样保证外物流持续送货。因此，P 链具有一定物流柔性供应能力，为厂外物流提供应对异常的缓冲能力。

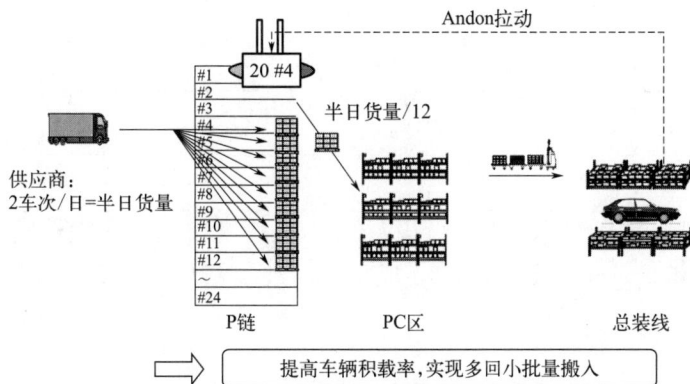

图 7-14　P 链的多回分割机能

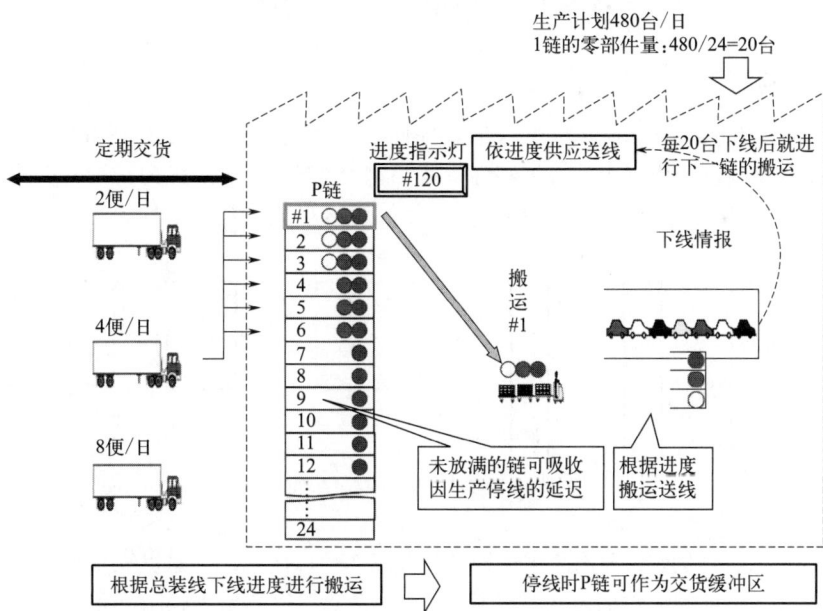

图 7-15　生产停线 P 链缓存功能图

（3）缓冲作用

如图 7-16 所示，P 链可以应对前工程（如零件验收、入链等）的作业延迟和超前生产。首先，P 链具有应对物流车辆延迟的功能，可保证外物流按计划进行物料供应，物流车辆的周转率和物流设备的利用率高。其次，P 链可应对超前生产。超前生产就是生产提速或扩产，导致生产实绩高于需求计划，零部件按计划交货比实际使用量少。正常情况下，P 链的状态是一直保有 3 链的零部件，以应对超前生产需求，防止厂内零部件供应不及时导致缺件停产。

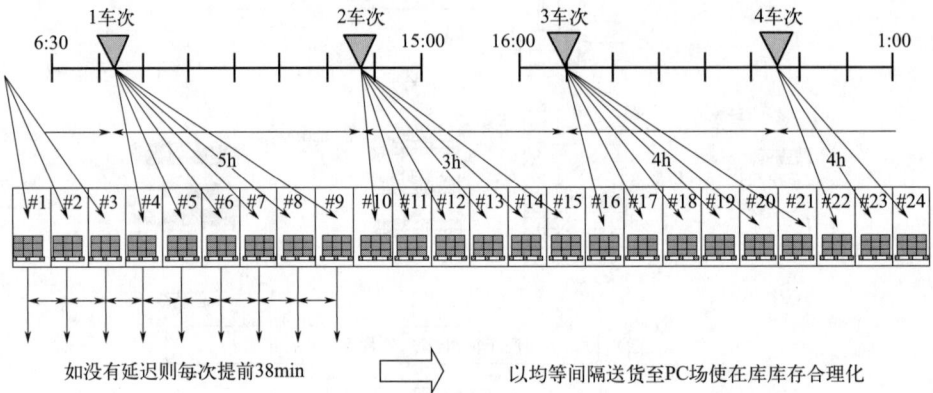

图 7-16　P 链的缓冲功能

7.2.2.4　物流单元化——SPS

SPS 最早出现在汽车混流装配线的零部件随车序列供应。SPS 是在 JIT 物料模式基础上，针对混流生产线提出的一种零件拣配和物流新模式。SPS 作为一种先进的厂内物流配送方式，目前已逐步在制造行业推广应用。SPS 厂内物流模式如图 7-17 所示。

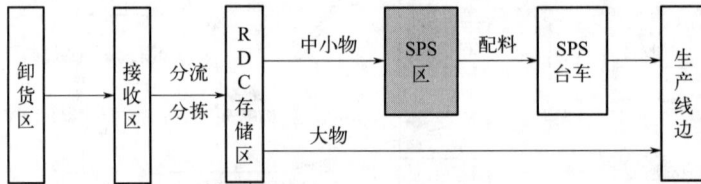

图 7-17　SPS 厂内物流一般模式

以汽车总装为例，SPS 拣配运作模式如图 7-18 所示。MES 系统在车辆排序点采集进线排序信息和车辆配置信息。通过整车 MES 系统的物料管理模块确定随行零部件需求信息，MES 发布零部件 SPS 指示至各 SPS 拣配区。SPS 拣选人员根据 SPS 需求拣选出对应的整套零部件，每套零部件共用 SPS 台车上的专用物流周转容器。SPS 台车根据生产进度序列排序配送上线。SPS 台车随整车在装配线进行流转。在车辆完成装配后，SPS 空台车返回 SPS 拣配区。物流容器在装配线和 SPS 区之间流转，使零部件一台化。

目前，整车厂的 SPS 台车多采用 AGV 等自动化输送系统送至装配线边，最终用于整车装配。

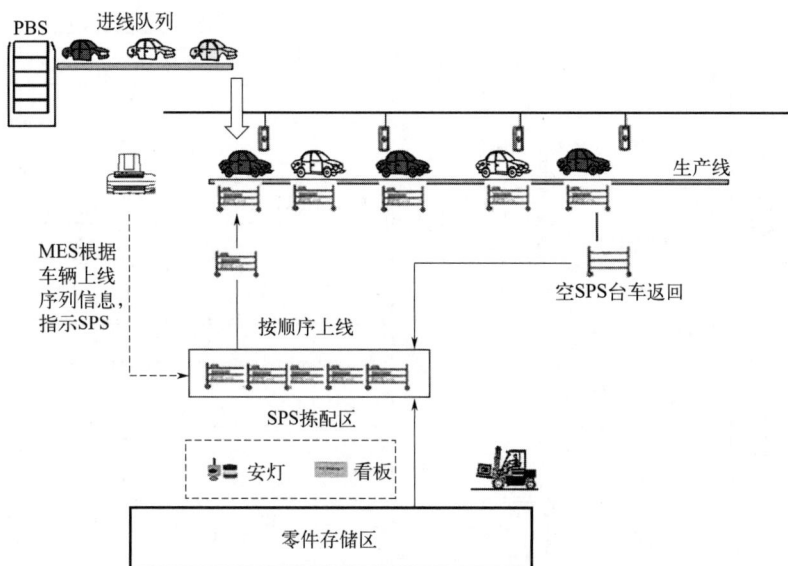

图 7-18　SPS 拣配运作示意图

SPS 最大的特点是将装配线的装配作业与零部件拣选作业相分离。SPS 拣选人员只负责将某一型号产品所需的零部件拣取出来，然后放入相应的 SPS 台车。SPS 台车按生产顺序和实际进度，单台份配送至对应工位或随装配线同步运行，实现对应工位的零部件供应。SPS 根据产品装配的零部件信息进行零部件配载，降低线边零部件的库存堆积。

SPS 方式的另一特点是不受产品规格、零件和工位限制，消除了装配取料过程中的识别、寻找、走动等无价值的操作，降低了装配人员取料作业的复杂性。装配人员只需在物料架或产品同步流动的 SPS 台车上拣取零部件即可，甚至转身拿取零部件的时间也予以消除。通过对零部件采取这种台套式 JIT 供应，达到一个流的同步供应。

关于 SPS 规划设计的相关内容，本书将在下一节进行详细介绍。

7.3　SPS 物流规划方法

7.3.1　SPS 对生产物流的改变

多种少量生产和混流装配生产线的难点在于所需物料的种类、数量、频次复杂。

混流装配线的线边物流存放、配送模式和运输路线较大批量装配流水线更加复杂。以汽车生产为例，SPS对多种少量生产的影响是全方位的，具体如图7-19所示。

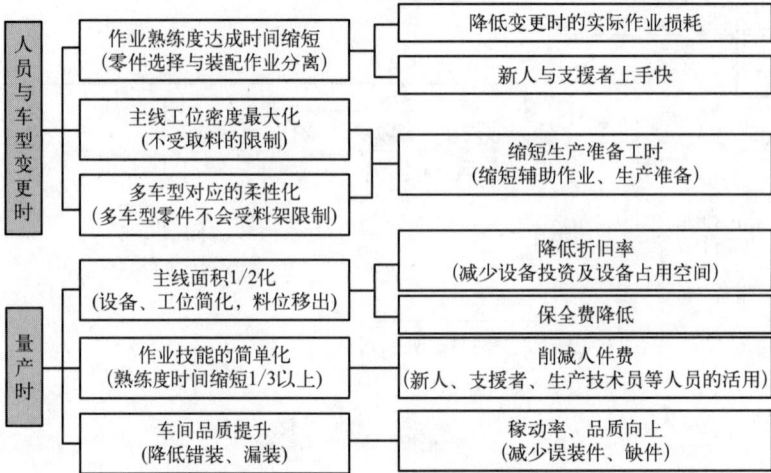

图7-19　SPS带给多种少量生产的变化

（1）SPS有利于生产现场布局优化，减少装配线边仓储与物流面积

SPS改善多种少量混线生产的线边物料干涉现象。传统的装配生产线两侧均要求规划2.5～3m的物料存放空间。采用SPS模式后，在SPS台车供应侧只需留1～1.5m的空间即可，可以节省50%以上的生产面积。

SPS实施后，工装辅助设备一般集中布置于单侧，另外一侧用于SPS台车的使用。装配作业采用随行小车，用于放置标准件和工具，装配线边的物料存放区可移至SPS拣配区，减少线边的物料存储面积。如图7-20所示，如果采用SPS台车随行供应方式，装配线边的物流通道可以简化甚至取消，进一步减少线边物流面积。

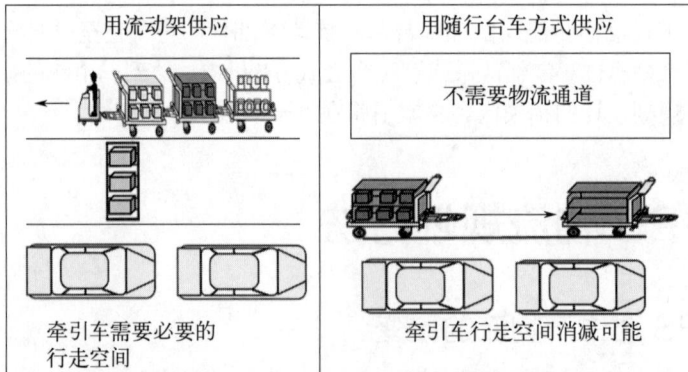

图7-20　SPS对生产物流的影响

（2）提升工位密度，装配线长度最短化

生产线的长度最短化，设备投资将大幅减少。如图 7-21 所示，混线生产线需要多车型的零件投入供应，通常需要增加更多的料架，因而容易造成料箱和料架取料超出组装工位段，取料距离增加；同时也容易造成工位间取料的相互干涉，影响正常的装配作业。

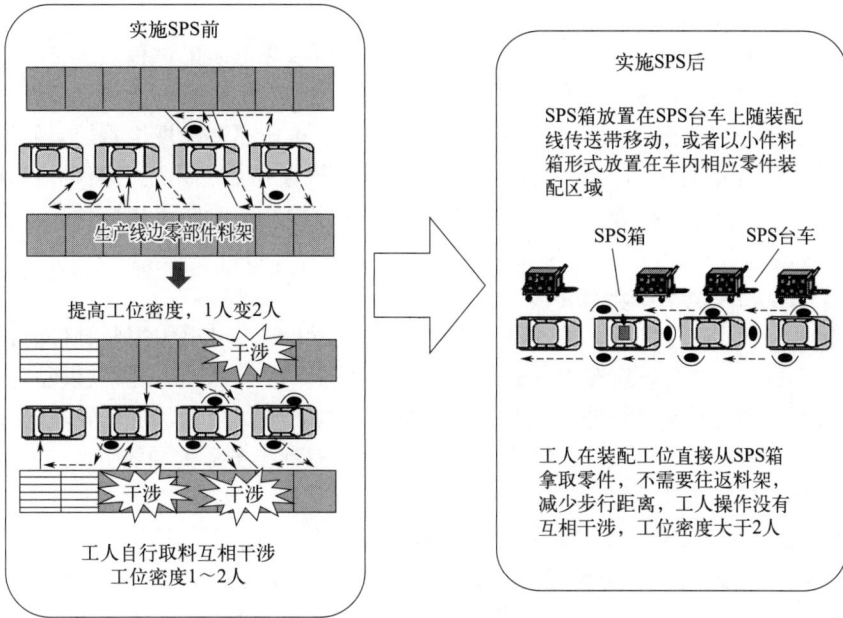

图 7-21　SPS 实施前后的生产线对比

采用 SPS 方式后，2 ～ 4 名装配人员可在同一装配工位的车辆四周进行协同作业，并且不发生取料互相干涉的情况。作业密度的增加可以有效减少生产线的工位段（即在制车身减少），车辆上线到装配完成下线的生产周期也会大幅缩减，整个生产线总长度减少 30% 以上，生产车间的生产与物流面积、能源消耗减少，实现组装生产线和车间的最小化。

（3）中小零件箱投送至拣配区距离和时间的大幅减少

SPS 拣选区一般规划在装配线侧（并行供应）或装配线两端。其优点是料箱物流距离和时间大幅减少，可以提升物流整体运作效率。

（4）装配和物流作业分离，提高装配效率

装配和物流作业分离后，可以快速提升作业熟练度，实现标准化作业。根据实际测算，装配人员的训练时间将缩短 1/3，100% 熟练度达成时间相应减少，而物流作业人员通常一周内即可熟练作业。

此外，SPS 可以有效降低装配人员的劳动强度，提高装配效率。装配人员直接从 SPS 台车内拿取零件，消除在装配线与料架之间的转身、往返、寻找等无效作业内容，仅需对零件检查确认，即可直接进行装配。零件拣配人员更加专注拣配操作。拣配人员可以采用将相同的模组零件放在同一行或同一列的料架布置和目视化，减少步行时间，提高整体拣配效率。因此，SPS 拣配人员的拣配作业时间通常小于传统的装配人员取料时间，整体作业时间减少。

（5）生产线作业品质的安定化

采用 SPS 方式进行零件台套式配送和装配时，可以降低装配过程中多装、错装和漏装的频次，有利于产品质量保证和提升。在采用 SPS 前，装配人员需要根据产品装配规格看板卡进行装配。采用 SPS 后，由配料人员注意产品装配规格看板，而组装人员不用过多区分不同产品，减少识别、寻找零件的繁琐作业。装配工聚焦装配作业。此外，在满足生产节拍的前提下，自检与互检的作业内容、时间可相应增加，提高装配品质。

（6）变化应对管理的难度下降

SPS 实现作业的单纯化和简单化。例如，当某一工位人员请假需要补位时，人员容易替补。SPS 可以有效应对人、机、料、法、环的变化。SPS 能够降低误品、误装、漏料、欠料、紧急送料的发生频次，无形中简化了生产现场管理。现场管理的异常应对减少，可全力提升生产效率和组装作业品质。SPS 有利于多品种混线生产的零部件供应快速切换，越多产品混线，SPS 的优势越大。

（7）优化物流配送路线，提高物流效率和及时性

采用 SPS 方式后，零部件配送方式由原来的各工位逐一多点配送转变为单一的 SPS 区拣选零件。取消生产线边的零部件大量存放，有助于减少和控制在制品库存（生产线边的库存转移到 SPS 区）。SPS 方式将线边零件集中存放在 SPS 区，配送距离缩短，配送满载率提高。同时，SPS 属于一种 JIT 配送，高频次小批量的配送实现零部件厂内物流的精益化。由于 SPS 减少了零件在生产线上的上线点，装配车间物流线路简化，避免了物流线路的交叉与冲突。零部件厂内物流是在"一个流"的整体系统下运转，物流的效率和及时性提高。

7.3.2　SPS 物流模式规划

7.3.2.1　SPS 物流作业流程

SPS 物流的作业流程主要包括订货、入库、存储、拣选和配送等环节。其中，拣选是 SPS 核心作业环节。

（1）订货

为了保证拣选环节各零部件库存变化和装配线节拍变化一致，订货系统通过对 SPS 区和装配线的关键点进行数据采集和处理分析，确定订货点、最大库存和安全库存等。订货系统向上游供应商发出电子订单，以确保零部件 JIT 供应。

（2）入库

零部件供应商粘贴零部件和物流的条码标签。零部件验收人员对入库零部件进行检查，确定零部件的质量、数量、品名等符合要求，并按照 ABC 分类法和检验抽样比例做质量检查，合格零部件入库后，自动订货系统维护零部件的在库信息。

（3）存储

合格零部件入库后，根据 SPS 拣选需求进行储位分配。零部件存储的过程中采取自动化存储和人工作业相结合的方式，确定库存零部件和标签、存储区域、货架、货位等的符合性。

（4）拣选

作为 SPS 系统最核心的组成部分，拣选环节的作业质量和效率决定整个系统运作效能。在拣选过程中，拣选作业要确保所有零部件和拣选单的匹配性。拣选作业人员以装配生产节拍为基础，根据拣选单在 SPS 台车左右两侧拣选，并对装载零部件的器具进行扫描，将供货信息传递到自动订货系统，以确保零部件配送的连续性。

（5）配送

由于 SPS 台车的顺序在拣选之前已经提前确定，即 SPS 台车与装配线的工位或产品一一对应，对 SPS 台车上线时间的控制成为出库作业的关键。

SPS 拣选作业的流程设计如图 7-22 所示。

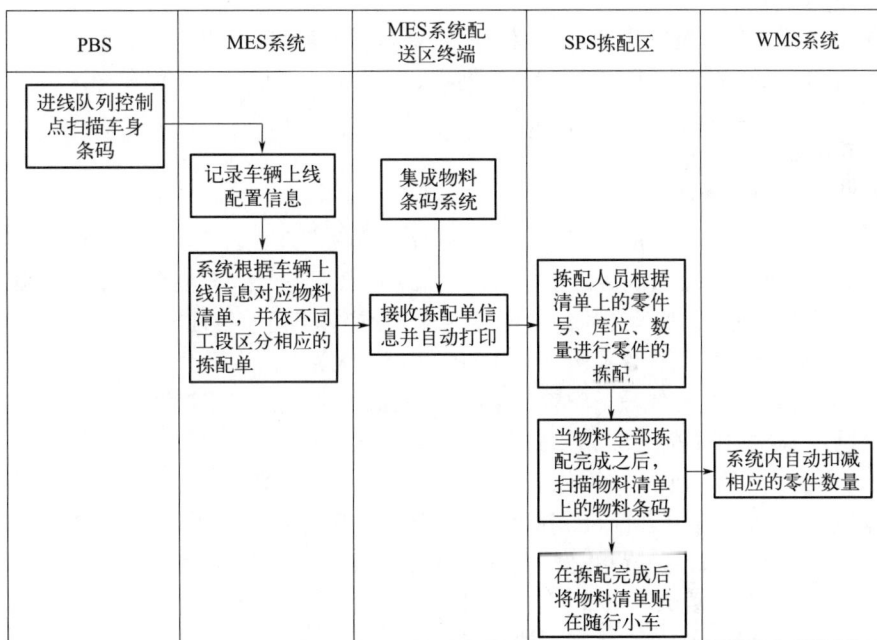

PBS	MES系统	MES系统配送区终端	SPS拣配区	WMS系统
进线队列控制点扫描车身条码	记录车辆上线配置信息	集成物料条码系统	拣配人员根据清单上的零件号、库位、数量进行零件的拣配	系统内自动扣减相应的零件数量
	系统根据车辆上线信息对应物料清单，并依不同工段区分相应的拣配单	接收拣配单信息并自动打印	当物料全部拣配完成之后，扫描物料清单上的物料条码	
			在拣配完成后将物料清单贴在随行小车	

图 7-22　SPS 拣选业务流程

① MES系统采集装配线的生产进度。根据设定SPS作业逻辑，当产品生产进度达到某一工位后，系统自动根据产品BOM，发布带条码的SPS零件拣选清单。

② SPS拣选人员手持纸质零件拣选清单，根据零件清单内的信息在SPS区进行拣选作业。

③ 零件拣选完成并核查无误后，拣选人员用无线扫描枪扫描清单上的条码标签，完成相应的移库操作。将零件拣选清单贴在随行SPS台车或SPS料盒上。

④ SPS台车配料完成，人工运行至SPS待发区。

⑤ 叉车或AGV牵引SPS台车至装配线的对应工位进行供应。如采用SPS随行方式，则输送至起始工位，随线运行，完成零件同步供应。

⑥ AGV牵引SPS空台车至SPS区，开始下一SPS作业循环。

7.3.2.2　SPS物流规划的步骤

SPS区域划分与布局规划的基本原则如下：

① 人、车分流。

② 配送路径短，物流配送频次均衡，物流道路顺畅。

③ 货架样式统一。

④ 物流成本低。

⑤ 节省物流面积，提高物流配送效率。

⑥ 易于管理。

根据工厂和供应链的策略，以及工厂整体布局确定SPS整体方案，具体包括SPS零部件清单、SPS区域规划、SPS动线规划和SPS供应方式设计等。将多种区域规划方案进行对比分析，确定SPS物流最优布局规划方案。

SPS物流规划步骤主要包括：

（1）基础资料准备

装配车间生产与物流的系统运作需要充分考虑生产方式、产能规划、产线工位布局、内物流规模、物流方式等因素，将产品规划、工厂设计、车间仓库布局、制造工艺、物流节点选址、物流运作管理等内容作为一个整体进行系统性规划。

① 厂房建筑物的生产作业区域、非SPS物流动线等制约因素。

② 工位数量、生产线设备配置、零件装配位置、物流方式和物流动线等。

③ 设定零件相关物流SPS-BOM信息。SPS-BOM主要包括零件号、零件代码、零件名称、BOM用量、包装收容数、设计变更信息、工位、料位、箱位、料箱类别等信息。可以在MES系统中进行SPS-BOM的创建与维护。准确、详尽的数据资料是后续计算各环节物流面积、配货和发货人员、车辆和SPS容器数量的前提。表7-1是零部件占用面积计算的主要数据来源。

④ 工厂生产纲领和混流生产计划方案。

⑤ 制定工作计划，明确项目工作任务、任务担当、阶段节点、阶段目标等。

表 7-1　零部件占用面积计算输入要素表

需求数据	数据作用
日生产数量	计算零部件需求数量
零部件类别	大物 / 中物 / 小物 / 标准件的区分
零部件存储方式	料架或地面堆放区分
零部件在库基准	确定物流区最大和最小库存数量
物流供应方式	确定零部件存放方式和存放位置
分车型零部件统计	确定专用件种类
不同规格生产比例	计算专用件在库数量
零部件外包装尺寸	计算零部件存放面积

（2）物流功能区面积计算与 SPS 区域划分

根据物与信息流程图以及各环节在库基准进行物流参数计算，确定需要布置的零件品种和数量。根据各功能区大小与逻辑关系在图纸上进行实际布置，并结合实际运作流程配置适当的缓存区域，满足信息流传递和作业循环标准化需求。

（3）装配线 SPS 物流方式规划

根据不同的 SPS 运行流程和拣选配送方式，对信息传递方式、测算人员、料架料盒数量、SPS 台车数量、牵引车数量、AGV 数量、SPS 区面积、SPS 物流动线、SPS 生产线配送循环周期进行规划设计。

（4）SPS 细部规划

如图 7-23 所示，对 SPS 零件进行单元化的系统分析，设计 SPS 料盒与台车。

SPS料盒

SPS台车

图 7-23　SPS 物流装置示意图

① 台车内的零件一般分为料盒件与特殊件两类。
② 台车结构按其零件摆放分为常规零件型与特殊零件型。

③ 料盒零件以工位为基本单位，通过料盒实现零件的区隔保护。

④ 特殊零件参考组装工艺的取件次序进行相应摆放。

⑤ 台车内零件摆放于待组装位置周围。

⑥ 零件的摆放需要考虑人因工程的因素。

SPS 区的料架设计一般考虑两种情况。一是工位发生变更，SPS 零件组合保持不变。二是根据工位变更，SPS 零件组合要发生改变。料架设计时需要计算零件安全库存和 SPS 区的最大库存。在此基础上，收集准确的零件包装规格、SNP、BOM 用量等 PFEP 数据。考虑积载率因素，先按照工程划分区域，然后按零件进行料架排列，根据零件和包装特点设计料架。

（5）SPS 信息指示系统设计

信息指示是指示物流作业的一种信息表达方式，包括零件拣选指示、拣选作业节拍指示、向生产线配送指示等。

选择 SPS 零件配送方式时，需要保证 SPS 区所配送的零件与生产线上的产品规格和配置相对应，即确保所选择的零件与装配的产品规格对应。设计 SPS 物流的系统工具，以此提供相应的技术支持和信息保障。可采用 MES 系统实现 SPS 区的作业指示和产品序列的 SPS 及时供应，并系统保证 SPS 与装配线物料规格的一致性。

如图 7-24 所示，SPS 拣选人员根据零件拣选清单进行拣选，拣配人员按倒数节拍进行配货，物流配送人员根据节拍灯指示进行配送。

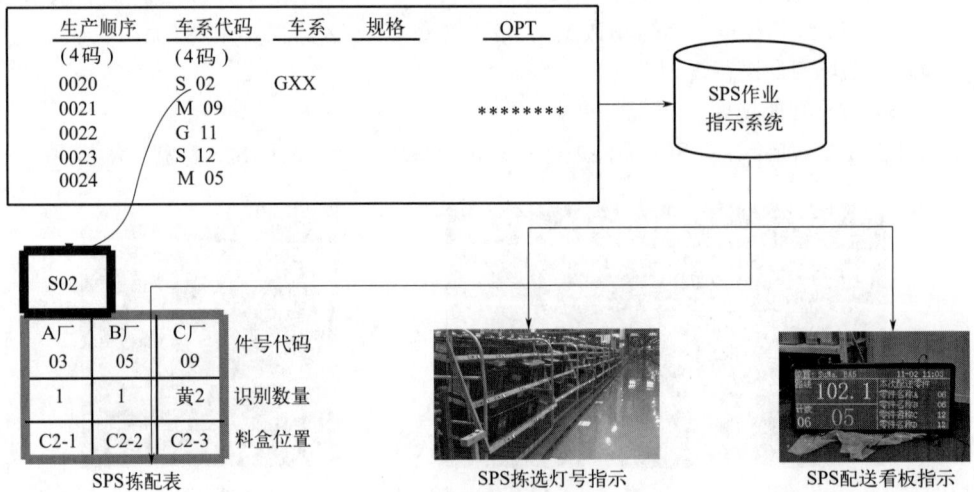

图 7-24 SPS 信息指示方式

（6）制定标准作业

实现 SPS 物流作业标准化主要采用目视化和信息技术来进行，通过确定作业参数，能够制定并执行标准化的作业流程。

在完成上述系统性规划后，进行必要的设备准备、人员培训和试运行，之后即可开展 SPS 物流的正式导入运行。

7.3.2.3　SPS 区布局设计

装配线常用布局包括 L 型布局、川型布局（平行布局）和 T 型布局三种方式。使用不同的装配线布局，SPS 区的布局方式存在差异。下面以汽车总装车间的 SPS 布局为例进行说明。

（1）L 型布局

为了便于线边的零件管理与供应，装配车间的装配线围绕物流超市，呈 L 型布局。RDC 线边仓库负责向 SPS 区供应零件。如图 7-25 所示，前仪装 T1/T2 线与底盘线 / 完成线（后仪装线）呈 L 型布置，SPS 区通常规划在 L 型装配线的中心，这样保证各组装线、RDC 与 SPS 区距离相对较短。

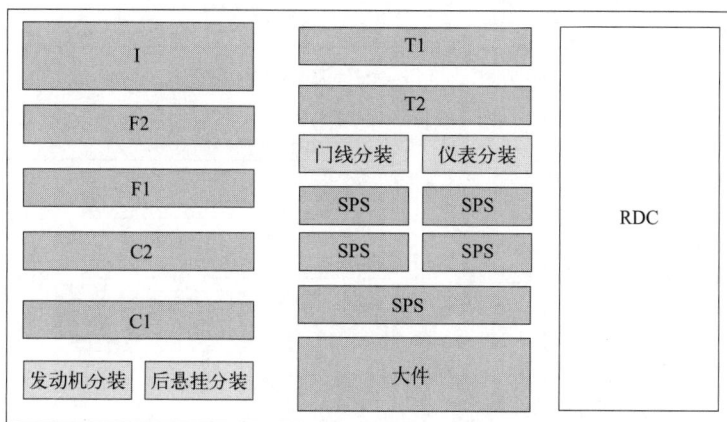

图 7-25　装配车间 L 型生产线及其 SPS 布局

（2）平行布局

平行布局是指多条装配线并行排列。在传统平行布局中，装配线与零件存储区一般采用并行布局，由零件存储区向组装线集中供应零件。为了缩短搬运距离，SPS 区的布局一般要求在装配线附近。根据实际情况，通常采用线边集中布局或线边分散布局。图 7-26 所示为 SPS 线边集中布局的示例。

大件在装配线上下两侧直接供料，SPS 区可以布置在装配线右侧，在 SPS 区右侧为线边仓库，这样实现直线供料，零件搬运距离短。

（3）T 型布局

装配线采用 T 型布局如图 7-27 所示。整车装配线由 5 条主线组成，分别是前仪装线 2 条、底盘线 1 条、后仪装线 2 条。该总装车间布局的优势在于将入厂物流分流成左右两侧码头，缩短卸货至库区的搬运距离。同时，物流区域和分装线就近布置在主线两侧，缩短装配线物流配送距离。

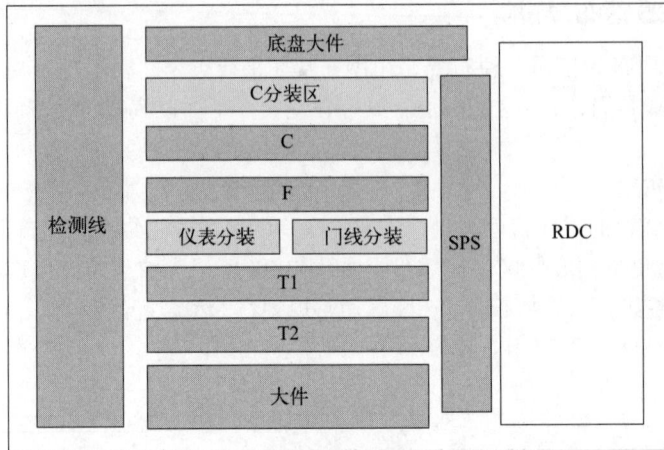

图 7-26　平行装配线及其 SPS 布局

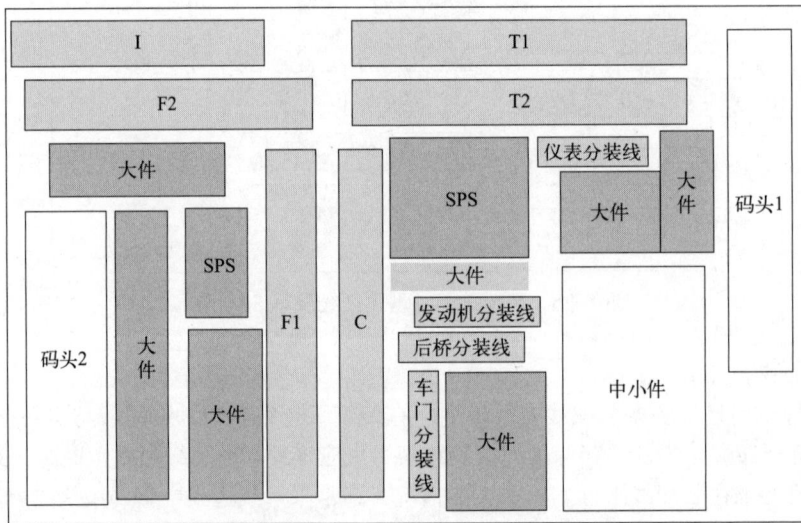

图 7-27　总装车间 T 型生产线及其 SPS 布局

针对 T 型布局，SPS 区布局模式可以采用集中布局或分散布局两种。

① 集中布局模式。如图 7-28 所示，SPS 区集中在装配线前端，零部件仓库（RDC）与 SPS 区的距离最短，在 SPS 拣选人员组织和零部件作业管理上具有一定优势，作业效率较高。SPS 集中布局的主要缺点是 SPS 集货后，运输至装配线边的距离

相对较远。在 SPS 拣选成单台份时需要采用 AGV 或由人工转运 SPS 台车，每次搬运 3 ～ 5 台份。

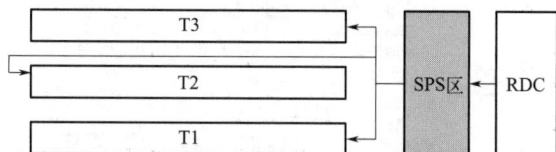

图 7-28　SPS 区集中布局示例

② 分散布局模式。如图 7-29 所示，SPS 区设置在各装配线边，SPS 拣选完成后直接投送至线边，零件的运输距离短。但是 RDC 至各 SPS 区的距离相对较远，搬运时间长，物流效率低。各 SPS 区分散，SPS 作业人员数量相对较高，整体作业效率相对偏低。

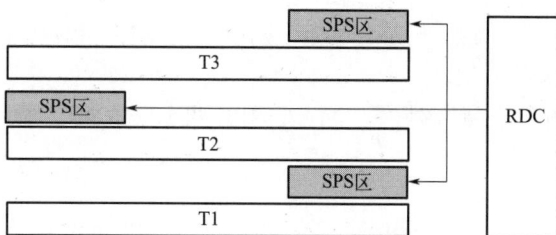

图 7-29　SPS 区分散设置示例

在新工厂整体规划和生产线规划时，需要将 SPS 物流模式作为一个重要规划因素。SPS 区集中布局模式相比分散布局模式而言，在物流运输距离、物流操作组合效率和作业人员数量等方面都有优势，所以新工厂可以采用 SPS 集中布局模式进行规划设计。

7.3.2.4　SPS 区料架布局设计

SPS 区的料架布局方式主要分为按零件种类布局和按产品种类布局两种。

（1）按零件种类布局

根据零件种类进行分类摆放，将所有产品种类的某种零件集中放置到 SPS 区的同一区域。如图 7-30 所示，对于 L、M 和 N 三种车型，将同一类型的零件摆放在 SPS 同一料架区，同一料架同一列摆放同一车型使用的零件。

这种布局有利于提高料架空间利用率，不足之处在于按产品拣选的走动距离相对较长。此外，当某种产品改变时，会影响其他产品种类的料位调整，这时可以采用多产品零件 SPS 集中料架混合放置方式。

根据零件别的 SPS 集中料架混合放置主要包括以下三种方式：

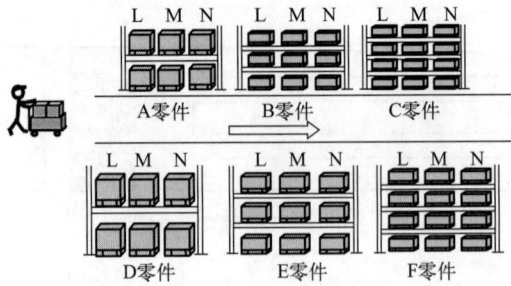

图 7-30　SPS 区按零件别的料架布局示例

① 根据产品种类进行料架集中放置。

② 在同一料架区，根据产品种类按行横向放置。产品种类生产比例高的零件放置在料架上方，生产比例低的零件放置在下方。

③ 在同一料架区，根据产品种类按列纵向放置。以产品种类集中布局的目的是便于在产品换代时，调整料架。

以图 7-31 的汽车产品为例，S、M、G 和 X 四个车型混合料架按零件别放置，具体说明以上三种摆放方式。

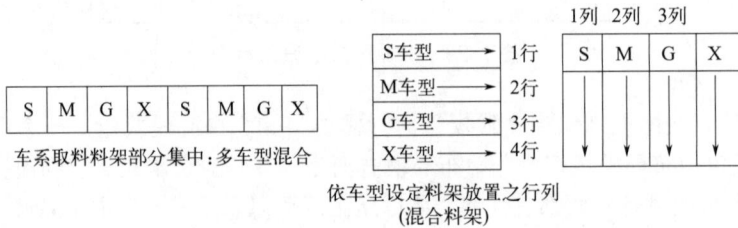

图 7-31　车型零件 SPS 区混合料架示意图

（2）按产品种类布局

将 SPS 区中全部零部件按照产品种类进行区分，将同一产品的零部件摆放至同一区域。这种布局空间相对宽松，料架空间利用率稍低，但拣选距离缩短。如图 7-31 所示的四种车型，按车型排列布局的拣选距离只有按零件种类布局的 1/4。此外，产品换代时，集中调整不会影响其他车型零件的料位。

按产品种类的料架布局包括两种方式，具体如图 7-32 所示。串联式布局的优点是拣选人员可以组合作业，缺点是拣选距离长，车型料架变更时会干扰到拣选作业。单独布局的优点是拣选距离短，车型料架变更时不会影响到其他车型的拣选作业，缺点是整体的作业组合工时有余数。

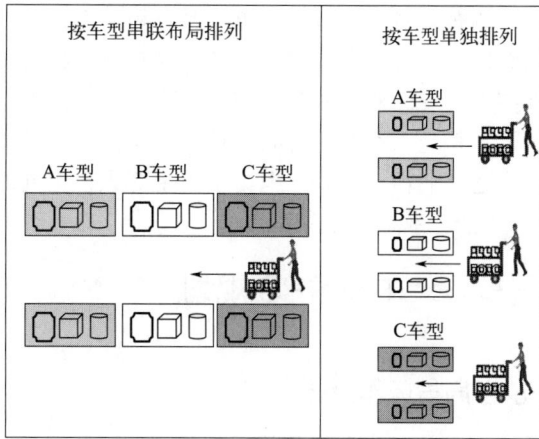

图 7-32　按车型的 SPS 区料架布局

以某汽车总装车间前仪装线的 SPS 布局和作业模式为例进行具体说明。总装车间 S 车、M 车和 G 车三种车型混线生产，车型生产比例为 1 : 1 : 2，各车型的组装工位如图 7-33 所示。SPS 区设置在前仪装线侧，根据主生产线来划分零件存放区。例如，前仪装线的零件在一个区，在装配线边规划 SPS 区。G 车型生产比例较高，因此 G 车型零件摆放在靠近前仪装线的 SPS 前端，SPS 拣选作业采用独立作业，拣选人员单独配置。S 车型零件靠近前仪装线的 SPS 区末端，M 车型零件在中间区域，S 车型与 M 车型的 SPS 拣选采用同一组人员交叉作业，零件拣选的单次走动距离较长。

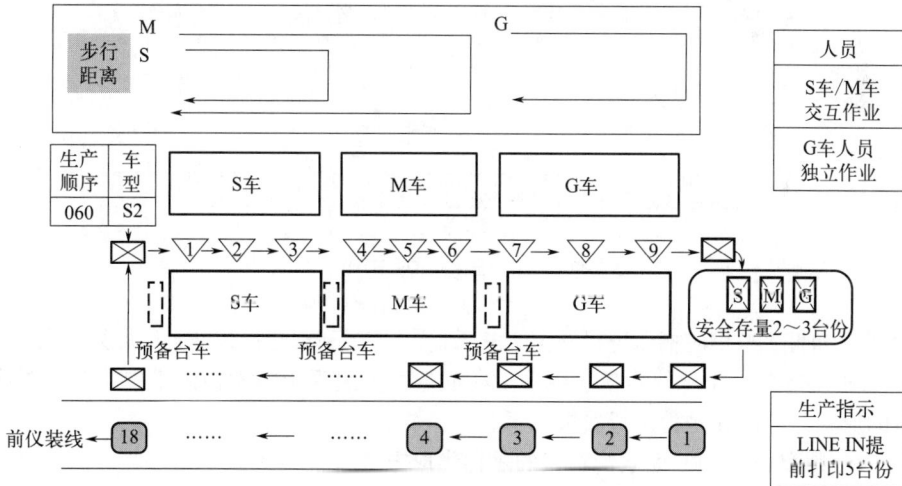

图 7-33　按车型的 SPS 布局和作业模式

SPS 区的料架摆放方式一般可采用单排式料架布局或双排式料架布局。单排式料架布局只在装配线的一侧布置料架，拣选时单个台车和 1 名拣选人员即可完成拣选作业。这种布局的占地面积小，且台车单侧取放件，台车设计相对简单，适于旧的装配线或空间狭窄的零件拣选区域。双排式料架布局在 SPS 区两侧都有料架布局，拣选时需要单个台车和 2 名以上拣选人员。这种布局适用于空间较大的零件拣选区域。双排式台车双侧取放件，拣选作业相对复杂。但由于采用 2 人以上同时作业，可大幅缩短零件拣选时间，适合于生产节拍较高的装配线。

7.3.3　案例：汽车总装车间 SPS 规划

7.3.3.1　总装 SPS 布局与运作设计

某整车厂根据总装车间的生产布局和零部件供应的实际需求，设计多种 SPS 布局与运作模式。

（1）装配线边 SPS 区单侧料架的零件供应方式

前仪装线线边单侧 SPS 运作如图 7-34 所示。考虑到前仪装线 SPS 区距离物流受入区太远，无法实施集中式 SPS 拣选，因此在装配线边单侧设置单排 SPS 料架，进行线边单侧区域拣选。拣选人员根据车型别零件拣选看板进行拣选，拣完后将拣选料盒放入滚轮台车内。拣选人员从前面工位拣选至最后工位，完成 SPS 拣选任务。滚轮台车将 SPS 投送料箱投入装配线边，同时取回空料箱。所有的零件料箱仍需人工搬运至装配线边，无法减少零件搬运物流工时，只是减少装配作业的取料工时。

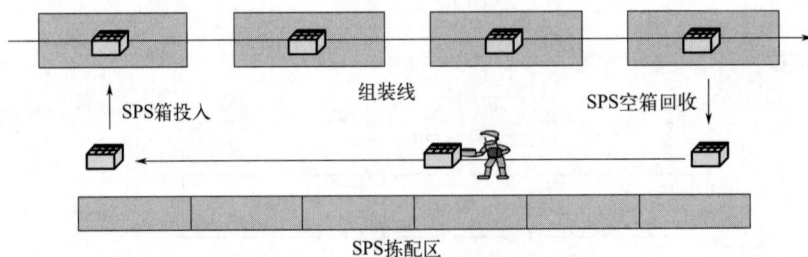

图 7-34　线边单侧 SPS 运作示意图

线边单侧 SPS 供应指示逻辑如图 7-35 所示。考虑到线边投入安全库量为 2 台（④和⑤），SPS 区有 1 ～ 3 台份的零件用量正在拣选，一般采用零件投入工位的工程深度加5 台的原则，每次 5 台份进行看板指示。

（2）装配线边 SPS 区双侧料架的零件供应方式

后仪装线 SPS 类型采用线边 SPS 区双侧料架的零件供应方式，如图 7-36 所示。

SPS 区采用两列料架横向放置，中间通道用于拣选，SPS 区外侧通道用于零部件投入 SPS。移动拣选台车经过 SPS 区时，SPS 拣选人员根据上线车型数据将对应的零件放置在移动台车的专用位置上。一般采用一物一位，避免放错或漏放零件，保证零件的准确性。

图 7-35　线边单侧 SPS 供应指示逻辑

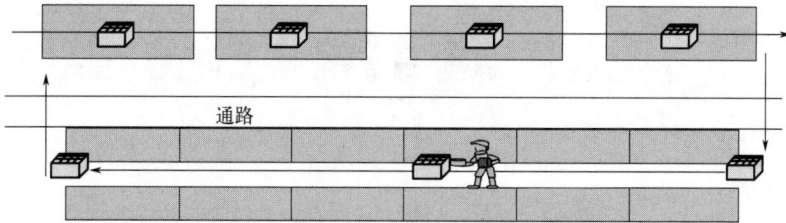

图 7-36　线边双侧 SPS 区运作示意图

当 SPS 台车运输到生产线边后，可以采用固定、移动链、输送带等方式与装配线实现同步随行，装配人员可直接在台车上拿取零件；也可以采用料盒形式，将几种零件放置在一个料盒内，从台车上取下放置在相关的操作区域，后续工位直接在操作区域拿取零件。装配完成后的空台车将返回 SPS 区，进行下一循环。

（3）SPS 台车随行方式的自动化

在总装车间布局规划中，SPS 拣选区一般采用区域集中规划，装配线两侧仅单侧规划运行 SPS，另外一侧用于自动化设备、控制电箱、小分装线以及大物系列台车送料使用。因此，将左右两边的 SPS 台车改为单侧投入，每一空车身的右侧同时摆放左 / 右 SPS 台车，SPS 台车随空车身承载板块移动，具体如图 7-37 所示。

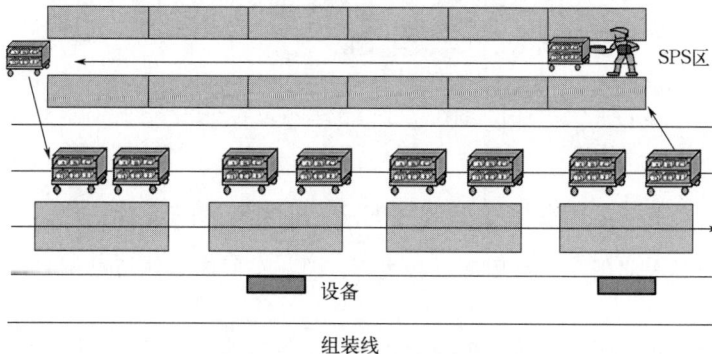

图 7-37　SPS 区与随行 SPS 台车运作示意图

内饰线每一个工位左侧前后配置 2 个随行台车，采用颜色区别左右工位，第 1 个 SPS 台车采用蓝色，第 2 个 SPS 台车采用绿色。内饰 1 线转内饰 2 线时，2 个台车全部并入地板（滑板）中，具体如图 7-38 所示。

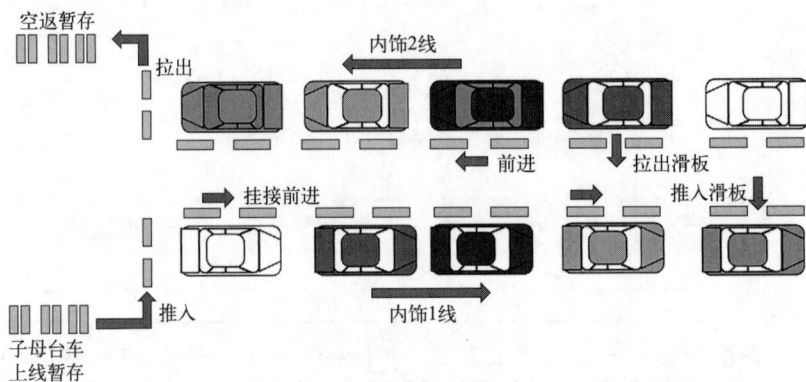

图 7-38　内饰 1 线 /2 线合并 SPS 子母台车随行运作方式

在后续自动化设备技改过程中，采用 AGV 实现 SPS 台车的无人自动送料方式，如图 7-39 所示。

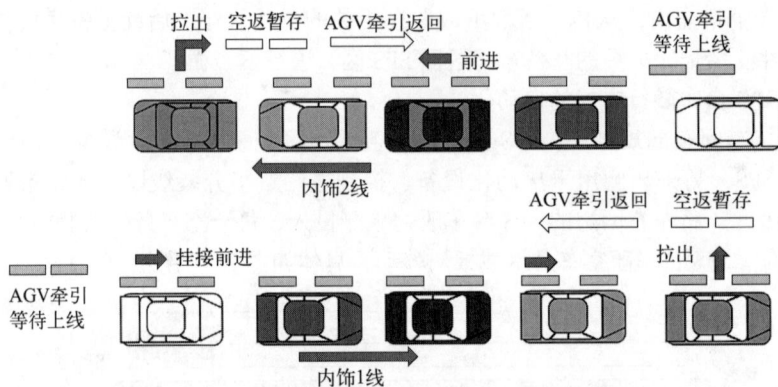

图 7-39　内饰线独立 SPS 台车 AGV 拉动送线方式

7.3.3.2　商用车与乘用车多车型混线 SPS 布局与运作设计

工厂同时导入商用车与乘用车混线生产，总装车间的具体布局与 SPS 运作模式如图 7-40 所示。

对于乘用车和商用车，前仪装线和底盘线是各自独立生产，后仪装线与测试线采用共线生产。SPS 区根据车型别各自独立规划集中区域。由于乘用车的生产计划量较大，SPS 区设置得靠近装配线。前仪装乘用车 SPS 区设在乘用车前仪装线边，SPS 区的后方靠近受入场，运输距离短。

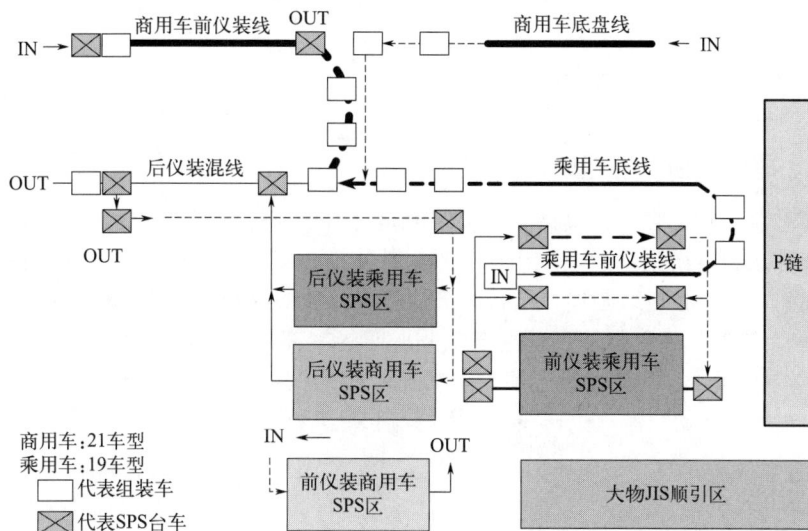

图 7-40　总装车间布局与 SPS 运作模式

乘用车 SPS 台车和商用车后仪装线 SPS 台车采用 AGV 拉动。商用车前仪装线距离 SPS 区较远，采用电动牵引车牵引商用车 SPS 台车。乘用车 SPS 台车在前仪装线采用两侧 SPS 台车供应方式。中小物的 SPS 左右台车拣选完成后，由 AGV 牵引至装配线两侧自动投入。AGV 脱离台车后，向前移动至装配产线末端，将末端的空台车牵引至 SPS 区前端入口，用于新的拣选作业。

后仪装线 SPS 区位于后仪装线的后方，SPS 区的后侧靠近物流的受入场，较原来运输至装配线边的物流距离缩短一半。后仪装线 SPS 台车同样采用 AGV 自动牵引 SPS 台车的方式。因此，可以利用后仪装线两个空车身之间的间隙摆放台车，把左右装配的零件分别对应摆放在台车的左右侧，随传送带一起移动，具体运作如图 7-41 所示。

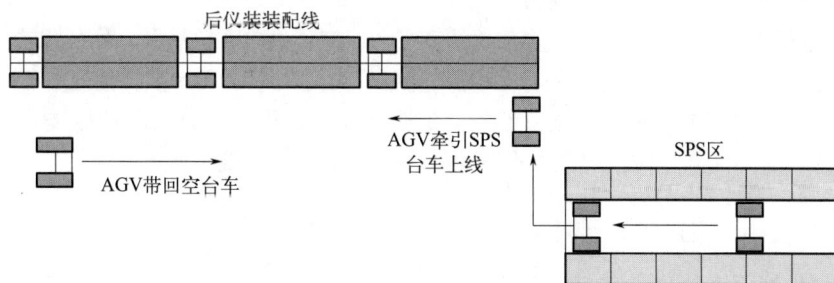

图 7-41　后仪装线 SPS 运作模式

7.4 智能零部件物流中心规划

7.4.1 零部件物流中心

7.4.1.1 零部件物流的组成

对离散制造业而言，广义的零部件物流是针对供应链的范围，上游零部件生产企业将零部件送到下游生产企业或用户。零部件物流是集运输、搬运、存储、拣选、排序、预装配、配送和包装在内，结合物流信息于一体的综合性物流过程。狭义的零部件物流是指零件生产企业与下游生产企业厂间的零部件物流供应活动，具体组成如图 7-42 所示。其中，厂外物流包括采购物流（外制件）和工厂间物流（内制件），厂内物流包括车间之间的物流、生产线之间的物流和受入物流。

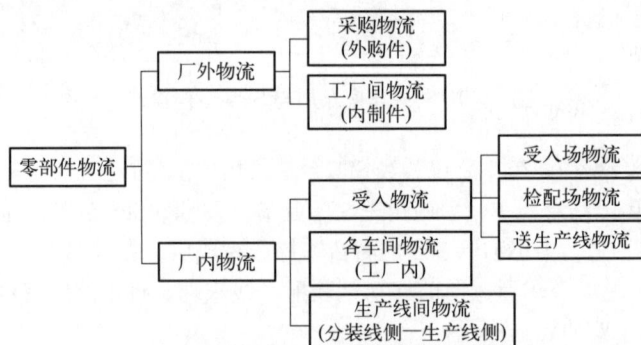

图 7-42 零部件物流的组成

对制造企业而言，零部件物流具有以下特点：

① 零部件的种类多，尺寸和其他物理属性差异大，包装不规则，物流成本高，物流管理难度大。

② 零部件供应链体系复杂。零部件涉及行业面宽、供应商数量多、分布区域广，供应商的生产运作与供货水平存在差异，物流与供应链的运作管理具有多样性与复杂性。

物流系统是智能制造的重要基石。制造企业需要重视物流方式和物流技术的创新应用，将零部件物流运作管理作为提升企业核心竞争力的重要手段。

7.4.1.2 零部件物流的一体化

零部件物流一体化是指制造企业面向供应链，将其零部件物流活动中的各个主体

（如供应商、物流服务商、运输公司、包装公司、器具厂商等）和各个业务环节（包括供应物流、生产物流、逆向物流、信息系统等）无缝衔接起来，整体形成一个与产品生产节拍高度契合的物流模式，具体如图 7-43 所示。零部件物流一体化是物流精益化和智能化的发展方向之一。

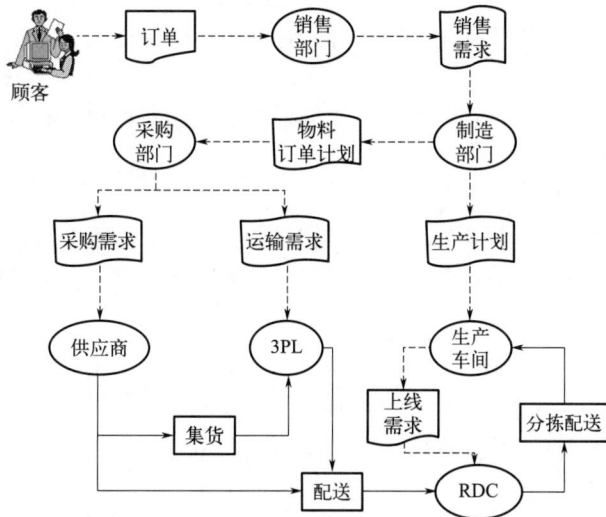

图 7-43　零部件物流一体化模式

零部件物流一体化的主要内容包括：

① 建立区域集中的物流园区。以产品的生产企业为中心，将零部件制造企业、物流企业集中在同一物流园区，重要零部件采用 JIS、JIT 等方式进行零部件的同步拉式生产与物流，保证零部件入厂物流的精准和及时，降低产品生产的缺件停线风险和整个供应链的物流仓储成本。

② 由物流中心提供零部件拣选、排序、预装配、包装转换、物流容器周转等增值服务，简化和减少产品生产企业的物流工作。

③ 供应链零部件物流需要不断提高采购供应、生产物流等关键环节的标准化、信息化、自动化和智能化水平。

④ 通过供应链内部的 MES、ERP、SCM 和 WMS 系统集成，实现供应链零部件物流信息的实时交互和整体协调，提高物流效率。

⑤ 采用各种先进物流模式和物流技术，实现零部件物流中心的零部件同步配送能力。以汽车整车厂为例，采用 AGV、桥式或悬挂式自动输送线等物流方式，实现物流中心到总装线的零部件自动配送；采用 SPS 台车进行零部件的台套式同步物流配送。

⑥ 由专业的第三方物流企业提供零部件的集约化供应、运输、配送和仓储服务，有利于降低物流运作成本。

7.4.1.3 零部件物流中心的规划设计重点

零部件物流中心的规划建设是一个系统工程，其规划内容一般包括物流系统规划、信息系统规划及组织运营规划等方面。物流系统规划主要包括设施布置设计、物流设备设计（包含自动化）和作业方法设计；信息系统规划是对物流中心的信息管理系统及决策支持系统的规划；组织运营规划包括组织机构、人员配备、作业标准和规范等方面的设计。整体规划的目标是实现零部件物流中心的标准化、制度化、信息化和高效化。

零部件物流中心功能是零部件物流中心能够提供的各种物流服务的总称。零部件物流中心的主要功能如下：

（1）运输配送功能

物流中心可以为产品生产工厂、产品销售企业、产品售后维修企业等提供短途运输和门到门的物流配送服务。例如，根据整车厂的物流要求，将零部件送到整车厂总装线工位。

（2）储存功能

物流中心配备高效率的储存、搬运和拣选设备。储存主要是为零配件的配送和流通服务，通过仓储保证供应配送的需求。

（3）装卸搬运服务

物流中心配备专业化的装载、卸载、提升、运送、码垛等物流设备。

（4）包装服务

物流中心具备包装服务的功能，根据生产线或客户的要求，对货物包装进行组合、拼配、加固，形成满足生产需求和适宜运输配送的组合包装单元。

（5）物流信息处理

物流中心对各个物流环节的信息进行实时采集、分析、传递，并提供各种物流服务信息。

（6）增值性物流服务

物流中心除提供传统的物流服务外，还可以提供增值性物流服务，具体包括从信息到物流的全方位物流服务、JIT 物流配送以及其他增值服务。

其中，零部件物流中心 JIT 物流功能规划设计的重点如下：

① 厂外物流。零部件厂外物流是最重要也是最复杂的一个环节。随着制造行业分工的不断细化，零部件供应物流实行零部件供应链采购。供应链采购是一种供应链机制下的采购模式，即零部件采购不再由下游制造企业操作，而是由上游零部件供应商操作。在具体应用时，下游制造企业只需把零部件需求信息向上游零部件供应商连续及时地传递，供应商根据下游企业的需求信息，预测未来的需求量，并根据预测需求量制定生产计划和送货计划，小批量、多频次向下游企业补充零部件库存。供应链采购模式改变了零部件设计、生产、储存、配送、销售、服务等方式，提高了上下游企

业的整体生产运作效率。

厂外物流规划的重点是设定外部供应商的物流时间、各路线的物流时间。在标准包装规格下,设定零部件的标准收容数、标准数量,以及各物流车辆与零部件自然组合对应的积载率。在此基础上,根据滚动生产计划中的生产数量,确定所需的零部件数量和时间,设定一定时间内各物流供应商所分配的区域以及最佳物流组合方式。

② 厂内物流。多种少量混线生产的产品生产工序复杂,零部件的需求种类多、数量大,零部件供应及时性要求高。同时,工厂生产线边的空间有限,厂内物流要求保证持续不断地向生产线准时供货。如果物流运作流程不合理,物流环节不安定,极易发生零部件的堆积或缺料,影响生产的正常进行。

厂内物流规划重点需要根据零部件的编码规则,确定零部件存放中转区域、厂内零部件调度方式、物流路线、物流频次、物流量等具体物流参数,实现 JIT 原则的生产物流管理。

7.4.2　零部件物流中心的规划技术

7.4.2.1　物流数据分析

（1）EIQ 分析

EIQ 规划分析是从订单包含的产品、数量与订货次数等因素出发,进行物流特性的数据分析。其中,E 表示订单特性（Entry of Order）、I 表示产品种类（Item）、Q 表示产品数量（Quantity）。EIQ 分析主要为平面布局、库位分配策略、拣选策略、存储和拣选设备选型等规划设计提供数据依据。

EIQ 分析主要包括品种数量（IQ）分析、品种受订次数（IK）分析、订单订货量（EN）分析,此外还包括基于时间别的订单分析,如出货品种数（TIK）分析、品种受订次数（TEN）分析、出货量（TQ）分析等。通过以上类型的分析结果,确定零部件出库的规律特征（频次、批量大小、零部件体积等）,根据 IQ 和 IK 做交叉分析,产生如表 7-2 所示的 3×3 的 9 组分类。零件类别不同,其存储方式、库位分配策略、拣选方式等规划设计也不同。

表 7-2　IQ 和 IK 交叉分析表

IQ 分类　＼　IK 分类	A1	B1	C1
A2	1	2	7
B2	3	4	5
C2	6	8	9

（2）PCB 分析

在进行物流中心规划时，零件在各物流功能区域的流动以不同包装单位为基础，因此还需要考虑物流对象的相关特性、储运单位、包装规格和特性等因素。PCB 分析主要是对物流中心各作业环节的基本储运单位（包括入库单位、存储单位、拣货单位）类型进行分析。其中，P 表示托盘单位、C 表示箱单位、B 表示单品。

PCB 分析是根据各产品的物流计量换算单位，将物流数据转换成整托盘、整箱或单件形态后进行相关物流分析，掌握物流中心内部的托盘、箱或单件存取的物流状况。例如，托盘、网箱、散箱等不同的物流包装形式影响码头卸货作业和收货方式的设计。

PCB 分析与 EIQ 分析相结合，可以分析出入库、存储的物流包装规律，用于物流中心的区域面积、物流容器走向和进出动线等规划设计。

7.4.2.2　物流规划策略

物流规划的策略主要包括：

（1）立体化存放

采用货架立体化存放和单元化搬运是现代物流的发展趋势。通过标准化包装、立体化存放，最大化提升存储面积的利用率，实现高效率搬运。

（2）仓储策略

根据 EIQ 分析，将零部件划分成如表 7-3 所示的 ABC 类，以此制定不同的仓储策略。例如，出货量或出货频次大的 A 类件优先出库，靠近仓库的发货区，并放置于立库或货架的底层；出货量或出货频次小的 C 类件放置于仓库的远端，并放置于立库或货架的高层；大件、重件存放于大件区域；快进快出的零部件存放于平库区；规整件放置于适合快速拣选的流利货架区。

表 7-3　各类别的储区和拣选策略

IK 分类 ＼ IQ 分类	A	B	C
A	（立库）批量拣货方式，再配合分类作业处理	（立库）批量拣货方式，依据货量及品项数考虑分类作业处理	（平库/立库）批量拣货，边拣边分
B	（立库）订单别拣货	（立库）订单别拣货	（平库/立库）订单别拣货
C	（平库/立库）订单别拣货，集中于出入库位置	（平库）订单别拣货	（平库）订单别拣货，考虑划分零星拣货区

（3）拣选策略

① 零部件总体采用分区拣选，每批次订单按照零部件的类型拆分为不同分区，拣选任务由该区人工或自动拣选设备完成。

② 储备订单、专项订单采用批量拣选模式，按照批次，将不同订单的相同零部件合并拣选，然后在待发区进行订单拣选。

③ 拣货单元以货位为基本单元，大件货位为托盘、网箱、专用容器等，小件以料盒、料箱等容器为拣选单元。

7.4.2.3　物流设备选型

综合零部件的分类、物流操作策略、包装类型等因素，进行存储、包装、运输、自动化等设备的设计和选型。

（1）物流设备

运输车辆的选型通常考虑具体参数由浅到深、由粗到细的方法，运输车辆作业功能分为水平搬运、堆垛/取货、装货/卸货/拣选等。

在规划零部件物流中心时，要考虑装货和卸货功能、水平搬运功能（大件平置区、包装区、发货区）、堆垛/上架（货架区）、高位拣选（横梁货架区、阁楼货架区）、低位拣选功能（阁楼货架区）等主要功能，选择不同的物流设备。

（2）仓储货架

根据零部件体积的差异化和物流特性，采用不同的存储货架。

① 横梁式货架。空间利用率高，存取方便，物流作业效率高，容易实现先进先出。

② 通廊式货架。高密度储存，先进后出，物流作业效率一般。

③ 流利式货架。高密度、高效率的存储，采用自由出入式设计，具有极高的存货流转率，按单取货，物流作业效率高。

④ 高层货架。主要用于自动化立库、高层货架仓库，适用于自动化程度高、储存吞吐量大、存储周期长的零部件。

7.4.2.4　功能布局设计

零部件物流中心 SLP 设计主要包括流程分析、物流相关性分析、活动相关性分析和功能布局设计。

① 根据进出货量的预测分析和作业流程分析，确定零部件物流中心各功能区的物流量。

② 采用 SLP 布置分析法，对零部件物流中心各功能区间物流量进行分析，确定各功能区域物流量和物流活动相关程度。

③ 分析零部件物流中心仓储配送的流程特性，确定物流供应方式，并采用动线布置法，根据物流作业流程和物流动线，进行主要作业功能区的布置。

④ 根据区域相关性，对转包装、空箱置区等辅助作业区域进行布置，完成功能区

面积测算和布局方案设计。

7.4.3 案例：某整车厂一体化零部件物流中心规划

7.4.3.1 业务需求分析

随着汽车工业的快速发展，汽车零部件物流被国际物流界公认为是最复杂、最具专业性的物流之一，同时也是一种具有高附加值的物流。如何应对整车厂生产需求，优化汽车零部件物流过程，提高物流的可靠性与效率，降低物流成本，成为汽车零部件物流发展必须面临的考验。

某整车厂的零部件物流仓库以人工作业为主，零部件存储采用平库 + 货架方式。零件箱与库位采用一一对应方式进行固定式管理。在每个货架前挂有对应的零件品种位置分布图，其中包含零件的库位和品种信息。仓库的出入库、盘点、账务管理等基础业务具备较为简单的 WMS 系统管理手段，如工业级掌上电脑（Personal Digital Assistant，PDA）扫码出入库、PDA 拣货、库位和容器条码化管理都已实现。

由于物流作业方式较为传统，仓库的内部管理落后，在效率和准确性方面难以满足总装的零部件供应需求，经常导致总装缺件停线。为了避免缺件等问题，仓库大量备货，零部件库存高，物料成本居高不下。

随着整车厂业务的快速发展，整车厂对零部件物流质量、成本与效率要求越来越高。希望通过智能化零部件物流中心的规划建设，提供从零部件集货到运送的全方位、一体化、智能化物流，满足整车厂的生产要求。

整车厂的零部件物流中心主要需求包括：

① 物流中心主要用于汽车零部件成品、半成品的储存与运输。通过拉动系统，协同整车厂生产线边、RDC、中储（Distribution Center，DC）和零部件供应商的同步供料。

② 物流中心涉及 4 个车型的零部件，近 600 个品种，零部件物流的要求差异较大。要求能够快速响应总装车间的零部件需求，采用 JIT/JIS 物流方式，保证线边和 RDC 的安全库存。同时纳入同步工程设计，明确物料供应的频次、时间和需求数量等，细化交付窗口时间等。

③ 零部件仓库现有近 7000 个库位，要求保证较高的库位利用率和物流作业效率。

④ 整车厂希望构建由 AGV、自动拣选、立库等多种自动化设备和仓库控制系统（Warehouse Control System，WCS）、LES 等应用软件系统组成的零部件智能物流系统，借助智能化的软硬件系统实现高效、精准的物流运作。

⑤ 考虑到零部件种类规格、厂房承载和建筑造价等因素，项目规划零部件采用立体仓库、高位货架和平库的组合仓储方式，物流作业方式要求具有一定的灵活性和可

扩展性。

7.4.3.2　零部件物流中心的物流模式设计

整车厂的零部件供应主要采用以下两种方式，一种是由零部件生产企业提供，另一种是由汽车厂自身生产提供。这两种供应方式通过中心库或分拨中心（RDC）将零部件运送至装配线。零部件物流中心的运作体系主要通过 RDC 和 DC 两部分协作完成。

（1）RDC 的设计

零部件物流中心根据整车厂物料采购订单，将零部件由 DC 运输到 RDC。RDC 主要负责零部件的数量清点、质量状态检查、签收、入库、出库送料到生产线等。

RDC 设计的主要目标是保证接收零部件的质量和数量符合要求，做到账物相符，并能及时、准确地将信息传递到相关单位，对零部件接收和供应进行有效控制。

1）零部件接收作业

零部件接收的主要原则包括：

① 数量和质量符合要求。开展必要的物料抽检，对质损件等零件严格拒收，并进行退货处理。

② 实物、单据、ERP 系统信息统一。确保信息系统的接收信息和已接收的实物信息一致，确保采购单据和物料卡的准确生成。

③ 遵循时间窗交货，实现接收作业零部件平准化。对于紧急零件，优先接收。

④ 根据区域别、生产线别、供应商别等方式进行入库。对于已接收不能及时归位的零部件，应送入暂存区（或溢出区），并放置暂存指示牌，有空位后进行零部件归位。

2）在库管理

在库管理的主要任务是根据整车厂的产能与零部件变化，及时对仓库进行动态区域调整，同时进行日常的库存盘点。

在库管理的重点主要包括：

① 所有零部件按规定装箱，并贴有相应的物料标识卡。

② 所有零部件应整齐摆放在定置区域内。来自不同供应商的同一件号的零部件应分别摆放，标识清楚，严禁混放。

③ 保证物料流转记录准确，保证在库物资账、卡、物相符。对在库物料进行及时盘点，重点关注在库物料流转中的异常情况。

④ 库内空盛具分类定置管理，并通知供应商及时回收。

3）配送作业

配送作业根据总装生产线的生产进度和零部件需求，及时、准确、高效地供应零部件。

配送作业管理的重点主要包括：

① 严格按照配送流程操作，避免多投、错投、少投、漏投。确保投入零部件的准确性，保证系统出库数量和实物出库数量一致。

② 定时检查生产线边物料和库存物料。当实物与物料卡不符时，应及时处理解决。

③ 急拉动物料优先配送出库。

④ 保证零部件出库遵守先进先出原则。

⑤ 配送人员投料时要求做好物料签收手续，填写物料流转卡，及时回收空盛具。

4）RDC 库位规划原则

整车厂 RDC 的零部件库存时间一般控制在 0.5~1 天，零部件流转频次高，出入库作业频繁。RDC 库位规划遵循以下原则：

① 根据 RDC 的主要业务功能，RDC 仓库划分为接收区、检验区、退货区、不良品区、分线区（或 P 链吸收区）、储存区（PC 区、KD 区）、打包拣配排序区（SPS 区）、出发区、空箱整理区、空箱回收区等。

② 零部件库内分线别直线流动，搬运距离最小化。库区和库位规划与生产线送线尽可能符合直线供应。例如，前仪装线的零部件库区与前仪装线后段的同向区域。

③ 零部件根据线别、工位别进行分类存储，拣料走动距离最小化。

④ 考虑打包排序因素，SPS 零件区分为大物料架 / 料箱区、中小物料箱区，分开规划放置区域。

⑤ 仓库通道划分主通道与分通道，主通道原则上是配合库房大门进行直线"井"字规划，分通道的规划主要考虑投料台车、牵引车的物流动线。

⑥ 零部件出库接收盘点方便。

⑦ 考虑零部件的设计变更，新车试做件放置区等区域划分要有弹性。

（2）中储的设计

远距离零部件供应商一般根据所处地理位置进行区域划分，采用不同的循环取货路线集货至各区域的区域中转仓库，最后再合并集货到整车厂物流中心。中储主要为远距离零部件供应商提供物流服务。中储作为远途供应商的库存缓冲，可以应对整车厂计划调整、品质异常、厂外异常等各种突发情况。

考虑到零部件物流过程中的搬运装载率，零部件供应商一般采用纸箱或木箱包装。中储需要根据整车厂的物料管理和容器包装要求，将供应商原包装转换成标准的料箱或料架。根据整车厂的指示时序（2/4h）配送至整车厂 RDC 或总装线边。中储的主要业务流程如图 7-44 所示。

7.4.3.3　零部件物流中心的物流拉动方式设计

整车厂零部件物流中心的物流拉动设计内容如下所述。

（1）零部件物流中心的物流拉动流程设计

整车厂零部件物流拉动方式设计有 AutoCall 拉动、JIS 拉动和看板拉动三种方式。

其中，JIS 和 AutoCall 拉动是根据总装线车辆下线信息，由 MES 系统自动计算零部件消耗数量。AutoCall 方式自动计算日进线累计交货信息，指示 RDC 和中储进行零部件供应。JIS 拉动的零部件一般针对大物，周边供应商直接排序送线或远途厂商由中储排序送线。看板拉动是根据消耗的料箱或料架看板，扫描汇总交货信息，指示 RDC 和中储进行零部件供应。这两类信息定时采集，生成中储 WMS 系统的时段出货计划，即拉动清单。零部件物流中心的物流拉动流程设计如图 7-45 所示。

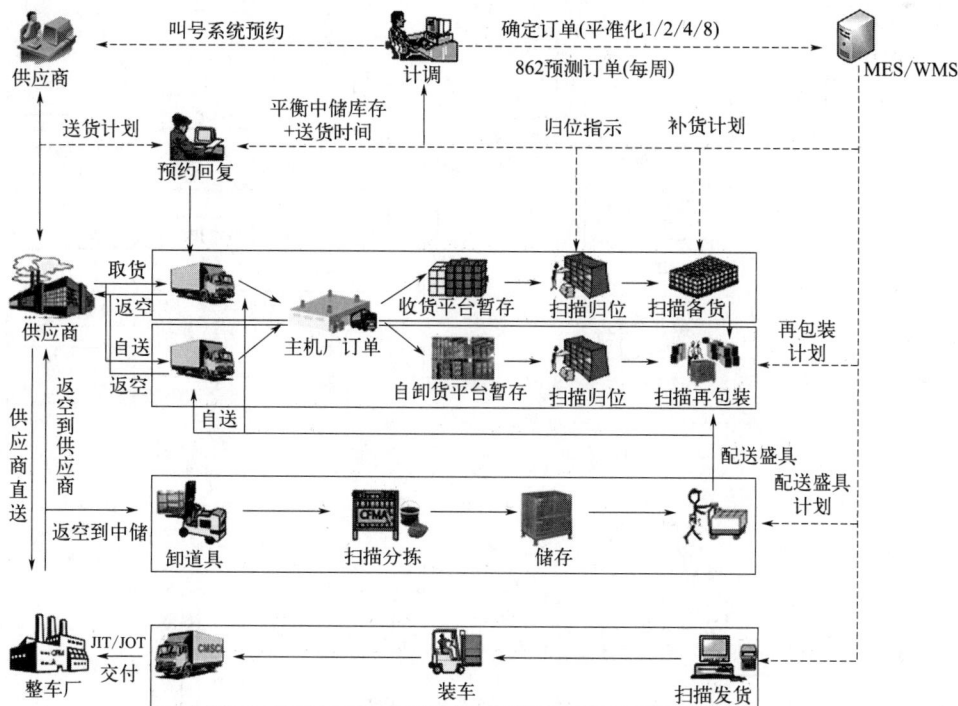

图 7-44 中储主要业务流程

（2）零部件拉动逻辑与库存参数设计

① 如图 7-46 所示，将整车厂对 RDC 的 AutoCall 零部件需求信息按 h 进行收集处理。通过 RDC 和中储的 WMS 系统指示中储按大物 1 ~ 2h 和中物 2 ~ 4h 进行定时送货。送货频次根据零部件包装容器的大小、SNP 大小进行确定。一般情况下，包装体积大或 SNP 小的零部件交货时段相对较短。

② 整车厂对 RDC 小物拉动方式包括 AutoCall 与看板两种。如图 7-47 所示，RDC 对中储的小物拉动方式是以每 4h 为单位进行交货，大多采用料箱交货。SNP 大的一次交货可满足一班或一天的零部件消耗需求。

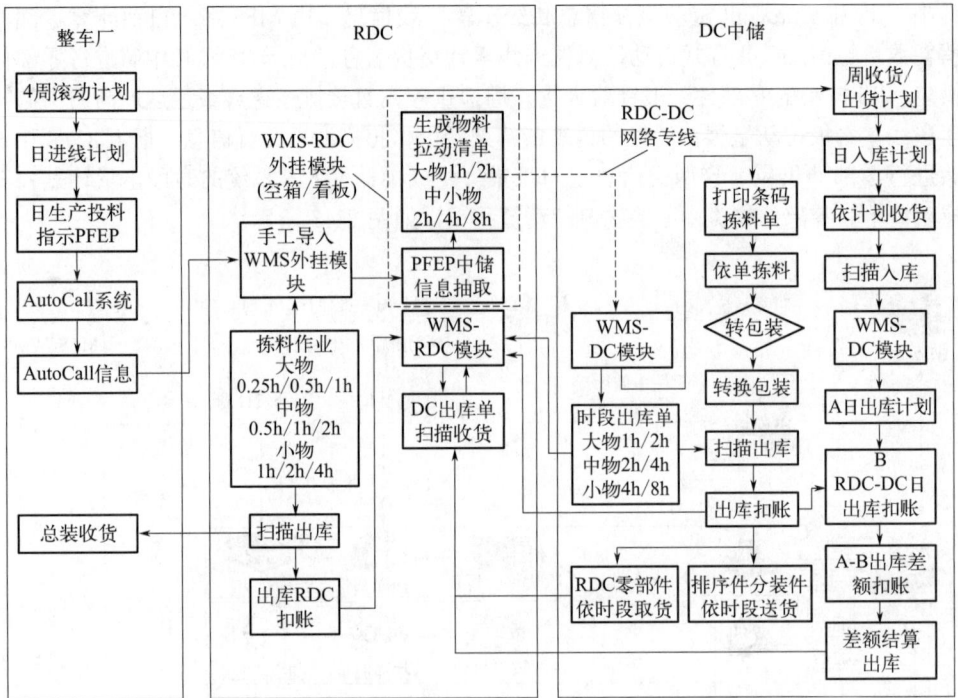

图 7-45　JIT 物流的运作流程

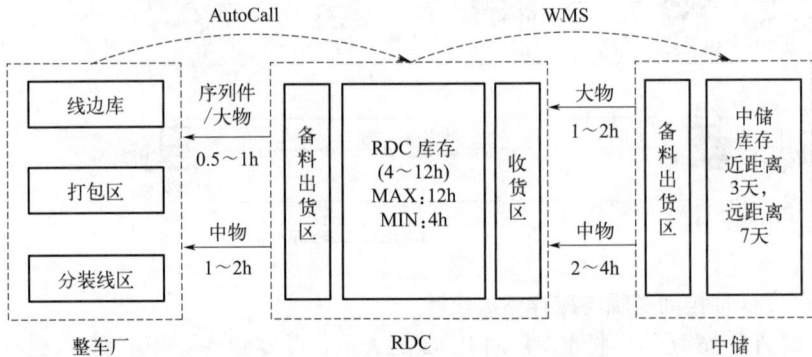

图 7-46　大 / 中物的 AutoCall 系统拉动逻辑

　　根据上述拉动逻辑，整车厂、RDC 与中储的各自库存参数设定如图 7-48 所示。

　　整车厂的线边库存根据大物、中物、小物设定不同的拉动时间进行补料。零部件的拉动参数是线边库存设定数量 1/2 时触发补料，中储对 RDC 的库存拉动是根据 RDC 消耗量的一半进行定时补料。

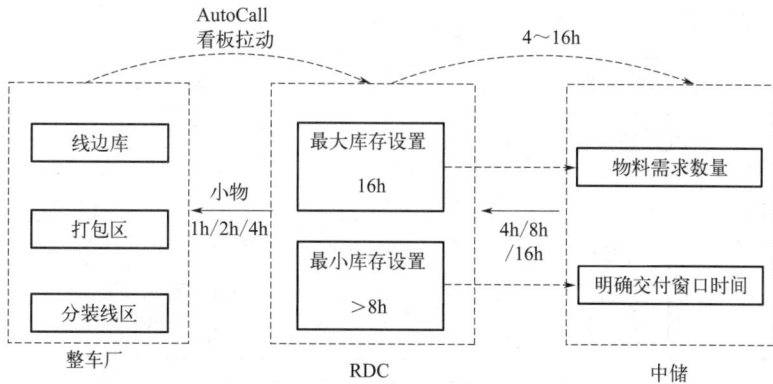

图 7-47 小物的 AutoCall 与看板系统拉动逻辑

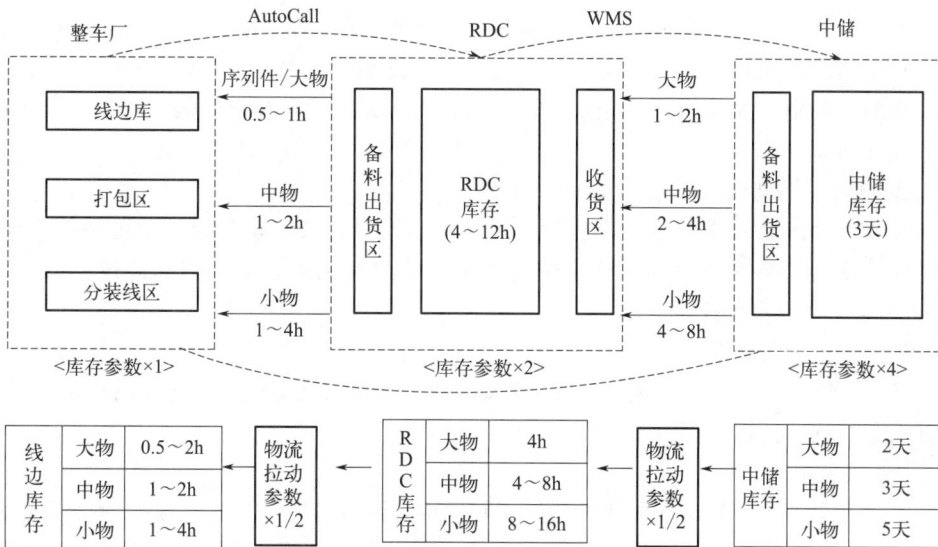

图 7-48 同步拉动系统库存设定参数

7.4.3.4 零部件物流中心的自动化物流方式设计

零部件物流中心的自动化物流设计内容主要包括：

（1）中储物流模式设计

中储的物流作业区域包括收货区、高位料架区、地面堆垛区、再包装区、出货待发区、出货区、空盛具区等。物流系统由高位料架、高位无人叉车、AGV 等设备以及物流控制系统组成。其中，高位料架用于存放供应商零部件，无人叉车主要用于高位料架区的零部件出入作业，AGV 实现中储零部件与空盛具的自动搬运，WMS 系统通过与 WCS 系统、AGV 调度系统的集成，实现各功能区域的物流作业和设备控制。中储物流运作模式如图 7-49 所示。

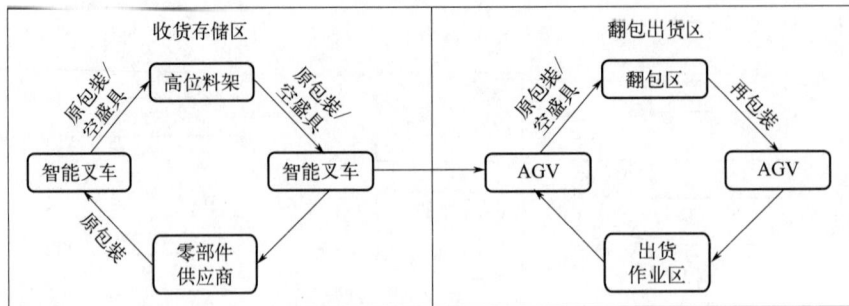

图 7-49　中储智能物流系统总体设计

1）原包装入库

零部件采用托盘、料架等容器运送，料架规格要求一致，便于 AGV 搬运。原包装零部件放置于高位料架区，由仓库人员通过手持终端扫描零件箱条码与托盘条码，实现原包装与托盘的系统绑定。在入库作业时，无人叉车读取托盘条码，完成托盘的自动搬运和入库。

2）高位料架出库

中储 WMS 系统根据生产作业计划需求，确定原包装需求数量。通过系统集成，无人叉车根据 WMS 系统指示的库位，将原包装由高位料架区运送到高位料架区的 AGV 站点，完成整个托盘出库过程。

3）AGV 库内运输

AGV 自动载入原包装，根据 AGV 调度系统的指令自动运输至目标区域 AGV 站点，完成原包装的库内运输环节。

4）换装出库

在再包装工位上完成包装转换后，将零部件送到再包装区 AGV 站点。系统自动分配 AGV，由 AGV 运输至待发区。整个系统根据生产计划和设定的同步拉动逻辑，完成后续的出入库作业。

（2）物流自动化系统的设计要点

通过对生产计划、车间作业、AGV、叉车等各环节间的作业分析，中储整体物流自动化系统的设计要点如下：

① 以整车厂 /RDC/ 中储同步拉动生产方式为导向，规划设计物流中心的自动化生产控制系统，实现自动 JIT 物流配送和物料精益管理。

② 以 AGV、智能叉车作为生产物流工具，除转包装、拣料等作业由人工完成外，其他物流作业均采用自动化方式进行。

③ 采用 WMS 和车辆调度系统的集成技术，快速识别入库零部件与盛具，实现无人叉车、AGV 与物流工位的衔接。

④ 通过 WMS 和 WCS 系统的集成，实现库位的自动分配与零部件库内系统防错。

（3）AGV 运料系统设计

为了提高自动化水平，减少用工和降低成本，AGV 物流技术近年广泛应用于整车厂的厂内物流。由于整车厂采用多车型混流生产，零部件容器大多是根据零件结构进行确定，甚至定制，因而整车厂的零部件容器种类多、结构差异大。中储作为外物流与内物流的转换节点，需要对供应商包装按整车厂要求进行包装转换。而供应商送至中储的包装类型更加复杂，零部件容器规格众多，难以做到规格大小标准化。

因此，综合考虑中储的作业特点和物流周转的方向性定位等因素，采用激光引导背负式 AGV 运料系统进行零部件的库内物流运输。零部件托盘可直接通过背负式 AGV 进行搬运。如图 7-50 所示，背负式 AGV 作为搬运底盘，车载背负面可根据搬运物料需求和搬运功能加装形式多样的夹具或移载机构。

背负式 AGV 在本项目的具体运行方式：由无人叉车将托盘放置在滚筒平台上，然后使 AGV 进入。当检测到 AGV 到位后，驱动滚筒平台和 AGV 滚筒同步

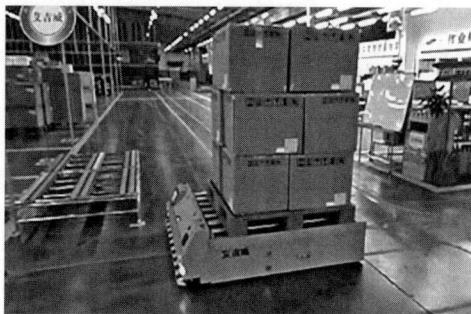

图 7-50　背负式 AGV 工作示意图

运转，将托盘由平台移载至 AGV。AGV 前后均有碰撞保护装置。AGV 还加装用于操作及显示的 HMI 人机交互系统或工作警示灯（如三色塔灯）。其控制采用 PLC 控制系统，可与再包装生产线和高位叉车进行实时通信，保证各物流设备间的实时通信和物流作业对接。

根据中储生产工位的布置，设计 AGV 运行环线及停靠站点的位置。围绕高位料架区、再包装区、待发区设计如图 7-51 所示的 AGV 循环路线。

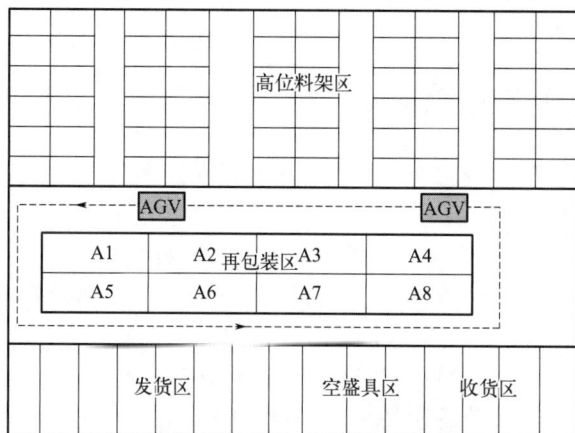

图 7-51　中储 AGV 循环路线设计

7.5　案例：发动机智能生产与同步物流系统规划

7.5.1　发动机生产工艺

发动机是汽车的核心功能部件，其中缸体和缸盖是发动机最核心的关键件。发动机的制造过程主要由机加工、装配和检测三大工艺组成。整车厂发动机车间一般由机加工线和装配线构成。

机加工主要采用高精度的数控机床和加工中心，将金属毛坯件通过切削加工等方式，加工成缸体、缸盖、曲轴零件。机加工生产线的物流系统一般由原材料处理、存储、上下料装置和机床间的工件传输装置等组成。机加工通常按照库存组织生产，加工完成的缸盖、缸体和曲轴放在完成品暂存区。

发动机装配线是一个比较复杂、精密的混流装配流水线工艺。发动机装配车间可同时组装多种型号的发动机，一般包括装配主线、分装线、冷试区、热试区、返修区等功能区域。分装线包括活塞连杆分装线、缸盖分装线等。装配车间最主要的两类工位是装配和拧紧工位。工位类型一般又分为自动工位、半自动工位、手动工位、测试工位和返修工位等。

装配线的生产设备种类较多，如各种拧紧机、拧松机、翻转机、移载机、涂胶机、气门拍打机等。发动机在装配主线和分装线的输送多采用摩擦轮输送线，发动机放置在有特定支架的托盘上，发动机的整个装配过程都是在托盘上进行，托盘通过线体的辊筒带动工位间的产品流动。发动机在每个工位的装配过程中处于静止状态，当某一工位的装配任务完成后，由停止器放行至下一工位。发动机装配完成后进入性能检测区。检测合格的发动机进入待出货区或仓库，根据总装车间 MES 系统进行同步指示排序交货。

7.5.2　发动机同步生产计划

如前所述，总装车间 MES 系统根据涂装车间 PBS 区 P/I 投入点（即涂装完成合格车进入 PBS 区的控制点）同步产生发动机装配线的进线指示。发动机车间 MES 系统的计划模块自动生成发动机装配线的顺序生产计划，下发到车间生产现场进行生产。发动机组装线采用条码扫描或 RFID 方式进行实绩采集，MES 系统根据生产进度下达后续生产指示，系统的工作原理如图 7-52 所示。

发动机车间装配线的零件同步供应方式如图 7-53 所示。

① 缸体、缸盖、下曲轴箱等大物采用专用台车序列，每次按 4/8 台进行配送供应；对于选配件采用排序台车。在 SPS 区入口进行有料 SPS 台车与空 SPS 台车交换。

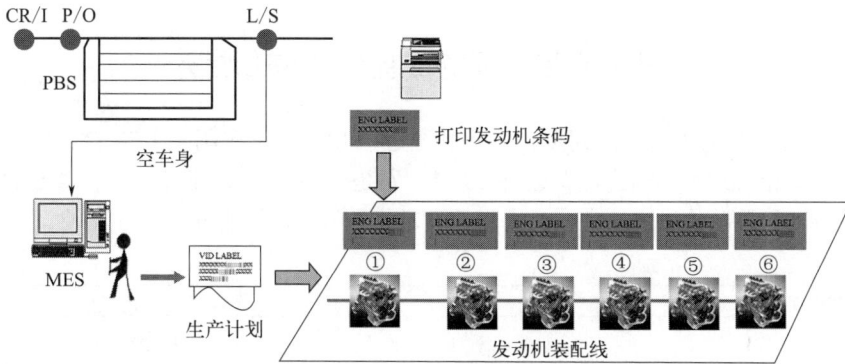

图 7-52　总装车间与发动机车间的生产同步指示系统原理

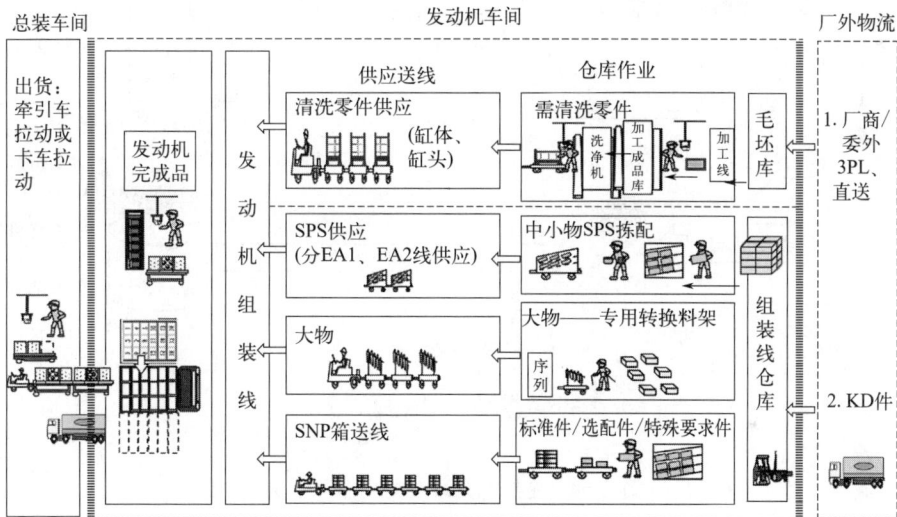

图 7-53　发动机装配线的零件拉动方式

　　② 中小物采用 SPS 配送。发动机组装线分为 EA1 和 EA2 两段。在两线周边对应设置 SPS 区。SPS 区按台同步拣配，采用 SPS 专用台车送线。SPS 物流方式如表 7-4 所示。

表 7-4　发动机组装的中小物 SPS 物流方式

发动机装配线	SPS 拣配方式	SPS 送线方式
EA1	拣配料架＋料盒	AGV 牵引台车往返
EA2	拣配料架＋动力辊筒线＋SPS 专用料架	移载台车自动送线 AGV 牵引空台车

　　③ 标准件、选配件和特殊要求件采用看板拉动，按标准包装送线，线边设置料架。

7.5.3　发动机车间对总装车间的成品同步交货指示

发动机装配线如图 7-54 所示，其中①是 WIP（工程在制量）52 台，②是下线后的安全库存 20 台，③是同步送料 20 台，④是合装线线边库存 8 台，⑤是合装线 WIP16 台，⑥是总装线边的完成品 4 台，发动机在制量和库存量合计 120 台。

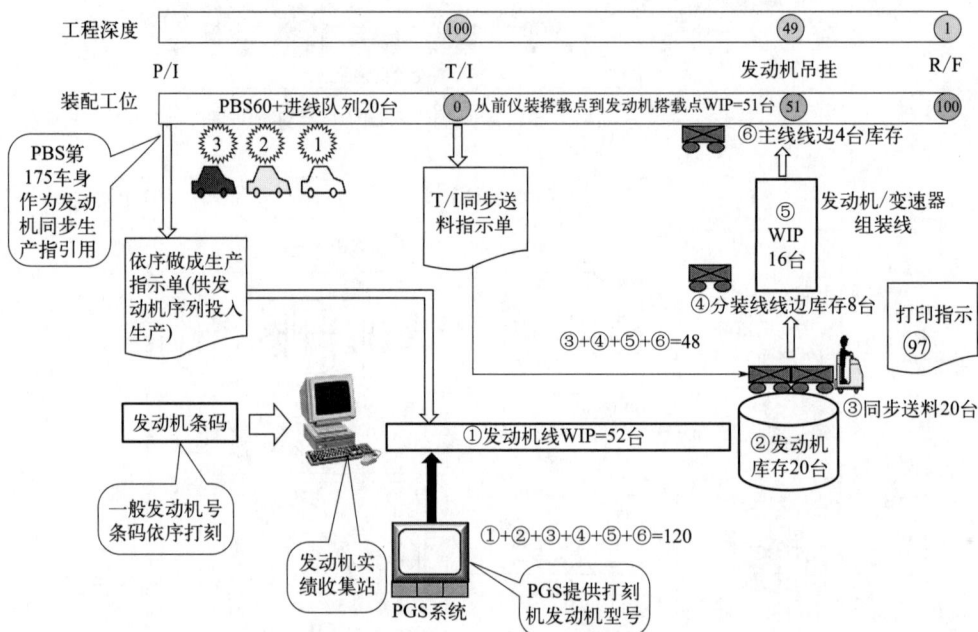

图 7-54　主线与分装线同步指示示例

发动机与变速器装配完成后进入总装线的搭载工位是从前仪装进线点开始计算的第 51 工位，PBS 的库存及进线队列是 80 台，由搭载工位到 PBS-IN 的未完成车合计 131 台。发动机装配线生产投入指示深度（131）大于发动机在制量和库存量的总和（120），所以从 PBS-IN 点采集的数据作为发动机厂的装配指示点可以满足指示工程深度的要求。

从 T/I 到总装线发动机搭载点共有 51 个车身位，51>48（③＋④＋⑤＋⑥），所以 ALC 指示发动机车间同步送料的指示单列印点选定为 T/I。发动机车间的送料指示深度为 49+4+16+8+20=97。

发动机 / 变速器合装完成品在底盘线第 12 工位装配，是总装下线倒数第 49 个车身位，即此车身位的工程深度为 49。底盘主线的线边库存设定 4 台份，发动机 / 变速器合装线 16 台份，备料提前指示 5 台份。因此，SPS 区的备料总深度为 49+4+16+5=74，即下一个进线备料指示是从 70 到 74。根据进线顺序将 SPS 零件拣选放置于台车，按台套送至合装线的线边。

7.5.4　发动机组装的 SPS 规划

某发动机车间的布局如图 7-55 所示。其中，装配线物流区划分为大物库区、中小物库区和标准件库区。

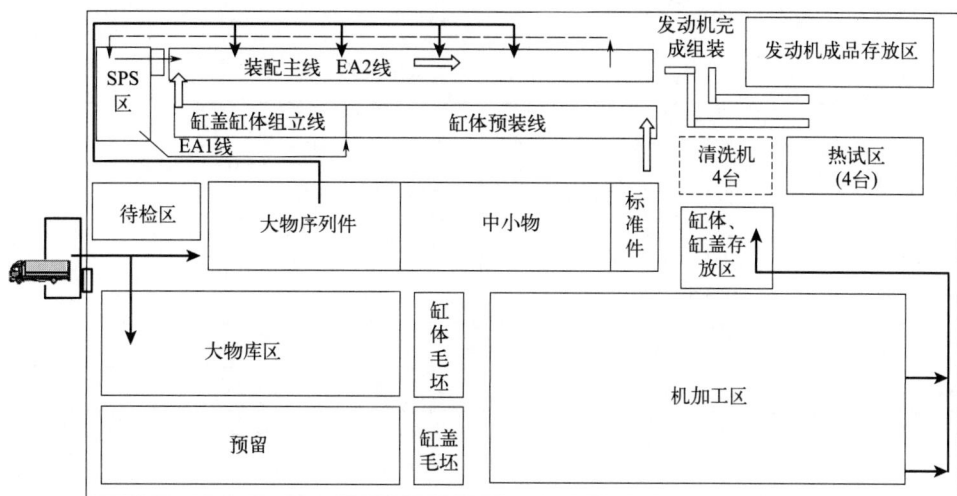

图 7-55　发动机车间生产布局图

（1）大物 SPS

大物采用台车序列或看板方式投线。由于采用 4/8 台排序上线，大物厂商的盛具过大，需要使用排序转换料架定时定量切换上线。其中大物 SPS 转换料架包括缸体总成料架、缸盖总成料架、发动机总成托盘、EGI（Exhaust Gas Ignition，排气点火）线束转换料架、进气歧管转换料架、油底壳转换料架等。

（2）中小物 SPS

中小物在 SPS 区进行拣选后，投入发动机装配 EA1 缸盖 / 缸体线和 EA2 装配主线的前端。EA1 线的零件较少，采用料箱式 SPS，随行在发动机缸盖 / 缸体装配台车后方投入。EA2 线的 SPS 台车在 SPS 区入口处由自动装置线搭载投入。发动机 SPS 实现方式如表 7-5 所示。

表 7-5　发动机 SPS 实现方式

项目	SPS 台车说明
SPS 上线自动连接搭载设备和上线辊筒输送线	自动连接搭载设备搭载 SPS 台车，从等待上线辊筒输送线自动送 SPS 台车上线，SPS 作业人员推进辊筒进线排序等待，线上有 5 台 SPS 完成品

续表

项目	SPS 台车说明
SPS 台车	发动机车间拣配 SPS 台车，每工位一台随线 SPS 台车，安全区 5 台，拣配作业区 2 台；下线区台车返回 5 台空台车
SPS 下线辊筒输送线 /AGV 自动拉回	发动机总成下线专用辊筒输送线，每 5 台 AGV 自动拉回空 SPS 台车

例如，某发动机组装第 6 工位和第 7 工位的 SPS 单台用量清单如表 7-6 所示。

表 7-6　发动机 SPS 单台用量料表

工站	零件编号	零件名称	各车型单台用量		
			1.8L	2.0L	2.4L
6	11023100	变速器定位销	2	2	2
6	11006100	机油冷却器油管	1	1	1
6	11008100	机油冷却器双头螺栓	1	1	1
6	11009100	机油冷却器双头螺栓垫片	1	1	1
6	13522100	前盖隔板	1	1	1
6	15210SE100	机油冷却器	1	1	1
6	21010SE100	水泵总成	1	1	1
6	21023101	机油冷却器水管总成	1	1	1
6	93000100	机油冷却器水管总成管夹（左）	2	2	2
6	94000100	机油冷却器水管总成管夹（右）	2	2	2
7	11016100	引擎脚支架双头螺栓	2	2	2
7	11024SE100	引擎脚支架	1	1	1
7	14341SE100	水泵带轮	1	1	1
7	15208SE100	机油滤清器	1	1	1
7	12303100	曲轴带轮	1	1	1
7	12309100	带轮螺栓	1	1	1
7	11141SE100	机油尺导管	1	1	1
7	14002101	进气歧管垫片	4	4	4
7	14003SE100	进气歧管支架	1	1	1
7	14018100	节气阀支架	1	1	1
7	14326100	电子节气门垫片	2	2	2
7	14327101	电子节气门	1	1	1

　　发动机 SPS 区料架根据线别和工位装配顺序依序排列，如图 7-56 所示。料位看板信息包括件号、件名、用量、厂商名与零件照片等，相似零件特别标注不同点，提醒拣料人员识别。

图 7-56　发动机车间 SPS 拣配区示例

　　SPS 区拣选人员根据 SPS 拣选表进行 SPS 拣配，如图 7-57 所示，SPS 台车的每一层按工站和工位顺序摆放零件，最终完成发动机组装零件的台套配料过程。

　　如图 7-58 所示，SPS 区布局靠近装配 EA2 线，拣完料的 SPS 台车直接推送进入辊筒等待线，由搬运系统自动拉动上线，发动机装配线每进线 1 台，SPS 随线台车自动进线 1 台。已完成装配的工位将 SPS 台车对应料板掀起竖放，以便下一工位的生产人员继续装配。

图 7-57　SPS 区拣料台车

图 7-58　SPS 台车随线示例

第 8 章

智能工厂数字化系统规划

8.1　制造业数字化转型

制造业数字化转型是以生产要素的数据化为依托，以工业互联网为载体，帮助企业充分利用各种资源要素，整合优化企业的产品研发、生产制造、供应链、市场营销、售后服务、运营管理等主要产业链环节，提升资源配置效率。

数字化转型的使能技术主要包括：

（1）工业互联网

工业互联网平台是智能工厂、智能产品和智能供应链的数字化转型基础和使能工具，是支撑制造业数字化转型的重要基础设施和发展路径。工业互联网作为一种新兴制造业生态系统，目前已初步形成三大应用路径，即面向企业内部生产率提升的智能工厂，面向企业外部价值链延伸的智能产品、服务和协同，以及面向开放生态的平台运营即工业互联网平台。

（2）人工智能

以机器学习、深度学习为特征的人工智能技术是数字化的核心之一。人工智能的工业化和自动化是一种新能力，有助于最大程度减少制造业所需的人员支持，实现流程负担向技术转移，彻底改变企业生产运作方式。

（3）大数据

大数据作为新一代信息技术的关键，逐渐成为新一轮产业革命的核心。数据逐渐成为企业最有核心竞争力的资产。制造业的自动化和信息化产生大量的数据。数据化运营是制造业的必经之路，制造企业需要构建大数据分析能力。企业的运营需要通过数据引领业务发展，把企业内部数据、外部数据、非结构化的数据、多种来源的数据统一管理，形成大的数据资源中心，实现业务活动数字化，推动企业研、产、销的数字化运营，形成高效数字化的运营新生态。

（4）云计算

计算是数字经济社会的基础设施。云计算是数字化转型的一个重要组成部分。云计算的应用框架如图 8-1 所示。根据提供服务形式的不同，云计算服务一般分为软件即服务（SaaS，Software as a Service）、平台即服务（PaaS，Platform as a Service）、基础设施即服务（IaaS，Infrastructure as a Service）等类型。

（5）5G

5G 技术具有高速率、大容量、高可靠性、低时延等特点。5G 将企业的生产与运营空间从有线网络环境延伸到更广阔的物理区域。"云"上实现业务中台赋能；"边"可以通过 5G 网络的边缘计算功能实现，增强终端控制的实时性，减少云端处理的数据量；"端"是指 5G 终端实现与物理环境 / 机器的直接交互和控制。

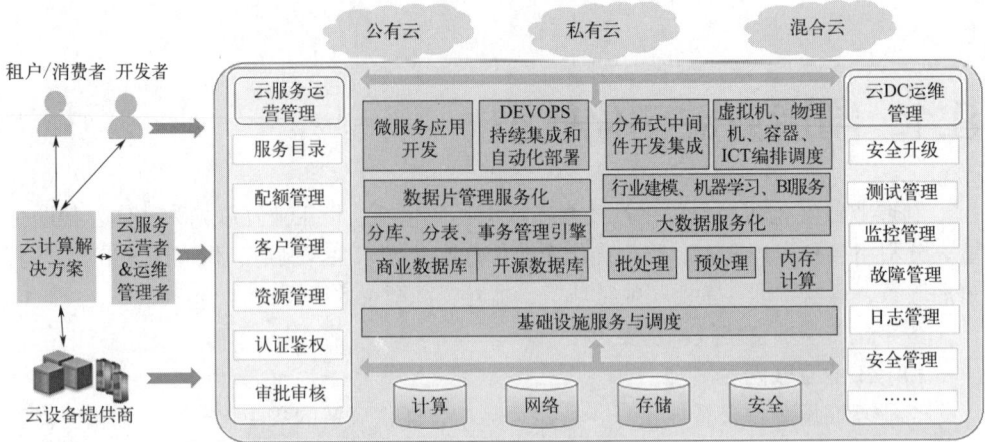

图 8-1　云计算的应用框架

从应用情景看，上述数字技术在智能工厂的数字化转型中主要应用在以下三个领域，具体如图 8-2 所示。

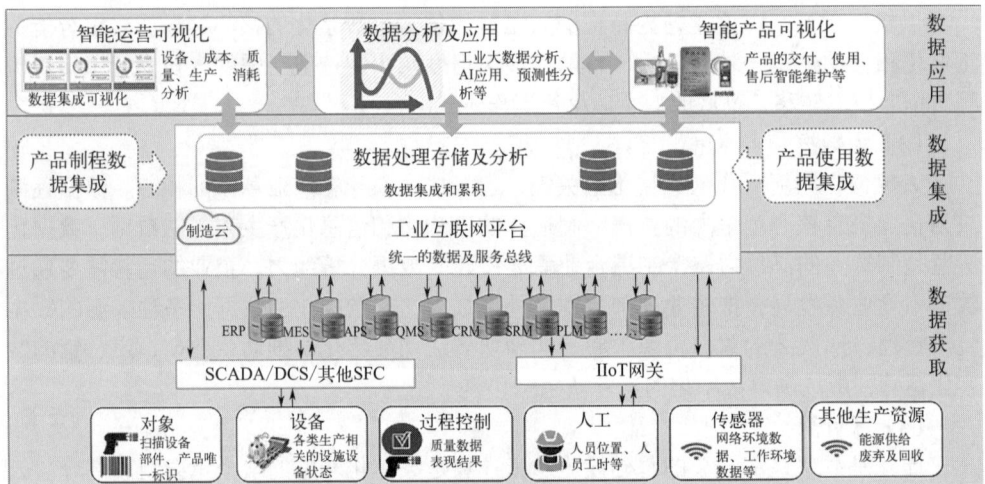

图 8-2　智能工厂数字化系统的应用场景

（1）运营流程优化

企业在生产、供应链、物流、营销、服务、管理等各流程中引入具体数字技术，替代或协助人工，侧重呈现性和交互性的数字化技术应用特征。

（2）平台生态系统

改变原有的线性价值创造逻辑，将人、物、组织通过数字平台连接起来，实现价值共创，侧重聚合性和连通性特征。

（3）数据驱动决策

数据驱动是一种方法论。其核心思想是基于数据来推动决策和行动。基于人工智能、大数据与高性能计算、边缘计算、数字孪生等数字驱动的使能技术，数据驱动可以提升制造企业的生产智能优化能力、精准管控与智能决策能力、寻找增值模式与价值链重构的能力。

需要说明的是，智能工厂当前面临的关键瓶颈主要是利用数字技术促进生产运作方式与流程优化。提高智能工厂的数字化程度及应对转型难点的关键在于：制定科学的数字化战略和规划；加强精益管理、增强数据分析与数据驱动决策的应用能力；实现系统集成与协同；推动持续改进与创新等。同时，在数字技术的驱动下，智能工厂的价值创造过程逐渐由封闭转向开放，也将形成新的生产组织模式。基于数字技术的平台化生产系统在制造业扮演的角色日益重要。

8.2　智能工厂数字化系统的架构规划

8.2.1　智能工厂的系统需求

智能工厂与数字化系统的规划建设应同步展开。架构统一的应用系统软件和平台成为生产线智能升级和智能工厂建设的关键。

智能工厂的生产过程可以理解为：通过生产设备与 ERP、MES、WMS 等系统的数据集成，实现物料计划调度、设备控制与生产管理系统的连接与通信，进而实现企业内部生产流程与供应链的系统集成和业务集成，实现多种少量的流线化柔性生产。

因此，智能工厂数字化系统的蓝图轮廓如图 8-3 所示。

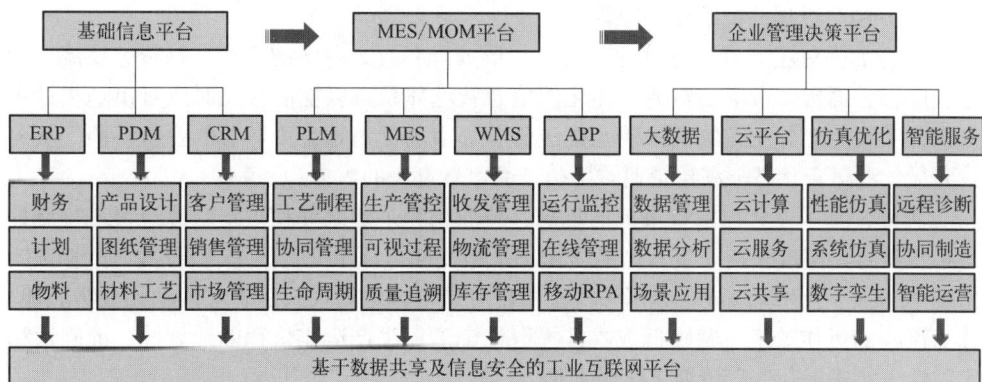

图 8-3　智能工厂数字化系统的整体蓝图轮廓

智能工厂对生产与运作管理的信息化、数字化和智能化提出更高要求，具体表现为：

（1）更及时的数据应用需求

智能工厂需要加快对订单需求的响应与交付速度。但很多企业，特别是中小型企业，却缺乏系统化使能手段支持多种少量的订单生产，缺乏产品数据、生产过程数据、供应链数据的应用和集成机制，因此难以及时响应快速多变的订单需求。智能工厂需要识别工厂内部信息流的瓶颈和断点，实现信息流与生产流的协同与提速。同时，在信息集成的基础上，为工厂生产运作与管理提供智能化分析决策能力。

例如，生产效率是多种少量生产的重要关注指标。产品交期、生产进度、在制品成本和工时成本等数据与生产效率息息相关。对生产效率相关数据的采集与分析应用是智能工厂效率管理的重点之一。为了准确地把握和监控生产效率，要求工厂及时获取生产过程各个环节的相关数据，便于生产过程的快速分析和决策。

（2）生产全过程数据的深度运用

在智能工厂所关注的各种资源要素中，生产现场信息是重要的企业资源。但在实际生产过程中，由于涉及生产过程数据采集的技术要求和成本考量，相当多的生产数据目前还无法和已有的生产管理信息系统实现自动、实时和有效的数据传输与互联，仍然存在于生产过程的"黑箱"系统。

例如，质量部门对各项服务数据进行汇总分析以改进服务质量，并将这些信息传递给相关业务单位以提升服务质量。通过采用现代化信息管理手段和先进的决策支持工具，建立集预测、管理、分析及决策支持功能于一体的综合化、智能化、信息共享的质量决策支持体系。

又如，智能工厂相关的内外部系统缺乏对行业底层生产系统的了解、开发与应用管理经验。管理系统不能满足企业管理的精细化要求。企业管理层更关注于以财务为核心的 ERP 系统，对生产环节的信息流、物流、资金流运营关注度较少，无法对企业的节能降耗、降本增效进行系统层面的正确分析决策，管理效果未能最大化。

（3）生产过程的精细化协同管控

通过加强对生产过程的管理与监控，形成一套行之有效的生产、物资、物流、配送、库存、销售、市场、财务一体化的信息管理体系，以便能够及时应对市场和订单需求，实现生产加工、物资采购、配送储备、市场促销等各个环节的业务协同，从而达到最佳的运营状态，满足企业对各类产品市场竞争的需求。

例如，基于业务与系统集成的思想，将原物料采购流程和生产制造流程进行流程与系统整合，实现采购质量与产品质量、采集交期与订单交付的综合管控。通过 ERP、MES 和 SCM 的系统集成，运用系统工具部分或全部地替代人工管理活动和业务职能，提高流程的运作效率，并降低成本，提高整个工厂生产运作过程的计划性、准确性和实时性，快速提升生产精细化管理水平。

（4）企业运作的规范和标准固化

实现生产企业的业务流程规范化，减少由于重复工作、等待、查找等带来的浪费，提高作业效率；能够及时把握实时、一致、准确、完整的信息，强化对过程的控制与监控，而不仅仅是对于目标的管理。例如，为了实时掌握工厂各层级的成本与管理绩效指标，工厂成本管控模式将逐步由资金总量控制向过程控制进行转变。即实现从静态管理向动态管理的转变；从事后管理向事前、事中管理的转变；从基于经验的管理向基于数据的管理的转变；从全面事务处理审批向例外事件管理的转变。

8.2.2　智能工厂数字化系统的架构规划

8.2.2.1　架构规划方法论

智能工厂数字化系统的总体架构是根据复杂系统的基本原理，对智能工厂的业务、数据、应用、基础设施、资源进行总体规划，形成一套复杂的系统模型。构建整个智能工厂数字化系统的模型，通过这个模型即可在逻辑上搭建一个支撑智能工厂生产运作的数字化系统。

为了提升智能工厂数字化系统架构设计的科学性和体系性，智能工厂数字化系统规划可以参考主流的架构设计方法论。体系架构一般以 ISO/IEC/IEEE 42010 系统与软件工程标准为主要方法。如图 8-4 所示，架构设计重点对产品、工艺、需求、系统、业务功能等架构要素及其相互关系进行模型化分析，明确智能工厂数字化系统架构设计的基本体系框架、描述方式与关键要素。

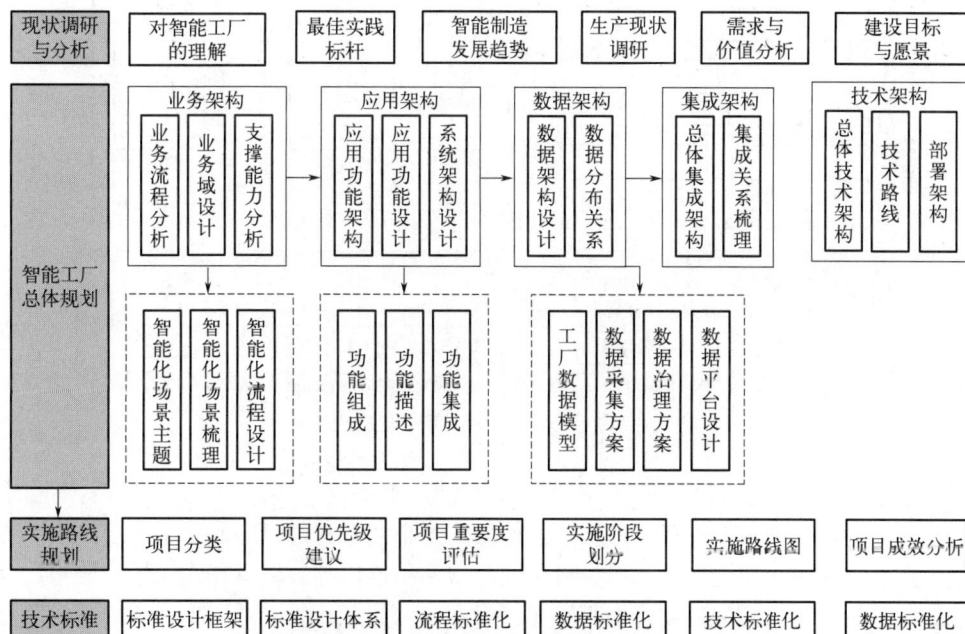

图 8-4　智能工厂数字化系统架构规划的总体视图

架构设计对企业数字化转型应用实践具有重要指导作用。智能工厂数字化系统架构设计可以应用开放群组架构框架（The Open Group Architecture Framework，TOGAF）等架构设计方法。

TOGAF 是一种通用的架构设计方法。TOGAF 结构框架如图 8-5 所示。从结构上看，TOGAF 框架由多个视图部分组成。该框架主要包括业务架构、数据架构、应用架构和技术架构。其中，业务架构用于描述为达到目标需要进行的业务过程，数据架构用于描述企业数据的组织和存储的过程，应用架构用于描述业务系统的实现过程，技术架构用于描述系统软硬件对应用支撑的过程。TOGAF 企业架构框架由于其开放性和灵活性，并能和企业的管理架构紧密结合，目前被国际领先企业高度认同，成为行业应用最为广泛的企业架构理论和标准。

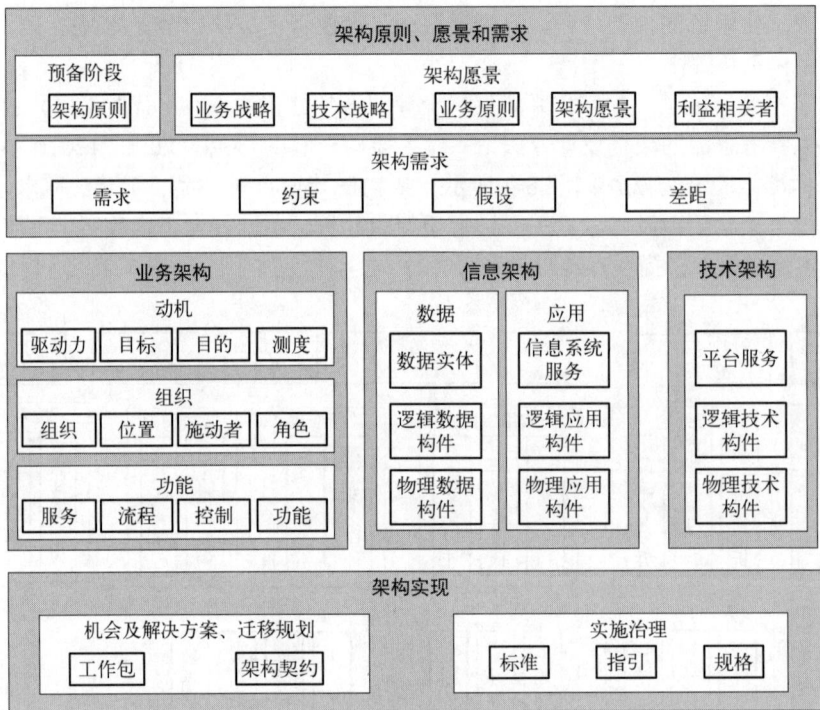

图 8-5 TOGAF 结构框架

需要说明的是，智能工厂的架构规划需要在业务视图中突出企业整体发展战略目标与关键业务需求，并重点关注从通用架构到企业架构过程中的应用推广方法。智能工厂数字化系统架构设计可以参考工业、软件和通信等领域具有代表性的架构。考虑到制造企业业务领域的特点与行业未来发展趋势，架构设计重点参考工业 4.0 架构（RAMI 4.0）和工业价值链参考架构（IVRA）等代表典型架构。

8.2.2.2　系统架构设计的内容要素

生产的精益流与数据流是智能工厂运作的核心驱动要素作用。智能工厂数字化系统平台的架构设计可重点参考工业互联网参考架构（IIRA）。以数据为牵引，定义产品设计、制造、运营、信息、应用等功能域，描述信息流和决策流的功能架构设计理念。

智能工厂数字化系统的总体架构设计主要包括三个子架构：描述业务逻辑的业务架构、为业务架构提供信息系统支撑的 IT 架构、为业务架构提供物理支撑的资源架构。其中 IT 架构包括数据架构、应用架构和 IT 基础设施架构。各架构之间的关系如图 8-6 所示。

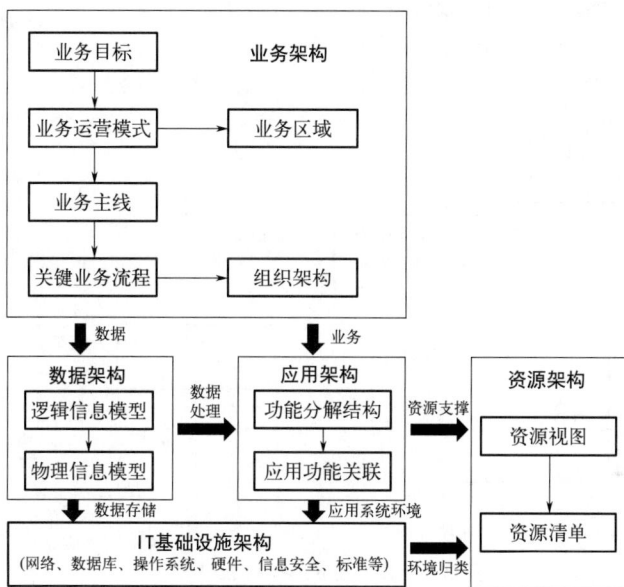

图 8-6　智能工厂架构关系

（1）业务架构

业务架构用于描述智能工厂的业务目标、业务运营模式、业务主线、业务逻辑（业务流程）、支持业务流程的组织架构、业务区域等。

业务架构是企业通过对自身业务的梳理、整合、优化，将业务目标提炼为可操作的业务模型。业务目标决定业务运营模式，业务运营模式决定业务主线和业务区域的划分。业务主线是按业务属性，对生产相关的业务领域主题进行划分。每条业务主线中包含一个或多个关键业务流程的定义。

（2）数据架构

根据前期制定的业务模型和数据参考模型，数据架构对业务流程中的数据需求进行统一的数据定义和组织。数据架构可以为智能工厂的产品、生产和运营数据提供一个统一的框架，描述这些数据的定义、相互之间的关联和存储等内容，为后续的数据和系统集成提供基础。

（3）应用架构

应用架构的主要作用是呈现。把业务对象所涉及的相关业务活动，通过结构化模型的方式呈现给业务用户，以便更高效地熟悉业务活动。应用架构是智能工厂架构研究的重点。在数据架构的基础上，应用架构用于定义智能工厂各个业务和流程涉及数据的处理、集成、交互和流转方式。应用架构为这些业务和流程提供一个统一框架。采用 IDEF0 进行建模的顶层业务架构模型如图 8-7 所示。

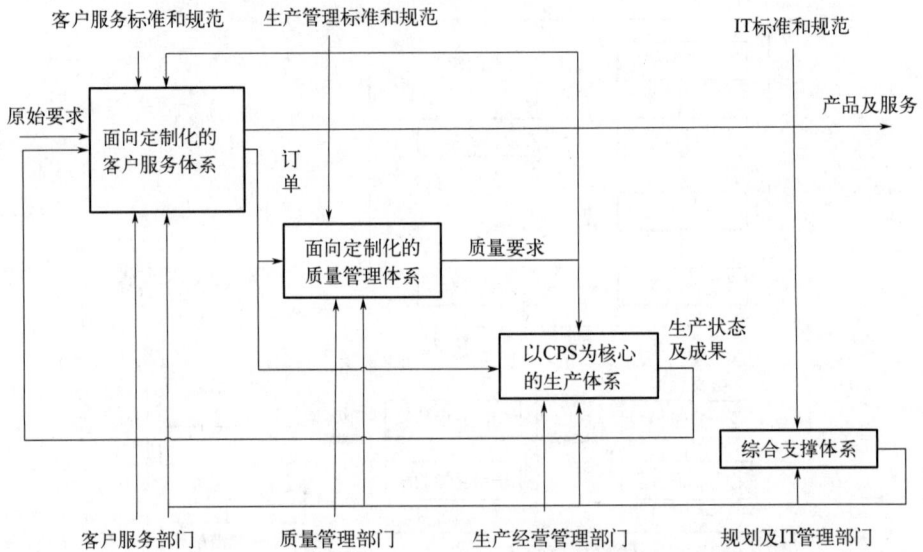

图 8-7 顶层业务架构 IDEF0 模型

（4）技术架构

在形成与业务架构协同的数据架构、应用架构后，数据架构和应用架构所包含的内容需要通过一系列基本技术、软件和硬件进行统一支撑，共同构成技术架构。技术架构主要包括使能技术、网络环境、系统软件、IT 硬件设备、安全方面的软硬件等。

需要说明的是，数据、应用、技术等都是为业务服务。因此在这四种架构中，业务架构起到整体牵头的作用；主数据贯穿业务流程，起到全局拉通的作用。

8.2.2.3 智能工厂数字化系统的整体架构规划

智能工厂数字化系统的体系架构规划主要由业务架构、应用架构和技术架构三部分组成。智能工厂数字化系统的整体架构规划是以企业智能工厂建设目标和主要业务需求为牵引，明确系统功能定义与实施部署方式的设计思路，自上向下逐步细化和深入。

（1）业务架构

业务架构提出智能工厂的总体目标、方向和策略，并进一步细化为工艺、计划、制造、质量、物流、自动化、管理信息系统等具体业务需求场景，以及智能工厂运行所需的系列关键能力，作为数字化系统应用架构设计的重要指引。

（2）应用架构

应用架构明确支撑业务实现所需的核心功能和关键要素，描述构建智能工厂生产体系所需数字化系统的功能要素与关系。功能架构提出以数据与精益驱动的业务功能总体视图，进而细化分解为工艺、生产、系统、决策四大体系的子功能视图。

应用架构主要用于指导智能工厂数字化系统规划建设的支撑能力与核心功能，并为后续技术架构的制定提供依据。

（3）技术架构

技术架构描述智能工厂数字化系统技术实施的层级结构、内容要素和资源组织方式。实施框架层级可以划分工艺层、数据层、执行层和运作层等，并明确各层级的流程、模型、数据、系统的逻辑架构、运行方式以及业务集成关系。

技术架构主要为具体落地的统筹规划与建设方案提供依据，并用于指导技术选型与系统搭建。

8.2.3　业务架构

制造企业的典型业务对象一般包括产品、客户、合同、物料、资金等，企业的实际业务都是围绕这些业务对象展开。

智能工厂数字化系统业务架构规划主要包括战略层、经营层、应用层三个维度。战略层主要定位于企业外部整体的宏观视角，经营层和应用层则定位于企业内部的微观视角。智能工厂数字化系统的业务视图如图 8-8 所示。

（1）战略层业务视图

战略层业务视图主要针对的是智能工厂促进企业整体发展方面的主要目标、实现路径与支撑基础。从发展目标看，构建资源全要素、价值链全连接的数字化系统平台是关键，同时也是智能工厂柔性化、数字化、智能化发展的核心。

① 以精益和数字化为目标，通过智能工厂数字化系统的建设，优化现有业务与生产流程，形成智能化生产、网络化协同、个性化定制、服务化延伸等智能工厂生产与服务的新模式。

② 以数据为核心，提供数据采集、网络传输、数据管理、建模分析、应用集成等系列化的业务解决方案，为智能工厂与企业数字化转型提供关键支撑。

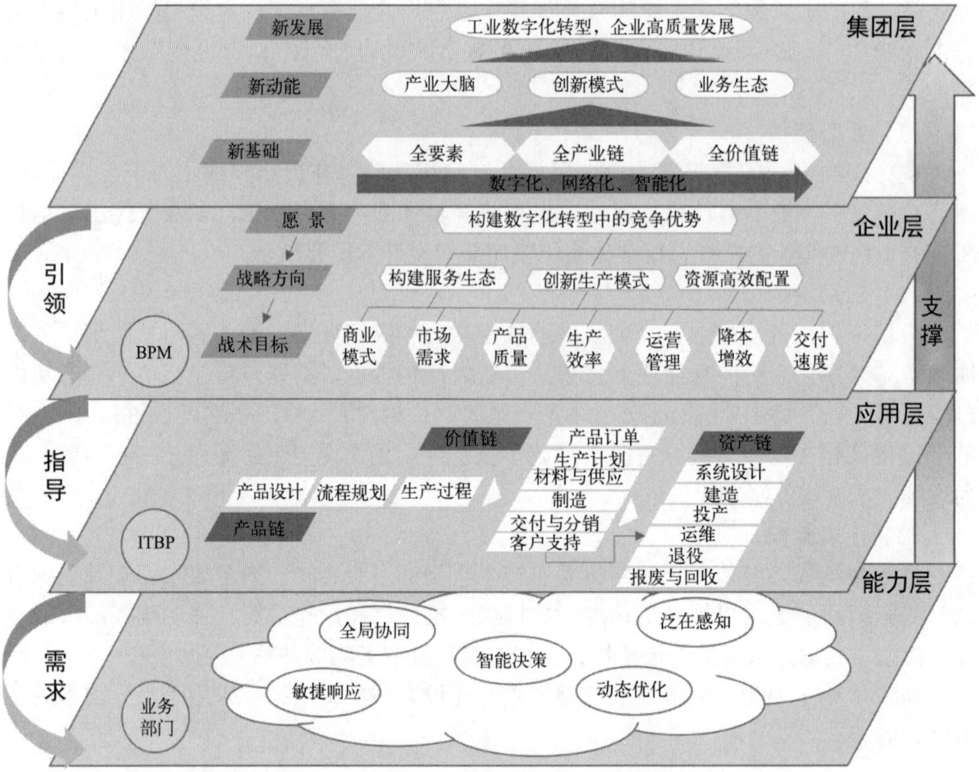

图 8-8 智能工厂数字化系统业务视图

③ 伴随企业数字化转型的深入，在共享制造、制造能力交易、数字经济等领域形成数字化创新的新业态。

（2）经营层业务视图

经营层业务视图主要明确智能工厂构建智能化和数字化转型竞争力的愿景理念、战略方向和具体目标。视图主要面向企业高阶领导，用以明确在企业战略层面如何开展智能工厂数字化系统建设规划，保持和强化智能工厂的竞争优势。

从目标愿景来看，在智能制造发展趋势下，制造企业应加快依托精益生产运作与数字化技术来构建智能工厂的核心竞争优势，形成以精益生产与工业互联网为核心驱动的新型生产运营方式与资源组织方式，实现多种少量的柔性生产。

为实现上述目标愿景，企业需要通过智能工厂数字化系统的规划建设与应用，实现降本增效、提升价值和模式创新三大方向的目标。

① 在降本增效方面，通过数据与精益的相互驱动，帮助企业在提高生产效率、减少停机与不良品、降低库存等一系列关键环节和场景发挥作用。

② 在提升价值方面，智能工厂通过柔性生产和数字化平台，促进企业更好地应对

多种少量订单，提高企业的接单与交付能力。

③ 在模式创新方面，智能工厂实现由大批量生产向定制柔性生产转型，将会创造新的生产组织模式和业务领域，促进生产与研发、服务、供应链等领域的创新融合。

上述三个方向可进一步按层级分解和细化为若干项目目标，如市场需求、产品质量、资源调配、运营管理、设备保障、交付速度、供应和服务模式等，形成智能工厂数字化系统实施的业务路径体系。

根据对制造业的业务调研和分析，智能工厂数字化系统的总体业务框架如图 8-9 所示，一般包括决策经营、原料采购、生产运行、物流管理、质量管理、能源管理、计量管理、设备管理和健康安全环保等业务域。

图 8-9　总体业务框架

（3）应用层业务视图

应用层业务视图主要明确智能工厂赋能于企业业务转型的重点领域和具体场景。应用层主要面向企业信息化主管与核心业务管理人员，用于确定数字化系统在智能工厂各项生产经营业务的功能与应用模式。

例如，流程行业智能工厂的应用层业务视图如图 8-10 所示。其生产业务域主要包括计划调度、物料管理、生产绩效、操作管理、过程控制和工艺管理六项业务。

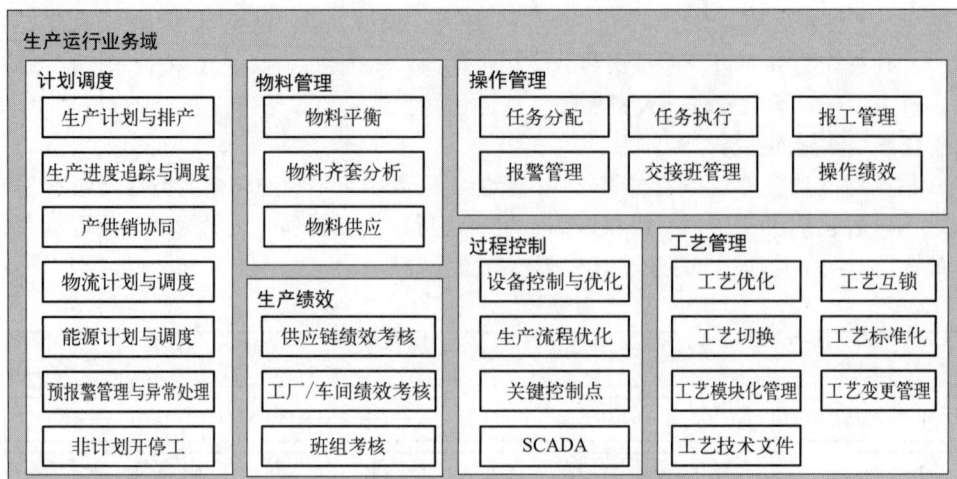

图 8-10　流程行业智能工厂应用层业务视图

产品链、流程链、数据链是智能工厂数字化生产运作的主要驱动要素。智能工厂建设通过对三大链条的创新优化变革，推动企业业务层面数字化发展。

① 智能工厂通过对产品全生命周期的连接与贯通，强化产品设计、流程规划到生产过程的数据集成与智能分析，实现产品链的整体优化与深度协同。

例如，通过 CAD 与 MES 系统的互联互通，实现项目研发人员的异地在线协同、模型和数据的远程共享、工艺的协同研发和降本增效。

② 智能工厂基于精益生产的原则，面向企业的核心业务活动，开展计划、供应、生产、销售、服务等业务流程的流程优化。同时，面向核心业务场景开展流程的深度固化和数据驱动流程，实现智能工厂全流程的管理提升与重点业务流程的数据驱动，实现能耗、成本、计划等方面的高附加值管控。

例如，如图 8-11 所示，计划经营业务域主要包括生产经营计划编制和生产经营跟踪与统计，对生产经营指标进行核算与监控，以及完成经营计划的制定和优化等业务。

③ 通过智能工厂数字化系统的整体规划，实现生产过程数据实时采集与联通，将分散的企业数据资源转化并整合为互联的工业大数据体系，支撑研发、供应链、财务、物流等全流程数据集成串联。在此基础上，采用机器学习、边缘计算、工业大数据分析等技术，实现轻便化、灵活化、智能化的数据管理和应用，开展基于数据链的业务创新与决策服务。

例如，通过 MES 系统实施，采用边缘技术，实现设备的全面互联和感知能力，用于优化设备维护周期，预测关键设备故障，并进行远程的在线维护，提高资产使用的可靠性和资产管理的经济效益。

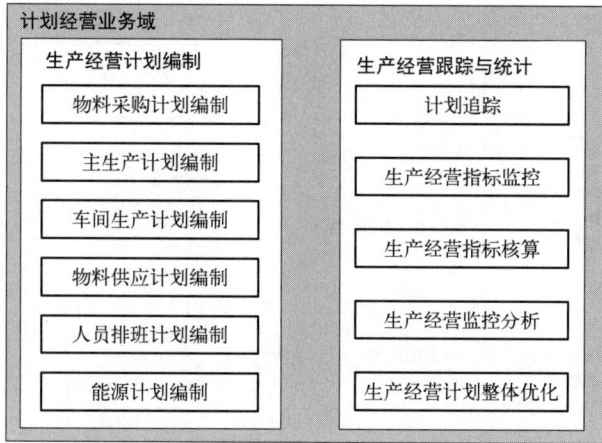

图 8-11　工业互联网计划业务视图应用层架构

需要说明的是，精益生产与"四化"（自动化、信息化、数字化和智能化）技术是智能工厂规划建设的基础。智能工厂从工艺流、物流与信息流三个层面对传统生产运作模式进行升级拓展与变革创新，实现基于精益与数据双轮驱动业务的智能制造。

智能工厂数字化系统将积累的精益管理知识和工艺机理、技术等各种未被挖掘的、隐性的经验显性化，并转化为更精确的机理模型和数据模型。通过信息化软件、自动化系统等载体打通生产、销售、运营、供应、管理等各个业务环节和流程，固化形成可复用、可扩展的生产流程单元，从而实现数据驱动的柔性生产。智能工厂结合数据计算分析和精益决策优化，实现生产系统运作机理模型与数据信息科学的融合，推动跨领域资源灵活配置与内外部协同能力提升，驱动企业生产制造体系向扁平化、开放化演进。

8.2.4　应用架构

智能工厂的核心是以数据驱动生产系统，实现精益运行。基于数据驱动的精益生产系统通过全面互联与深度协同，实现智能分析与决策优化。因此，智能工厂数字化系统的应用架构应遵循精益和系统集成的原则进行设计。应用架构的设计体系如图 8-12 所示。

通过对生产工艺、运作管理、数据、自动化集成四大系统功能体系的构建，智能工厂全面打通生产工艺、生产制造、运营管理和数据管理，基于数据分析与系统集成实现 IT 与 OT 的融合和四大功能体系的贯通。其中，智能工厂数字化系统的数据功能体系主要包含感知控制、数字模型、决策优化三个基本层次，以及一个由自下而上的信息流和自上而下的决策流构成的工业数字化应用优化闭环，具体如图 8-13 所示。

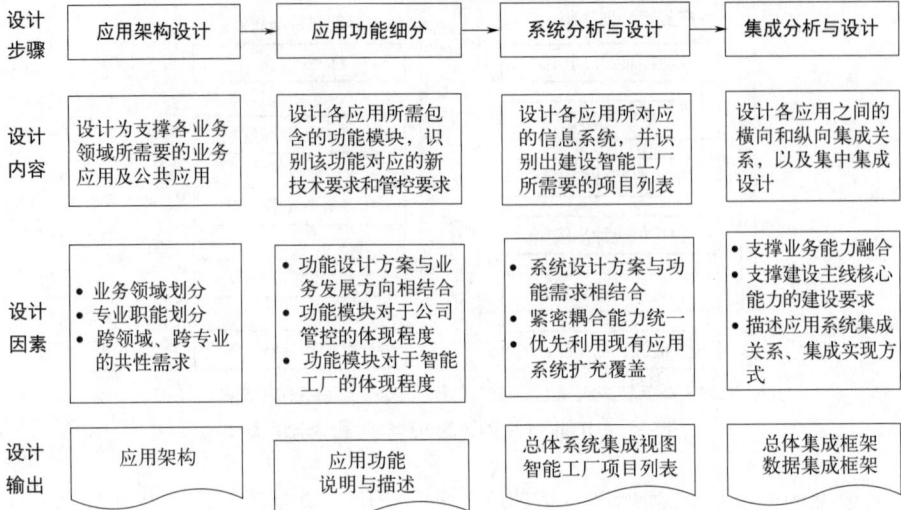

设计步骤	应用架构设计	应用功能细分	系统分析与设计	集成分析与设计
设计内容	设计为支撑各业务领域所需要的业务应用及公共应用	设计各应用所需包含的功能模块，识别该功能对应的新技术要求和管控要求	设计各应用所对应的信息系统，并识别出建设智能工厂所需要的项目列表	设计各应用之间的横向和纵向集成关系，以及集中集成设计
设计因素	• 业务领域划分 • 专业职能划分 • 跨领域、跨专业的共性需求	• 功能设计方案与业务发展方向相结合 • 功能模块对于公司管控的体现程度 • 功能模块对于智能工厂的体现程度	• 系统设计方案与功能需求相结合 • 紧密耦合能力统一 • 优先利用现有应用系统扩充覆盖	• 支撑业务能力融合 • 支撑建设主线核心能力的建设要求 • 描述应用系统集成关系、集成实现方式
设计输出	应用架构	应用功能说明与描述	总体系统集成视图智能工厂项目列表	总体集成框架数据集成框架

图 8-12　应用架构的设计体系

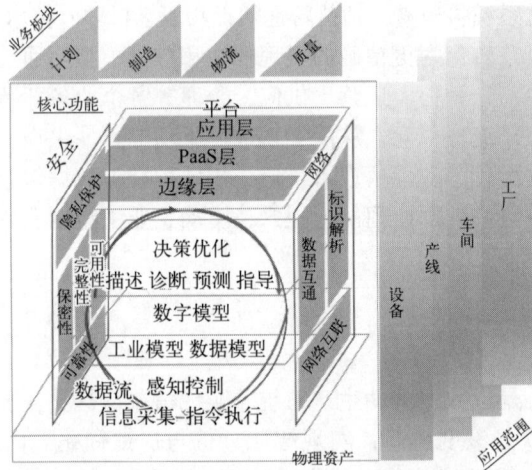

图 8-13　智能工厂应用架构的整体视图

如图 8-14 所示，在智能工厂数字化系统的数据功能实现中，工业互联网平台是关键技术支撑。通过业务数据采集、集成、分析和优化，以及业务应用流程与业务数字模型的集成，实现自下而上的信息流和自上而下的决策流，以此形成智能工厂的优化闭环运作，支撑各类业务应用。

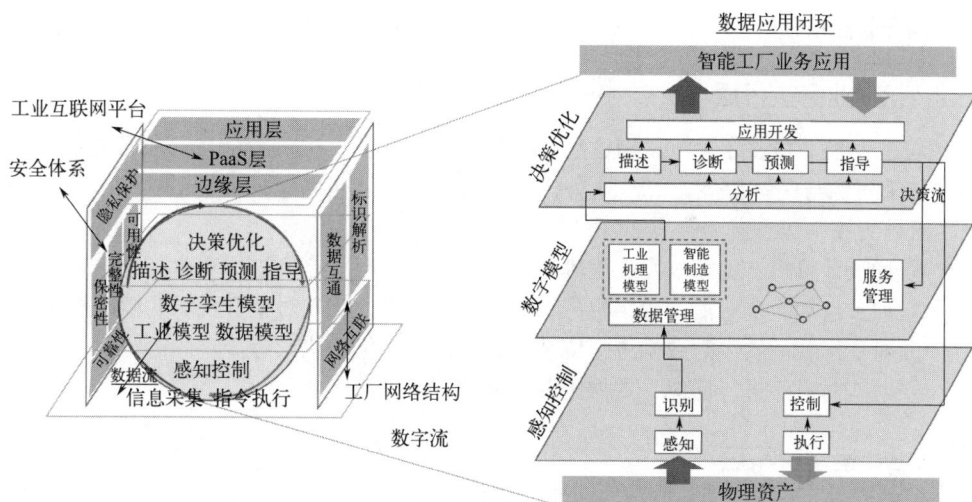

图 8-14　基于工业互联网平台的智能工厂运作管理

8.2.4.1　设备感知层

设备感知层的主要功能包括感知、识别、控制和执行。设备感知层负责构建智能工厂的底层"输入-输出"接口。

（1）感知接入功能

通过 RFID 传感器、智能传感器/设备、条码/二维码等智能感知单元和智能网关等接入设备，实现工业服务、工业设备、工业产品的感知和接入。设备感知层应通过对多类型异构传感器进行管理，实现资源的主动感知能力；可以通过工业物联网网关、WebService、API 接口等方式，实现广域制造资源的接入能力；同时具备感知信息和接入数据的融合和边缘计算能力。

（2）网络传输功能

网络传输应实现人员、设备、物料、环境等制造资源要素的互联互通。网络传输应具备光纤宽带、协议管理、虚拟路由、流量监控、负载均衡、业务编排等功能；提供专用网络、物联网、传感网、以太网、智能网关等工业现场通信网络集成功能；提供标准的协议转换模块，如 OPC-UA、MODBUS、PROFINET、PROFIBUS 等工业通信协议和 MQTT、TCP/IP 等通信传输协议；能够保证通信数据的实时性、准确性和稳定性。

（3）工业控制功能

工业控制包括 SCADA、PLC、DNC、DCS、HMI 等设备及其接口，实现对工业现场的数据采集、编程控制、人机交互等；能够实现软硬件集成，接收车间执行层的数据和生产指令，并反馈处理结果；对设备资源层的制造资源进行闭环控制，并对运行状态进行监控和分析。

8.2.4.2　业务执行层

通过 MES、LES 等系统，构建数据模型和工业模型，提供智能生产和智能物流应用的基础资源与关键使能工具。业务执行层的主要功能包括工厂的计划执行、质量保证、流程管控、信息交互等。

① 通过计算机、智能仪器仪表等对制造资源的工况状态等进行实时监测。
② 通过自动化执行器、数字机床、智能机器人等，实现对生产现场的精准控制。
③ 对生产现场的实时数据进行统计、智能分析和优化决策等。
④ 对实时事件进行反应，并做出及时处理。

8.2.4.3　运营决策层

运营决策层包括 ERP、PLM、SCM、CRM 等系统。运营决策层主要功能包括分析、描述、诊断、预测、指导及应用。

① 与 WMS、PDM、EAM 等系统的实时数据同步。
② 对生产资源的属性、状态、关系、能力等数据进行存储、处理、分析、应用。
③ 根据一定的关系和流程对制造资源进行组织和综合规划，并对执行情况进行动态跟踪。
④ 根据扰动因素对原有生产计划和执行过程进行自动调整和优化。
⑤ 实现产品全生命周期管理，贯穿产品设计、制造运行、售后服务过程。
⑥ 通过工业互联网平台，构建工业软件、工业 App 等形式的各类智能化应用服务，形成智能工厂的高阶数字化应用功能。

需要说明的是，智能工厂数字化系统的应用架构是以 ISA-95 为代表的传统制造系统功能体系的升级和变革，重点应聚焦于基于数据驱动生产的业务功能分层实现。智能工厂强调以精益生产为原则，对工厂的核心业务流程进行优化重组，简化整体生产运作的复杂度，提高灵活性。智能工厂数字化系统应以数据为主线，强调生产过程数字模型在生产运作体系中的作用。通过工业模型、数据模型与数据管理、服务管理的融合作用，实现对下支撑更广泛的感知控制，对上支撑更灵活深化的决策优化。通过数据闭环实现生产始终。

8.2.5　技术架构

智能工厂数字化系统的实施策略是在传统生产体系的层级划分基础上，适度兼顾组织协同，按"流程、设备、车间、工厂"四个层级开展系统建设，指导整体分布部署。

① 流程层对应生产工艺、业务流程、系统流程等，关注流程的协同、资源配置等应用。

② 设备层对应工业设备、产品的运行和维护功能，关注设备底层的工艺控制、监控优化、故障诊断等应用。

③ 车间层对应车间或产线的运行维护功能，关注资源配置、过程调度、能效管理、质量管控等应用。

④ 工厂层对应企业平台、网络等关键能力，关注订单计划、指标分析、经营决策等应用。

智能工厂数字化系统的技术重点主要包括工艺数字化、生产过程控制、系统集成、数据决策等。数字化系统的技术结构需要明确核心技术在企业各层级系统的应用分布、系统设计与部署方式，通过"工艺、生产、系统、数据决策"四大使能技术的系统建设，自上而下指导企业实现智能工厂数字化系统的技术应用。

① 工艺关注柔性、模块化、工艺机理模型等关键技术能力的构建。

② 生产关注过程管控、态势感知、异常处理能力等建设。

③ 系统关注全要素、全系统、全产业链互联互通能力的构建。

④ 数据决策关注指标分析、异常感知和闭环反馈等交互协同能力的实现。

智能工厂数字化系统的规划建设应借鉴工业互联网功能原理，充分结合新一代技术，打造以柔性生产系统为核心载体，以数据和精益为支撑的技术体系，形成全链条一体化协同生产能力。如图 8-15 所示，智能工厂数字化系统的技术架构贯穿设备、产线、车间和企业四个层级，通过实现工业数据采集、开展精益生产运作、构建工业互联网平台，形成交互协同的多层次、体系化系统建设方案。

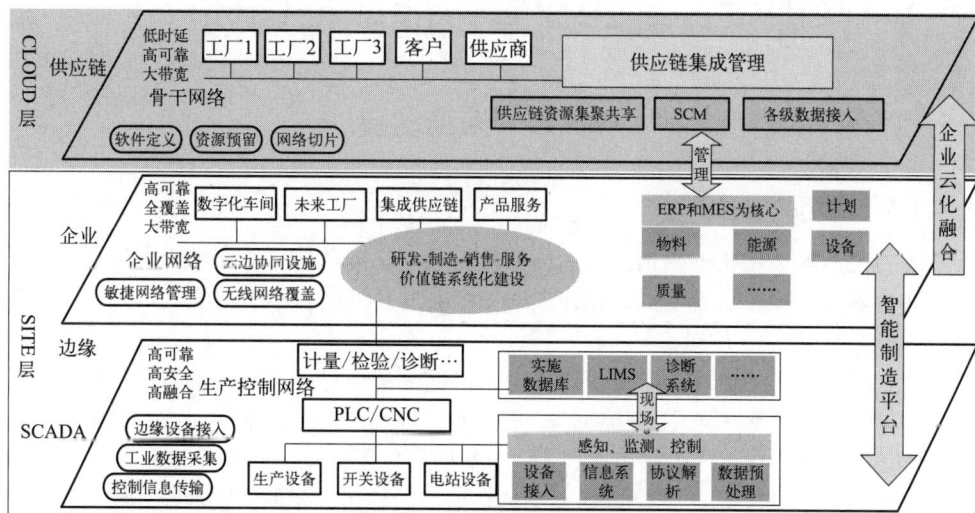

图 8-15　智能工厂的系统技术架构

（1）设备层实施

设备层的技术实施重点聚焦柔性生产单元和边缘智能的数据连接、转换和数据预处理，能够提供针对性工业数据接入和云边协同解决方案，提供柔性生产的工装和自动化生产工艺。设备层实施方式主要包括使用存量设备进行叠加改造和引入新型的数字化柔性化装备。

（2）产线层实施

产线层的技术实施重点是聚焦生产线连线化，开展产线布局仿真、产线数字孪生、产线自动化和数字化集成等内容。

（3）车间层实施

车间层的技术实施重点主要包括既有存量系统的优化迭代、各种数字化系统的选型、数据建模和决策分析、工业 PaaS 平台建设等。设备层实施主要采用服务器、私有云和混合云部署方式。

（4）企业层实施

企业层的技术实施主要是采用云技术，构建工业互联网平台，汇聚各类数字化资源，支撑开展资源配置优化和创新生态构建。企业层实施需要重点关注平台核心功能、应用资源的弹性拓展和开放访问、平台使能技术基础等。

企业层实施的方式主要依托公有云基础，构建通用 PaaS 平台；借助 DevOps、微服务、低代码等技术开发工业应用服务；基于大数据、人工智能、数字孪生等技术提供工业数据、大模型的智能分析服务；综合运用技术手段和系统工具，实现各类智能化解决方案应用落地。

8.3　智能工厂数字化系统的架构规划

8.3.1　智能工厂数字化系统的架构规划要点

8.3.1.1　应用需求分析

智能工厂的数字化战略顶层布局需要根据企业基础条件和现实需求，规划设计适合的技术路径，并在实践中不断完善以达成企业发展战略目标。智能工厂数字化系统规划的流程如图 8-16 所示。

通过对企业的信息化现状分析，参考通用的企业信息化水平评价维度，对企业当前信息化关键问题进行调查分析。图 8-17 是系统规划需求分析维度。

智能工厂数字化系统的应用规划主要包括四类应用，介绍如下。

第一类应用是基于 MES/MOM 系统的功能场景应用。例如，生产流程和设备装置的可视化、物料管理、质量管理、称重管理、配方管理、批量生产计划、智能生产调度等。

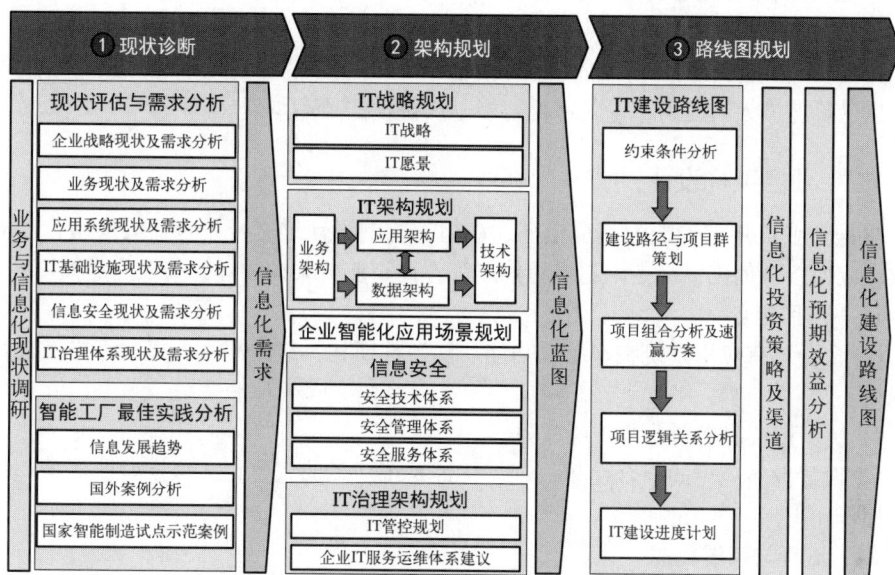

图 8-16　智能工厂数字化系统规划的流程

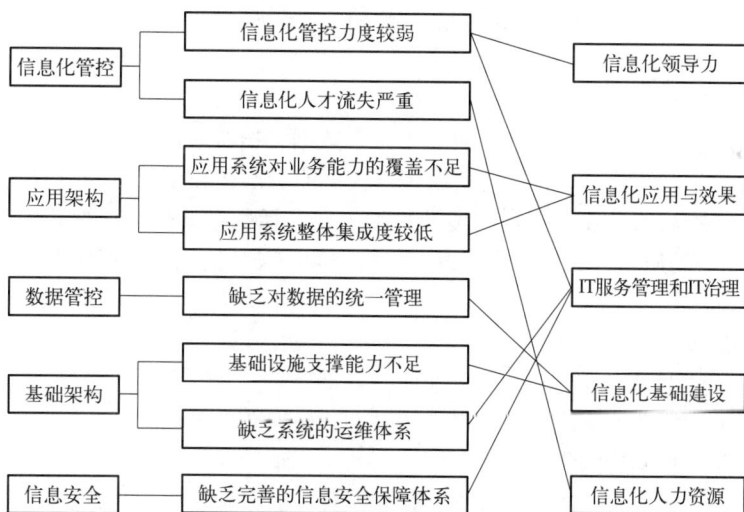

图 8-17　智能工厂系统规划的需求分析维度

　　第二类应用是基于云的服务应用,将私有云或公有云的数据平台作为云应用的数据服务平台,支撑各种云应用。例如,生产运营信息和资产信息在移动平台(手机)上的推送应用;增强现实技术实现关键设备现场预测式维护;虚拟工厂实现人员培训和工艺优化验证；工艺或设备知识库系统等。

第三类应用主要是 IT/OT 融合应用，由数据中台提供统一的标准的 IT 接口，如 WebAPI 实现 IT 与 OT 的融合应用。

第四类应用是工业大数据的智能决策应用。这是智能工厂数字化应用中难度最高的但也是价值最大的应用，是数字化智能工厂价值的最高体现。

8.3.1.2　业务架构设计

根据企业应用架构能力评价模型，应用架构的设计维度一般包括应用组合、应用集成、应用组合优化、跨应用的流程集成等方面。业务架构设计的关注重点如下：

（1）应用组合

① 企业已有应用系统在产品、功能、软硬件架构、开发平台、集成等方面进行统一规划。

② 统一和统筹规划业务系统蓝图。

③ 设计业务应用的组合优化机制，保证系统功能的完整性，以及对业务流程的系统支撑作用。

（2）流程与系统集成

① 具备成型定义的应用集成架构。

② 具备与当前业务流程集成相匹配的系统支撑手段。

③ 整体应用架构统一，可以实现灵活的性能和功能扩展。

8.3.1.3　数据架构设计

智能工厂的数据内容主要包括产品数据、工艺数据、物料数据、工时数据、设备数据、物流数据、质检数据、作业指导数据等。数据的标准化和精细化程度是智能工厂数字化运营管理的基础。数据架构的设计维度主要包括数据管控、数据架构管理、主数据和元数据、数据质量、数据安全等方面。数据架构设计的关注重点如下：

（1）数据管控

① 设计清晰的数据管控体系。

② 具备完善的数据管控制度和数据管理流程。

③ 制定相应的企业数据标准，建立统一的数据结构标准。

④ 提高对现状数据问题的掌握程度。

⑤ 针对核心数据建立有效的分类模型，使数据分类的颗粒度满足业务要求。

（2）数据架构管理

① 制定数据架构的管理规范，对数据架构进行整体规划。

② 关注系统和设备的数据接口和互操作的匹配度，避免烟囱型的数据体系。

③ 结合业务需求，设计数据采集的时效性和兼容性。

④ 建立统一的数据关系模型，便于数据的统一处理分析。

⑤ 对数据应用的广度和深度考量。考虑数据应用方式的策略选择，如以数据统计、BI 可视化报表、驾驶舱等某种方式为主。

（3）主数据和元数据

具备统一的覆盖整个工厂的主数据和元数据管理模式和数据管理机制。

（4）数据质量

① 统一的数据质量体系评价方法和评价标准，以企业内部治理为主。

② 业务数据质量能够满足业务精细化管理需求。

③ 避免数据冗余、属性缺失、不及时、数据不一致等问题。

④ 建立数据质量衡量指标。

（5）数据安全

① 完善关键业务数据的安全与审计机制。对数据的访问、传输和存储进行监控和记录。

② 建立数据定期备份和灾难恢复机制。

③ 建立严格的访问控制策略，限制用户或系统对数据的访问权限。

④ 数据分类与加密。根据数据的敏感程度和重要性进行相应的加密。

8.3.1.4　基础设施的架构设计

基础设施架构的设计维度一般包括信息网络、服务器、系统平台、存储设备、备份和容灾、机房建设、运维管理等。基础设施架构的需求分析维度如图 8-18 所示。

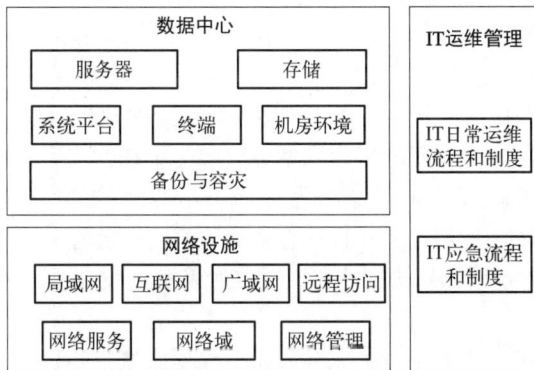

图 8-18　智能工厂基础设施架构的需求分析维度

基础设施的架构设计需要重点关注以下内容：

① 智能工厂应充分考虑企业信息管理系统建设和发展的需要，提高有线网络或无线网络接入的程度。网络基础重点关注带宽大小、人工管控强度、网络调整改造的难度和成本等。智能化网络工程的设计要素包括：智能化集成、信息化应用、信息设施、设备管理、公共安全、信息机房等工程设计。

② 骨干网局域网系统、门禁安防系统、无线通信系统、无线专网等智能工厂电信系统的设置应与企业的发展规划相结合。根据智能工厂的实际需要，综合考虑选择和设置相应系统。

③ 技术方案、系统选型应以企业近期建设为依据，适当考虑远期发展规划的要求并预留集成接口。

④ 由于不同的系统往往属于不同设备生产厂家，各个厂家的产品间存在兼容性问题，往往会造成系统间集成、融合程度不高的情况，因此需要对产品的技术性能进行深入了解，以便更好地完成系统的规划和集成。

8.3.2 案例：某电器企业智能工厂数字化系统架构规划

8.3.2.1 智能工厂数字化系统建设目标

某工厂以生产开关设备产品为主。产品通常采用面向工程项目组织工程设计、生产制造以及产品销售服务。作为行业龙头企业，生产模式涉及多品种小批量、单件中小批量和单件大批量等多种方式。

工厂现有 IT 系统总体遵循以 ISA-95 为代表的体系架构，其核心是将订单或业务计划逐层分解，通过 ERP、MES、PLM 等信息化系统来支撑经营与生产运作管理。由于缺乏系统集成的整体架构规划，整体信息化的响应速度和服务水平较低。伴随数字化转型的不断深化，面向更智能、更敏捷、更协同、更灵活的发展要求，现有信息化体系需要同步迭代进化。企业数字化系统需要进行顶层规划设计，提高业务系统的协同能力，避免重复投资。

结合智能工厂生产过程运行的核心业务模型、关键要素和数据流模型等，对工厂的 IT 基础现状进行调研后，确定智能工厂数字化系统的建设目标。

① 集成共享的生产经营管理平台：增强数字化策略的应用支撑能力，推进信息资源的共享与优化，合理配置，构建集约化、一体化的经营管控新模式。

② 协同智能的生产运行平台：优化企业的生产运行流程，支持一体化协同和专业化管理，提升物料齐套和计划协同水平，建立数字化、网络化、智能化的生产运行新模式。

③ 互联高效的客户服务平台：以客户和工程项目为中心，提供融合第三方资源的业务和数据共享服务。

④ 敏捷安全的技术支撑平台：采用云架构方式整合信息资源，建设集中、协同的技术支撑平台，营造敏捷安全的 IT 环境，支撑业务应用。

⑤ 信息安全体系：完善信息安全管理和技术防御体系，保障业务系统安全稳定运行。

⑥ 信息标准化体系：持续建设信息标准化体系，强化信息标准应用，保障信息互联互通与共享。

⑦ 数字化管控机制：创新数字化管控机制，建立科学高效的 IT 管控模式和服务模式，支撑数字化创新的平稳高效发展。

需要说明的是，企业的数字化系统规划的前提和基础是精益化生产和自动化改造持续开展。首先从降本增效方向出发，以大批量生产的典型产品为对象，设计并实现产品装配、检测、质量控制为一体的精益自动装配生产线。例如，采用单件流的生产布局；通用零部件的上料采用自动上料机；载具采用循环流水线；装配采用机器人；等等。后续考虑产品换型，利用机器人的特性，以及数据自动采集、自动物流系统等技术，设计开发适合于多品种、多型号的柔性生产线。企业智能工厂的建设思路如图 8-19 所示。

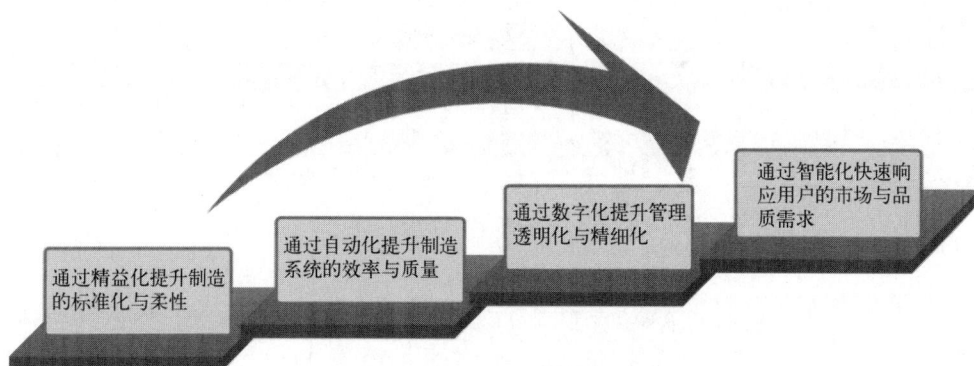

图 8-19　智能工厂建设路径

8.3.2.2　应用架构规划

根据企业数字化转型的顶层规划设计，在工厂信息化现状和智能工厂需求分析的基础上，构建如图 8-20 所示的智能工厂总体框架。

基于企业系列标准的支持和企业级别的信息安全要求，在 CPS 系统的支持下，构建智能设计、智能产品、智能经营、智能服务、智能生产、智能决策六大系统。其中，通过工业以太网、物联网技术，实现企业设施、设备、组织、人员间的互联互通；确认基础硬件设施的安全可靠性，实现实时、协调的感知和控制；通过工业互联网平台实现与客户、供应商、合作伙伴的横向集成（如协同商务和信息共享），以及实现企业内部的纵向集成（如不同系统之间的业务协同）。

（1）一体化生产过程管控

生产过程运行是指按照一定的工艺要求，将原材料加工、装配成满足客户需求产品的一系列过程，具体包括工艺配置管理、生产计划管理、物料配送与线边管理、质量检验管理、设备管理、能源管理、生产绩效管理等。

结合开关设备行业生产过程管理的一般性业务流程，及其生产过程运行管理存在的问题与难点，参照智能制造相关参考架构模型和行业标杆工厂生产管控的典型实践，建立如图 8-21 所示的开关设备数字化车间生产过程一体化管控模型。

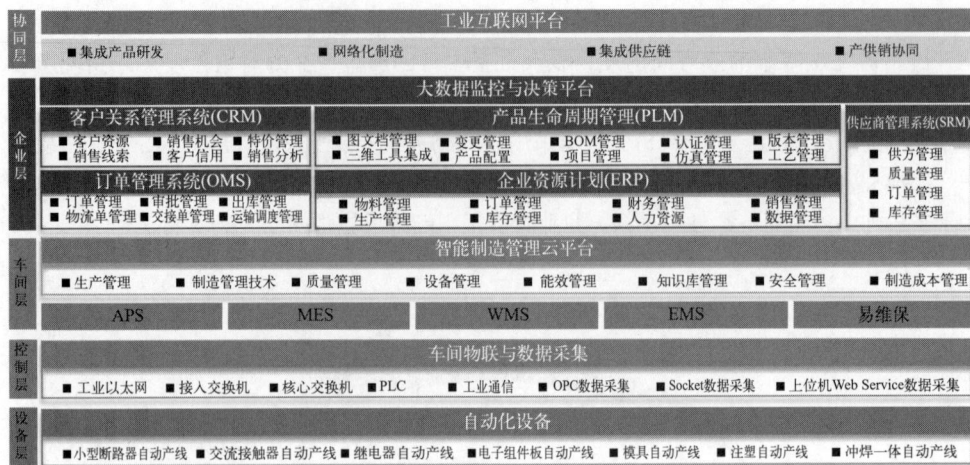

图 8-20　智能工厂总体框架

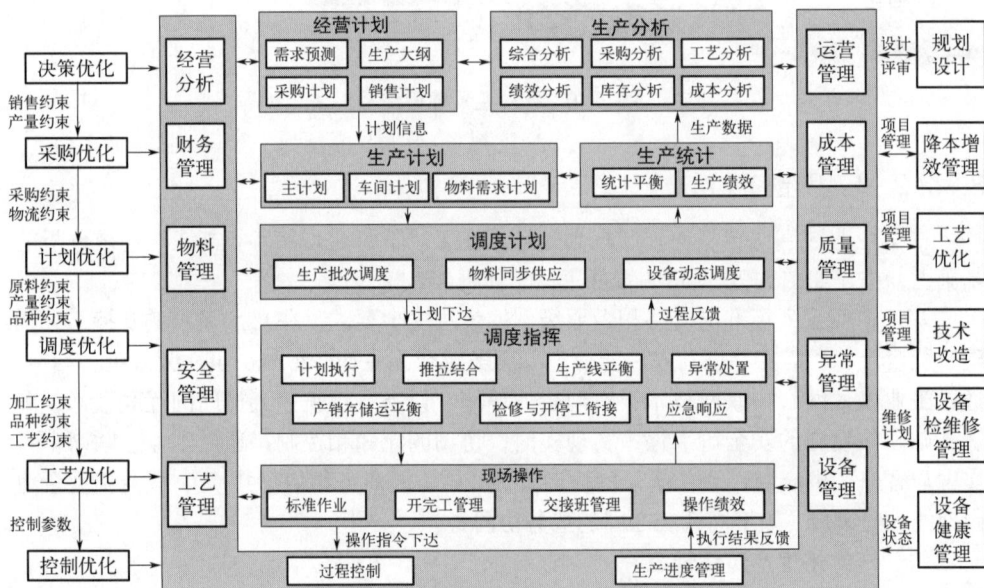

图 8-21　生产过程一体化管控模型

（2）全面质量保证体系

应用影像检测仪、在线检测和离线检测系统等自动化检测工具，对产品质量进行快速判定，并实现质量检测数据的自动采集。针对钣金加工、开关柜装配和断路器装配过程，以生产过程的历史数据为基础，构建模型化的质量问题类别体系，确定质量数据采集的范围和采集标准。采用深度学习，对质量关键问题进行自动分类和识别。利用质量追溯模型分析质量薄弱环节。

如图 8-22 所示，通过 MES 系统实现质检数据采集，从而形成质量大数据。在质量大数据库基础上，利用大数据技术将质量问题关联到相关的装配工位，全面分析装配工位的数据，如物料数据（零件型号、性能参数等）、装配要素数据（工艺要求、装配尺寸等）、人员数据、设备数据等。运用数据挖掘和机器学习等方法进行溯源或质量影响因素分析，建立质量问题与装配工位、工装、工艺相关数据的定性或定量关系模型，最终形成质量异常报警与质量关联关系模型。

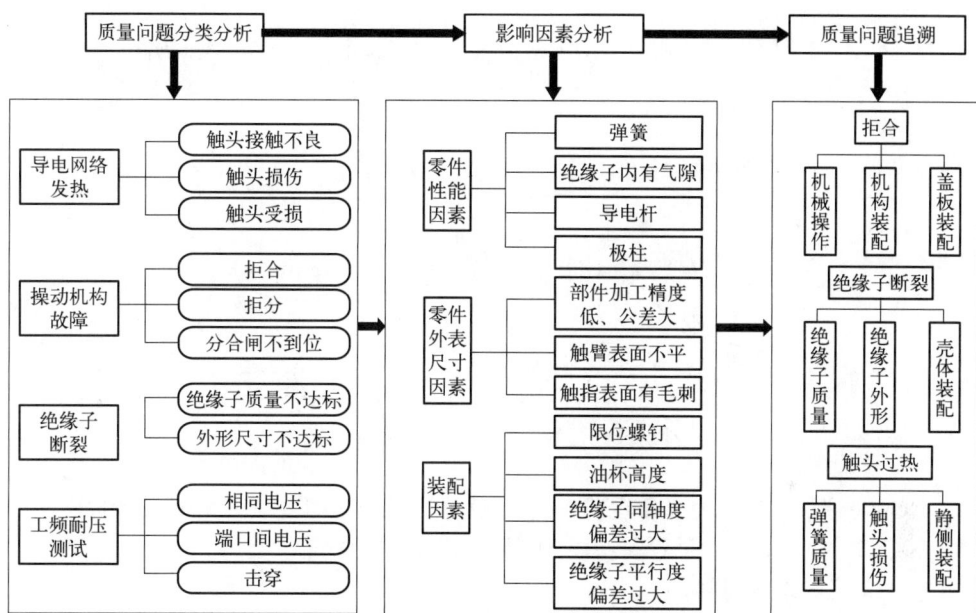

图 8-22　质量大数据分析模型

（3）设备全生命周期管理

智能工厂的数字化设备运行管理，应以提高设备利用率、降低设备故障率为管理目标，通过信息化、数字化技术手段固化设备操作、运维和管理流程，为构建持续改进的设备管理体系提供支撑。

设备的全生命周期管理主要内容包括：

① 采集设备运行状态数据实现设备的实时监测。当设备发生故障或处于维修状态时，通过大屏或看板进行可视化报警；及时获取设备异常信息，以便做出及时响应和处理，提高设备利用率和生产效率。

② 综合设备维修、设备保养、设备检验、设备开关机和设备故障、设备台账和设备履历信息等设备全生命周期数据，对设备健康管理进行工业大数据建模分析，辅助维修保养计划、备件库存、故障分析等智能决策。

③ 建立如图 8-23 所示的设备管理运行模型，设置设备检修、保养和维护的周期，对即将到期的计划进行提示。

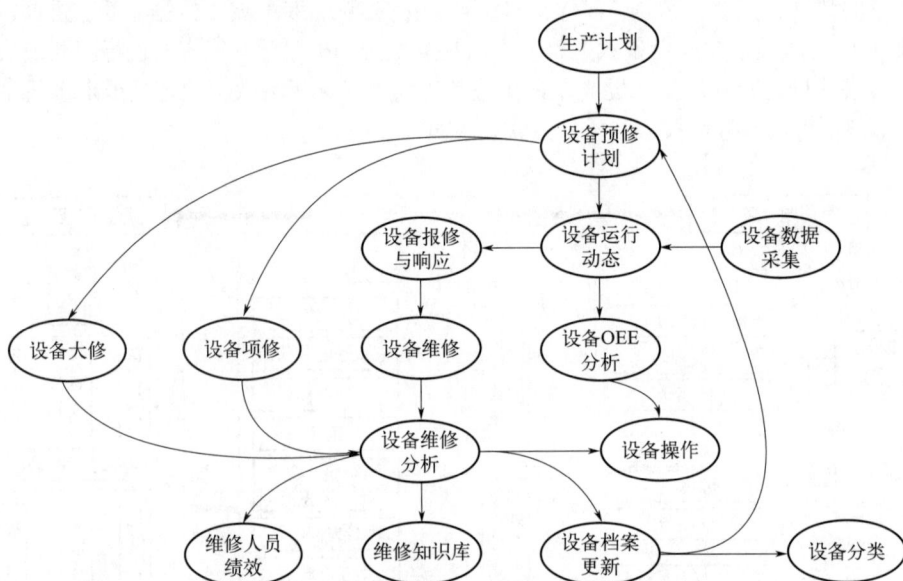

图 8-23　智能工厂设备管理运行模型

④ 建立基于数字化交付和逆向建模的三维可视化虚拟工厂。在计划排产阶段，通过 APS 或数字孪生系统评估设备产能的利用率和计划的达成情况。

（4）能源管理精细化

能源采集是基于生产现场的大量智能仪器仪表完成的，对实时、精确的能源数据进行分析，实现对能源的精益化管理和使用。通过 EMS 系统，对工厂各用能（电、气、水）系统的能耗信息予以采集、显示、分析、诊断、维护及优化管理。

对供电、供水、供天然气采用在线计量与监测，同时建设对应的电子巡更系统，实现对关键能源监测点的电子抄表、在线巡逻和可视控制；通过实施智慧能源管理系统，对能耗数据进行自动统计分析及超限预警；通过能源管理运行模型，实现对能源数据的自动采集，以及实时分析与调度。

8.3.2.3　数据架构规划

数据架构主要分为业务域应用数据库、企业数据仓库、大数据分析和标准化四部分。业务域应用数据库实现交易数据的存储；企业数据仓库实现数据标准化、数据共享及数据分析；大数据分析实现对分布式数据库中的生产过程和生产运营数据的挖掘和分析；标准化实现工厂数字化系统的数据应用标准、数据管理标准、数据存储标准、数据采集标准。数据架构详情如图 8-24 所示。

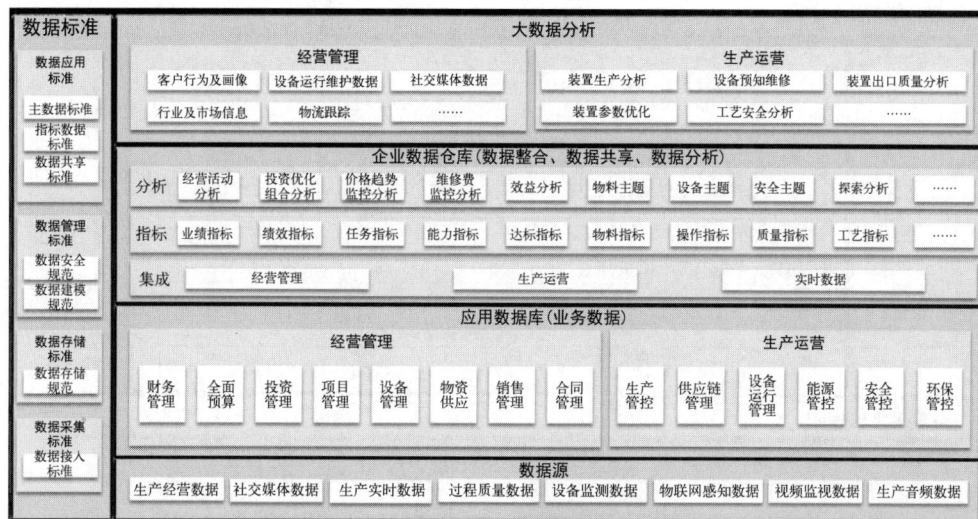

图 8-24　智能工厂系统数据架构规划

基于智能工厂模型，统一数据标准，打造先进的企业数据仓库，集中共享实时和准实时的数据服务，消除数据壁垒和信息孤岛，有效支撑企业开展量化决策、实时决策、精准决策。基于 CPS 模型，通过全局数据感知、业务处理、实时分析、规则推理实现数据、信息、知识、智能决策的提升，切实做到"统一数据标准、统一数据模型、统一业务视图、统一数据管控"。

8.3.2.4　技术架构规划

根据如图 8-25 所示的技术架构规划，采用物联网技术，搭建开放、共享的智能制造平台；按照工业互联网的标准架构模型搭建统一的生产与经营管理平台，为经营管理层及生产运营层业务应用提供高度共享、高内聚、低耦合的平台技术服务和业务应用服务；整合数据中心和网络资源，营造敏捷安全的 IT 环境，快速响应业务应用需求。

针对企业网络分类多、结构复杂的特点，重要区域主干网采用万兆高密光纤，结合最成熟的路由协议，保证所有网络的高速转发和可靠性。智能制造平台基于企业云节点部署在企业数据中心，包括虚拟资源池、数据库资源池和管理服务器池，实现业务网络力兆、服务器的分区分域和负载均衡功能。

根据智能工厂技术路线，以云平台为基础，搭建支持分布式组件运行和微服务治理框架的企业云节点；将企业云资源池纳入统一云资源管理平台，企业自行运营，实现服务器、存储、网络资源的集中共享、动态调配和统一监控。

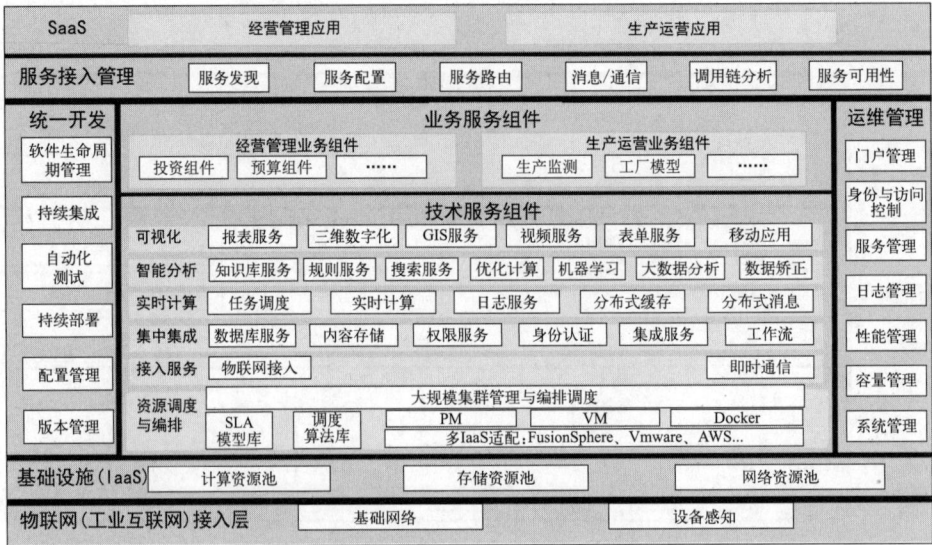

图 8-25　智能工厂数字化系统技术架构

如图 8-26 所示，基础服务能力的建设规划包括以数据采集、加工、处理、输出为主线的数据中台，支持系统集成总线服务。应用服务能力的建设规划建立以一套支持多访问模式的框架平台为基础，重构智能工厂的 MES 管理、计划管理、质量管理、仓储管理、精益成本管理系统，实现通用化的云平台智能制造垂直领域服务能力建设。

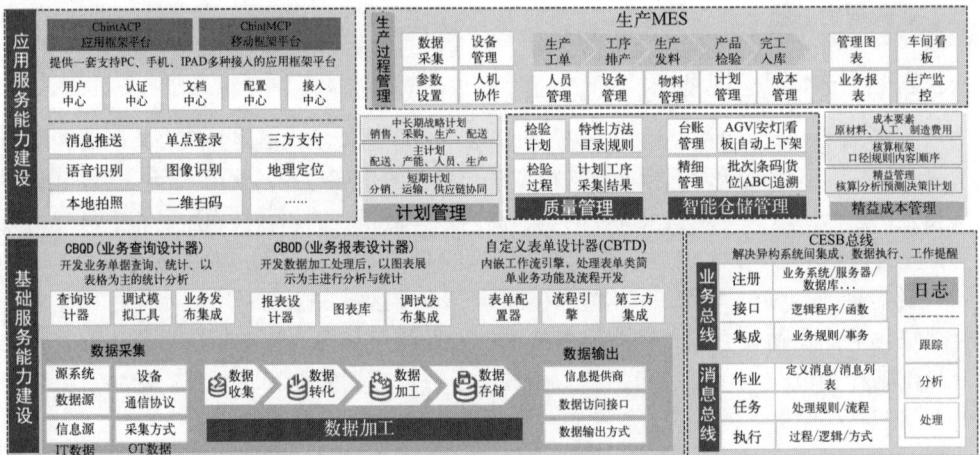

图 8-26　智能工厂数字化云平台的应用架构

在此基础上，采用基于云架构的物联网（Internet of Things，IoT）平台技术，提供大量的物联数据，经智能模型处理后以应用服务的形式进行推送。物联平台作为智能制造平台中的物联接入组件，为其提供基础的物联接入能力及泛在感知服务。

8.4　智能工厂的数据应用规划

随着自动化生产技术和信息技术的不断发展，工业生产的数据采集和使用范围逐步扩大，企业生产过程的工业大数据来源和种类越加广泛，数据的粒度越加精细，数据规模加速增长。工业大数据已经成为企业价值积累的一座"隐形矿山"。在数字化生产向数据化生产的转变过程中，利用好工业大数据成为企业创新与优化升级的核心竞争力。

8.4.1　智能工厂的大数据应用场景

8.4.1.1　工业大数据

数据是智能制造区别于传统工业生产体系的本质特征。工业大数据是智能制造的核心驱动力，是制造系统产生智能行为的基础和原材料。在智能制造生产体系中，传感器、嵌入式终端系统、智能控制系统、通信设施通过 CPS 形成一个智能网络，实现人与人、人与机器、机器与机器以及服务与服务之间的互联，进而实现横向、纵向和端对端的高度集成。

在智能工厂的环境下，数字化系统将产生大量的产品技术数据、生产经营数据、设备运行数据、设计知识、工艺知识、管理知识、产品运维数据等。如图 8-27 所示，工业化的数据、信息、情报和知识基于生产业务流程进行数据循环与业务应用，实现生产过程的精益运作和智能管理，提高智能工厂的整体数字化运作能力。

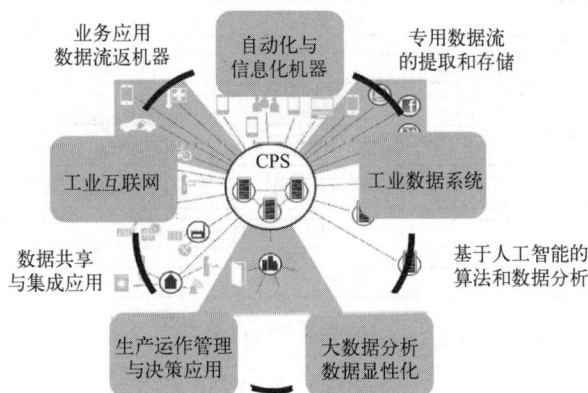

图 8-27　基于 CPS 的工业数据循环模型

根据应用层次的不同，工业大数据可以分为以下两大类。

（1）生产经营数据

这部分数据主要是生产经营相关的财务、计划、采购、资产、人事、供应商、市场等数据，如产品二维或三维模型、各种 BOM、设计与工艺知识库、资产数据、订单与销售数据、客户与供应商数据、财务与成本数据、经营绩效数据等。

这些数据主要来自于 ERP、SCM、BI 等系统。随着企业数字化技术的发展与应用，ERP 等系统核心业务流程和功能相对固化，数据的结构化和标准化相对完善，数据质量较好。此外，规模企业普遍都已实施上线 ERP 等系统，针对这些系统的数据分析与应用需求旺盛。目前，生产经营数据分析的应用程度较为深入，相对较为成熟。

（2）生产过程数据

生产过程数据是围绕工厂产品生产过程中积累的数据。与生产经营数据相比，生产过程数据具有种类多、数据的结构和尺度差异大、实时性强、数据量大等特点。根据应用场景的不同，生产过程数据主要包括计划与排产数据、质量检验数据、生产工艺参数、设备工况数据、物料流转数据、能耗数据、库存数据等。

生产过程数据的系统来源也更加多样，既包括核心的 ERP、MES 系统，也包括更底层的 PLC 和 SCADA 系统，还包括工厂内部的工艺文件、生产报表、仪器仪表、现场视频等非结构化的数据源。不同系统间的数据的一致性低、结构化与非结构化数据的鸿沟、数据采集的技术难度和成本费用大，这些都限制了生产过程数据的深入应用。

8.4.1.2　工业大数据的应用特点

工业大数据是智能制造的核心驱动力，也是智能工厂实现数据驱动的基础。在智能工厂建设过程中，传感器与物联网、智能设备与产线、工业软件与工业 IT 设施广泛应用，为车间级和工厂级大数据应用奠定基础条件。智能工厂的大数据应用基础如图 8-28 所示。

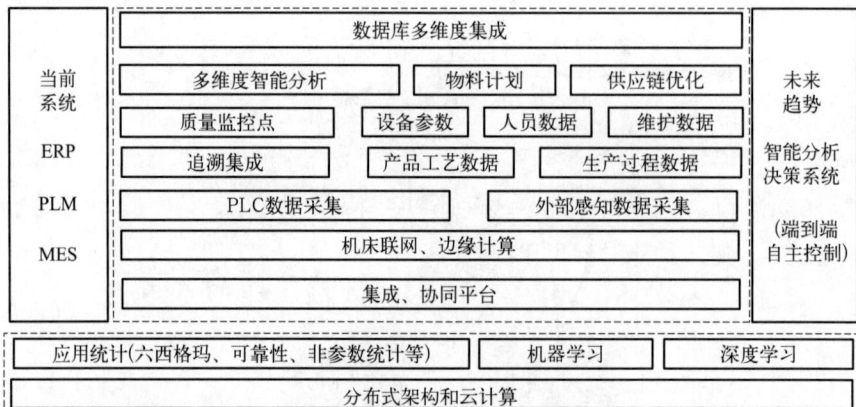

图 8-28　工业大数据应用基础

（1）工业大数据的结构化预处理

对于工业大数据建模，数据存在奇异值、缺失值、超限值是常态性问题。此外，生产过程数据还存在样本数据不平衡、小样本缺陷数据、数据标签缺乏等问题。因此，工业大数据的低质性、隐匿性与其工业应用中的低容错性之间存在一定矛盾。例如，数据中存在噪声或数据多样性不足，可能导致识别、分类和预测精度不高。为提高数据模型的质量，可借助数据分析机制，厘清数据模块之间的逻辑关联，辅助特征变量辨识。反之，通过工业大数据也可增进对过程机制的理解，促进生产过程从黑箱模型到白箱模型的转变。

（2）工业大数据建模的领域知识支持

工业大数据的特点是需要进行预处理以及选择建模方式。除了需要具备编码、机器学习等技术能力之外，还需要数据科学家具备较强的工业领域知识（如设备工况机理、生产工艺原理等）。

（3）工业大数据的处理过程复杂

工业智能模型的建立是依照行业特性，对工业数据进行挖掘分析与价值提炼的过程。算法模型需要进行大量的算子选择、算法设计、开发接口等工作。工业大数据的一般建模流程如图 8-29 所示。

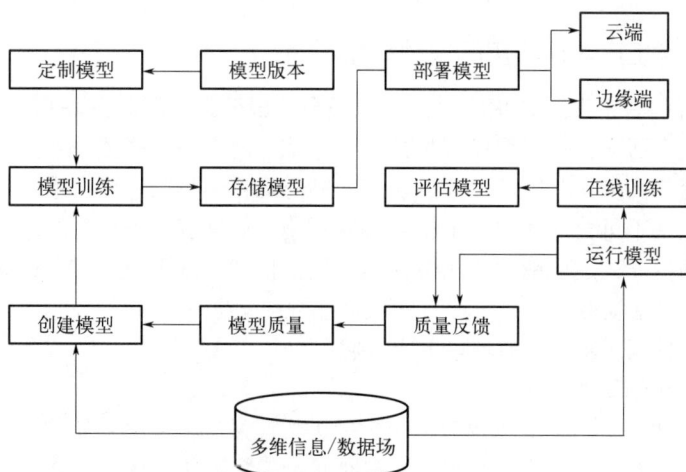

图 8-29　工业大数据一般建模流程

（4）工业大数据的动态性

在模型部署应用后，应设计和建立模型性能的持续监控机制、定期维护与更新机制。多种少量生产过程的不确定因素多，生产过程波动大，工业生产模型的质量还依赖于数据的尺度和规模。例如，当模型分析精度下降后，可设法调试模型参数或添加新的数据，重新进行训练，确保模型覆盖各种类型数据。随着生产智能化水平的提高，通过建立元学习、迁移学习等深度学习模型，实现模型的可持续优化。

8.4.1.3 智能工厂的数据应用需求分析

从海量数据中挖掘生产过程中隐藏的规律与问题，扩充车间生产工艺管控的知识边界，可以提高对产品生产过程的追溯与管控水平，促进生产过程的精益优化和持续改进。目前，生产企业普遍缺乏对生产过程所产生和积累数据的充分利用。工厂保留生产过程记录、检验报告等海量数据，但没有从数据中发现规律和挖掘价值，数据有效利用率较低，存在数据丰富而数据价值匮乏的这一矛盾。

以六西格玛质量管理为例，制造业普遍存在 σ 差距问题。目前大多数企业处于 $(2.5 \sim 3.5)\sigma$ 水平，产生差距的主要原因在于缺陷产生的根本原因难以追溯和分析。由于缺乏对产品质量波动原因和规律的科学认识，生产过程往往只能采取保守的工艺控制策略，即将工艺参数控制在有限的范围或固定点，过分依赖质量检验。

在实际生产过程中，关键物料属性、关键工艺参数与产品关键质量特性之间的多维组合和交互作用，形成产品关键质量特性的动态波动。因此，有必要研究物料、工艺、设备等各种生产资源要素的变化对产品生产各阶段过程输出的影响，进而制定相应的工艺控制策略，以确保产品质量目标的达成。此外，多种少量生产过程复杂度高，导致小样本数据目前还难以满足生产质量分析与控制要求。

8.4.1.4 智能工厂数据应用的典型场景

从生产流程看，生产系统的单元组织类型一般分为串联、并联和串并混联三种。对多种少量生产而言，串联型过程是其基本形式，而串并混联更具一般性。多种少量生产一般具有产品多样、工艺复杂、动态控制与优化等特点。生产系统的串并联单元之间在结构上密不可分，在功能上相互协调影响。如何应对生产系统的复杂连接和不确定性因素的扰动，是目前智能制造面临的重要挑战。基于模型工程的数据分析应用是解决复杂生产系统相关工程问题的重要途径和未来发展方向。

智能工厂数据应用的典型场景主要包括：

（1）生产计划管理

传感器、物联网的集成以及数字孪生促进物理系统和数字系统的不断融合。企业可以借助工业大数据，对各工序开/完工时间、工序流转时间、生产工艺参数、物料信息、过程异常数据等进行实时采集，对生产周期、产能瓶颈、产线平衡等进行建模分析，对生产组织和计划策略进行优化。

（2）能耗管理

能耗数据是根据有关特定物理过程的能耗进行采集和计算得出。通过数字化产线，可以实时跟踪每台设备消耗的能量，进而开展优化策略来降低整体能耗。此外，异常的能耗模式与产品质量负相关，从而有助于在生产早期及时发现不符合工艺质量标准的现场问题。

（3）设备和资产管理

重资产行业追求最大的资产回报率，保证获利能力至关重要。为了实现这个目标，基于工业大数据分析的预测性维护能够解决传统设备维护方式的弊端。通过对设备实际工况、运行效率进行实时数据采集和监控，建立设备状态模型和故障预警模型，实现最大的维修间隔，最大程度地减少因故障造成的计划外停机次数和成本。

（4）质量管理

与产品设计和制造相关的质量管理内容一般包括判断、分类、描述、预测和优化等。在质量信息系统基础上，搭建全流程产品质量大数据平台，建立生产过程多尺度的数字化质量模型，并可根据业务需求设计和扩展质量大模型分析能力，开展具体工艺质量问题的智能分析应用。

（5）生产过程优化

通过对生产过程的大数据建模，可以更加清晰地掌握和分析关键工艺和设备的生产状态，提高生产过程控制、设备维护和工艺优化的水平，实现对工艺流程、效率质量的智能化管理，进而在部分工艺阶段实现无人化或少人化操作。基于工业大数据分析平台进行生产过程控制优化，实现生产过程的自调整、自优化和自诊断能力提升，及时响应多种少量生产的需求变化。

8.4.2 智能工厂数据应用平台的规划

8.4.2.1 数据应用平台的系统架构规划

智能工厂数据应用平台的目的是实现智能工厂数据的全面共享与深度应用。基于智能工厂系统架构标准，数据平台根据系统功能逻辑一般规划为数据采集层、数据存储层、数据模型层和数据应用层的四层体系架构，具体如图 8-30 所示。

（1）数据采集层

工业大数据主要包括生产设备和信息系统产生、采集和处理的各种生产过程数据、中间过程控制数据和质量检验数据等。按照工厂纵向层级方向，数据资源包括设备层仪器仪表和传感器采集的数据，控制层 DCS 和 SCADA 等过程控制系统产生的数据，以及工厂运行层的 ERP 系统、MES 系统、APS 系统、SCM 系统产生的各类管理数据等。数据种类涵盖控制系统以及生产现场的生产数据、工艺数据、质量数据、能源计量数据等。数据类型包括各种计量与计数值、数字与模拟信号、文档、图像、视频等。

大数据平台通过与智能仪器仪表、自动化设备、信息系统建立通信接口，实时采集生产过程的各类数据。数据的多样性、互补性和全面性有助于提高工业大数据应用的质量。

（2）数据存储层

数据存储层将采集的不同来源的数据进行集中存储，为工业大数据的分析和应用提供准确的基础数据。工业大数据包括结构化数据、半结构化数据和非结构化数据，数据的类型、性质决定存储结构。

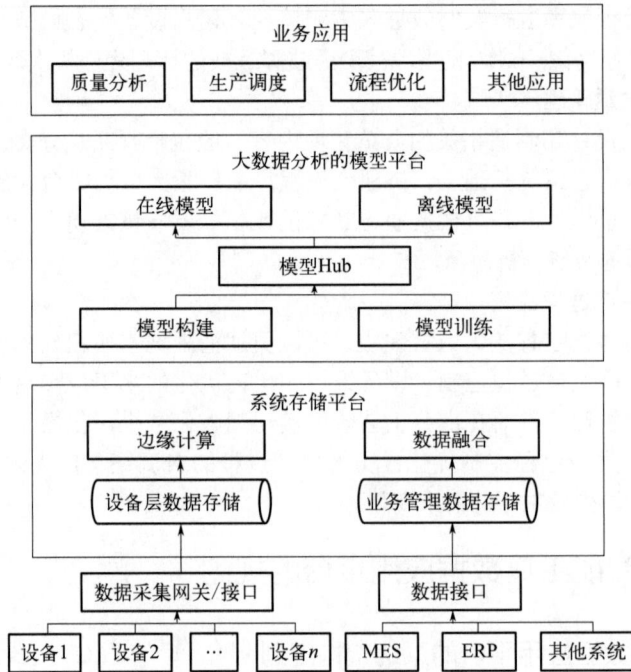

图 8-30 工业大数据平台架构

底层非关系型实时数据统一保存在实时数据库。实时数据库存储关键工艺参数和设备状态参数，是工业大数据分析的基础。生产过程数据主要来自智能仪器仪表和传感器、DCS、SCADA 等。生产过程数据一般属于结构化数据，可通过数据接入工具部署至 SQL 等关系数据库。两类数据库综合形成记录生产过程的全方位数据池。

此外，随着数据量和数据类型（如系统日志、文本等）的增加，大数据平台还包括大规模的多源异构数据集合，需要设计选择非结构化查询语言数据库、非关系型数据库或基于云的基础架构。

（3）数据模型层

基于海量的工业数据和开源大模型展开面向工业大模型设计，定义与建立模型数据接入、模型算法、模型运行配置、模型输出结果的完整流程。工业智能模型包含对应的算子、模型、训练结果、特征、依赖库等资产类型，需要对模型资产进行有效管理与复用。

将智能工厂的生产、产品、工艺、设备、环境等相关异构数据接入汇聚和处理。采用行业内已成熟的健康评估、故障诊断、剩余寿命预测、供需预测等建模模板，通过对模板核心参数与配置进行针对性的调整，建立符合自身相似应用场景需求的模型，实现核心行业算法与挖掘方法的低门槛复用。此外，将模型算法部署至生产侧，持续进行模型算法的离线训练和迭代更新。

（4）数据应用层

将工业大数据分析流程和算法封装成程序和工具，配置于工业软件系统，辅助生产过程开展科学决策。此外，向车间层、边缘层发布指令，通过执行器精准控制生产现场的各类生产设备，实现控制操作闭环。工业大数据应用层次体系如图 8-31 所示。

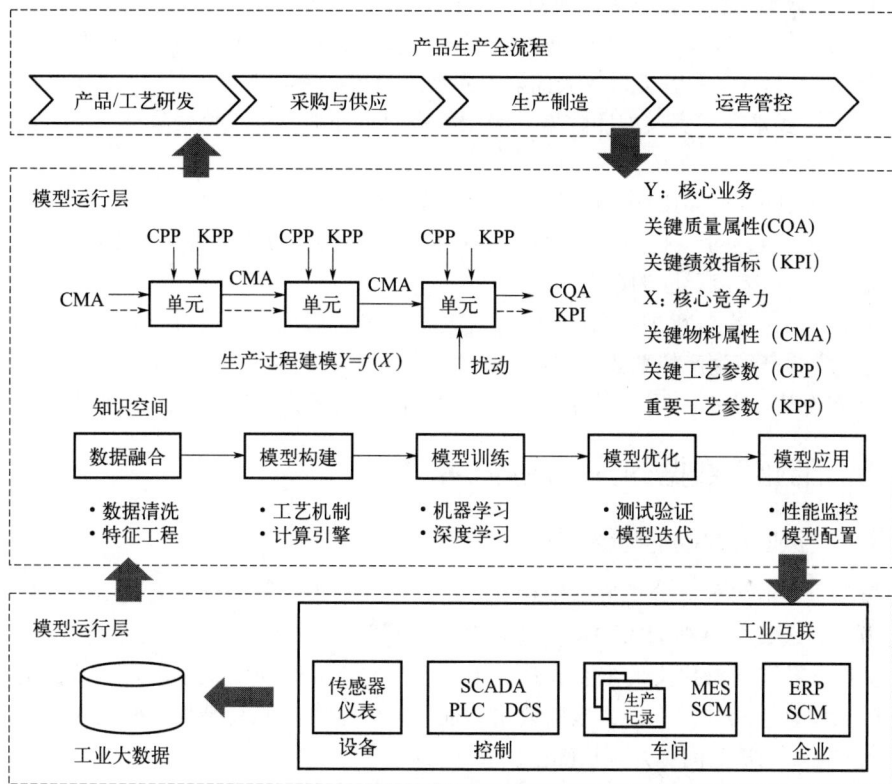

图 8-31　工业大数据应用层次体系

其中，数据分析针对特定的业务目标，灵活组织工业大数据集，针对性地选择和使用各类大数据分析挖掘算法和技术。通过大数据建模与分析获得有价值的信息和知识，为应用场景提供决策服务。工业模型以函数关系 $Y=f(X)$ 的形式表征生产过程的"输入量-输出量"集合，是生产过程物理实体及其相互关系在虚拟空间的映像。在数据建模前，需要把具体业务问题转换为数据可分析的核心业务指标 Y，如 CQA、KPI 指标等。为获得高质量模型，需要结合专业知识，确定相关性高的特征变量 X。在工业大数据建模过程中，开展模型生命周期管理，促进模型的持续迭代和模型质量的持续改进。

8.4.2.2 智能工厂数据平台的规划重点

对工厂不同业务部门而言，数据分析的技术难度和应用程度存在差异。数据分析应用系统缺乏统筹，存在重复性建设，可拓展性差。因此，数据应用平台的规划设计应与业务应用需求挂钩。数据分析的应用架构需要注重从工具向平台、从局部向整体的转变。

工业大数据平台建设规划的重点工作主要包括：

① 根据业务需求，从 MES（生产）、ERP（财务）、LIMS/QMS（质量）、WMS/SCM（供应链）、能源等多系统进行数据抽取，实现全局数据共享支撑。

② 通过多来源、多类型的数据采集和集中分析处理，实现整个生产流程的全局数据管理。

③ 通过设定安全访问控制策略，实现数据安全采集。

④ 实现关键生产制程数据的批次化数据管理，以及实时数据与关系型数据在时间、空间、生产信息层面的数据匹配。

⑤ 构建与批次信息相关联的操作、工艺、设备、影像资料四位一体，时间、空间多维度关联的产品生产档案体系。

⑥ 实现基于六西格玛生产过程预警机制，提升质量、设备、工艺的管理水平。

8.4.3 工业大数据的分析应用

8.4.3.1 工业大数据的建模方法

模型是工业大数据分析的基础和核心。与互联网大数据和商业大数据重视相关性不同，工业大数据重视因果关系。企业在工厂设计时，对变量逻辑关系有一定了解，但一些常规经验无法定义的重要关系在工厂设计时不完全所知或不确定。数据建模可看作是一种数学归纳过程，即根据数据特征学习数据集的固有结构、模式和关系，将工业大数据由感知空间提升到认知空间。

工业大数据需要建立一套标准化的数据处理、建模和优化方法和程序，在应用时将准备好的数据插入每个模型，可自动匹配最佳模型，或根据数据性质和背景知识选择合适的建模算法。算法库中的基本建模方法分为描述性建模法和预测性建模法。

描述性建模没有响应变量引导，属于无监督学习，主要用于探索数据的基础结构或模式、提取有意义的特征，常用方法有聚类分析、潜结构投影等。在生产过程中，将新批次数据与历史数据比较，判断数据结构性差异，可辅助工艺诊断。

预测性建模有响应变量引导，属于有监督学习，主要用于寻找响应变量和自变量之间的函数关系，对新的输入做出预测。根据响应变量是否为连续型变量，可分为定量预测建模和定性预测建模。选定模型后，应用优化算法（线性规划或进化算法）调整模型超参数到最佳值，避免过拟合或欠拟合。

　　模型库中的模型类型一般分为三个维度，即空间、对象和透明度。从应用空间维度，可分为生产单元模型和生产系统模型；从对象维度，可分为产品模型、生产模型和用户模型，以及规模传递模型；从透明度维度，可分为统计模型、半统计半机制模型和机制模型。具体如图 8-32 所示。

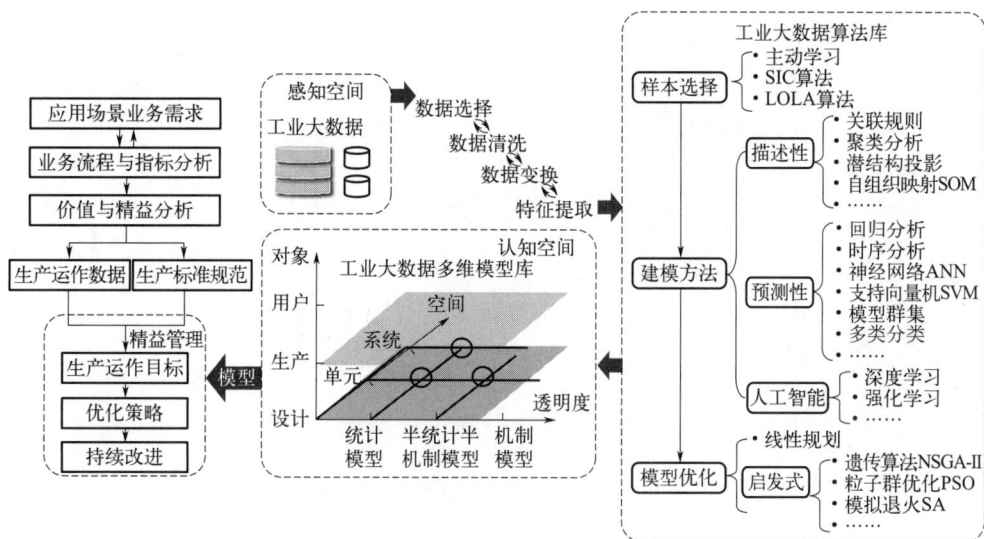

图 8-32　数据建模过程示例

8.4.3.2　工业大数据的分析应用方法

　　工业大数据中隐含的模式和规则往往无法靠经验或直觉发现，需要借鉴大数据分析的思维和方法将低质、碎片化的数据转变成高质、高价值密度信息，然后借助数据挖掘、机器学习、人工智能等技术方法，并结合专业化的工艺知识和判断，建立与应用相关联的数学模型，将实体关系透明化，为解决应用需求提供洞察力和决策力。

　　工业大数据分析一般包括数据准备、特征提取、模型构建、验证、配置和维护、应用分析等模块，各模块间不断交互和循环，构成模型生命周期。智能工厂的大数据应用需求与其技术方法如图 8-33 所示。

　　（1）生产制造大数据预处理方法

　　智能工厂在生产运作过程中产生大量过程数据。这些数据具有海量、高维、多源异构、多尺度、高噪声等特性，这些数据难以直接用于运行过程的分析决策。大数据预处理方法主要针对以上特点，通过对生产数据的选择、清洗、变换等操作，为车间运行分析与决策提供可靠、可复用的数据资源。在此基础上，依靠工艺专家进行特征提取。对于拥有较少先验知识的应用场景，可采用探索性数据分析的方法获取数据的结构和规律。数据预处理是大数据分析中耗时最多（≥50%）的步骤。

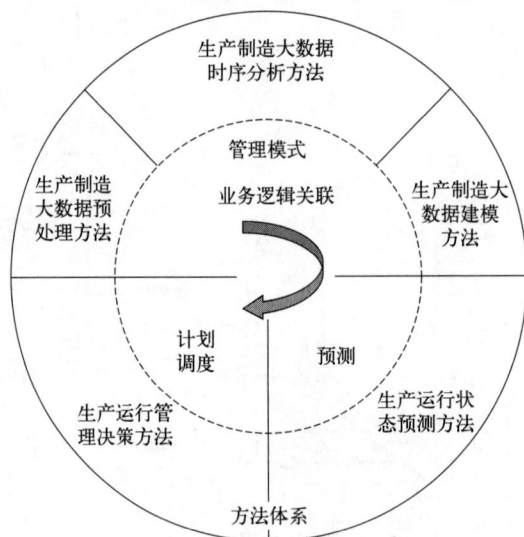

图 8-33　工业大数据的应用方法体系

（2）生产制造大数据时序分析方法

生产制造大数据时序分析方法属于诊断性分析方法。诊断性分析的目的是找出问题发生的原因。这种方法针对生产过程数据的时序特性，建立工厂运行过程的工艺参数、装备状态参数等多维数据的时间序列模型，设计生产数据的时间序列模式挖掘算法，揭示生产数据随时间的变化规律。

（3）生产制造大数据建模方法

生产制造大数据建模方法属于描述性分析方法。描述性分析方法是为了发现生产过程中存在的问题，为后续的优化指明方向。产品、工艺、装备、系统运行等生产过程要素存在复杂、未知的相互影响关系，产品生产过程的数据运行规律具有隐性特性。大数据建模主要采用大数据关系网络建模方法对工艺参数、设备工况等数据进行关联分析或智能分析，采用复杂网络等模型描述生产数据间的各种影响规律。

（4）生产运行状态预测方法

生产运行状态预测方法属于预测性分析方法。基于生产运行的时变特性，通过历史积累的生产过程质量数据，采用机器学习、深度学习等算法，分析生产系统内部结构的动态特性与运行机制，分析工艺质量、生产效率等关键数据指标的变化规律。结合当前采集的过程数据，开展质量、设备故障、完工期等指标的精确预测。

（5）生产运行管理决策方法

生产运行管理决策方法属于指导性分析方法。这种方法通过构建一个问题解决方案知识库，针对已经和将要发生的问题或者类似问题，从知识库中匹配适当的解决方案，在生产运作分析的基础上，将关键指标的预测值与目标决策值进行实时比对，通过对生产过程的模型仿真，实现工艺优化、资源配置、计划调度、质量决策等管理决策工作。

如图 8-34 所示，不同的生产问题和数据分析应用场景，需要不同的数据，采用不同的算法和评价指标。在以上 5 种分析类型中，其分析难度逐渐递增：描述性分析是为了发现问题，并通过图表形式展示结果；诊断性分析是为了挖掘生产过程数据潜在的规律，发现问题发生的深层次原因；预测性分析通过学习历史数据规律，预测未来可能发生的生产问题；而指导性分析则采用合适的技术手段，解决已经发生或可能发生的生产问题。

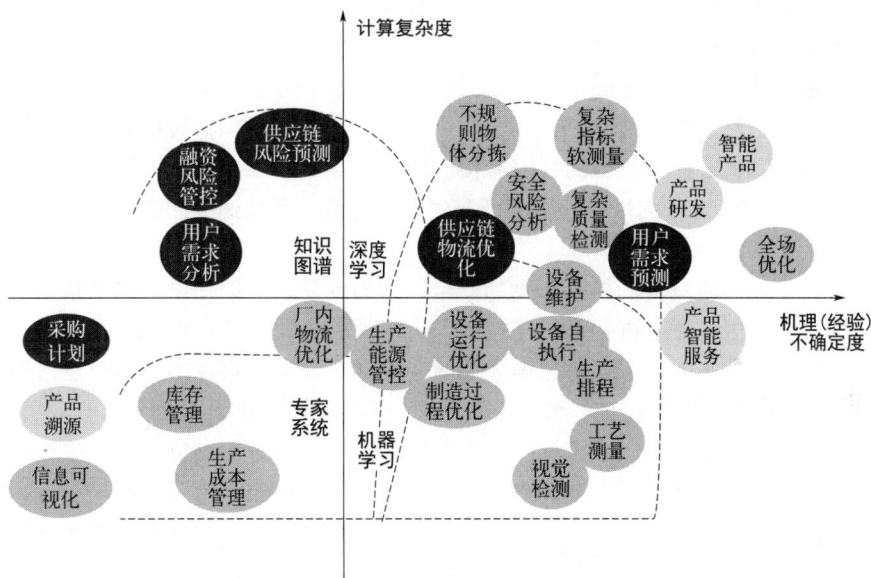

图 8-34　工业大数据的不同应用场景

需要说明的是，针对同一个数据分析应用场景也可以采用不同的方式来解决。例如，针对质量预测性分析，可以构建一个回归模型来预测过程质量的相关指标，也可以将过程质量指标划分成不同的区间，从而转换成一个分类问题，采用分类算法来解决。不同的模型分析方法采用不同的生产过程数据，得到的分析结果也不尽相同，因此，需要数据分析人员对实际的生产问题和应用场景有着深刻的理解，并选择适合的工具方法。

8.4.4 案例：食品智能工厂的工业大数据应用规划

8.4.4.1 需求与现状分析

某乳品工厂的数据应用场景复杂多变，其数据呈现典型的大数据 3V 特征：

（1）高容量（High-Volume）

以乳制品生产检验为例，产品生产包括 35 个工序和 105 个检测环节，质检信息管理系统包括 1400 种质检方法的电子记录和计算，工厂质检系统每天产生约 1GB 的数据。

（2）多样性（High-Variety）

以乳制品生产过程数据为例，既包括杀菌机、灌装机等工艺设备的杀菌温度、流量、压力、转速等时序性数据以及计划工单、检验数据、运行时间等结构化数据，也包括设备点检表、PLC 控制程序等半结构化数据，以及三维设备模型、乳品 QC 工程图表、物流 AGV 车监控视频等非结构化数据。

（3）高速性（High-Velocity）

在乳品生产过程中，设备 PLC、各类传感器、检测装置等在极短时间窗口内对生产过程进行不间断采样，产生的数据流按时间序列存储至数据库中。以乳制品灌装生产线为例，PLC 按照 1s 的采样间隔不断产生灌装容量、灌装速度和充填缸流量等监控数据。

工厂为了满足质量管理体系和食品安全监管的要求，前期在设备自动数采、传感器检测和网络通信设备上进行了一定投入。生产现场关键设备已具备状态感知、数据采集与预处理等基本能力。现有数据采集的实时性、数据完整性和数据粒度达到较高水平。但是采集得到的生产过程数据尚未形成一套完整有效的大数据分析与应用体系。对生产过程中的问题发现、原因调查、工艺优化等诸多业务的支持有限。生产现场的分析管理还是单纯依靠现场实地调查、人员经验、生产报表等传统手段来进行，生产分析和管理的效能不佳。为了将工厂质量管理、设备管理、工艺管理、效率管理等从目前的事后管理转变为事中控制和事前预防，工厂期望规划建设一个生产过程大数据分析应用平台，借助大数据等技术，提升工厂的数字化管理水平。

8.4.4.2 智能工厂数据平台架构设计

智能工厂的大数据处理包括复杂批数据处理、基于历史数据的交互查询和挖掘、实时数据流处理、图结构数据处理等技术场景。基于以上技术内容，形成如图 8-35 所示的智能工厂数据平台的技术架构。该数据平台架构由数据来源层、数据传输层、数据存储层、资源管理层、处理分析层和业务应用层等组成。

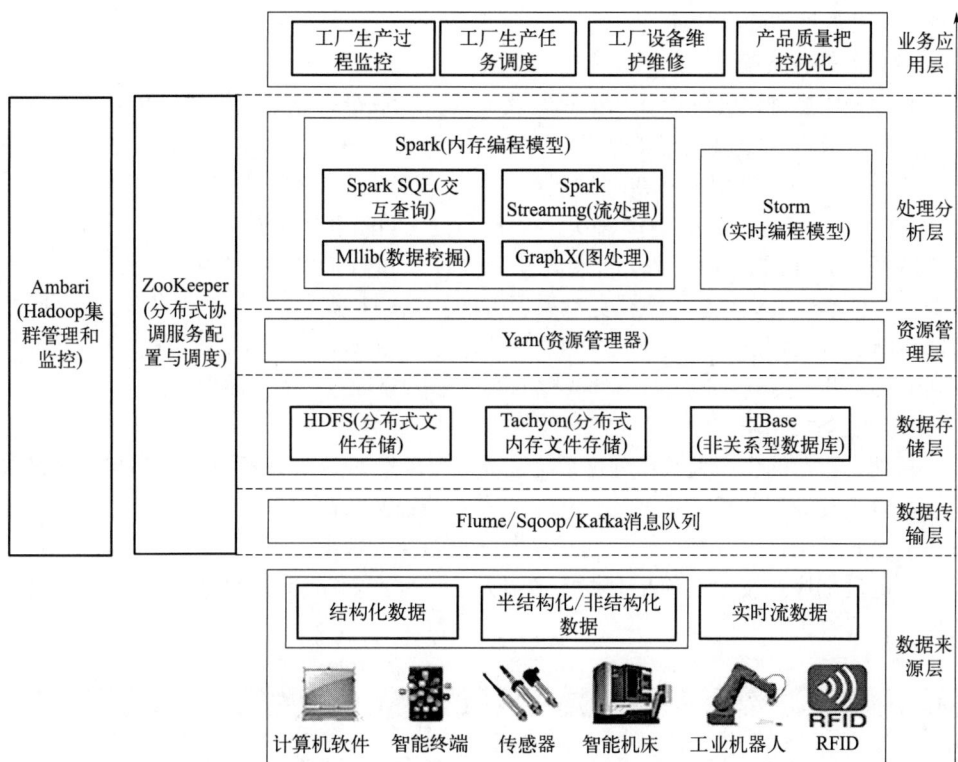

图 8-35　智能工厂数据平台的技术架构

（1）数据来源层

该层主要面向工厂物理制造资源，主要包括流程自动化设备、后端自动包装设备、过程检测设备、MES、智能终端等。在已有的 SCADA 设备数采基础上，在非关键设备和生产包装上也增加配置工业传感器、RFID 标签、二维码、条形码，实现生产全过程的细粒度数采，并通过有线和无线等基础网络设施实现连接，按照物联网协议进行数据传输。

（2）数据传输层

采用 Flume 和 Sqoop 等技术实现计划进度、物料库存、设备操作过程等静态数据的采集与传输；采用 Kafka 负责灌装机产品克重、灌装速度、止压车间温湿度等实时数据的传输和导入。

（3）数据存储层

数据存储层负责存储海量的非结构化和半结构化的松散数据，对大型数据实现随机和实时的读写访问。该层包括 Hadoop 的核心组件分布式文件存储系统 IIDFS，以及 Spark 生态系统的分布式内存文件存储 Tachyon、Hadoop 的实时查询框架 HBase。

（4）资源管理层

为了实现计算框架统一部署和运行，采用 Hadoop 2.0 的资源管理框架 YARN，实现计算资源的按需弹性伸缩。

（5）处理分析层

处理分析层利用各种计算框架编写代码模型，进行智能工厂大数据预处理、数据关联分析、数据挖掘以及建模分析。其中，内存计算框架 Spark 负责智能工厂中与效率、能耗等相关的数据的离线批量处理工作，任务时间跨度一般为月/天/时级分布式。其中，Spark Streaming 可以实现高吞吐量的、具备容错机制的实时流数据的处理，支持从多种数据源获取数据；Spark SQL 负责生产过程追溯等业务的交互式历史数据查询；组件 GraphX 用于处理视觉检测相关的图结构数据；Mllib 提供各种缺陷分类、故障诊断、智能调度、工艺优化等业务的数据挖掘和机器学习算法模型。流计算框架 Storm 主要用于实时分析（如设备故障的实时归因分析等）的流数据并行计算。

（6）业务应用层

目前，工厂的生产大数据分析系统主要应用场景如图 8-36 所示，具体包括生产线的设备停机及溯源分析、生产线设备工况实时监控及故障诊断、生产质量工艺关联分析、工序质量运行大数据分析、物料平衡分析等。大数据分析应用平台在实际运行过程中，提供全栈式技术实现和数据服务，为工厂生产管理提供数据决策支持，提高工厂生产运营的数字化能力。

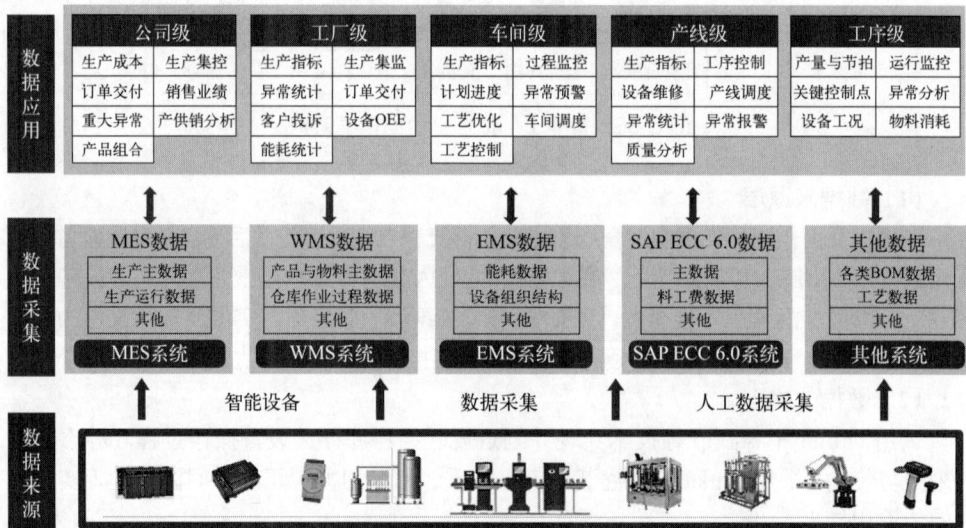

图 8-36　大数据的应用场景

8.4.4.3　就地清洗工艺大数据分析和应用

（1）现状与问题分析

就地清洗系统（Cleaning in Place，CIP）是指在不拆卸、不移动生产设备的条件下，利用闭合回路系统中的湍流清洗液循环清洗罐体、管道、泵、灌装机等生产系统设备。CIP 工艺通过控制清洗液的浓度、温度、清洗时间、清洗时的压力和流速等条件，实现快速、高效的设备与管路清洗。CIP 清洗的质量是保证产品质量的关键工艺之一。

传统 CIP 系统一般是在工艺规划阶段，通过清洗效果验证进行清洗工艺参数设定。由于新品开发和上市速度加快，CIP 工艺参数主要是根据工艺经验进行设定。针对不同产品，经常出现简单清洗对象和复杂清洗对象共用同一套清洗参数。这种方式导致简单清洗对象的过度清洗；而对于复杂对象则因清洗不足而反复清洗，导致清洗时间过长。工厂 CIP 的酸碱液和纯水浪费严重；CIP 时间过长还会导致生产稼动时间减少，影响生产效率。

此外，乳品工厂的排污主要来源于设备及管道的 CIP 清洗排放，工厂的能消也大部分用于设备及管道的 CIP 清洗。随着节能、降耗、环保、减排的要求不断提高，减少清洗排放、缩短清洗时间、降低清洗能源消耗以及降低污染排放成为企业的当务之急。

因此，在保证 CIP 清洗质量的前提下，需要建立 CIP 工艺动态参数设定的数据决策模型。同时通过对 CIP 数据的分析，发现 CIP 工艺问题，用于 CIP 节能减排的后续优化分析。

（2）数据采集系统

基于数据通信采集设备对 CIP 过程数据进行数采，将数据结果通过数据通信采集设备上传到大数据分析平台。大数据分析平台内嵌 CIP 工艺的模型分析算法，可分析和计算 CIP 清洗的最优工艺参数。CIP 的数据采集与分析系统结构如图 8-37 所示。

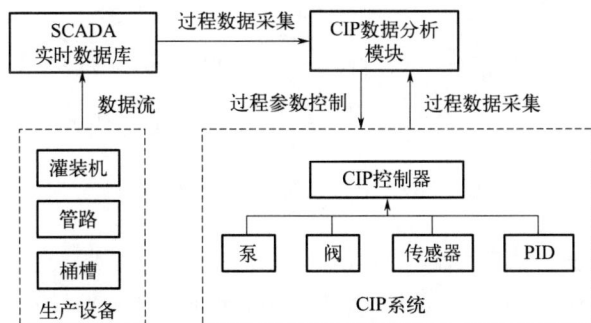

图 8-37　CIP 数据分析流程

CIP 过程数据主要分为以下三类。

① CIP 各步骤的过程数据。主要包括开始时间、结束时间、开始温度、结束温度、开始流量、结束流量、开始回流温度、结束回流温度、开始回流电导率、结束回流电导率等生产工艺过程数据。

② CIP 的基础数据。主要包括 CIP 清洗剂的种类、CIP 清洗对象的结构特征（如管路平面结构）、CIP 清洗对象的材质等。

③ CIP 清洗对象的过程数据。主要包括 CIP 对象（如生产设备名称和编号）、生产设备的生产计划（如产品名称、产量、生产耗时）、CIP 共用状态等。

CIP 生产批记录数据包括 9 个工艺单元和 40 个工艺变量，总计 4600 个数据点。分析前对数据进行均值标准化处理，消除量纲差异。

（3）CIP 工艺参数的关联分析

采用 CIP 过程数据，对 CIP 工艺参数进行主成分分析，计算各主成分贡献率，选择累积和百分比大于 85% 的主成分个数，建立 CIP 工艺参数相关分析的数学模型。根据多变量统计过程控制（Multivariate Statistical Process Control，MSPC）中的 Hotelling T^2、SPE 统计量是否超其控制限，分析 CIP 生产工艺异常状况。当异常批次出现时，采用贡献图确定异常情况发生的原因。工艺异常批次与各种影响变量的相关分析示例如图 8-38 所示。

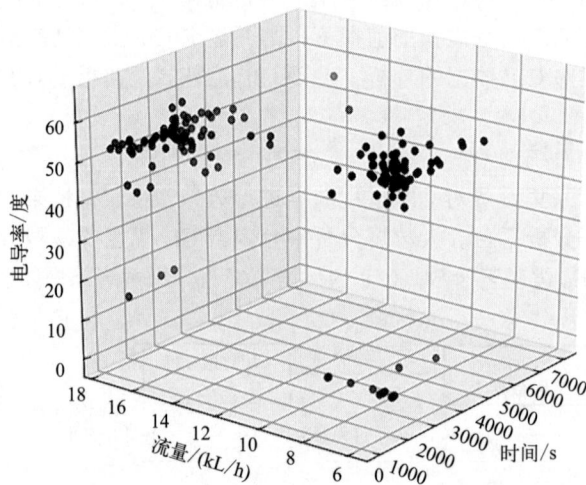

图 8-38　CIP 多变量大数据分析示例

（4）CIP 数据分析的应用流程

如图 8-39 所示，建立 CIP 数据分析应用的标准化体系。通过数据关联分析，建立 CIP 耗时、CIP 酸碱耗用、过程工艺参数的客观评价体系，并自动识别 CIP 过程异常（如 CIP 超时、参数超限、酸碱超耗等）。在此基础上，重点开展 CIP 酸碱耗用的因素分析与工艺优化。

8.4.4.4　生产效率大数据分析和应用

工厂以流程自动化设备为主，采用 DCS 整线控制溶解、杀菌、发酵、混合、灌装、包装码垛等生产全过程。生产管理逐步向数字化车间集中监控和大数据看板预警决策等方式转变。生产运作过程更强调对生产过程的数字化管理、自动化控制和智能化决策。在自动化生产过程中，生产节拍和生产切换速度较传统生产模式都有较大幅度的提高，生产过程异常对生产效率、订单交付的影响程度大。生产效率的保证严重依赖设备的安定程度，要求生产系统具有较高的实时监控、异常自动识别分析能力。

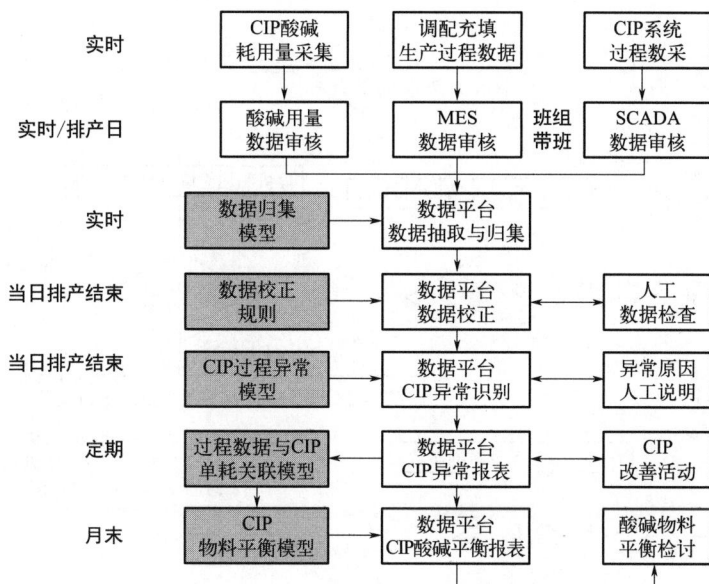

图 8-39　CIP 数据分析应用流程

　　通过 SCADA、RFID、自动检测等数据采集技术，实现非侵入式、秒级的生产过程实时数据采集。自动读取产线、设备、物料的各种控制、检测和状态数据，如设备开关信号、工艺起止时间、计数感应和停机时长等。结合数据采集与系统集成，精准获取效率分析所需的工单、设备参数（速度、产量）、设备故障等过程数据，为效率计算和分析提供数据基础。

　　以乳品灌装包装生产线为例，生产线效率损失时间的影响因素主要包括生产辅助停机、设备故障停机、品项与规格切换、待料停机、设备空转、产线不平衡导致的降速生产等。在对生产线效率损失原因归类分析的基础上，建立如图 8-40 所示的灌装包装生产线停机损失大数据归因分析逻辑，解析生产线设备异常停机导致的产线效率损失传递规律。数据类型包括设备工艺 SCADA 数据、产线停机状态数据、生产批次基础数据等。

　　通过 MES/ERP 等系统集成，将效率相关的各类管理数据进行集成与一体化管理。效率管理的数据包括设备规划、选型、安装、调试、验收、生产过程设备记录（如设备点检）、设备保全、备品备件、故障处理、设备报废等全流程数据，打通设备、规划、制造、采购、财务等部门的业务协同，实现效率数据的多维度集中共享。

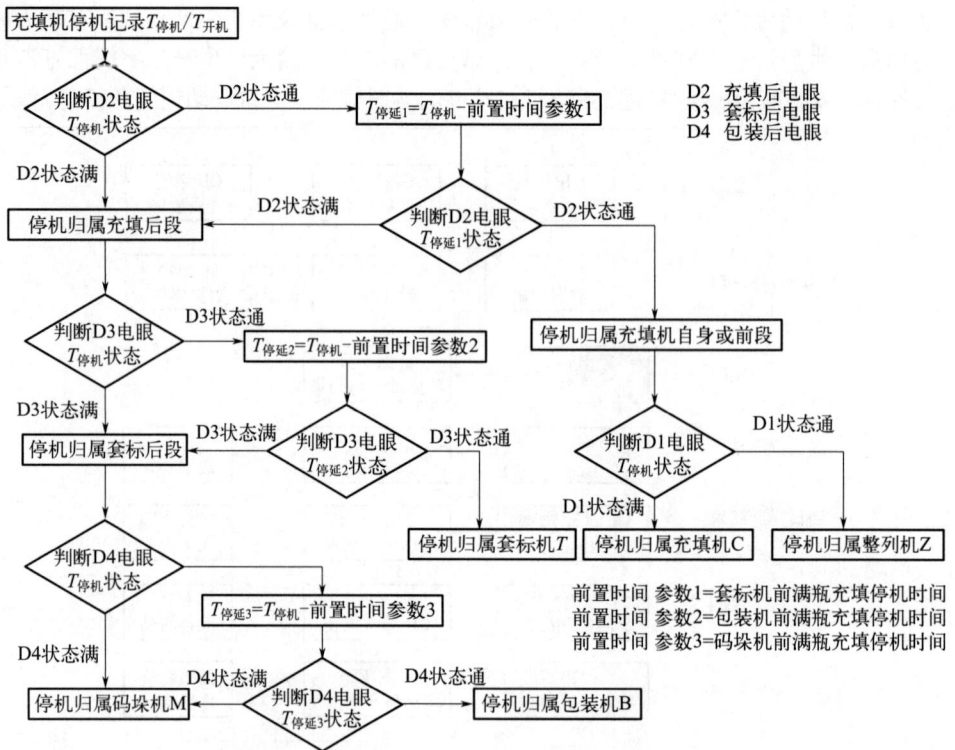

图 8-40 灌装线 OEE 损失的大数据分析逻辑示例

根据 OEE 关键影响因素，采用数据选择、数据清洗、特征提取、探索性建模分析等方法，从生产过程大数据中提取设备停机事件及其属性数据。采用通用分析算法库，进一步转换为 11 类停机因素。以 OEE 指标为基础，采用针对传感器数据的时序分析算法、针对日志等文本数据的工业知识图谱算法等，建立产线效率及其损失时间的量化模型。采用基于机器学习的专利算法，对灌装机等关键设备的效率影响因素和停机类型进行自动分析与模式识别，及早发现影响生产线效率的主要影响因素及其规律。采用设备故障诊断算法、Wafer Map 失效模式分析方法，将经验模型、机理模型与统计学习模型融合，深层次挖掘设备故障、缓冲能力、设备能力负荷、生产工艺等相关影响因素的关联程度。在此基础上，采用 DMAIC 方法进行效率分析模型的实际应用开展。

DMAIC 是一套基于数据采集、分析和量化管理的方法，主要包括定义（Define）、测量（Measure）、分析（Analyze）、改进（Improve）和控制（Control）五个阶段。DMAIC 是解决结构化问题的一种数据驱动方法论工具。生产效率的影响因素涉及大量不直观的数据。DMAIC 适用于生产过程中或问题背后包含大量复杂数据的应用场景。通过运用 DMAIC 方法，可以将数据分析与挖掘贯穿于生产效率管理的全过程。DMAIC 效率数据分析应用的主要阶段如图 8-41 所示。

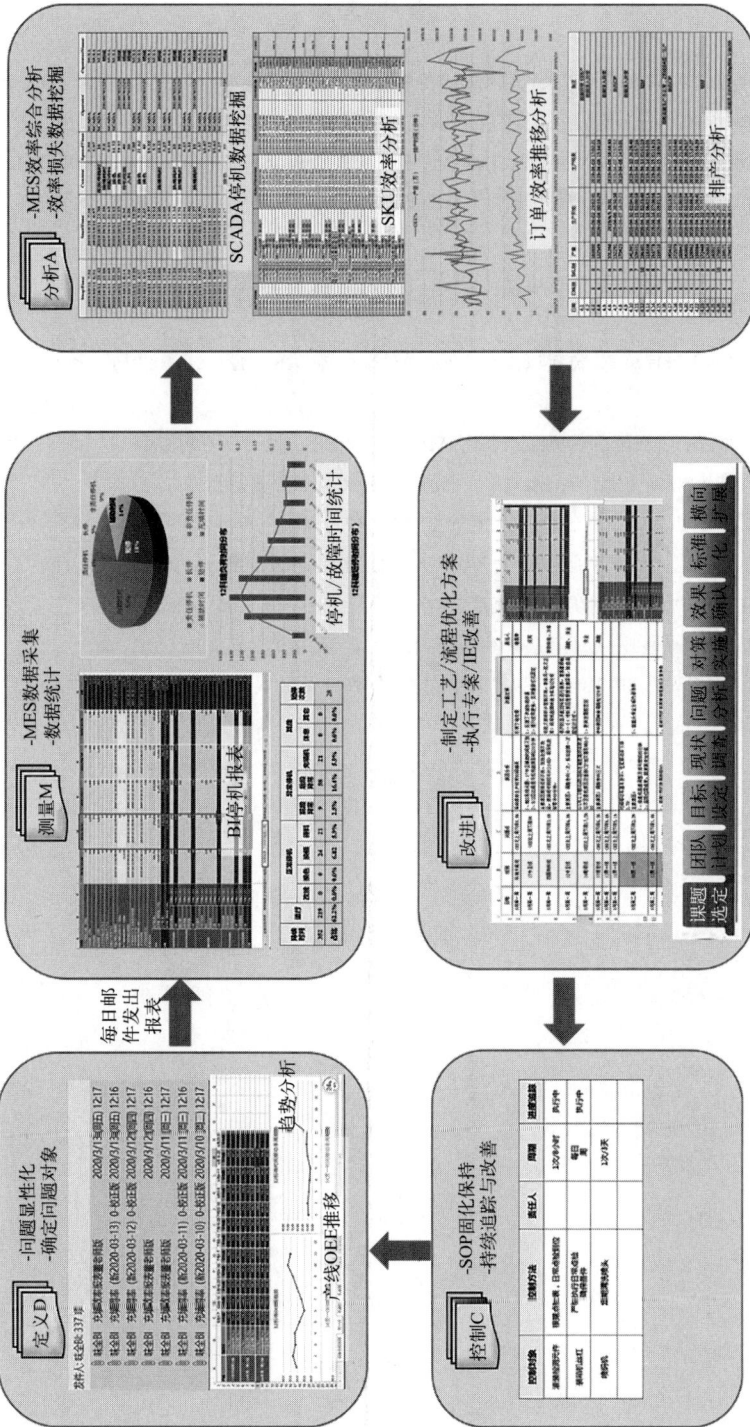

图 8-41　基于 DMAIC 的产线效率分析应用示例

参 考 文 献

[1] 国家市场监督管理总局.智能工厂 通用技术要求：GB/T 41255—2020[S].北京：中国标准出版社，2022.

[2] 国家市场监督管理总局.智能制造 系统架构：GB/T 40647—2021[S].北京：中国标准出版社，2021.

[3] 国家市场监督管理总局.智能制造能力成熟度模型：GB/T 39116—2020[S].北京：中国标准出版社，2020.

[4] 国家市场监督管理总局.智能制造能力成熟度评估方法：GB/T 39117—2020[S].北京：中国标准出版社，2020.

[5] 国家市场监督管理总局.离散型智能制造能力建设指南：GB/T 42137—2022[S].北京：中国标准出版社，2022.

[6] 国家市场监督管理总局.流程型智能制造能力建设指南：GB/T 42138—2022[S].北京：中国标准出版社，2022.

[7] 庞国锋，徐静，沈旭昆.离散型制造模式 [M].北京：电子工业出版社，2019.

[8] 赖朝安.智能制造：模型体系与实施路径 [M].北京：机械工业出版社，2020.

[9] 彭俊松.工业 4.0 驱动下的制造业数字化转型 [M].北京：机械工业出版社，2016.

[10] 江支柱，董宝力.汽车智能生产执行系统实务 [M].北京：机械工业出版社，2018.

[11] 江支柱，董宝力.汽车精益智能物流系统实务 [M].北京：机械工业出版社，2018.

[12] 工业互联网产业联盟.工业互联网体系架构 [M].北京：中国信息通信研究院，2018.

[13] 常镜洳.基于大数据的智能工厂数据平台架构设计与研究 [J].软件工程，2019，22（12）：3.